传世名著典藏丛书

精华

墨子

[战国] 墨翟 著
杨自忠 编译

江苏凤凰美术出版社
全国百佳图书出版单位

图书在版编目（CIP）数据

墨子精华/（战国）墨翟著；杨自忠编译. -- 南京：
江苏凤凰美术出版社，2018.7
（传世名著典藏丛书）
ISBN 978-7-5580-3717-7

Ⅰ.①墨… Ⅱ.①墨…②杨… Ⅲ.①墨家②《墨子》—译文 Ⅳ.① B224.4

中国版本图书馆 CIP 数据核字（2017）第 329582 号

责任编辑　曹昌虹
封面设计　格林文化
责任监印　唐　虎

| | |
|---|---|
| 书　　名 | 墨子精华 |
| 著　　者 | 墨　翟 |
| 编　　译 | 杨自忠 |
| 出版发行 | 江苏凤凰美术出版社（南京市中央路 165 号　邮编：210009） |
| | 北京凤凰千高原文化传播有限公司 |
| 出版社网址 | http://www.jsmscbs.com.cn |
| 印　　刷 | 天津兴湘印务有限公司 |
| 开　　本 | 710mm×1000mm　1/16 |
| 印　　张 | 20.5 |
| 版　　次 | 2018 年 7 月第一版　2018 年 7 月第一次印刷 |
| 标准书号 | ISBN 978-7-5580-3717-7 |
| 定　　价 | 48.00 元 |

营销部电话　010-64215835-801
江苏凤凰美术出版社图书凡印装错误可向承印厂调换　电话：010-64215835-801

# 序　言

　　上下五千年悠久而漫长的历史，积淀了中华民族独具魅力且博大精深的文化。中华文化是中华民族无数古圣先贤、风流人物、仁人志士对自然、人生、社会的思索、探求与总结，而且一路下来，薪火相传，因时损益。它不仅是中华民族智慧的凝结，更是我们道德规范、价值取向、行为准则的集中再现。千百年来，中华文化已经融入每一位中华儿女的血液，铸成了我们民族的品格，书写了辉煌灿烂的历史。中华文化与西方世界的文明并峙鼎立，成为人类文明的一个不可或缺的组成部分。凡此，我们称之曰"国学"，其目的在于与非中华文化相区分。中华民族之所以历经磨难而不衰，其重要一点是它有着源于由国学而产生的民族向心力和人文精神的根骨。可以说，中华民族之所以是中华民族，主要原因之一乃是其有异于其他民族的传统文化！

　　概而言之，国学包括经史子集、十家九流。它以先秦经典及诸子之学为根基，涵盖两汉经学、魏晋玄学、隋唐佛学、宋明理学和同时期的汉赋、六朝骈文、唐宋诗词、元曲与明清小说并历代史学等一套特有而完整的文化、学术体系。观其构成，足见国学之广博与深厚。可以这么说，国学是华夏文明之根，中华儿女之魂。

　　从大的方面来讲，一个没有自己文化的国家，可能会成为一个大国甚至富国，但绝对不会成为一个强国；也许它会强盛一时，但绝不能永远屹立于世界强国之林！而一个国家若想健康持续地发展，则必然有其凝聚民众的国民精神，且这种国民精神也必然是在自身漫长的历史发展中由本国人民创造形成的。中华民族的伟大复兴，中华巨龙的跃起腾飞，离不开国学的滋养。从小处而言，继承与发扬国学对每一个中华儿女来说同样举足轻重，迫在眉睫。国学之用，在于"无用"之"大用"。一个人的成功很大程度上取决于他的思维方式，而一个人思维能力的成熟程度亦绝非先天注定，它是在一定的文化氛围中形成的。国学作为涵盖经、史、子、集的庞大知识思想体系，恰好能为我们提供一种氛围、一个平台。潜心于国学的学习，人们就会发现其中蕴含的无法穷尽的智慧，并从中领略到恒久的治世之道与管理之智，也可以体悟到超脱的人生哲学与立身之术。在现今社会，崇尚国学，学习国学，更是提高个人道德水准和建构正确价值观念的重要途径。

近年来，国学热正在我们身边悄然兴起，令人欣慰。更可喜的是，很多家长开始对孩子进行国学启蒙教育，希望孩子奠定扎实的国学根基，以此帮助他们树立正确的道德观和价值观。欣喜之余，我们同时也对中国现今的文化断层现象充满了担忧。从"国学热"这个词汇本身也能看出，正是因为一定时期国学教育的缺失，才会有国学热潮的再现。我们注意到，现今的青少年对好莱坞大片趋之若鹜时却不知道屈原、司马迁为何许人；新世纪的大学生能考出令人咋舌的托福高分，但却看不懂简单的文言文。这些现象一再折射出一个信号：当今社会人群的国学知识十分匮乏。在西方大搞强势文化和学术壁垒的同时，国人偏离自己的民族文化越来越远。弘扬经典国学教育，重拾中华传统文化，这样的需求已迫在眉睫。

本套"传世名著典藏"丛书的问世，也正是为弘扬国学传统文化而添砖加瓦并略尽绵薄之力。本人作为一名大学教师，从事中国文化史籍的教学与研究工作多年，对国学文化及国学教育亦可谓体悟深刻。为了完成此丛书，我们从搜集整理到评点注译，历时数载，花费了很多的心血。这套丛书集传统文化于一体，涵盖了读者应知必知的国学经典。更重要的是，丛书尽量把晦涩的传统文化知识予以通俗化、现实化的演绎，并以大量精彩案例解析深刻的文化内核，力图使国学的现实意义更易彰显，使读者阅读起来能轻松愉悦、饶有趣味。虽然整套书尚存瑕疵，但仍可以负责任地说，我们是怀着对祖国传统文化的深厚感情和治学者应有的严谨态度来完成该丛书的。希望读者能感受到我们的良苦用心。

王琪

2017年7月

# 墨子与《墨子》

## 墨子其人

墨子其人,西汉时的司马迁已不甚知晓,在其所著《史记》中语焉不详,只附寥寥二十四字于《孟荀列传》中:"盖墨翟,宋之大夫,善守御。为节用。或曰并孔子时,或曰在其后。"现今考知墨子名翟,先祖是宋国人,长期居住在鲁国,生卒年不详,约上逮孔子,下接孟子,与子思同时,终年约八九十岁,是墨家学派创始人。

墨子精通手工技艺,可与当时的巧匠鲁班相比。他自称是"鄙人",被人称为"布衣之士"。墨子曾做过宋国大夫,自诩"上无君上之事,下无耕农之难",是一个同情"农与工肆之人"的士人。墨子曾经从师于儒者,学习孔子之术,称道尧舜大禹,学习《诗》、《书》、《春秋》等儒家典籍。但后来逐渐对儒家繁琐礼乐感到厌烦,最终舍掉了儒学,形成自己的墨家学派。在代表新型地主阶级利益的法家崛起以前,墨家是先秦和儒家相对立的最大一个学派,并列"显学"。

墨子一生的活动主要在两方面,一是广收弟子,积极宣传自己的学说,二是不遗余力的反对兼并战争。

墨子所创立的墨家是一个有着严密组织和严密纪律的团体,最高领袖被称为"巨子",墨家的成员都称为"墨者",必须服从巨子的指导,听从指挥,可以"赴汤蹈火,死不旋踵",意思是说至死也不后退。

为了宣传自己的主张,墨子广收门徒,一般的亲信弟子达到数百人之

1

多,形成了声势浩大的墨家学派。墨子的行迹很广,东到齐、鲁,北到郑、卫,南到楚、越。

## 《墨子》其书

自秦以后,墨子及其弟子的言论,散见于各种典籍之中,如见于《新序》、《尸子》、《晏子春秋》、《韩非子》、《吕氏春秋》、《淮南子》、《列子》、《战国策》、《诸宫旧事》、《神仙传》等等。西汉刘向的《汉书·艺文志》将散见各篇著录成《墨子》,共七十一篇。经历代亡佚,到宋时,只存六十篇,目前只存五十三篇,已亡佚十八篇。其中已亡佚的有:《节用》下篇,《节葬》上、中篇,《明鬼》中篇,《非乐》中、下篇,《非儒》上篇,除此八篇外,另十篇连篇目皆亡佚,在这十篇中,只有《诗正义》曾提到过《备卫》此篇目,其余无可考。

据先秦诸子的成书惯例,我们可以推测,《墨子》一书也并非墨子一人所作。但是,具体哪些篇目是墨子所作。学术界还颇有歧见,但大体上,比较通达的是任继愈的看法,即从《肖贤》到《非儒》的十一组二十四篇当是墨子当年系统讲解自己的学说,后为弟子记录整理而成的;而《耕柱》、《贵义》等五篇则相当于墨子的语录,都可以当作墨子的著述来看。不过,像墨辩六篇、《亲士》等七篇及城守各篇则或为墨子弟子整理,或为墨家后学记录,如果都看作墨子的作品也未尝不可。

## 《墨子》的主要内容

《墨子》一书的具体内容,大体可以分为三部分。

第一部分主要体现了墨家的核心思想,也就是《尚贤》以下二十三篇专题论文中的十大主张,此前的《亲士》七篇所反映的思想都可以在其中找到更详尽与全面的论述。而《耕柱》、《贵义》等五篇虽零散,但所论述的也不出这些主题。

这十大主张又大致可以分为四类:

一是伦理思想,也是墨子学说的理论基础,即兼爱。

墨子认为,当时的整个社会之所以会有这么多的问题,都是源于人与人之间没有一种无差等的爱。如果人人都能够做到兼爱,那么天下就能达到大治。如果人人都兼爱了,就能够达到非攻;因兼爱天下百姓而讲节用、节葬和非乐,并用天志说来限制人的浪费;以明鬼为推行兼爱的手段,并打破天命论对于兼爱的阻碍。

二是政治思想:即尚贤、尚同、非攻。

一种政治体制,其最为核心的政治活动便是官吏的选拔。而墨子倡导的"为政之本"就是尚贤,他的尚贤其实就是唯贤是举。他的这一思想的高远和宏达远远超出了同时代的其他思想家。墨子在后面的《尚同》中也隐约表达出帝王也应按照这种方式来选拔的意思。此后,墨家学派之所以从显学变为绝学,这一思想起到了很大的作用,因为它从根本上危及统治者的地位。

墨子的尚同则是要论述下级对上级的服从。墨子认为尚同是与尚贤相辅而行的行政管理原则。如果政令不一,只能导致社会纷乱。尚同与尚贤一样,是"为政之本"。墨子的尚同思想是高度的集权主义,实施自上而下的控制与有效管理。它要求一切统一于上级,从组织系统的领导关系到思想意识,都要绝对地统一于上级,服从于上级,绝对不许反其道而行之。墨子认为的上下级关系要贯彻最高层意志的组织系统与组织原则,用这样的组织关系建立起自上而下的绝对领导与有效的逐级管理。人的行为受思想意识支配,没有思想的统一,便不能有行动的一致,墨子主张"一同天下之义",把天下人的思想统一起来。墨子认为尚同是行政管理之根本,只要为政者对人民"疾爱而使之,致信而持之,富贵以导其前,明罚以率其后",举措适宜,就一定能统一全国上下的思想,实现民富国治。

在政治思想上,墨子还极力主张非攻。春秋战国时期,是中国历史上战争最为频繁的时期,而墨子不仅从他的理论基石——兼爱出发,也从当时的社会现实出发,充满愤怒地论述了攻国之不义,并以层层深入的比喻来论证"窃钩者诛,窃国者侯"的荒谬。但墨子并非迂腐的说教者,他对春秋战国时期的现实极为清醒,他知道只凭借道德上的良好愿望与自律幻想是不可能阻上战争的,所以,与非攻相辅而行的还有他卓越的军事主张。

三是经济思想:即节用、节葬、非乐。

在墨子的主张中,最有永恒意义并在每个时代都可运用的就是节用。节用是他经济思想的核心。在他看来,社会消费应以保持基本生产生活条件为限,能供给民用即可,反对奢侈浪费。墨子认为,"去无用之务",是"天下之大利"。如果国家"用财不费,民德不劳",就会得到很大的利益。如果国家"去其无用之费",那么节约的财富"足以倍之",可见节俭在增强国力方面的重要作用。

墨子在衣、食、住、行、丧葬等各个方面,都主张节俭,并痛陈奢靡之风盛行造成的社会危害。在他看来,穿衣服只要能"冬以御寒,夏以御暑"即可,而不能像王公贵族们"为锦绣文采靡曼之衣,铸金以为钩,珠玉以为珮"。饮食只要能"充虚继气,强股肱,使耳目聪明"就行,而不能像王公贵族那样追求"美食刍豢蒸炙鱼鳖"。住房只要能"御风寒"、"别男女之礼"即可,而不能像王公贵族那样动辄"宫室台榭曲直之望,青黄刻镂之饰"。出行造车方面,只要能"完固轻利,可以任重致远"即可。在丧葬方面,墨子制定了"节葬之法","棺三寸足以朽骨。"墨子认为,丧葬要以有利于人们的生产生活为目的,不用长时间守丧。墨子认为他的观点"不失死生之利",即对死者、生者都有好处。

墨子倡导"节用",主张勤俭节约,反对奢靡浪费,对于我们建设节约型社会,实现人与自然和谐相处大有裨益。

墨子"非乐论"是在东周后期,奴隶制到封建制的转变时期提出来的。当时,战争频繁,统治阶级奢糜,人民生活痛苦不堪。墨子描写当时的情况时写道:"其使民劳;其籍敛厚。民财不足,冻饿死者,不可胜数也。且大人惟毋兴师以攻伐邻国,久者终年,速者数月,男女久不相见。"关于统治阶级奢糜生活,墨子以纣为例描写道:"鹿台糟丘,酒池肉林,宫墙文画,雕琢刻镂,锦绣被堂,金玉珍玮,妇女优倡,钟鼓管弦。"而统治阶级的奢糜铺张就包括无限制地习演礼乐以及为追求官能享受而大肆地组织歌舞表演。统治阶级对于声乐之美的追求,造成了"亏夺民衣食之财"的后果。这不但是当时社会物质生产极端匮乏下的一种无奈之举,也是墨子对于当时社会两极分化的一种批判。因为统治者在衣食无忧的情况下沉湎声色,但这种行为却是以民众的牺牲为代价的。

四是宗教思想:即天志、明鬼、非命。

所谓天志,就是上天的意志,是最高的行为规范准则,任何人都不能违背。在先秦时代,借天之名申己之意是一种惯用手法。墨子此篇亦如是,借天之名,表达自己对治理天下的想法。墨子认为,上天是有意志的,而其意志主要表现为"天欲义而恶不义"和"天之爱天下之百姓"。其之尚同、兼爱、非攻等篇的推理无不以此为起点,而尚贤、节用、节葬也都通过圣王而间接源于此。

墨子在《明鬼下》表达了这样一种思想:"吏治官府的不廉洁,男女之间的不正当关系,鬼神都能看得见;百姓中作乱抢劫,杀人越货以自利的,鬼神都能看得见。因此,吏治就不敢不廉洁,官府就要好好地进行赏善罚恶,作乱抢劫的人也会停止犯罪。"可见,鬼神对于墨子来说,只是一种治国工具罢了。但他根本没有想到,这个说法本身已经暴露了他对于鬼神存在的怀疑。

墨子的"非命"论不是一般地否定命定论,而是以"天命靡常"的命不定论反对以孔子为代表的早期儒家的"不可损益"的命定论。墨子"非命"而"尚力",倡导"强力而为",在中国哲学史上第一次明确提出和论述了人的主观能动性问题,但不能认为这种观点就是唯物主义的。墨子的"非命"与"天志"、"明鬼"是一个完整的宗教世界观思想体系,并不存在矛盾。墨子的"非命"论上承夏商周三代的天命鬼神观念,下启战国后期阴阳家的天人感应论和汉初董仲舒的神学目的论,是中国古代宗教世界观发展过程中的一个重要环节,在历史上的作用是消极的。但墨子在社会生活中是一个态度积极的人,他认为,所有的事情,之所以做得好,是因为个人的努力。只有每个人都尽力了,社会才会发展。在后边的《鲁问》中。记载了墨子与其弟子彭轻生子的一段对话,就可以看出墨子对于人类自己努力的自信。这也正是人类能以自在的状态生存在这个世界上所必须的强烈自信。

第二部分是《墨经》所包含的与社会科学乃至于自然科学有关的知识。这一部分内容非常复杂,仅以谭戒甫的《墨经分类译注》为纲,即可分出十二种学科门类。《墨经》代表了先秦时代在各个学科所取得的成就,有许多成就的取得令人极为惊讶。

第三部分是墨子的军事思想。墨子十大思想中最为主要的是"兼爱"和"非攻"。

兼爱是墨家学派最有代表性的理论之一。所谓兼爱,其本质是要求人们爱人如己,彼此之间不要存在血缘与等级差别的观念。墨子认为,不相爱是当时社会混乱最大的原因,只有通过"兼相爱,交相利"才能达到社会安定的状态。这种理论具有反抗贵族等级观念的进步意义,但同时也带有强烈的理想色彩。

"非攻"是墨学的重要范畴,是墨子军事思想的集中体现,同时也包含着丰富的政治、哲学、科学、文化、伦理思想。

"非攻"反映了墨家学派反对发动不义之战的和平愿望。"兼爱"主张天下人互爱互利,不要互相攻击,这就必然要主张"非攻"。当时兼并战争剧烈,农、工、商、士等庶人阶层和下层贵族都希望社会安定,墨家代表了他们要求停止战争的愿望。攻战之害,"春则废民耕稼树艺,秋则废民获敛","百姓饥寒冻馁而死者,不可胜数"。而且不仅被攻的国家受害,攻人的国家也要受害;由于兼并战争,将会导致"兼国覆军,贼虐万民",古代本有一万多国,"今以并国之故,万国有余皆灭"(《非攻下》)。墨子主张弱小国家团结起来,共同抵御大国兼并,这一理论是战国"合纵"的先声。而要求统治者"宽吾众,信吾师",认为这样"则天下无敌矣",既发展了孔子"为政以德"的思想,又启迪了孟子的"王道"主张。看来墨子是一个希望能和平统一天下的理想家。墨子"非攻",但并不反对防御战,墨家的守御是有名的,被称为"墨守"。《墨子·备城门》以下的十一篇中,记载着他们制造和使用防御战具的经验。他们帮助被攻的国家防御抵抗。《公输》篇中记载,当时有名的工师公输般替楚国制造了攻城的云梯,楚国准备用云梯去攻打宋国。墨子在鲁国听到这个消息,急行十天十夜,去游说公输般和楚王。并早派了弟子禽滑厘等三百人,带着守御工具,帮助宋国守城。就这样墨子用实力制止了楚国攻打宋国,及时平息了一场即将发生的战祸。墨子"非攻",却也不反对"汤伐桀,武王伐纣"那样的"革命"战争,认为"彼非所谓攻,谓诛也"。这显然汲取了《易传》思想,且直接启迪了孟子的"诛一夫"思想。墨子还把无衣无食的穷人视为"僻淫邪行之民",主张用兵禁止"寇乱盗贼"的"淫暴"行为,认为"有甲盾五兵者胜,无者不胜,是故圣人作为甲盾五兵"(《节用上》)。这一方面表示墨子主张用武力维护治安;另一方面也说明墨子并不站在下层穷苦民众的立场上,他只是上层平民的政治代表,他要维护其既得利益并保护私有财产。

"兼爱"是墨家学派的主要思想观点。其他非攻、节用、节葬、非乐等主张,也都是由此而派生出来的。兼爱便必须非攻,非攻即反对攻战,即"大不攻小也,强不侮弱也,众不贼寡也,诈不欺愚也,贵不傲贱也,富不骄贫也,壮不夺老也。是以天下庶国,莫以水火毒药兵刃以相害也"。当然,非攻并不等于非战,而是反对侵略战争,注重自卫战争。自卫是反侵略的一个重要的组成部分,不自卫就会等于不反侵略。兼爱是大到国家之间要兼相爱交相利,小到人与人之间也要兼相爱交相利。而非攻则主要表现在国与国之间。只有兼爱才能做到非攻,也只有非攻才能保证兼爱。

## 《墨子》的影响

墨子作为一代宗师,其开创的学派是与儒学并列的一代显学,然而这么一个显赫的学派,至秦骤衰,一蹶不振,几成绝学。两千余年来《墨子》被排斥在官学之外,注家无几。墨家作为一个学派是湮灭了,但他们的社会政治理想,人格道德力量,科学思想和方法却或多或少地融入了以儒学为主体的传统文化之中,在思想上、精神上对后代产生了一定的影响。

春秋战国,是中华文化百家争鸣的时代,也是一个需要巨人,并且产生巨人的时代。中华文化的思想宝库里,先秦诸子百家,能够与现代全方位接轨的,只有墨子。

墨子是一位百科全书式的文化巨人。长期以来,世界只知中国有孔子,不知有墨子。国人也是同样如此,对曾经与儒学并称为"显学"的墨学,对这位在中国文化的源头留下巨大贡献的墨子,更是知者甚少。

如果中国不要走向世界,不要在人类生存的历史长河中,继续做出自己的独特贡献,墨学就仍然会在厚厚的泥土下沉睡着。可是,如果我们有许多许多的迷茫,需要借助古人智慧结晶的光环来照亮。那么,墨子就是一座富矿,每一镐下去,都是金子。

墨学在历史上的声音曾经超过了儒学。但是在汉武帝"罢黜百家、独尊儒术"之后,对墨学进行了三次大的清剿,以至于司马迁这样秉笔直书的大史家,在《史记》中涉及墨子处,也只用了二十四个字,淡淡一提。墨家经典《墨经》是在道观里才得以完整保留下来。

历史的提起是为现实服务的,我们从中国古老文化的源头,寻找古人的智慧,来解决今天的难题,我们借助祖先的历程,来缩短中华融入国际的征途。这一点,中华民族是世界上最有优势的民族。

今天,虽然国人鲜知墨子,但是中国传统文化的显著特色之一,是具有强烈的"崇圣"情结。中国许多杰出的历史人物,为人们誉为各个领域的"圣人",如文圣孔子、兵圣孙子、书圣王羲之、诗圣杜甫、画圣吴道子、医圣张仲景等,而墨子被不少人视为"科圣"。"五四"以来,科学与民主的呼唤,今天走出国门的开放,都在呼唤新墨家思想的诞生。在看够了帝王将相、才子佳人;不愿意再看暴力血腥、卿卿我我之后的广大民众的期待视野中,墨子所具有的大智大爱和大俗大雅的品格,将像炸雷一样醒世,像热流一样滋润民心。

正因为《墨子》一书内容广博,它包括了政治、军事、哲学、伦理、逻辑、科技等方面,既是研究墨子及其后学的重要史料,又是我们当代人学习借鉴的第一手材料。今天我们编著了《墨子精华》一书,书中选录了《墨子》中广泛流传的大部分著名篇章。整书内容分为原文、注释、译文、评析以及典例阐幽五个部分,结合当时的历史背景,全面深入地解读了墨子的思想。

本书的编写以实事求是、批判继承为指导,以思想性、历史性、文学性、通俗性并重为原则,坚持历史与逻辑的统一、古代思想与当代需要的统一、提高与普及的统一。书中有许多精辟的名言警句,蕴含着丰富的思想内涵,值得我们现代人去学习和借鉴。

# 目录

| 篇名 | 页码 |
|---|---|
| 亲士 | 1 |
| 修身 | 8 |
| 所染 | 13 |
| 法仪 | 18 |
| 七患 | 23 |
| 辞过 | 29 |
| 三辩 | 36 |
| 尚贤上 | 39 |
| 尚贤中 | 44 |
| 尚贤下 | 53 |
| 尚同上 | 60 |
| 尚同中 | 67 |
| 尚同下 | 77 |
| 兼爱上 | 85 |
| 兼爱中 | 89 |
| 兼爱下 | 96 |
| 非攻上 | 107 |
| 非攻中 | 111 |
| 非攻下 | 118 |
| 节用上 | 127 |
| 节用中 | 133 |
| 节葬下 | 138 |

# 目录

| 篇名 | 页码 |
|---|---|
| 天志上 | 150 |
| 天志中 | 156 |
| 天志下 | 165 |
| 明鬼下 | 174 |
| 非乐上 | 187 |
| 非命上 | 194 |
| 非命中 | 202 |
| 非命下 | 208 |
| 非儒下 | 214 |
| 大取 | 223 |
| 小取 | 232 |
| 耕柱 | 237 |
| 贵义 | 246 |
| 公孟 | 254 |
| 鲁问 | 266 |
| 公输 | 278 |
| 备高临 | 282 |
| 备梯 | 286 |
| 备水 | 290 |
| 备突 | 293 |
| 号令 | 295 |

# 亲 士

**【题解】**

墨子是以兼爱作为自己思想的核心内容的,此篇重在尚贤。尚贤是为政之本,所谓尚贤者,也是以兼爱作为其根本的。孔子曾说过:"泛爱众,而亲仁"。仁者于人无不爱,故亲仁,即所以广爱也,故兼爱者不可以不尚贤,是谓亲士。

**【原文】**

入国①而不存②其士,则亡国矣。见贤而不急,则缓其君矣。非贤无急,非士无与虑国。缓贤忘士,而能以其国存者,未曾有也。昔者文公出走而正天下;桓公去国而霸诸侯;越王勾践遇吴王之丑而尚摄③中国之贤君。三子之能达名成功于天下也,皆于其国抑而大丑也。太上无败,其次败而有以成,此之谓用民。

**【译文】**

治理国家而不关心那里的贤士,那么这个国家就会灭亡。见到贤人而不立即任用,他们就会怠慢君主。没有比任用贤士更急迫的事了,如果没有贤士,就没有人和国君一起谋划国事。怠慢贤才,忘记贤士,而能使国家长治久安的,是从来没有过的。从前,晋文公被迫逃亡在外却能成为天下盟主;齐桓公流亡国外却能称霸诸侯;越王勾践受过吴王战败的耻辱,却还能成为威慑中原诸国的贤君。这三个人之所以能够成功地扬名于天下,都是因为他们能在自己的国家内忍受极大的耻辱。所以说,最好的当然是不失败,其次是失败了却还有办法成功,有所成就,这才叫善于用人。

**【注释】**

①入国:"入"疑"乂"之形误,乂国即治国。 ②存:恤问,即关心的意思。 ③摄:同"慑"。

**【原文】**

吾闻之曰:"非无安居也,我无安心也;非无足财也,我无足心也。"是故君子自难而易彼,众人自易而难彼。君子

**【译文】**

我听说:"不是没有安定的居处,而是自己没有安定的心;不是没有足够的财物,而是自己没有满足的心。"所以君子要严于律己,宽以待人,而很多人却宽以律己,严以待人。君子得志时不

进不败其志,内①究其情;虽杂庸民,终无怨心。彼有自信者也。是故为其所难者,必得其所欲焉;未闻为其所欲,而免其所恶者也。

【注释】

①内:当作"纳",即"退"的意思。

改变他们的志向,不得志时能深刻反省。即使与平庸的人混杂在一起,也始终没有怨恨之心,这是因为他们有自信的缘故。所以,愿意去办那些难办事情的人,就一定能实现自己的愿望,但却没有听说只做自己所想的事情,而能免于所厌恶的后果的。

【原文】

是故偪①臣伤君,谄下伤上。君必有弗②弗之臣,上必有詻詻③之下,分议者延延④,而支苟⑤者詻詻,焉可以长生保国。臣下重其爵位而不言,近臣则喑,远臣则吟,怨结于民心。谄谀在侧,善议障塞,则国危矣。桀纣不以其无天下之士邪?杀其身而丧天下。故曰:归国宝,不若献贤而进士。

【译文】

因此,佞臣会损伤君主,谄媚的臣下会伤害主上。国君一定要有敢于矫正君王过失的臣下,上面一定要有直言进谏的下属,分辨议事的人,可以激烈争辩,直言无忌,而互相责难的人互不退让,这才可以长养民生,长保其国。大臣如果只看重自己的禄位,而不敢进谏,国君身边的人都默不作声,那身处远方的官员也就沉吟不语,百姓的怨恨就会郁结于心。谄谀奉承的人在国君的身边,好的建议就会被阻塞,那么国家就危险了。夏桀、商纣不正是因为没有任用天下的贤士吗?而遭受杀身之祸并丧失了天下。所以说赠送国宝还不如推荐贤士、引进人才。

【注释】

①偪:同"嬖"。宠幸,亲近。②弗:同"拂"。矫正,纠正。③詻(è)詻:同"谔谔",直言争辩。④延延:同"炎炎"。各执一词不退让的样子。⑤支苟:疑"交苛"二字形误。指互相谴责。

【原文】

今有五锥,此其铦,铦①者必先挫。有五刀,此其错②,错者必先靡。是以甘井近竭,招木③近伐,灵龟④近灼,神蛇近暴⑤。是故比干之殪⑥,其抗也;孟贲之杀,其勇也;西施

【译文】

比如说现在有五把锥子,其中一把最锋利,那么它必先折断;有五块石头,有一块是磨刀石,那么磨刀石一定会最先被磨损。所以甘甜的井水最先干涸,高大的树木最先被砍伐,神灵的宝龟最先被火灼,有灵性的蛇最先被曝晒。所以比干被杀,是因为他刚正不屈;孟贲被杀,是因为他的

之沉，其美也；吴起之裂，其事也。故彼人者，寡不死其所长，故曰：太盛难守也。

勇力过人；西施被沉江中，是因为她长得美丽；吴起被车裂，是因为他有能力。这些人没有不是死于他们的特长。所以说：太盛了就难以持久。

**【注释】**

①铦(xiān)：锋利。②错：同"厝"，磨刀石。③招木：即乔木，高大的树木。④灵龟：龟的一种。蠵之别名。⑤神蛇：具有灵性的蛇。古代神话、传说认为蛇有灵性，能自身断而复续，且能兴云致雨，故以神称之。⑥殪(yì)：死。

**【原文】**

故虽有贤君，不爱无功之臣；虽有慈父，不爱无益之子。是故不胜其任而处其位，非此位之人也；不胜其爵而处其禄，非此禄之主也。良弓难张，然可以及高入深；良马难乘，然可以任重致远；良才难令①，然可以致君见尊。是故江河不恶小谷之满己也，故能大。圣人者，事无辞也，物无违也，故能为天下器。是故江河之水，非一源之水也；千镒②之裘，非一狐之白也。夫恶有同方，取不取同而已者乎？盖非兼王之道也！是故天地不昭昭，大水不潦潦，大火不燎燎，王德不尧尧者，乃千人之长也。其直如矢，其平如砥，不足以覆万物。是故溪陕③者速涸，逝浅者速竭，硗埆④者其地不育。王者淳泽，不出宫中，则不能流国矣。

**【译文】**

所以虽然有贤明的君主，也不会爱没有功劳的臣子；虽然有慈爱的父亲，也不会喜欢没有能力的儿子。因此，不能胜任其事而占据这一位置，他就不该是这一位置上的人；不能胜任他的爵位而拿着这种爵位俸禄的人，就不是这种俸禄的主人。良弓不容易拉开，但可以射得高射得深；良马不容易驾驭，但可以载得重行得远；杰出的人才不容易驾驭，但可以使国君受人尊重。因此，长江黄河不嫌弃小溪的水来充实自己，所以才能汇成巨流。圣人遇到事情不推辞，办事不违背物理，所以能够成为治理天下的英才。因此，长江黄河里的水，不是同一个水源的水；价值千金的白狐裘，不是从一只狐狸腋下集成的。哪有不选择同道的人，而只选择与自己意见相同的人呢？这不是兼爱天下的君王的道理。所以天地不炫耀自己的明亮，大水不夸耀自己的清澈，大火不夸耀自己的炎烈，有德行的君王也不夸耀自己德行的高远，这样才能做千万人的首领。如果心像箭一样直，像磨刀石一样平，那就不足以覆载万物。所以狭隘的小溪很快就会干枯，太浅的流水很快就会枯竭，贫瘠的土地不会有好的收成。如果君王淳厚的恩泽只局限在宫中，那么他就不能造福全国了。

【注释】

①令：驾御，役使。②镒(yì)：古代重量单位，合二十两（一说二十四两）。③陕：同"狭"。④墝埆(qiāo què)：土地坚硬而瘠薄。

【评析】

墨子十分强调人才的重要性，《亲士》篇所探讨的就是如何亲近、重用贤士的问题。墨子认为一个国君治理国家，如果他不关心国中的贤才，广泛地吸收各种人才，让他们各抒己见，充分发挥他们的才能，使他们为国家所用，那么这个国家就会陷入危亡的境地。而同时他也提出：贤才难得，且往往被埋没于平庸的民众之中，甚至还会受到压制和侮辱，但这些贤才毕竟是出色的君子，他们能严于责己且宽以待人，不同于平庸之辈的宽容自己、苛求别人。这些贤士有充分的自信心，仕途顺利时，他们会不改奋进的初衷，锐意进取；仕途不顺时，他们便静下心来，反思自己，找出失败的原因，即使与平庸之辈杂处，或者遭受到无端地压制和侮辱，他们也不会一味地怨天尤人，怨恨命运的不公。因为他们有自信，知道凭借自己的才华和胆略，终究会有东山再起的一天。

《亲士》篇所讲的这些都是针对一国之君要重视人才而言的，当然，这些道理含有普遍意义，在今天依然适用。人们无论从事什么职业，做什么事情，都应该做到"进不败其志"和"内究其情"。在身处顺境时，还要积极进取，勇于开拓，不改夙志；而身陷逆境之时，则要躬身自省，探究失败之由。此外还应做到无论何时都要对自己充满自信心。因为只有这样，才能把事情做到成功。

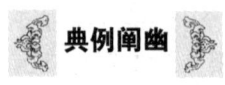 典例阐幽

## 韩信忍辱终成大事

韩信是汉初淮阴人，是我国历史上杰出的军事家，有着过人的才能。但他早年身为平民百姓时，并不得志，经历了平常人难以忍受的艰辛困苦，但他没有被困难征服，一直心存高远，立志要干一番大事业。

起初，韩信因家境贫穷又没有出众的好品行，未能被召去为官。他平时喜欢舞刀弄剑，研究兵法。不过除此之外，他没有什么其他的本事，又不懂如何谋生，实在生活不下去时，只好到别人家里吃闲饭。人们不了解他的才能，看他整日游手好闲，正事不会干，只会到处游逛、吃白饭，因此对他很是憎恶。

韩信有个朋友，在南昌亭当亭长，韩信曾帮他逐捕盗贼，维护了当地的治安，

南昌亭长因此对他心怀感激。他见韩信无法谋生，就请韩信去他家吃饭。一开始亭长一家还能热情招待，可是时间一长，亭长妻子就不高兴了。一连几个月，韩信都去南昌亭长家吃饭，并且一日三餐，每餐必到，惹得亭长妻子很是不悦。一天大清早，亭长妻子就起身做好了早饭，然后招呼一家大小在韩信去之前就吃了饭。等到韩信像往常一样前去吃早饭的时候，亭长家早

已收拾了碗筷，忙着做别的事情去了，没再给他准备饭食。见此情景，韩信心里也明白了他们的用意，当场拂袖而去，从此断绝了与他家的来往，不再登门。

　　韩信饿了整整一个上午，无处充饥。正在他不知如何打发肚子的时候，忽然想起前些日子他经过淮阴城下时，见到有几个人在水边钓鱼，心想自己不是也可以钓来几条，暂时充充饥吗？想到这里，他做了个简单的钓鱼工具，跑到淮阴城下，开始钓起鱼来。怎奈他从未钓过，不知道如何才能使鱼上钩，折腾了半天，半条鱼影也未见到。时间过得很快，转眼间天就黑下来了，韩信见再钓下去也不会有什么收获，只好空着两手回去了。这样一连几日，韩信每天都去钓鱼，可每次都是一无所获。韩信钓鱼的水边有很多妇女在漂洗丝绵，这些妇女每日来这里漂丝，为了不耽误赶工，中午也不回家，就带些饭来在水边吃。一天，有位大嫂见韩信实在饿得厉害，就把自己带的午饭分了一半给他吃。一连几十天，天天如此，直到她们漂洗完所有的丝绵。对此，韩信心中十分感激，他对那位大嫂说："等我将来发达了，一定要重重回报大嫂。"那大嫂听了，生气地说："身为一个男子汉却不能自食其力，我不过是可怜你，才给你饭吃，哪里是贪图你的回报？"

　　韩信听她这样说，更为感动。

　　淮阴城中有个年轻屠户，平日里也喜欢耍些拳脚，自以为很有些功夫。他见韩信经常挎着剑在城中闲逛，也没见有什么过人的本领，很是瞧不起韩信。这一天他闲着没事，正好见韩信从集市中经过，便存心要欺负欺负他。他拦住韩信的去路说："你虽然长得个子高大，又喜欢弄刀带剑，可我知道你没什么本事，不过摆出样子来，显显威风罢了，其实你内心是十分胆怯的，是个胆小鬼。"如此这般羞辱了韩信一番。这还不算，他又拿着尖刀，当众挑衅说："我谅你也不敢跟我比试，不然的话，当着大家的面，就拿剑刺我；如果你不敢，是个贪生怕死之辈，就从我胯下爬过去，让众人亲眼看看你是多么没本事！"韩信闻听，不由得满腔怒火，恨不能马上发

作出来，但他转念一想，这人不过是个泼皮无赖，自己犯不上跟他斤斤计较，于是他仔细打量了一下对方，便弯下身子，从那屠户的胯下爬了过去。围观的人见状，都哈哈大笑起来，他们都讥笑韩信，说他真的是个胆小怕事之人。

不久，从楚地起义的项梁率军渡过淮河，韩信见时机已到，便去投奔到项梁麾下。后来项梁兵败，韩信又投到项羽帐中，项羽任用他为郎中。他曾多次为项羽出谋划策，但无奈项羽为人刚愎自用，听不进他的劝告，所以韩信在项羽军中一直未能施展抱负。等到汉王刘邦率军入蜀，韩信闻知，连忙从项羽军中逃出，前去投奔。

韩信翻山越岭，历尽千辛万苦，终于来到汉营。刘邦不知他的才干，只让他做了小小的连敖。过了一段时间，韩信与一些人在军中饮酒，触犯了军纪，按律当斩。刘邦命夏侯婴监斩，与韩信一起的其他十几个人都被斩了头，轮到韩信时，他向天仰视，大声说道："难道汉王不想打天下了吗？为什么要杀壮士？"夏侯婴听他谈吐不俗，又见他长得威武勇猛，就将他释放了，并把他叫过来和他交谈。经过谈话，夏侯婴才知道韩信是一个难得的人才，于是就向刘邦举荐，提升他做了一名治粟都尉。其后，韩信有机会与丞相萧何接触，萧何很赞赏他的政治和军事才能，曾多次向刘邦推荐他，说他有大将之才，要刘邦委之以重任。刘邦听了，并没把此事放在心上。韩信见状，心情十分烦闷，他想自己之所以前来投奔汉王刘邦，就是要干一番大事的，可现在空有一身韬略，却无从施展，又如何能甘心呢？思来想去，决定先离开汉营，再作打算，于是他没有对任何人讲，便骑马离开了。

萧何听说韩信离营的消息，十分焦急，他来不及向刘邦汇报，就独自骑上一匹快马去追韩信。费了很长时间，终于追上了韩信，言辞恳切地把韩信劝回汉营。回来之后，萧何又在刘邦面前力荐韩信，刘邦见他如此坚持，只得同意了，并正式举行了隆重的拜将仪式，刘邦斋戒沐浴，毕恭毕敬地拜韩信为太将。

其后，刘邦对韩信说："丞相多次向我推荐将军，还请将军多多指教。"韩信说："如今能够与大王您争夺天下的，不就是项王吗？"刘邦说："是的。"韩信问刘邦道："大王您将自己和项羽比较一下，看看您在勇、悍、仁这几个方面能否比得过项王？"刘邦沉吟许久，回答说："我很惭愧，自问一样都比不过他。"韩信说："您自己承认比不上项王，仅凭这一点，就说明您有自知之明，值得佩服。我原先曾追随项王，知道他的确很有威严，能使人镇服。但他为人刚愎自用，不能任用有才干的将领，所以他的威严不过是匹夫之勇罢了。他对人虽然恭敬仁爱，但也只是限于一些小的恩惠，临到该给人论功封赏之时，他又不能慷慨大度地行事，因而并不能真正收拢人心。项王现在虽然称霸天下，号令诸侯，但实际上并不能使各诸侯臣服，不听他命令的诸侯大有人在。再者，项王每攻到一处，就大肆烧杀抢掠，致使天下百姓都十分怨恨，总有一天他会失去民心，落个众叛亲离的下场的。"

刘邦急切地问："那么依将军之见,我们目前应该采取什么对策呢?"韩信回答说:"我们所要做的就是反项王之道而行之:任用勇敢能干的人才,把攻得的城邑都分封给立有军功的部下,严明军纪,安抚百姓。若能做到这些,大王您就可以收得人心,赢来众多的支持,那时大王就拥有了比项王大得多的优势,还怕不能打败项王,赢得天下吗?"

韩信对时局的一番分析,让刘邦越听越高兴,韩信所言,他完全赞成,到现在他才意识到自己如果没听萧何的话,恐怕就失去这个难得的人才了。从此以后,他对韩信言听计从,使韩信杰出的军事才能得以淋漓尽致的发挥。几年间,韩信攻城略地,屡建奇功,从没有打过败仗,为灭楚建汉立下了不朽功勋。刘邦曾高度评价他说:"连百万之军,战必胜,攻必取,吾不如韩信。"

从这则故事中,我们可以看到:韩信早年所经历的这些坎坷和磨难,并没有使他消沉,反而更磨炼了他的意志。虽身处逆境,饱受冷遇和侮辱,他却能够隐忍苟活,不怨天尤人,把自己的精力全部用于苦读兵书、勤奋习武上,最终学有所成,实现了自己的愿望。同时,作为国君,要想国家昌盛,就必须做到"亲士"。只有这样才能招揽有志之士,也为自己的胜利奠定了基础。

# 修 身

【题解】

修身，不仅先秦儒家讲，墨家也讲。墨家修身的原则是固本为先，务末次之。这一原则有两层基本含义：其一是君子在修身时，要抓住主要矛盾的主要方面勤修行之，则事半功倍，切中要害。其二是君子在修身时，要抓住主要矛盾勤修行之，则事半功倍，切中要害。

【原文】

君子战虽有陈①，而勇为本焉；丧虽有礼，而哀为本焉；士虽有学，而行为本焉。是故置本不安者，无务丰末；近者不亲，无务求远；亲戚不附，无务外交；事无终始，无务多业；举物而闇②，无务博闻。

【注释】

①陈：同"阵"，作战阵形。②闇(àn)：不明白，不懂得。

【译文】

君子指挥作战虽然讲究阵法，但必以战士的勇敢为本；办理丧事虽然讲礼仪，但必以亲人的哀痛为本；做官虽然需要有学问，但以品行为本。因此，根基不牢固，就不会有繁茂的枝叶；周围的人不能亲近，就不要去招徕远方的人；自己的亲戚都不归附，就不要对外交际；办事没有始终，就不要贪图办许多事；连一件事物都不能弄明白，就不要去追求见闻广博。

【原文】

是故先王之治天下也，必察迩①来远，君子察迩而迩修者也。见不修行见毁而反之身者也，此以怨省而行修矣。谮慝②之言，无入之耳；批扞③之声，无出之口；杀伤人之孩④，无存之心，虽有诋讦⑤之民，无所依矣。

【译文】

因此古代的君王治理天下，一定要先明察左右，而后方能招徕远方的人。君子能够明察左右，而左右的人也就能修养自己的品行了。由于修养不够而遭到别人诋毁的，应自我反省，这样就能少些怨气而使自身品行的修养也得到了提高。对于谗言恶语的话不用去听；抨击他人的话不要去说；伤害别人的念头不要放在心里。这样即使有诋毁攻击他人的人，也

故君子力事日强,愿欲日逾,设壮日盛。君子之道也:贫则见廉,富则见义,生则见爱,死则见哀。四行者不可虚假,反之身者也。藏于心者,无以竭爱⑥;动于身者,无以竭恭;出于口者,无以竭驯。畅之四支,接之肌肤,华发隳颠⑦,而犹弗舍者,其唯圣人乎!

就无从依靠了。因此,君子做事的力量就会日益强大,志向也日益远大,功业也日益兴盛。君子的处世之道是:贫穷时能够廉洁自守,富贵时能够施展恩义,对生者表示出爱心,对死者表现出哀痛。这四种行为不可以伪装做假,必须是自身所具备的。蕴藏在内心的是无限的慈爱;体现在身体上的,是无尽的谦恭;说出口的,是无比的典雅。这种修养通达到你的四肢与肌肤,即使头发花白,头顶变秃,都不会放弃,能做到这些的大概只有圣人吧!

【注释】

①迩:近,左右。②谮慝(zèn tè):诬蔑毁谤。谮,说别人的坏话,诬陷,中伤。慝,奸邪,邪恶。③批扞(hàn):亦作"批捍"。抨击。④孩:为"刻"之形误,残酷,残暴。⑤诋讦(dǐ jié):诋毁攻击。⑥无以竭爱:意为无止境的爱。⑦隳颠(huī diān):秃顶。

【原文】

志不强者智不达;言不信者行不果;据财不能以分人者,不足与友;守道不笃,遍物不博,辨①是非不察者,不足与游。本不固者末必几,雄而不修者,其后必惰,原浊者流不清,行不信者名必耗②。名不徒生而誉不自长。功成名遂,名誉不可虚假,反之身者也。务言而缓行,虽辩必不听。多力而伐功,虽劳必不图。慧者心辩而不繁说,多力而不伐功,此以名誉扬天下。言无务为多而务为智,无务为文而务为察。故彼③智无察,在身而情④,反其路者也。善无主于心者不

【译文】

意志不坚强的人,他的智慧一定不会很高;说话没有信用的人,行动一定不会有结果;拥有财富而不肯分给他人的,不值得和他相交;在道理面前不坚定,见闻不广博,辨别是非不清楚的人,也不值得和他交往。根基不牢固的必然会出现危机,有勇气而不注重修养的人,以后一定会堕落。源头浑浊的水流不会清澈,行为不守信用的人名声必定会受损伤。名声不会凭空而来,荣誉不会自己增长。只有成就了功业,名声才会到来。名声和荣誉不可虚假,因为这是要反求于自身的。只注重空谈而很少行动的人,即使能言善辩,也不会有人相信;出力多而自许其功劳的人,虽然付出多,目的也很难达到。有智慧的人心里明辨却不多说,做得多却不夸耀功劳,所以能名扬天下。说话不在多而在于智慧,不在于文雅而在于明确。所以没有智慧就不能明察,再加上自身的懒惰,那就只能是与所追求的东西背道而驰

留,行莫辨于身者不立;名不可简而成也,誉不可巧而立也,君子以身戴⑤行者也。思利寻焉,忘名忽焉,可以为士于天下者,未尝有也。

了。一种善行没有内心的支持是不能长久保持的,一种行为如果得不到自身的理解就无法树立。名声不会因为简略而获得,荣誉也不会因为巧诈的办法建立。君子是以身体力行来达到的。而让利欲熏心,轻易忘记名声,却可以成为天下贤士的,从来没有过。

【注释】

①辨:同"辩"。②耗:失。③彼:借为"非"。④情:为"惰"之形误。⑤戴:同"载"。

【评析】

墨子认为,"近者不亲,无务来远;亲戚不附,无务外交;事无终始,无务多业,举物而暗,无务博闻。"在交友时,亲戚是主要矛盾,朋友是次要矛盾,与亲戚的关系都处理不好,与朋友交往就可想而知了。这一点与墨子的"兼相爱"思想并不矛盾,这是讲君子修身的原则,是达到"兼相爱"远景的途径。墨家曾对修身的方法做了这样的阐述:"志不强者智不达,言不信者行不果。聚财不能分人者,不足与友;守道不笃,遍物不博,辩是非不察者,不足与游。"这里墨子提出了君子的标准:志强言信、慷慨大方、守道不笃、博学多才、明辨是非。这便是墨家修身的目的。至于具体的修身方法,墨子主张两点:其一是发自内心,杜绝虚假。"君子之道也,贫则见廉,富则见义,生则见爱,死则见哀。四行者,不可虚假反之身者也。"墨子强调修身之要在于发自内心,矢志不渝,认为只要如此修身必可"名誉扬天下"。他反对为了名而修身,"名不可简而成也,誉不可巧而立也,君子以身戴行者也。"其二是远离恶友,君子日强。在先秦诸子中,墨家特别强调环境的重要性,这在下一篇有专门阐述。墨子认为,只有君子能做到"谮慝之言无入之耳",诋评之民自然"批扞之声无出之口,杀伤人之孩无存之心"。这样,君子"力事日强,愿欲日愈,设壮日盛"。至于墨家的修身的目的与儒家相似,只不过最终达到的政治蓝图有异罢了。墨家君子的核心价值观为义,"义,利也。"君子修身以成为一位志强言信、慷慨大方、守道不笃、博学多才、明辨是非的对天下有用的贤人,通过推贤举能的选举办法委以治国安邦的重任,则"兼相爱,交相利"的天下大治局面指日可待矣。

从上面的论述中可以看到修身养性的重要性,一个人的修养可以关系到社会的进步,民族的兴亡。修养不是针对某个人而言,而是针对整个社会而言的。怎样做人、做一个什么样的人?是值得我们每一个人思考的事。

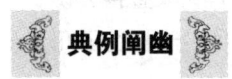 

## 糟糠之妻不下堂

一个人要想有所成就,首先这个人必须善于做人,那怎样做人呢?修身养性是最为重要的,宋弘之所以能成为众臣中最优秀的,很大一部分得益于内心的修养。

宋弘,字仲子,东汉初期的名臣,他不仅以清节威德著称于世,在处理夫妻关系上的所作所为,也为后世称道。

汉代曾发生过王莽赶刘秀的故事。当时,刘秀力量薄弱,被王郎一路追杀,由北向南日夜奔逃。战斗中,刘秀手下有个叫宋弘的大将不幸负伤。当逃到饶阳境内时,宋弘实在走不动了,而后面追兵又紧,怎么办呢?刘秀没办法,只好将宋弘托付给郑庄一户姓郑的人家养伤。姓郑的这户人家很同情刘秀,而且非常善良,待宋弘亲如家人,端茶送水,好吃好喝,很是周到。特别是郑家女儿,长得虽不很漂亮,但为人正派,聪明大方,待宋弘像亲兄弟,煎汤熬药,问寒问暖,关情备至。宋弘非常感动。日子一长,两人建立了深厚的感情。宋弘伤好后,两人便结为夫妻。后来宋弘跟随刘秀南征北战,屡立战功,终于帮刘秀得了天下。

汉光武帝刘秀即位以后,宋弘被拜为太中大夫,后来又做了大司空,被封为侯。他将自己所有的田地租税收入和朝廷的俸禄,用来赡养九族中的人,而自己官高位显,家中却没有多少财产。

这一年,光武帝的姐姐湖阳公主的丈夫死了,光武帝念及姐弟之情,时常请她入宫见面、聊天,也想替姐姐再找一个好丈夫。

一天,两人坐在一起议论朝中大臣,光武帝想趁此机会看看姐姐态度,于是问道:"看我这朝中众臣,谁是真正的贤士?"公主回答说:"依我之见,宋弘为人有威望,有道德,其他人无法跟他相比。"这样一来,皇帝明白了姐姐的意思,她是看中了宋弘的人品,就宽慰姐姐说:"别急,等我想个办法,慢慢找机会把这事办了。"

由于深知宋弘的为人，光武帝颇动了一番脑筋。他知道要是让人直接去说媒，而宋弘不同意，这岂不是让姐姐的面子丢尽了，自己也不好下台。于是过了几天，他找个机会召见宋弘，让公主坐在屏风后面听他们谈话。

光武帝问宋弘："我听说民间有这样的谚语，说一个人当了高官，他过去的旧相识就要被换掉，不再来往了；一个人要发了大财，他过去的妻子就会被抛弃，另寻新人，是这样的吧？这是人之常情啊！"

宋弘听了，明白了皇上的意思，他正色回答皇上的问话说："臣听说人贫贱时交的朋友，富贵的时候不能忘记他们；贫贱时同甘共苦、患难与共的妻子，也不能因为自己富裕了就休弃她，这才是一个真正的贤达之士所做的。"听了这话，皇上也就明白了宋弘的想法，更佩服他的为人了。

# 所 染

【题解】

本篇通过大量的事例来说明环境的重要性，认为一个人处在什么样的环境下，就会成为什么样的人。墨子开篇见到染丝者大发感慨："染于苍则苍，染于黄则黄，所入者变，其色亦变。五入必而已则为五色矣。故染不可不慎也！"这段话颇似英国教育家洛克的"白板说"。在教育史上，这一派较为强调环境的作用。

【原文】

子墨子见染丝者而叹曰：染于苍则苍，染于黄则黄。所入者变，其色亦变；五入必而已则为五色矣。故染不可不慎也！

【译文】

墨子看到染丝的人就感叹说："洁白的丝放进青色的染料中就会变成青色，放入黄色的染料中就变成黄色。放进去的染料不同，染出的丝的颜色也就跟着变化。放进去五种不同的染料，就染出五色的丝来。所以对于'染'不能不谨慎啊！"

【原文】

非独染丝然也，国亦有染。舜染于许由、伯阳，禹染于皋陶①、伯益，汤染于伊尹、仲虺②，武王染于太公、周公。此四王者所染当，故王天下，立为天子，功名蔽天地。举天下之仁义显人，必称此四王者。夏桀染于干辛、推哆，殷纣染于崇侯、恶来，厉王染于厉公长父、荣夷终，幽王染于傅公夷、蔡公穀。此四王者所染不当，故国残身死，为天下僇③。举天下不义辱人，必称此四王者。

【译文】

不仅染丝如此，国家也有"染"。舜受到许由、伯阳的熏染，禹受到皋陶、伯益的熏染，汤受到伊尹、仲虺的熏染，武王受到太公、周公的熏染。这四位君王受到的熏染得当，所以能称王于天下，被立为天子，功业和声名覆盖天地。列举天下仁义、显达的人，一定会称颂这四个帝王。夏桀受到干辛、推哆的熏染，殷纣受到崇侯、恶来的熏染，周厉王受到厉公长父、荣夷终的熏染，周幽王受到傅公夷、蔡公穀的熏染。这四个帝王所受到的熏染不当，所以国破身亡，被天下人所杀戮。要列举天下不行仁义而蒙受耻辱的人，一定会举出这四个帝王。

【注释】

①臯陶：传说中东夷族首领，虞舜时任掌管刑法的官。②仲虺(huǐ)：汤时大臣。③僇(lù)：同"戮"，杀戮。

【原文】

齐桓染于管仲、鲍叔，晋文染于舅犯①、郭偃，楚庄染于孙叔、沈尹，吴阖闾②染于伍员、文义，越勾践染于范蠡、大夫种③。此五君者所染当，故霸诸侯，功名传于后世。范吉射④染于长柳朔、王胜，中行寅⑤染于籍秦、高强，吴夫差染于王孙雒、太宰嚭，智伯摇⑥染于智国、张武，中山尚染于魏义、偃长，宋康染于唐鞅、佃不礼。此六君者所染不当，故国家残亡，身为刑僇，宗庙破灭，绝无后类，君臣离散，民人流亡。举天下之贪婪暴苛扰者，必称此六君也。凡君之所以安者何也？以其行理也。行理性于染当。故善为君者，劳于论人而佚⑦于治官。不能为君者，伤形费神，愁心劳意；然国逾危，身逾辱。此六君者，非不重其国、爱其身也，以不知要故也。不知要者，所染不当也。

【译文】

齐桓公受到管仲、鲍叔牙的熏染，晋文公受到子犯、郭偃的熏染，楚庄王受到孙叔敖、沈尹茎的熏染，吴王阖闾受到伍子胥、文义的熏染，越王勾践受到范蠡、文种的熏染。这五位君主因为受到的熏染得当，所以能称霸诸侯，功业和声名流传到后代。范吉射受到长柳朔、王胜的熏染，中行寅受到籍秦、高强的熏染，吴王夫差受到王孙洛、太宰嚭的熏染，智伯摇受到智国、张武的熏染，中山尚受到魏义、偃长的熏染，宋康王受到唐鞅、佃不礼的熏染。这六位君主因为所受的熏染不得当，所以国破家亡，身遭杀戮，祖宗的基业破灭，子孙灭绝，君臣分离失散，百姓流离失所。列举天下贪婪残暴、苛刻扰民的人，一定会举出这六个君主。大凡国君之所以能使国家安定的原因是什么呢？是由于他们的举措合理。举措合理是由于所受的熏染得当。所以善于做国君的人，都会用心致力于选拔人才。而不善于做国君的人，虽然劳神伤身，心烦意乱，却使国家更加危险，自己更受屈辱。这六位国君，并非不重视他们的国家、爱惜自己，而是不懂得治国要领的缘故。不知道治国要领，是因为所受到的熏染不得当。

【注释】

①舅犯：即狐偃，辅晋文公夺取政权。②阖闾(hé lǘ)：吴国有名的国君，春秋五霸之一。③大夫种：即文子禽，越国大夫。④范吉射：春秋末年晋卿范献子士鞅之子。⑤中行寅：春秋末年晋卿中行穆子之子，内讧中败于赵简子。⑥智伯摇：智伯。春秋末年晋为六卿专权，智伯一度势力最盛，后

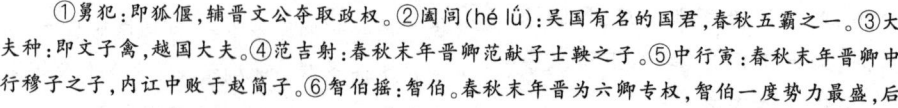

为韩、赵、魏三家所灭。⑦佚：同"逸"，安逸。

### 【原文】

非独国有染也，士亦有染。其友皆好仁义，淳谨畏令，则家日益，身日安，名日荣，处官得其理矣，则段干木、禽子、傅说之徒是也。其友皆好矜奋①，创作比周②，则家日损，身日危，名日辱，处官失其理矣，则子西、易牙、竖刀之徒是也。诗曰："必择所堪③，必谨所堪"者，此之谓也。

### 【译文】

不只是国家受到熏染，士人也会受到熏染。他的朋友都爱好仁义，都淳朴谨慎，畏惧法令，那么他的家族就会日益富裕，身体也日益安康，名声也日益光耀，居官治政也合乎正道，如段干木、禽子、傅说等人就是这样。如果他的朋友都喜欢骄傲自大，兴风作浪，结党营私，那么他的家族就日益受损，自身也日益危险，名声也日益降低，居官从政失去正道，如子西、易牙、竖刀等人就是这样。《诗经》上说："一定要选好染料"，说的就是这个意思。

### 【注释】

①矜奋：以勇气自恃；骄傲自大。②创作比周：兴风作浪，乱结私党。比周，结党营私。③堪：当为"湛"，通"渐"，漫染之意。

### 【评析】

本篇一开始墨子将人君比作丝，将臣比作染料。有良臣辅佐则"染当"，"染当"则顺天理而行，顺天理而行则可"功名蔽天下"。墨子的"君臣"思想可以说开中国政治思想史的先河。中国儒家强调"君君，臣臣，父父，子子"，法家更是"君为臣纲"，而墨子特别强调为人臣者的作用。墨子的这一思想与他的尚贤思想有密切关系，其进步性是无疑的。紧接着墨子强调择友的重要性，如果其友"皆好仁义，淳谨畏令"，则"家日益，身日安，名日荣，处官得其理矣"；如果其友"皆好矜奋，创作比周"，则"家日损，身日危，名日辱，处官失其理矣"。这说明一个人只有交到好的朋友，得到好的影响，那么他的前景才是美好的。这也说明人所处的环境的重要性。

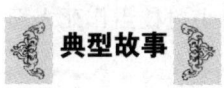

孟母三迁

现实中，人与人的交往构成了纷繁复杂的社会关系，每个身处其中的人都会受到种种环境的影响。谈到这一问题，我们自然会想起西晋思想家傅玄曾说过：

"近朱者赤,近墨者黑。"这句话现在常用来比喻经常与优秀人才一起交往,自己也会向好的方向发展,反之亦然。的确,生活中,我们都会在不经意间接受来自环境的一些潜移默化的影响,从而不知不觉地改变了自己的品行。古往今来,有许多真实的事例可以说明这一点。

孟子是战国时期的大思想家。孟子名轲,从小丧父,全靠母亲倪氏一人日夜纺纱织布,挑起生活重担。倪氏是个勤劳而有见识的妇女,她希望自己的儿子读书上进,早日成才。但小时候的孟轲天性顽皮好动,不想刻苦学习。他整天跟着左邻右舍的孩子爬树捉鸟,下河摸鱼,田里偷瓜。孟母开始又骂又打,什么办法都用尽了,还是不见效果。她后来一想:儿子不好好读书,与附近的环境不好有关,于是就找了一处邻居家没有贪玩的小孩的房子,第一次搬了家。

但搬家以后,孟轲还是坐不住。一天,孟母到河边洗衣服,回来一看,孟轲又脚底板揩了油。孟母心想,这周围又没有小孩,他又会到哪里去呢？找到邻居院子里,见那儿支着个大炉子,几个满身油污的铁匠师傅在"叮叮当当"地打铁。孟轲正在院子的角落里,用砖块做铁砧,用木棍做铁锤,模仿着铁匠师傅的动作,玩得正起劲呢！孟母一想,这里环境还是不好,于是又搬了家。

这次她把家搬到了荒郊野外,周围没有邻居,门外是一片坟地。孟母想,这里再也没有什么东西吸引儿子了,他总会用心念书了吧！但转眼间,清明节来了,坟地里热闹起来,孟轲又溜了出去。他看到一溜穿着孝服的送葬队伍,哭哭啼啼地抬着棺材来到坟地,几个精壮小伙子用锄头挖出墓穴,把棺材埋了。他觉得挺好玩,就模仿着他们的动作,也用树枝挖开地面,认认真真地把一根小树枝当作死人埋了下去。直到孟母找来,才把他拉回了家。

孟母第三次搬家了。这次的家隔壁是一所学堂,有个胡子花白的老师教着一群大大小小的学生。老师每天摇头晃脑地领着学生念书,那拖腔拖调的声气就像唱歌,调皮的孟轲也跟着摇头晃脑地念了起来。孟母以为儿子喜欢念书了,高兴得很,干脆拿了两条干肉做学费,把孟轲送去上学。

可是有一天,孟轲又逃学了。孟母知道后伤透了心。等孟轲玩够了回来,孟母

问他:"你最近书读得怎么样?"孟轲说:"还不错。"孟母一听,气极了,骂道:"你这不成器的东西,逃了学还有脸撒谎骗人!我一天到晚苦苦织布为了什么!"说着,揪着他的耳朵拖到织布机房,抄起一把雪亮的剪刀,"哗"的一声,把织机上将要织好的布全剪断了。

孟轲吓得愣住了,不明白母亲为什么这样做。孟母把剪刀一扔,厉声说:"你贪玩逃学不读书,就像剪断了的布一样,织不成布;织不成布,就没有衣服穿;不好好读书,你就永远成不了人才。"

这一次,孟轲心里真正震动了。他思考了很久,终于明白了其中的道理,从此专心读起书来。由于他天资聪明,后来又专门跟孔子的孙儿子思学习,终于成了儒家学说的主要代表人物。

至此,我们已经可以看出环境对人的影响之大了。古时孟母三迁,正是由于深谙"近朱者赤,近墨者黑"的道理。因此在与人的交往中,我们应该学会明辨是非,尽量做到"交益友而不交损友",不断提高修养,增长才干,做一个德才兼备的人。

# 法 仪

**【题解】**

墨子开章明义指出:"天下从事者,不可以无法仪。"法仪是什么呢?"无法仪而其事能成者,无有也。"可见,墨子所谓法仪是成事所依的规律。同时他的这句话也正好印证了"无规矩不成方圆"这一俗语。因此,要想成就一番事业,就必须要有所约束。

**【原文】**

子墨子曰:"天下从事者,不可以无法仪;无法仪而其事能成者,无有也。虽至士之为将相者,皆有法;虽至百工①从事者,亦皆有法。百工为方以矩,为圆以规,直以绳,正以县②。无巧工、不巧工,皆以此五者为法。巧者能中之,不巧者虽不能中,放③依以从事,犹逾己。故百工从事,皆有法所度。今大者治天下,其次治大国,而无法所度,此不若百工辩④也。"

**【注释】**

①百工:西周时指工奴,泛指手工业工人,各种工匠。②县:即"悬"的本字,用绳悬一重物以测定垂直的工具。③放:通"仿",放依:仿效。④辩:聪明。

**【译文】**

墨子说:"天下做事情的人,不能没有法则。没有法则而把事情办成的,是没有的。即使很高明的士人做了将相,也都有一定的法则;即使是从事于各种行业的工匠,也都有自己的法则。工匠们用矩画方形,用圆规画圆形,用墨绳画直线,用悬垂的方法测定偏正。不论是能工巧匠还是一般的工匠,都是以这五种方法为法则。能工巧匠做得非常合适,一般的工匠虽然不能这么合适,但仿照这个法则去做,还是要胜过自己凭直觉去做。所以工匠干活,都有法则可以衡量。现在大到治理天下,其次治理一个国家,却没有法则可以遵循,在这个意义上可以说,天下和国家的管理者还不如工匠聪明。"

**【原文】**

然则奚以为治法而可?当皆法其父母,奚若?天下之为父

**【译文】**

那么,用什么来作为治理国家的法则才合适呢?如果都效法自己的父母,怎么样?天下做

母者众,而仁者寡。若皆法其父母,此法不仁也。法不仁,不可以为法。当皆法其学,奚若?天下之为学者众,而仁者寡。若皆法其学,此法不仁也。法不仁,不可以为法。当皆法其君,奚若?天下之为君者众,而仁者寡。若皆法其君,此法不仁也。法不仁,不可以为法。故父母、学、君三者,莫可以为治法。

**【原文】**

然则奚以为治法而可?故曰:莫若法天。天之行广而无私,其施厚而不德①,其明久而不衰,故圣王法之。既以天为法,动作有为,必度于天。天之所欲则为之,天所不欲则止。然而天何欲何恶者也?天必欲人之相爱相利,而不欲人之相恶相贼也。奚以知天之欲人之相爱相利,而不欲人之相恶相贼也?以其兼而爱之,兼而利之也。奚以知天兼而爱之、兼而利之也?以其兼而有之、兼而食之也。今天下无大小国,皆天之邑也。人无幼长贵贱,皆天之臣也。此以莫不犓②羊,豢犬猪,絜为酒醴③粢盛④,以敬事天。此不为兼而有之、兼而食之邪?天苟兼而有食之,夫奚说以不欲人之相爱相利也?故曰:"爱人利

**【译文】**

父母的很多,但仁爱的人很少。如果大家都效法自己的父母,这就是效法不仁。效法不仁,这自然不可以作为法则。如果大家都效法自己的老师,怎么样?天下做老师的很多,但其中仁爱的人却很少。如果大家都效法自己的老师,这就是效法不仁。效法不仁,自然不可以作为法则。如果大家都效法自己的国君,怎么样?天下做国君的人很多,但仁爱的人很少。如果大家都效法自己的国君,这就是效法不仁。效法不仁,这自然不可以作为法则。所以父母、老师和国君三者,都不可以作为治理国家的法则。

那么,用什么作为治理国家的法则才可以呢?所以说:不如效法天。天的品行博大无私,它施恩深厚却不自认为有功德,它永久光明而长久不衰,所以圣王都效法它。既然以天为法则,那么所作所为就一定要以天理来衡量。天所希望的就去做,天所不希望的就不做。那么天喜欢什么不喜欢什么呢?天肯定希望人们之间相互友爱、相互帮助,而不希望人相互憎恨、相互残害。怎么知道天希望人相爱相利,而不希望人相互憎恨和残害呢?这是因为天对所有的人都关爱,对所有的人都有利。怎么知道天对所有的人都关爱,对所有的人都有利呢?因为天容纳了所有的人,供养了所有的人。现在天下不论大国小国,都是天的城邑。人不论长幼贵贱,都是天的臣民。因此没有人不饲养牛羊、养猪狗,准备干净丰盛的好酒和祭品,恭敬地祭奠上天,这不就是上天容纳所有的人,供养所有的人吗?天既然容纳和供养了所有的人,怎么能说不希望人们互相关爱互相帮助呢?所以说:"爱别人、帮助别人的人,上天必定会赐福给他;厌恶和残害别人的人,上天必定会降祸给他。"因此说:"杀害无

人者,天必福之;恶人贼人者,天必祸之。"曰:"杀不辜者,得不祥焉。"夫奚说人为其相杀而天与祸乎?是以知天欲人相爱相利,而不欲人相恶相贼也。

辜的人,会得到不祥的后果。"怎么解释人们之间相互残杀,上天就降祸给他们呢?这是因为知道上天希望人相互友爱相互帮助,而不希望人们相互憎恨相互残害。

**【注释】**

①不德:不自居功德。②刍(chú):谓饲养牲畜。③酒醴(jiǔ lǐ):酒和醴。亦泛指各种酒。④粢盛(zī chéng):古代盛在祭器内以供祭祀的谷物。

**【原文】**

昔之圣王禹汤文武,兼爱天下之百姓,率以尊天事鬼。其利人多,故天福之,使立为天子,天下诸侯,皆宾事之。暴王桀纣幽厉,兼恶天下之百姓,率以诟天侮鬼。其贼人多,故天祸之,使遂失其国家,身死为僇于天下。后世子孙毁之,至今不息。故为不善以得祸者,桀纣幽厉是也。爱人利人以得福者,禹汤文武是也。爱人利人以得福者,有矣!恶人贼人以得祸者,亦有矣!

**【译文】**

古代的圣王夏禹、商汤、周文王、周武王,关爱天下所有的百姓,带领他们尊崇上天、侍奉鬼神。他们给人们带来的利益多,所以上天就赐福给他们,让他们成为天子,天下的诸侯,都恭敬地服从他们。暴虐的君王夏桀、商纣、周幽王、周厉王,憎恶天下的百姓,带领他们咒骂上天、侮辱鬼神。他们残害的人多,所以上天就降祸给他们,使他们丧失了国家,身遭杀戮,还要受天下人的羞辱。后代子孙责骂他们,到现在还没有停止。所以,因为做坏事而得祸害的,夏桀、商纣、周幽王、周厉王就是这类人。关爱别人、帮助别人而得福的,夏禹、商汤、周文王、周武王就是这类人。关爱别人、帮助别人而得福的人有,憎恨人、残害人而得祸的人也有。

**【评析】**

任何事物都是相对的。墨子通过对古代圣王和暴君的对比,来说明"爱人利人"即可得福,"恶人贼人"必然招祸。墨子认为,天子、诸侯要想治理天下,首要的就是以天为法,顺应天意,不能违背天理。而所谓天意,实际上就是墨家学派所主张的兼爱兼利原则,这是墨子思想中最为重要的部分,他认为兼爱是治理国家的根本,一切祸乱、战事都起于不相爱。墨子思想中的兼爱是贯穿本书始终的,一切都以兼爱为根本。他所提倡的兼爱是无等级的爱。

## 赵绰依法办事

隋文帝统一全国以后,采取了各种巩固统治的措施,像改革官制兵制,建立科举制度,选用办事能干的官员,严办贪官污吏。经过他的一番整顿改革,政局稳定,社会经济出现了繁荣的景象。

隋文帝还派人修订刑律,废除了一些残酷的刑罚。这本来是件好事,但是隋文帝本人就不完全按照这个刑律办事,往往一时气愤,不顾刑律规定,随便下令杀人。

这种情形,叫大理(管理司法的官署)的官员很为难。大理少卿赵绰觉得维护刑律是他的责任,常常跟隋文帝顶撞起来。

隋文帝曾经下令禁止使用不合标准的钱币。有一次,大兴(隋朝的都城名,今陕西西安市)大街上有人拿次币换好币,被人发现了,捉到衙门里。这件事让隋文帝得知了,隋文帝听说有人竟敢违反他下的禁令,一气之下,就下令把换钱的两个人统统砍头。

赵绰接到命令,赶忙进宫求见隋文帝。他对隋文帝说:"这两个人犯了禁令,按刑律只能打板子,不该处死。"

隋文帝不耐烦地说:"这是我下的命令,不干你的事。"

赵绰说:"陛下不嫌我愚笨,叫我充当大理官员。现在遇到不依刑律杀人的情况,怎么能说跟我没关系呢?"

隋文帝气冲冲地说:"你想撼动大树吗?撼不动你就走开吧!"

赵绰说:"我只是想劝说陛下改变主意,谈不上想撼动大树。"

隋文帝又说:"你想触犯天子的威严吗?"

赵绰不管隋文帝怎样威吓,还是坚持自己的意见。隋文帝怎样骂他赶他,他也不走。隋文帝没法,很不高兴地进内宫去了。

后来,由于别的官员也上奏章谏阻,隋文帝终于取消了杀人的命令。

又有一次,官员辛亶被人告发搞不法的迷信活动。隋文帝又命令大理把辛亶处死。

赵绰上朝对隋文帝说:"辛亶没有死罪,我不能接受这个命令。"

隋文帝气得浑身发抖,说:"你想救辛亶,就没有你自己的命。"说着,喝令左右侍从把赵绰拉下殿去。

赵绰面不改色,说:"陛下可以杀我,但是不该杀辛亶。"

左右侍从真的把赵绰扭下朝堂,剥了他的官服,摘掉他的官帽,准备处斩。这时候,隋文帝也想到杀赵绰太没道理,就派人跟赵绰说:"你还有什么话说?"

赵绰跪在地上,挺直了腰说:"臣一心执法,不怕一死。"

隋文帝并不真想杀赵绰,磨蹭了一阵子,气也平了。他想赵绰能忠于执法,毕竟是有利于他的统治的,就把赵绰放了,过了一天,还派人慰问了赵绰。

# 七 患

**【题解】**

墨子提出的七患中,涉及军事、外交、财政等治国问题,主要讲了君臣关系。为人臣者不能只顾自己的俸禄,要抱有忠君报国的精神。君在择臣时要做到疑者不信,信者不疑。君要赏罚得当,达到赏罚的效果。

**【原文】**

子墨子曰:国有七患。七患者何?城郭沟池不可守而治宫室,一患也;边国至境,四邻莫救,二患也;先尽民力无用之功,赏赐无能之人,民力尽于无用,财宝虚于待客,三患也;仕者持禄,游者爱佼①,君修法讨臣,臣慑而不敢拂,四患也;君自以为圣智而不问事,自以为安强而无守备,四邻谋之不知戒,五患也;所信者不忠,所忠者不信,六患也;蓄②种菽粟不足以食之,大臣不足以事之,赏赐不能喜,诛罚不能威,七患也。以七患居国,必无社稷;以七患守城,敌至国倾。七患之所当,国必有殃。

**【注释】**

①佼:通"交",交接,交游。②蓄:储存,积蓄。

**【译文】**

墨子说:国家有七种祸患。这七种祸患是什么呢?都城的内外城郭和护城河的工事还不足以防守,却去大肆修建宫殿,这是第一种祸患;敌国军队打到自己的国境,四面邻国都不愿来救援,这是第二种祸患;把百姓的力量都耗尽在无用的事情上,又赏赐没有什么能力的人,民力都耗费在这些没用的事情上,国家的财物宝货虚耗于送往迎来的待客上,这是第三种祸患;做官的人只求保住俸禄,游学未仕的人只顾结交朋友,国君修订法律以惩罚臣子,臣子畏惧而不敢违逆,这是第四种祸患;国君自以为神圣聪明而不过问国事,自以为国家安稳强盛而不做防御,四面邻国在图谋攻打他却不知道戒备,这是第五种祸患;所信任的人不忠实,而忠诚的人却不被信任,这是第六种祸患;储存和种植的粮食不够吃,大臣不能胜任国事,赏赐不能使人高兴,惩罚不能使人畏惧,这是第七种祸患。治国若存在这七种祸患,国家一定会灭亡;守城若存在这七种祸患,敌军一到国家就会倾覆。七种祸患存在于哪个国家,哪个国家一定会遭殃。

【原文】

凡五谷者，民之所仰也，君之所以为养也。故民无仰，则君无养。民无食，则不可事。故食不可不务也，地不可不力也，用不可不节也。五谷尽收，则五味尽御于主，不尽收则不尽御。一谷不收谓之馑，二谷不收谓之旱，三谷不收谓之凶，四谷不收谓之馈①，五谷不收谓之饥。岁馑，则仕者大夫以下皆损禄五分之一；旱，则损五分之二；凶，则损五分之三；馈，则损五分之四；饥，则尽无禄，禀食②而已矣。故凶饥存乎国，人君彻鼎食③五分之五④，大夫彻县⑤，士不入学，君朝之衣不革制；诸侯之客，四邻之使，雍食⑥而不盛；彻骖騑⑦，涂不芸⑧，马不食粟，婢妾不衣帛，此告不足之至也。

【注释】

①馈：通"匮"，缺乏。②禀食：赐给粮食吃。③鼎食：列鼎而食。指世家大族的豪奢生活。鼎，古代烹煮用的器物，一般是三足两耳。④五分之五：译作"五分之三"。⑤县：通"悬"，此指钟磬等悬挂的乐器。⑥雍食：犹饔飧。早餐和晚餐。雍，通"饔"。⑦骖騑(cān fēi)：驾在服马两侧的马。⑧涂不芸：不整修道路。

【译文】

五谷，是人们所赖以生存的必需品，也是国君用来养活自己和民众的。所以如果百姓失去生存的依赖，国君也就没有了供给。百姓没有粮食，就不能供君主役使。所以，粮食生产不能不努力去做，田地不能不尽力耕作，粮食的使用不可不节俭。五谷都丰收了，那么五味就可以都能让国君吃到。如果粮食不是全部丰收，那么国君就不能全部吃到。一谷不收叫作馑，二谷不收叫作旱，三谷不收叫作凶，四谷不收叫作匮，五谷不收叫作饥。遇到馑年，做官的自大夫以下都减去俸禄的五分之一；遇到旱年，就减去俸禄的五分之二；遇到凶年，就减去俸禄的五分之三；遇到匮年，就减去俸禄的五分之四；遇到饥年，就全部没有俸禄，只供给粮食吃。所以一个国家遇到凶饥之年，国君就减去鼎食的五分之三，大夫撤去悬挂的乐器，读书人不去上学，国君上朝的衣服不再做新的，诸侯派来的宾客，邻国的使者，早餐和晚餐招待的宴礼不铺张，将车驾两侧的马撤去，道路不加整修，马不喂养粮食，婢妾不穿丝织的衣服，这些表明国家匮乏已经到极点了。

【原文】

今有负其子而汲者，队①其子于井中，其母必从而道②之。今岁凶，民饥，道饿，重其子此疚于队，其可无察邪！故时年岁善，则

【译文】

现在有一人背着孩子到井边打水，不小心将孩子掉到井中，孩子的母亲一定会拉他上来。现在遇到荒年，百姓饥饿，路上有饿死的人，这种情况比孩子掉入井中更为严重，难道可以忽

民仁且良;时年岁凶,则民吝且恶。夫民何常此之有!为者疾,食者众,则岁无丰。故曰:"财不足则反之时,食不足则反之用。"故先民以时生财,固本而用财③,则财足。

**【注释】**

①队:通"坠"。②道:通"导",导引,牵引。③用财:节用。

视这种局面吗?所以在年成好的时候,老百姓就仁慈善良;年成遇到凶灾,老百姓就吝啬并且凶恶。百姓的性情哪里能长久不变呢?从事生产的人少了,吃饭的人多了,那么就不可能有丰收的年头。因此,古代贤人按农时生产财富,巩固农业这个根本,节省开支,财用自然就充足。

**【原文】**

故虽上世之圣王,岂能使五谷常收而旱水不至哉!然而无冻饿之民者,何也?其力时急而自养俭也。故《夏书》曰:"禹七年水。"《殷书》曰:"汤五年旱。"此其离①凶饿甚矣,然而民不冻饿者,何也?其生财密,其用之节也。故仓无备粟,不可以待凶饥;库无备兵,虽有义不能诛无义。城郭不备全,不可以自守;心无备虑,不可以应卒②,是若庆忌③无去之心,不能轻出。夫桀无待汤之备,故放④;纣无待武之备,故杀。桀纣贵为天子,富有天下,然而皆灭亡于百里之君者,何也?有富贵而不为备也。故备者,国之重也。食者,国之宝也。兵者,国之爪也;城者,所以自守也;此三者,国之具也。

**【译文】**

所以,即使是古代的圣王,哪能使五谷常获丰收,并且水旱之灾不降临呢?但是那时却没有受冻挨饿的人,这是为什么呢?这时因为他们努力按农时耕种而自奉俭朴。所以《夏书》记载说:"大禹时有七年水灾。"《殷书》记载说:"汤时有五年旱灾。"那时遭受的饥荒就极为严重了,但老百姓却没有受冻挨饿,这是为什么?就是因为他们生产的财物丰足,而使用时很节俭。所以,粮仓中没有储备的粮食,就不能应对饥荒;兵库中没有储备的兵器,即使是正义的也不能去征讨不正义的;城郭的防备不完善,就不能防守;心中没有长远的考虑,就不能应付突发的变故。这就好像庆忌没有逐走要离之意,就不可轻易出走。夏桀没有对付商汤的准备,所以被流放;商纣王没有对付周武王的准备,所以被杀。桀和纣虽贵为天子,富有天下,但却都被方圆仅百里的小国之君所灭,这是为什么呢?是因为他们虽然富贵,但都不加防备。所以说防备是国家最重要的事情。粮食是国家的宝物;兵器是国家的爪牙;城郭是用来自我守卫的,这三者是治理国家的工具。

【注释】

①离:通"罹",遭受。②卒:通"猝"。③庆忌:春秋时吴国人,吴王僚的儿子。吴王阖闾杀了吴王僚,夺得王位。他十分惧怕吴王僚的儿子庆忌为父报仇,就派刺客要离投奔庆忌并骗取了信任,并把庆忌骗出卫国后将其刺死。④放:据说桀被商汤打败后,被流放到南方的南巢。

【原文】

故曰以其极赏①,以赐无功;虚其府库,以备车马、衣裘、奇怪;苦其役徒,以治宫室观乐;死又厚为棺椁,多为衣裘。生时治台榭,死又修坟墓。故民苦于外,府库单②于内,上不厌③其乐,下不堪其苦。故国离寇敌则伤,民见凶饥则亡,此皆备不具之罪也。且夫食者,圣人之所宝也。故《周书》曰:"国无三年之食者,国非其国也;家无三年之食者,子非其子也。"此之谓国备。

【译文】

所以说,用最高的奖赏,去赏赐给没有功劳的人;耗尽国库中的贮藏,用以置备车马、衣裘和稀奇古怪之物;让奴隶劳苦不堪,去建造宫室和观赏游乐的建筑;死后又做厚重的棺椁,做很多陪葬衣服。活着时修亭台楼榭,死后又修造坟墓。因此,老百姓在外受苦,里边的国库耗尽,上面的君主不满足其享受,下面的民众不堪忍受其苦难。所以,国家一遇敌寇就受损伤,百姓遇到饥荒就会死亡,这都是防备不周全的罪过啊!况且,粮食也是圣人所宝贵的。所以《周书》上说:"国家没有储备三年的粮食,国家就不是他的国家了;家庭没有储备三年的粮食,子女就不是他的子女了。"这就叫作国家的根本储备。

【注释】

①极赏:最高奖赏。②单:通"殚",耗尽。③厌:通"餍",满足。

【评析】

墨子自称自己是"上无君上之事,下午耕农之难"。所以他不属于贵族阶级,但他也不是直接从事生产的小农或手工业者。正是他的这种特殊的身份,使他认识到一个国家最重要的是粮食的生产。一个国家要想长久不衰,就必须避免这七种祸患,而这七种祸患中,最重要的还是粮食。

《周书》曰:"国无三年之食者,国非其国也;家无三年之食者,子非其子也。"此之谓国备。从中可以看出一个国家的强盛,粮食的储备是最重要的。统治者只有减少劳动人民的负担,在灾荒之年有饭吃不至于饿死,百姓们才会感谢他们,才会更加顺从他们,这样,国家治理起来才容易。也就是说,只有预防上述七种祸患,才是治理国家之道。

## 用人不疑

"任人之道,要在不疑。宁可艰于择人,不可轻任而不信。"任何时候,人才都是胜利的决定性因素。选准了,就要信任他,放手使用他。不疑的前提是知人。多疑的人便会轻信人言而疑忌他人,常常产生误会,从而与他人离心离德,贻误大局,而开明的君主用人不疑,使谋臣忠于内,将帅战于外,都能尽心竭力,报效朝廷。

东汉末年,天下大乱,诸葛亮于隆中躬耕陇亩,后经刘备"三顾茅庐"出山为其所用;其兄诸葛瑾,避乱江东,经孙权妹婿弘咨荐于孙权,受到礼遇。初为长史,后为南郡太守,再后为大将军,领豫州牧。

诸葛瑾受到重用,引起了一些人的嫉妒,背后中伤他明保孙吴,暗通刘备,实际上是被他弟弟诸葛亮所用的。一时间谣言四起,满城风雨。孙吴名将陆逊善明是非,他听说后非常震惊,当即上表保奏,声明诸葛瑾心胸坦荡,忠心事吴,根本没有不忠之事,恳请孙权不要听信谗言,应该消除对他的疑虑。

孙权说道:"子瑜与我共事多年,恩如骨肉,彼此也了解得十分透彻。对于他的为人,我是知道的,不合道义的事不做,不合道义的话不说。刘备从前派诸葛亮来东吴的时候,我曾对子瑜说过:'你与孔明是亲兄弟,而且弟弟应随兄长,在道理上也是顺理成章的,你为什么不把他留下来,他不敢违背兄意,我也会写信劝说刘备,刘备也不会不答应。'当时子瑜回答我说:'我的弟弟诸葛亮已投靠刘备,应该效忠刘备;我在你手下做事,应该效忠于你。这种归属决定了君臣之分,从道义上说,都不能三心二意。我兄弟不会留在东吴,如同我不会到蜀汉去是一个道理'。"这些话,足以显示出他的高贵品格,哪能出现那种流传的事呢?子瑜是不会负我的,我也不会

负子瑜。前不久,我曾看到那些文辞虚妄的奏章,当场便封起来派人交给子瑜,我并写了一封亲笔信给子瑜,很快就得到了他的回信。他的信中论述了天下君臣大节自有一定名分的道理,使我很受感动。可以说,我和子瑜已经是情投意合,而又是相知有素的朋友,绝不是外面那些流言蜚语所能挑拨得了的。我知道你和他是好朋友,也是对我一片真情实意。这样,我就把你的奏表封好,像过去一样,也交给子瑜去看,也好让他知道你的一片良苦用心。

# 辞 过

**【题解】**

《辞过》的主旨与《节用》篇相同，都是为了批判国君的奢侈浪费，享乐腐化，同时提倡国君要从俭入手。对于一个国家来说，国君的作用是不可忽视的，就像《所染》篇中所提倡的一个人只有受到好的影响，这个人才能功成名就，这并仅仅是对于国君而言的。同样的，国君对下面的臣子也是一样。如果这个国家的君主是一个圣明的君主，那么下面的臣子也会如此。

**【原文】**

子墨子曰：古之民，未知为宫室时，就陵阜①而居，穴而处，下润湿伤民，故圣王作为宫室。为宫室之法，曰室高足以辟润湿，边足以圉风寒，上足以待雪霜雨露，宫墙之高，足以别男女之礼，谨此则止。凡费财劳力，不加利者，不为也。是故圣王作为宫室，便于生，不以为观乐也。故节于身，诲于民，是以天下之民可得而治，财用可得而足。当今之主，其为宫室，则与此异矣。必厚作敛于百姓，暴夺民衣食之财，以为宫室，台榭曲直之望、青黄刻镂之饰。为宫室若此，故左右皆法象②之，是以其财不足以待凶饥、振③孤寡，故国贫而民难治也。君欲实天下之治而恶其乱也，当为宫室，不可不节。

**【译文】**

墨子说：远古的百姓还不知道建造房屋时，就依靠着山岗居住，或住在洞里面。地下潮湿对人有害，所以圣王开始建造宫室。建造房屋的方法是：地基的高度足以避免潮湿，四面墙壁足以抵御风寒，上面的屋顶足以挡住雪霜雨露，宫墙的高度足以使男女符合礼仪而分割开来，只要做到这些就行了。凡是劳民伤财，没有更多好处的事，是不会做的。所以圣王制造房屋，只为方便生活，并不是为了观赏和娱乐。因此，圣王自身节俭，并教导百姓，因而天下的百姓得以治理，财用得以满足。现在的君主，他们修建宫室却与此不同。他们必定要向百姓横征暴敛，强夺民众的衣食之资来营造宫室，增加宫室台榭那曲折回环的观赏性、雕梁画栋的装饰性。建造宫室就是这样，身边的人都效仿他，因此国家的财物不能应付饥荒，救济孤寡之人，所以国家贫穷，百姓难以治理。国君如果真的希望天下得到治理而不愿出现动乱，那么在修建宫室时，就不能不节俭。

**【注释】**

①就陵阜：依傍山冈。就，凭借。②法象：效仿，效法。③振：通"赈"，救济。

**【原文】**

古之民未知为衣服时，衣皮带茭①，冬则不轻而温，夏则不轻而清。圣王以为不中人之情，故作，诲妇人治丝麻，捆②布绢，以为民衣。为衣服之法：冬则练帛之中，足以为轻且暖；夏则絺绤③之中，足以为轻且清，谨此则止。故圣人之作，为衣服带履，便于身，不以为辟怪也。为衣服，适身体，和肌肤而足矣，非荣耳目而观愚民也。故民衣食之财，家足以待旱水凶饥者，何也？得其所以自养之情，而不感于外也。是以其民俭而易治，其君用财节而易赡也。府库实满，足以待不然；兵革不顿，士民不劳，足以征不服。故霸王之业可行于天下矣。当今之主，其为衣服，则与此异矣，冬则轻煗④，夏则轻清，皆已具矣，必厚作敛于百姓，暴夺民衣食之财，以为锦绣文采靡曼⑤之衣，铸金以为钩，珠玉以为珮，女工作文采，男工作刻镂，以为身服，此非云益煗之情也。单⑥财劳力，毕归之于无用也，以此观之，其为衣服，非为身体，皆为观好，是以其民淫僻而难治，其君

**【译文】**

远古的百姓还不知道做衣服时，披着兽皮，用草绳当腰带，冬天不轻软又不温暖，夏天不轻便又不凉爽。圣王认为这样不符合人们的需要，所以开始教妇女治丝麻、编织布匹，用来做人们的衣服。制造衣服的原则是：冬天用素色的棉做中衣，足以达到轻便和温暖；夏天用葛布做中衣，足以达到轻便和凉爽，这样就可以了。所以圣人制作衣服、腰带和鞋子，只是为了便于身体，不是为了着装怪异。制作衣服，只要与身体合适，使肌肤舒适就够了，并不是让人观赏，听人赞叹来愚弄百姓的。所以百姓除了穿衣吃饭的费用，家家的储备都足以应对旱灾和水灾，这是为什么呢？因为他们懂得自己供养自己的道理，而不受外界事物的诱惑。所以那时的百姓节俭而容易治理，国君使用财力很有节制而容易供养。国家的府库充实，足以应付各种突发的事件。武器、兵甲不损坏，兵士、百姓不疲劳，就足以征讨不肯臣服的诸侯，所以可以在天下实现帝王的霸业。现在的君主，他们制造衣服却与此不同。冬天的衣服轻便而暖和，夏天的衣服轻便而凉爽，这都已经具备了，他们还一定要向百姓横征暴敛，粗暴地夺取百姓穿衣吃饭的钱，用来做锦绣华丽的衣服，用黄金做成衣带钩，拿珠玉做成佩饰，女工做刺绣，男工做雕刻，用来制作身上的穿戴。但这并不益于温暖，劳民伤财，结果全部用在没用的地方。由此看来，他们做衣服，不是为了身体，都是为了炫耀好看。因此百姓奢侈邪僻而难以治理，国君也都奢侈

奢侈而难谏也。夫以奢侈之君御好淫僻之民,欲国无乱不可得也。君实欲天下之治而恶其乱,当为衣服,不可不节。

而难以进谏。以奢侈的国君去统治奢侈邪僻的百姓,想要国家不乱,是不可能的。国君确实希望天下治理好而不发生动乱,那么制作衣服时,就不可不节俭。

**【注释】**

①茭(jiāo):草绳。②捆(kǔn):这里是编织的意思。③绨绤(chī xì):葛布的统称。葛之细者曰绨,粗者曰绤。引申为葛服。④煖(nuǎn):同"暖"。轻煖:轻便暖和。⑤靡曼:亦作"靡嫚"。华美,华丽。⑥单:通"殚",尽。

**【原文】**

古之民未知为饮食时,素食①而分处。故圣人作,诲男耕稼树艺,以为民食。其为食也,足以增气充虚,强体养腹而已矣。故其用财节,其自养俭,民富国治。今则不然,厚作敛于百姓,以为美食刍豢,蒸炙鱼鳖,大国累百器②,小国累十器,前方丈,目不能遍视,手不能遍操,口不能遍味,冬则冻冰,夏则饐馀③。人君为饮食如此,故左右象之,是以富贵者奢侈,孤寡者冻馁,虽欲无乱,不可得也。君实欲天下治而恶其乱,当为食饮,不可不节。

**【译文】**

远古的百姓还不知道熟食时,都吃生食,并分散居住。所以圣人就教导男人从事耕耘栽种,用来作为百姓的粮食。他们所做的食物,只求补气益虚、强身饱腹就够了。所以他们用财节省,自己的生活也很节俭,百姓富足,国家安定。现在却不是这样,国君向百姓横征暴敛,用来享受美味的牛羊,蒸烤的鱼鳖,大国国君的菜桌上有上百样的菜,小国国君的菜桌上也有上十样的菜,摆在前面一丈见方的地方,眼睛不能全部看遍,手不能全部拿遍,嘴也不能全尝遍。吃不完的食物冬天结冻,夏天腐烂。国君饮食如此,所以身边的人都效法他。因此富贵的人奢侈,孤寡的人挨冻受饿。虽然不希望国家混乱,也是不可能的。国君确实希望天下治理好而不发生混乱,那么在饮食方面,就不可不节俭。

**【注释】**

①素食:谓人类未知熟食以前食草木之实。②累百器:指有上百样的菜肴。③饐馀(yì):指食品变质。馀,食物腐败发臭。

【原文】

古之民未知为舟车时，重任不移，远道不至，故圣王作为舟车，以便民之事。其为舟车也，全固轻利，可以任重致远，其为用财少，而为利多，是以民乐而利之。故法令不急而行，民不劳而上足用，故民归之。当是之时，坚车良马不知贵也，刻镂文采不知喜也。何则？其所道之然。当今之主，其为舟车，与此异矣，全固轻利皆已具，必厚作敛于百姓，以饰舟车。饰车以文采，饰舟以刻镂。女子废其纺织而修文采，故民寒；男子离其耕稼而修刻镂，故民饥。人君为舟车若此，故左右象之，是以其民饥寒并至，故为奸邪。奸邪多则刑罚深，刑罚深则国乱。君实欲天下之治而恶其乱，当为舟车，不可不节。

【译文】

远古的时候，百姓还不会制造船和车时，沉重的东西无法搬运，远的地方也到不了。所以圣人就教百姓制造船和车，用来方便百姓办事。他们制造船和车，只要求坚固轻便，可以运载重物到远处。因为花的费用少，而得到的利益多，所以百姓喜欢并觉得很便利。因此法令不用催促也能实行，百姓不用劳苦而君主财用充足，所以百姓都归服。在那个时候，对于坚固的车和优良的马，人们不知道它高贵，车上有华丽的雕饰，人们也不觉得高兴，这是为什么呢？因为君王引导的缘故。现在的君主，制造船和车则与此不同。坚固轻便都已经具备了，他们必定还要向百姓横征暴敛，用以装饰船和车。用漂亮的花纹装饰车辆，用雕刻来装饰船。女子放弃纺织而去描绘花纹，所以百姓要受冻；男子放弃耕种而去从事雕刻，所以百姓要挨饿。国君这样制造船和车，所以身边的人都跟着仿效，因此他的百姓饥寒交迫，不得不做奸邪之事。奸邪之事一多，刑罚就重。刑罚重了，国家就乱了。国君确实希望天下治理好而不希望天下混乱，那么制造船和车时，就不可不节俭。

【原文】

凡回于天地之间，包于四海之内，天壤之情，阴阳之和，莫不有也，晏至圣不能更也。何以知其然？圣人有传：天地也，则曰上下；四时也，则曰阴阳；人情也，则曰男女；禽兽也，则曰牝牡雌雄也。真天壤之情，虽有先王不能更也。虽上世至圣，

【译文】

凡是生存在天地之间，包容在四海之内的一切事物，天地之情，阴阳调和，没有一样不是原有的，即使是最圣明的人也不能更改。怎么知道是这样的呢？圣人书上说：天地分为上下；四时分为阴阳；人分为男女；禽兽分为牝牡雌雄。这确实是天地间的真实情况，即使有先代贤王也不能更改。虽然是上古时代的圣人，也一定蓄养侍妾，但不因此而损害其品行，所以

蓄私，不以伤行，故民无怨。宫无拘女，故天下无寡夫。内无拘女，外无寡夫，故天下之民众。当今之君，其蓄私也，大国拘女累千，小国累百，是以天下之男多寡无妻，女多拘无夫，男女失时，故民少。君实欲民之众而恶其寡，当蓄私不可不节。

人民没有怨言。宫中没有拘禁的女子，天下就没有鳏夫。宫城内没有拘禁女子，所以宫城外就没有鳏夫，那么天下的百姓就会多起来。现在的国君蓄养姬妾，大国拘禁女子上千，小国数百。所以天下男子多鳏夫而没有妻子，女子多遭拘禁而没有丈夫。男女错失婚嫁的时机，所以百姓减少。国君如果真想百姓增多而不希望其减少，那么养侍妾时，就不可不节制。

【原文】

凡此五者，圣人之所俭节也，小人之所淫佚也。俭节则昌，淫佚则亡，此五者不可不节。夫妇节而天地和，风雨节而五谷熟，衣服节而肌肤和。

【译文】

以上所说的五个方面，都是圣人需要节俭，小人喜欢奢侈放荡的地方。俭朴有节制就会昌盛，奢侈放荡就会灭亡，这五个方面不可不节制。夫妇生活协调，天地之间就和顺；风调雨顺，五谷就丰收；衣服合身，身体肌肤就舒适。

【评析】

这篇文章名为《辞过》，即要求国君改掉自己的过失。通过宫室、衣服、饮食、舟车、蓄私的古今鲜明对比，说明了在上古时期的圣王们一切为了人民，一切从实用出发，创造了国富民强的国家，而现今的统治者过着奢华富贵的生活，为了炫耀的自己的财富，不管百姓的死活，通过对比，强烈地批判了当时统治者的奢侈生活。从中反映了一个国家要想富强，就必须学会节制自己的奢华生活，从俭入手。

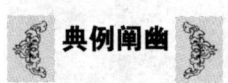

## 石崇王恺比富

晋武帝统一全国后，志满意得，完全沉湎在荒淫生活里。在他带头提倡下，朝廷里的大臣把摆阔气当作体面的事。在京都洛阳，当时有三个出名的大富豪：一个是掌管禁卫军的中护军羊琇，一个是晋武帝的舅父、后将军王恺，还有一个是散骑常侍石崇。

羊琇、王恺都是外戚，他们的权势比石崇来得大，但是在豪富方面却比不上石崇。石崇的钱到底有多少，谁也说不清。这许多钱是哪儿来的呢？原来石崇当过几年荆州刺史，在这期间，他除了加紧搜刮民脂民膏之外，还干过肮脏的抢劫勾当。有些外国的使臣或商人经过荆州地面，石崇就派部下敲诈勒索，甚至像江洋大盗一样，公开杀人劫货。这样，他就掠夺了无数的钱财、珠宝，成了当时最大的富豪。

石崇到了洛阳，一听说王恺的豪富很出名，有心跟他比一比。他听说王恺家里洗锅子用饴（音 yí）糖水，就命令他家厨房用蜡烛当柴火烧。这件事一传开，人家都说石崇家比王恺家阔气。

王恺为了炫耀自己富，又在他家门前的大路两旁，夹道四十里，用紫丝编成屏障。谁要上王恺家，都要经过这四十里紫丝屏障。这个奢华的装饰，把洛阳城轰动了。

石崇成心压倒王恺。他用比紫丝贵重的彩缎，铺设了五十里屏障，比王恺的屏障更长，更豪华。王恺又输了一次。但是他还不甘心罢休，向他的外甥晋武帝请求帮忙。晋武帝觉得这样的比赛挺有趣，就把宫里收藏的一株两尺多高的珊瑚树赐给王恺，好让王恺在众人面前夸耀一番。

有了皇帝帮忙，王恺比阔气的劲头更大了。他特地请石崇和一批官员上他家吃饭。宴席上，王恺得意地对大家说："我家有一件罕见的珊瑚，请大家观赏一番怎么样？"

大家当然都想看一看。王恺命令侍女把珊瑚树捧了出来。那株珊瑚树有两尺高，长得枝条匀称，色泽粉红鲜艳。大家看了赞不绝口，都说真是一件罕见的宝贝。只有石崇在一边冷笑。他看到案头正好有一支铁如意（一种器物），顺手抓起，朝着大珊瑚树正中，轻轻一砸。"克朗"一声，一株

珊瑚树被砸得粉碎。

周围的官员们都大惊失色。主人王恺更是满脸通红,气急败坏地责问石崇:"你……你这是干什么!"石崇嬉皮笑脸地说:"您不要生气,我还您就是了。"王恺又是痛心,又是生气,连声说:"好,好,你还我来。"石崇立刻叫他随从的人回家去,把他家的珊瑚树统统搬来让王恺挑选。不一会,一群随从回来,搬来了几十株珊瑚树。这些珊瑚树中,三四尺高的就有六七株,大的竟比王恺的高出一倍。株株条干挺秀,光彩夺目。至于像王恺家那样的珊瑚树,那就更多了。周围的人都看呆了。王恺这才知道石崇家的财富,比他不知多出多少倍,也只好认输。

这场比阔气的闹剧就这样结束了。石崇的豪富就在洛阳出了名。当时有一个大臣傅咸,上了一道奏章给晋武帝。他说,这种严重的奢侈浪费,比天灾还要严重。现在这样比阔气,比奢侈,不但不被责罚,反而被认为是荣耀的事。这样下去怎么了得。晋武帝看了奏章,根本不理睬。他跟石崇、王恺一样,一面加紧搜刮,一面穷奢极侈。西晋王朝一开始就这样腐败,最后终于导致了祸乱的发生。

# 三 辩

**【题解】**

本篇通过墨子与程繁对音乐的讨论,可以看出墨子的"非乐"思想,他认为统治者喜好音乐,必定会妨碍社会生产,浪费社会财富,加重劳动人民的负担,使劳动人民衣食不足,从而造成社会的混乱和国家的灭亡。因此,他认为圣人治理天下重在事功,而非靠音乐,他反对追求音乐享受,认为音乐会使国君劳民伤财,沉浸在奢华享受中。这对批判当时统治者的享乐生活有重要意义。

**【原文】**

程繁①问于子墨子曰:"夫子曰:'圣王不为乐。'昔诸侯倦于听治,息于钟鼓之乐;士大夫倦于听治,息于竽瑟之乐;农夫春耕夏耘,秋敛冬藏,息于聆缶②之乐。今夫子曰:'圣王不为乐',此譬之犹马驾而不税③,弓张而不弛,无乃非有血气者之所不能至邪!"

**【译文】**

程繁问墨子说:"先生说:'圣王是不设置音乐的。'从前的诸侯处理政事疲倦了,就听听钟鼓演奏的音乐来休息一下;士大夫处理政事疲倦了,就听听竽瑟演奏的音乐来休息一下;农夫春天耕种、夏天除草、秋天收获、冬天储藏,也要敲击瓦盆土缶来休息。现在先生您说:'圣王是不设置音乐的。'这就好比马套上车一直不卸下,弓拉开后一直不放松,这恐怕不是血肉之躯的人所能做到的吧!"

**【注释】**

①程繁:《公孟》篇作程子,兼治儒墨之学者。②聆缶(fǒu):都是瓦盆之类的东西,古人将其作为打击乐器。聆:通"铃"。缶,瓦制打击乐器。③税:释放、解脱的意思。

**【原文】**

子墨子曰:"昔者尧舜有茅期者,且以为礼,且以为乐。汤放桀于大水,环天下自立以为

**【译文】**

墨子说:"以前尧和舜有茅期这个人来简单地制定一些礼仪,姑且作乐而已。后来商汤把夏桀流放到大水,统一天下,自立为王,功成

王,事成功立,无大后患,因先王之乐,又自作乐,命曰护,又修九招。武王胜殷杀纣,环天下自立以为王,事成功立,无大后患,因先王之乐,又自作乐,命曰象。周成王因先王之乐,又自作乐,命曰驺虞。周成王之治天下也,不若武王;武王之治天下也,不若成汤;成汤之治天下也,不若尧舜。故其乐逾繁者,其治逾寡。自此观之,乐非所以治天下也。"

名就,没有后患,于是就承袭先王的音乐,自己又创造了新的音乐,取名为《护》,又修订了古代乐章《九招》。周武王战胜殷朝,杀死纣王,统一天下,自立为王,功成名就,没有后患,于是继承了先王的音乐,自己又创造新的音乐,取名为《象》。周成王也继承先王的音乐,自己又创造了新的音乐,取名为《驺虞》。周成王治理天下不如周武王;周武王治理天下不如商汤王;商汤王治理天下不如尧舜。所以他们的音乐越是繁复,他们治理天下的政绩就越差。由此看来,音乐不是用来治理国家的。"

### 【原文】

程繁曰:"子曰:'圣王无乐。'此亦乐已,若之何其谓圣王无乐也?"子墨子曰:"圣王之命也,多寡之。食之利也,以知饥而食之者,智也。因为无智矣。今圣有乐而少,此亦无也。"

### 【译文】

程繁说:"先生说:'圣王没有音乐。'但这些也是音乐,怎么能说圣王没有音乐呢?"墨子说:"圣王的教令是根据具体情况有所增减。饮食对人有利,若因知道饥饿去吃饭就叫有智慧的话,那么天下也就没有智慧了。现在圣王虽然有乐,但很少,这也就等于没有音乐。"

### 【评析】

墨子说:"圣王之命也,多寡之,食之利也。"凡是太盛的东西就容易减损它,这与第一篇《亲士》中的"太盛难守也。"有异曲同工之妙。西施死于自己的美丽;孟贲死于自己的勇敢……什么事情都需要保持一个度,超越这个度就只能得到相反的结果。

"今圣有乐而少"从这句话中可以看出他是把音乐看成与吃饭一样的事情,前面我们已经说过他是小生产者的代言人,从这里更可以看出。"食必求饱,衣必求暖,然后才求美",他把音乐看作是奢侈品。而且他认为音乐越繁复,治理国家的政绩就越少,因此他主张"非乐"。

## 唐太宗论音乐

唐太宗李世民说不上是个音乐家,但是他作为唐朝实际的开国皇帝,对音乐的发展起着不可忽视的作用。

当时有前朝遗音《玉树后庭花》《伴侣曲》被视为亡国之音,一名叫杜淹的大臣要求唐太宗废除,他不以为然,说:"礼乐的制作,其实是圣人用来施教化的,仅是作为一种制约的因素,国家的兴亡,当然不是因为音乐了。音乐的情感体验,与听者的感情有关,与音乐本身的表现并无必然的联系。音乐能够感人,大凡人高兴,听着音乐也高兴,国之将亡,百姓凄苦,听着音乐当然也就伤心了。如果现在我来奏这两曲,你们听着必然不会悲伤。"

不仅如此,唐太宗还亲自设计了歌舞大曲《秦王破阵乐》,正是这位开国明君为唐时音乐的发展起了一个很好的开端,而且唐室子弟都通音律,好丝竹,这在帝皇之家并不多见。

墨子提出"非乐"的思想,主张"音乐越繁复,治理国家的政绩就越少",而且统治者喜爱音乐,必定会无心听政,沉迷于音乐中,人民无力从事劳动,严重阻碍社会生产。但唐太宗不这样认为,他认为音乐是由人的内心决定的,而不是音乐本身。我们知道唐太宗统治期间,国富民强,而他却大力提倡音乐,这难道能说音乐与政治的兴衰有关吗?

# 尚贤上

**【题解】**

墨子认为,尚贤使能是为政之本,国家的兴亡成败关键在于用人。他说:"国有贤良之士众,则国家之治厚;贤良之士寡,则国家之治薄。故大人之务,将在于众贤而已"。一个国家的贤良之士的众寡以及是否做到尚贤使能,是关系国家的强弱与兴衰、社会稳定与否的根本。

**【原文】**

子墨子言曰:"今者王公大人为政于国家者,皆欲国家之富,人民之众,刑政之治。然而不得富而得贫,不得众而得寡,不得治而得乱,则是本失其所欲,得其所恶。是其故何也?"子墨子言曰:"是在王公大人为政于国家者,不能以尚贤事能为政也。是故国有贤良之士众,则国家之治厚;贤良之士寡,则国家之治薄。故大人之务,将在于众贤而已。"

**【译文】**

墨子说:"现在的王公大人从政于国家,都希望国家富强,人民众多,刑法政令能得到治理。但结果没有得到富强而得到了贫穷,人口没有增加反而减少,国家没有得到治理反而发生动乱,这就是从根本上失去了想要得到的,而得到了所厌恶的,这是什么原因呢?"墨子说:"是因为王公大人治理国家时,不能用尊重贤士使用能人的方法来治理国家。所以,国家拥有的贤良之士多,那么国家治理的根基就坚实;如果拥有的贤良之士少,那么国家治理的根基就薄弱。因此王公大人的任务,就是聚集贤良之士罢了。"

**【原文】**

曰:"然则众贤之术将奈何哉?"子墨子言曰:"譬若欲众其国之善射御之士者,必将富之、贵之、敬之、誉之,然后国之善射御之士,将可得而众也。况又有

**【译文】**

有人问:"聚集贤良之士的方法是什么呢?"墨子说:"譬如说要想增加一个国家善于射箭和驾车的人,就必须使他们富裕、使他们显贵,尊敬他们、赞誉他们,这样做以后,国家善于射箭和驾车的人就可以得到并增加。况

贤良之士，厚乎德行，辩乎言谈，博乎道术者乎！此固国家之珍而社稷之佐也。亦必且富之、贵之、敬之、誉之，然后国之良士，亦将可得而众也。"是故古者圣王之为政也，言曰："不义不富，不义不贵，不义不亲，不义不近。"是以国之富贵人闻之，皆退而谋曰："始我所恃者，富贵也。今上举义不辟①贫贱，然则我不可不为义。"亲者闻之，亦退而谋曰："始我所恃者，亲也。今上举义不辟疏，然则我不可不为义。"近者闻之，亦退而谋曰："始我所恃者，近也。今上举义不辟远，然则我不可不为义。"远者闻之，亦退而谋曰："我始以远为无恃，今上举义不辟远，然则我不可不为义。"逮至远鄙郊外之臣、门庭庶子②、国中之众、四鄙之萌③人闻之，皆竞为义。是其故何也？曰：上之所以使下者，一物也；下之所以事上者，一术也。譬之富者，有高墙深宫，墙立既，谨上为凿一门。有盗人入，阖④其自入而求之，盗其无自出。是其故何也？则上得要也。

且那些贤良之士又具有淳厚的德行，善辩的言谈，广博的学识。这本来就是国家的宝贵财富、社稷的良佐呀！当然也一定要使他们富裕、使他们显贵，尊敬他们，赞誉他们，然后国家的贤良之士也将多起来。"所以古时的圣王治理国家，说道："不义的人不能让他们富裕，不义的人不能让他们显贵，不义的人不能亲近，不义的人不能接近。"因此国中富贵的人听了，都在私下议论说："当初我所依靠的是我的钱多而位高，现在国君举用仁义的人而不避贫贱，那么我就不可以不仁义。"国君亲信的人听到了，也在私下里议论说："当初我所依仗的是国王的亲信。现在国君举用仁义的人而不避亲疏，那么我就不能不仁义。"国君身边的人听了，也私下里议论说："当初我所依仗的是处在国君身边，现在国王举用仁义的人而不避远，那么我就不能不仁义。"远离国君的人听了，也在私下议论说："当初我们远离君王，以为无所凭借，现在国君举用仁义的人而不避远，那么今后我就不能不仁义。"直至遥远的边疆郊外的臣僚、官吏们的儿子、国家的民众、边境的百姓听到，都争着做仁义的事。这是什么原因呢？墨子说："君上之所以能驱使臣下，只有尚贤一种方法；臣下用来侍奉君上的，也只有仁义一条途径。这就好比富人，有很高的墙和很大的宫室，墙修得很坚固，墙上开一个门，有强盗进来，就把门关起来找他，强盗就无法出去了。这是什么原因呢？这是君主得到了用人的要领。"

【注释】

①辟：通"避"。②庶子：此指诸侯之同族与卿大夫之子。③萌：同"氓"，即农民。④阖：关闭。

【原文】

　　故古者圣王之为政，列德而尚贤。虽在农与工肆之人，有能则举之。高予之爵，重予之禄，任之以事，断予之令。曰：爵位不高，则民弗敬；蓄禄不厚，则民不信；政令不断，则民不畏。举三者授之贤者，非为贤赐也，欲其事之成。故当是时，以德就列，以官服事，以劳殿①赏，量功而分禄。故官无常贵而民无终贱。有能则举之，无能则下之。举公义②，辟私怨，此若言之谓也。

【注释】

①殿：评定。②公义：公正的义理。

【译文】

　　所以古代的圣王治理国家，以德行给予位次，崇尚贤人。即使是在农民和各种手工业者中，只要有能力就提拔他。给他很高的爵位，给他很重的俸禄，任用他来做事情，给他决断的权力。也就是说，爵位不高，百姓不会敬重他；俸禄不多，百姓不会信任他；对发布的命令没有决断权，百姓不会畏惧他。把这三种东西授予给贤人，并不是要赏赐贤人，而是希望他把事情办成。所以在这时，根据德行来排列位次，按照官职来处理政事，根据功绩来确定赏赐，根据功劳来分发俸禄。所以当官的不会永远富贵，而百姓不会永远贫贱。有才能的就提拔他，没有才能的就罢黜他。按照公正的义理推荐提拔，抛开私自的怨恨，这就是我所说的尚贤的意思。

【原文】

　　故古者尧举舜于服泽之阳，授之政，天下平。禹举益于阴方之中，授之政，九州成。汤举伊尹于庖厨之中，授之政，其谋得。文王举闳夭、泰颠于罝罔①之中，授之政，西土服。故当是时，虽在于厚禄尊位之臣，莫不敬惧而施②；虽在农与工肆之人，莫不竞劝而尚意。故士者，所以为辅相承嗣也。故得士则谋不困，体不劳，名立而功成，美章而恶不生，则由得士也。是故子墨子言曰："得意，贤士不可不举；不得意，贤士

【译文】

　　所以古时尧把舜从服泽的南边选拔出来，交给他政事，结果天下太平。大禹把伯益从北边选拔出来，交给他政事，结果九州统一。商汤把伊尹从厨房之中选拔出来，交给他政事，结果他的谋划得以实现。周文王把闳夭、泰颠从渔猎中选拔出来，交给他政事，结果西方的诸侯臣服。所以在当时，即使是处在优厚俸禄和地位尊贵的大臣，没有谁不敬重畏惧而松懈的；即使是处在农民和手工业者中的人，没有谁不竞相劝导而崇尚道德的。所以贤士是国家辅佐大臣的接替者。因此，得到了贤士，谋划就不会困难，身体也不会劳乏，名成功就，美善彰显而丑恶杜绝，这都是因为得到贤士的缘故。

不可不举。尚欲祖述尧、舜、禹、汤之道,将不可以不尚贤。夫尚贤者,政之本也。"

所以墨子说:"得意的时候,不能不任用贤士;不得意的时候,也不能不任用贤士。如果想继承尧、舜、禹、汤的治国之道,就不能不尊崇贤士。崇尚贤士,是为政的根本。"

【注释】

①罝罔(jū wǎng):指渔猎。②施:即"弛"。

【评析】

墨子心目中的贤良之士,就是德行忠厚,道术渊博的德才兼备之人。他说:"贤良之士,厚乎德行,辩乎言谈,博乎道术者乎!此固国家之珍而社稷之佐也。"就是人要有好的品行,做事要有利于人民,有利于兴利除害,要有很高的思想水平,能辨析事理,通晓治国的道理和方法。他认为,贤良之能和贤良之义是统一的。也就是说,能够称得上贤良的基本素质,必须是"德行厚"和"道术博"的统一。

墨翟提倡选拔人才,各个阶层、士农工商不分亲疏贵贱,以贤能为标准。他认为,国家各级政府中的官职,应该平等地、无条件地向农夫和手工业者等一般平民开放,只要他们具有贤能条件。他说:"虽在农与工肆之人,有能则举之。"墨子还有句名言:"官无常贵,而民无终贱。有能则举之,无能则下之。"意思是:做官的不能永远富贵,而民众也不会永远贫贱。对有才能的人就举拔他们,对没有才能的人就撤下来。

尚贤是墨子的社会政治理论的核心内容,其目的是让平民百姓中的贤良之士参与管理国家。墨家尚贤使能的用人原则,跟儒家基于血缘关系的"亲亲"用人原则则是相对立的。墨子提出"贤"的标准,要求把那些世袭的无才无德的贵族换下来,将符合"贤"的标准的人士选拔上去,正是为了实现他建立贤人政治的愿望。

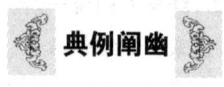 典例阐幽

## 唐太宗善待贤才

墨子说:"夫尚贤者,政之本也。"可见贤士对于一个国家的治理至关重要,因此,国君在选拔贤士时一定要慎重。唐太宗就是一个典型的例子。

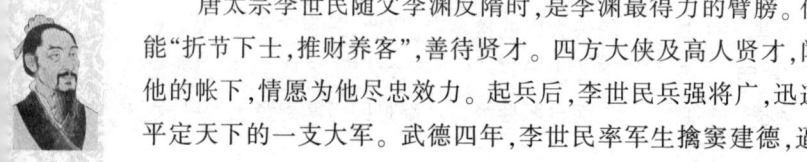

唐太宗李世民随父李渊反隋时,是李渊最得力的臂膀。他为人颇富仁厚,平时能"折节下士,推财养客",善待贤才。四方大侠及高人贤才,闻说其名,都纷纷投奔他的帐下,情愿为他尽忠效力。起兵后,李世民兵强将广,迅速成为李渊扫荡四方、平定天下的一支大军。武德四年,李世民率军生擒窦建德,逼降王世充,李渊为了

表彰他的功劳,在其秦王的原位上又加封天策上将、陕东道大行台,使他位居诸王公之上。

当时,海内日趋稳定。他便开始把目光从武略转向文治,研究起儒家经籍的治国之道。他在宫城西边修建了一座文学馆,专门用以接纳四方的文士。凡精晓典籍,长于儒学而前来投奔他的,他都授以学士的称号。这些学士轮流值宿于秦王府,李世民每当入朝归来或军务闲暇,便与他们一起讨论古籍中的经国之策,评议前代君主治政的得失,有的时候讨论到半夜。

文学馆中以原官兼为学士的,当时有杜如晦、房玄龄、于志宁、苏世长、薛收、褚亮、姚思廉、陆德明、孔颖达、李玄道、李守素、虞世南、蔡允恭、颜相时、许敬宗、薛元敬、盖文达、苏勖等,后薛收死,又补刘孝孙入馆,号称"十八学士"。为了给十八学士以隆重礼遇,李世民特地命人给他们绘下肖像,像下书写各人的名字、爵位、乡里,并叫褚亮一一作出像赞。如名列十八之冠的杜如晦的像赞写道:建平文雅,休有烈光;怀忠履义,身立名扬。姚思廉的像赞写道:志苦精勤,纪言实录;临危殉义,余风励俗。苏世长的像赞写道:军谘谐噱,超然辩悟;正色于庭,匪躬之故。李世民还命令把这些肖像、文字说明及赞语一一珍藏于书库,以流传后世。十八学士所享受的这种荣誉,引起了各方儒生文士的极大羡慕。时人都以能够进入秦王李世民的文学馆为荣。人们对那些已经身在文学馆的人,都称为"登瀛洲"。

李世民的这种做法,既激发了人才的积极性,也培养了他们的浩然正气。使他们这些人才的智慧与德性,兼进同增,带动了整个社会的正义与光明。李世民通过这种方式得到的人才,实际上成了他后来夺取帝位、君临天下的智囊团。他们不仅帮助李世民击败了对手,夺取了胜利,稳定了政权,而且还辅佐李世民达成了名传青史、光耀千秋的"贞观之治"。

墨子说:"贤士此乃国家之珍而社稷之佐也,亦必且富之、贵之、敬之、誉之,然后国之良士,亦将可得而众也。"要想让贤士归附于你,首要的就是你对待贤士的态度,唐太宗之所以能拥有那么多的贤士,最重要的也就在此。

# 尚贤中

**【题解】**

本篇通过古代圣王崇尚贤才,使国家繁荣富强,来反衬今天的王公大臣,他们效仿古人,但不能给予贤人以应有的东西,贤人即使想为他效忠,也因得到不公平的待遇而退缩。现在的王公大臣,内心虽然想要治理好国家,可却忽视了一个重要因素:"尚贤为政。"因此说,一个国家要想富强,重要的就是"尚贤"。而尚贤最重要的就是做到表里如一,给贤人应有的待遇。这在今天这个经济飞速发展,科技日益进步的时代,同样是适用的。

**【原文】**

子墨子言曰:"今王公大人之君百姓、主社稷、治国家,欲修保而勿失,故①不察尚贤为政之本也!何以知尚贤之为政本也?曰:自贵且智者为政乎愚且贱者则治,自愚贱者为政乎贵且智者则乱。是以知尚贤之为政本也。"

故古者圣王甚尊尚贤而任使能,不党②父兄,不偏富贵,不嬖③颜色。贤者举而上之,富而贵之,以为官长;不肖者抑而废之,贫而贱之,以为徒役。是以民皆劝其赏,畏其罚,相率而为贤者,以贤者众而不肖者寡,此谓进贤。然后圣人听其言,迹其行,察其所能而慎予官,此谓事能。故可使治国者使治国,可使长官者

**【译文】**

墨子说:"现在王公大人统治百姓、主持社稷、治理国家,都希望永久保持下去而不失去,却怎么看不到崇尚贤士是为政的根本呢?那么从何知道崇尚贤士是为政的根本呢?回答道:由高贵而智慧的人去治理愚蠢而低贱的人,那么,国家便能治理好;由愚蠢而低贱的人去治理高贵而智慧的人,那么,国家就会混乱。因此知道崇尚贤士是为政的根本。"

因此古代的圣王都很尊崇贤人并任用能人,而不偏袒父亲和兄长,不偏袒富贵人家,不宠爱美色。凡是贤者就选拔出来使其处于高位,使他们富贵,让他们做行政长官;凡是不肖的人就抑制他并免去他的职务,使之贫贱,让他做奴仆。因此人民都劝勉他的奖赏,畏惧他的惩罚,都争相做贤者,于是贤人就多了而不肖的人少了,这就叫进贤。之后圣人听取贤者的言语,观察他的行为,考察他的能力而慎重地授予他官职,这就叫事能。因此,能够治理国

使长官,可使治邑者使治邑。凡所使治国家、官府、邑里,此皆国之贤者也。

家的就让他治理国家;能够做官的就让他做官;能够治理县的就让他治理县。凡是派去治理国家、官府、乡邑的,都是国家的贤人。

【注释】

①故:通"胡",何,怎么。②党:偏袒。③嬖(bì):宠爱。

【原文】

贤者之治国也,蚤朝晏退①,听狱治政,是以国家治而刑法正。贤者之长官也,夜寝夙兴,收敛关市、山林、泽梁之利,以实官府,是以官府实而财不散。贤者之治邑也,蚤出莫入②,耕稼树艺、聚菽粟,是以菽粟多而民足乎食。故国家治则刑法正,官府实则万民富。上有以洁为酒醴粢盛以祭祀天、鬼,外有以为皮币,与四邻诸侯交接,内有以食饥息劳,将养其万民,外有以怀天下之贤人。是故上者天鬼富之,外者诸侯与之,内者万民亲之,贤人归之。以此谋事则得,举事则成,入守则固,出诛则强。故唯昔三代圣王尧舜禹汤文武之所以王天下,正诸侯③者,此亦其法已。

【译文】

贤者治理国家,早上朝而晚退朝,审听刑狱,处理政务,所以国家得以治理而刑法严正;贤者做官,早起晚睡,征收聚敛关口、市场、山林、湖泊的赋税之利,用以充实官府,因此国库充实而财用不散;贤者治理一个县,早出晚归,翻耕种植,栽种果木,收聚豆粟,因此粮食多而百姓食用充足。因此国家得以治理而刑法严正,官府充实而万民富足。上能安排精洁丰盛的酒食祭品,去祭祀天帝鬼神,外能制造皮币,与四邻诸侯交易,内可以使饥者得食,使劳者休息,所以能保养万民,招徕天下的贤人。所以在上,天帝鬼神使他富足,在外,诸侯与他结交,在内,万民亲附,贤人归顺。因此以此谋事就有所得,做事就能成功,坚守就能坚固,出外征伐就会强大。所以从前三代圣王尧、舜、禹、汤、文、武之所以能称王天下,成为诸侯之王,即在于此。

【注释】

①蚤朝晏退:早上朝而晚退朝。蚤:通"早"。晏:晚。②莫:通"暮"。③正诸侯:为诸侯之王。正,长。

【原文】

既曰若法,未知所以行之术,

【译文】

既然有这样的法则,但如果不知道用以

则事犹若未成。是以必为置三本。何谓三本？曰：爵位不高，则民不敬也；蓄禄不厚，则民不信也；政令不断，则民不畏也。故古圣王高予之爵，重予之禄，任之以事，断予之令。夫岂为其臣赐哉？欲其事之成也。《诗》曰："告女忧恤，诲女予爵，孰能执热，鲜不用濯？"则此语古者国君诸侯之不可以不执善承嗣辅佐也。譬之犹执热之有濯也，将休其手焉。古者圣王唯毋得贤人而使之，般爵以贵之，裂地以封之，终身不厌。贤人唯毋得明君而事之，竭四肢之力，以任君之事，终身不倦。若有美善则归之上。是以美善在上，而所怨谤在下；宁乐在君，忧戚在臣。故古者圣王之为政若此。

推行这一法则的方法，那么事情似乎还是办不成。因此一定要为此定下三个基本原则。什么叫三个基本原则呢？答道：爵位不高，百姓不会敬重他；俸禄不多，百姓不会信任他；权力不大，百姓不会畏惧他。所以古代圣王给他高的爵位，厚的俸禄，任命他们以政事，给他们以决断的权力。这难道是给臣下以赏赐吗？这是为了要把事情办成呀！《诗经》说："告诉你忧天下之忧，教导你安排爵位，谁能手执热物，而不用冷水洗手呢？"这是说古代的国君诸侯不可不亲善那些继承人和辅佐的贤士，就如同拿了热物然后要用冷水洗濯一样，以使自己的手得到休息。古时的圣王得到贤人而使用他，颁赐爵位使他显贵，分割土地作他封邑，终身都不厌倦。贤人唯有获得明君而侍奉他，也必竭尽全力来担任国君的工作，终身不倦。如果有了美好的功德，就归之国君。所以功德美名归于上，而怨恨诽谤归于臣下；安宁欢乐归于国君，而忧愁悲戚归于臣下。古代圣王为政都是这样的。

### 【原文】

今王公大人亦欲效人，以尚贤使能为政，高予之爵而禄不从也。夫高爵而无禄，民不信也，曰："此非中实爱我也，假藉而用我也。"夫假藉之，民将岂能亲其上哉？故先王言曰："贪于政者，不能分人以事；厚于货者，不能分人以禄。"事则不与，禄则不分，请问天下之贤人将何自至乎王公大人之侧哉？若苟贤者不至乎王公大人之侧，则此不肖者在左右也。不肖

### 【译文】

现在王公大人也想效法古人为政，尊敬贤者，任用能者，给他们高的爵位，但俸禄却不随着增加。爵位高而没有相应的俸禄，百姓不会信任他们，贤人就会说："这不是真正的爱我，是假借虚名而利用我罢了。"像这样既然被假借利用，百姓怎能亲附君上呢？所以先王说："贪图政权的人，不愿把政事分给别人；重视钱财的人，不愿把俸禄分给别人。"政事既不让人参与，俸禄又不愿分给别人，请问天底下的贤人，怎么会到王公大人的身边来呢？如果贤人不来到王公大人的身边，那不肖的人就会来到王公大人的身边。不肖的人在左

者在左右，则其所誉不当贤，而所罚不当暴。王公大人尊①此，以为政乎国家，则赏亦必不当贤，而罚亦必不当暴。若苟赏不当贤而罚不当暴，则是为贤者不劝，而为暴者不沮矣。是以入则不慈孝父母，出则不长弟②乡里。居处无节，出入无度，男女无别。使治官府则盗窃，守城则倍畔③，君有难则不死，出亡则不从。使断狱则不中，分财则不均。与谋事不得，举事不成，入守不固，出诛不强。故昔者三代暴王桀纣幽厉之所以失措其国家，倾覆其社稷者，已此故也。何则？皆以明小物而不明大物也。

右，那么他们所称赞的不会是真的贤人，所惩罚的也不会是真的暴徒。王公大人遵从这些人以治理国家，那么所赏的也一定不会是贤人，所罚的也一定不会是暴徒。如果所奖赏的不是贤人，惩罚的不是暴徒，那么做贤人的得不到劝勉，而作为暴徒的人也就得不到阻止。因此在家不孝敬父母，出外不懂得敬重乡里。居处没有节制，出入没有限度，男女没有区别，让他治理官府就会偷窃，让他守城就会背叛，国君有难，他不会拼死保卫，国君出逃，他不肯跟随。让他判案就不会公正，让他分配财物就会不均，和他谋划政事不会有所得，让他办事不会成功，派他防守城池则不坚固，让他征伐不坚强。所以像从前三代暴君桀、纣、幽、厉之所以失去其国家，颠覆其社稷，就是这个原故。这是为什么呢？因为他们都只懂得了小道理而不懂得大道理。

【注释】

①尊：通"遵"。②长弟：亦作"长悌"。敬长爱幼；仁爱。③倍畔：背叛。倍，通"背"。

【原文】

今王公大人有一衣裳不能制也，必藉良工；有一牛羊不能杀也，必藉良宰。故当若之二物者，王公大人未知以尚贤使能为政也。逮至其国家之乱，社稷之危，则不知使能以治之。亲戚则使之，无故富贵、面目佼好则使之。夫无故富贵、面目佼好则使之，岂必智且有慧哉？若使之治国家，则此使不智慧者治国家也。国家之乱，既可得而知已。

【译文】

现在的王公大人，有一件衣裳不能缝制，一定要借助好的工匠，有一只牛羊不能宰杀，一定要借助好的屠夫，所以在对待这两种事情上，王公大人未尝不知道以尚贤使能为重，但一到国家发生动乱，社稷倾危，就忘记了使用尚贤治理国家的道理。是亲戚就任用他们，无缘无故得到富贵的，面目美丽的就任用他们。对于那些无缘无故得到富贵的，面目美丽的就使用他们，难道一定有智慧并聪明吗？如果使他们治理国家，那么这是使不智慧的人治理国家呀！国家的混乱，也就不足为奇了。

且夫王公大人有所爱其色而使，其心不察其知，而与其爱。是故不能治百人者，使处乎千人之官；不能治千人者，使处乎万人之官。此其故何也？曰：处若官者，爵高而禄厚，故爱其色而使之焉！夫不能治千人者，使处乎万人之官，则此官什倍也。夫治之法将日至者也，日以治之，日不什修，知以治之，知不什益。而予官什倍，则此治一而弃其九矣。虽日夜相接，以治若官，官犹若不治。此其故何也？则王公大人不明乎以尚贤使能为政也。故以尚贤使能为政而治者，夫若言之谓也；以下贤为政而乱者，若吾言之谓也；以下贤为政而乱者，若吾言之谓也。今王公大人中实将欲治其国家，欲修保而勿失，故不察尚贤为政之本也？

况且王公大人因爱一个人的美貌而任用他，心中并不察知他的智慧而给他以宠爱，所以不能治理百人的，却使他处在治理千人的官职上；不能治理千人的，却使他处在治理万人的官职上。这是什么原因呢？回答说：做这种官的人，爵位高而俸禄厚，只因爱其美色而给他这个职位。不能治理一千人的，让他处在治理万人的官职上，这是授予的官职超过其能力的十倍了。治理国家的方法是与日俱至，但他治理国家的日子，却不能延长十倍；以才智去治理天下，才智也不能增加十倍，可是却给了十倍于才能的官职，那么，他就只能治理其中的一份而放弃其他九份了。即使日夜不停地治理官府事务，官府事务仍然治理不好。这是什么原因呢？是王公大人不明白尚贤使能的缘故呀！所以，用尚贤使能为政而大治的，如前文所说的那样。因鄙视贤能施政而使天下混乱的，就像我所说的一样。现在的王公大人，心中真正想治理国家，想长久拥有而不失去，为什么就不去体察"尚贤为政"这个根本呢？

【原文】

且以尚贤为政之本者，亦岂独子墨子之言哉？此圣王之道，先王之书，距年之言①也。传曰："求圣君哲人，以裨辅②而身。"《汤誓》曰："聿求元圣，与之戮力同心，以治天下。"则此言圣之不失以尚贤使能为政也。

故古者圣王唯能审以尚贤使能为政，无异物杂焉，天下皆得其

【译文】

以尚贤使能作为政治的根本，又岂止是墨子这样说的呢？这原是圣王的道理，先王的书上所写，长者的谆谆教导啊。传记说："寻求圣君和哲人，以辅助你自己。"《汤誓》说："寻求大圣人，和他同心努力，用来治理天下。"这些都说明圣人不放弃以尚贤使能治理国家。

所以古代的圣王只因能以尚贤使能治理政事，没有其他事情掺杂在内，因此天下都得其好处。古时的舜，在历山耕地，在河滨

利。古者舜耕历山，陶河濒，渔雷泽。尧得之服泽之阳，举以为天子，与接天下之政，治天下之民。伊挚，有莘氏女之私臣，亲为庖人。汤得之，举以为己相，与接天下之政，治天下之民。傅说被褐③带索，庸④筑乎傅岩⑤。武丁得之，举以为三公，与接天下之政，治天下之民。此何故始贱卒而贵，始贫卒而富？则王公大人明乎以尚贤使能为政，是以民无饥而不得食，寒而不得衣，劳而不得息，乱而不得治者。

制陶器，在雷泽捕鱼，尧帝在服泽之阳找到他，选拔他作天子，让他掌管政事，治理国家大事。伊尹，本是有莘氏女儿陪嫁的仆人，身为厨子，商汤得到他，任用他为宰相，让他掌管天下的政事，治理天下的百姓。傅说身穿粗布衣，围着绳索，在傅岩受佣筑墙，武丁得到他，任用他为三公，让他掌管天下的政事，治理天下的百姓。他们为什么开始时卑贱而结果尊贵，开始时贫穷而结果富有的缘故？是因为王公大人懂得以尚贤使能治理国政。所以百姓没有饥不得食，寒不得衣，劳不得息，乱不得治的。

**【注释】**

①距年之言：指长者的话。②裨辅(bì fǔ)：辅佐。③被褐(pī hè)：穿着粗布短袄。谓处境贫困。④庸：通"佣"，雇佣工。⑤傅岩：亦称"傅险"。古地名。相传商代贤士傅说为奴隶时版筑于此，故称。

**【原文】**

故古圣王以审以尚贤使能为政，而取法于天。虽天亦不辨贫富、贵贱、远迩、亲疏，贤者举而尚之，不肖者抑而废之。

然则富贵为贤以得其赏者谁也？曰：若昔者三代圣王尧舜禹汤文武者是也。所以得其赏何也？曰：其为政乎天下也，兼而爱之，从而利之，又率天下之万民，以尚尊天事鬼，爱利万民。是故天、鬼赏之，立为天子，以为民父母。万民从而誉之"圣王"，至今不已。则此富贵为贤以得其赏者也。然则富贵为暴以得其罚者谁也？曰：若昔者三代

**【译文】**

所以古代的帝王能以尚贤使能来治理国政，而取法于上天。惟有上天是不分贫富、贵贱、远近、亲疏的，只要是贤人就推举重用他，凡是不肖之徒就压制和罢免他。

既然这样，富贵行仁政的而得到赏赐的有哪些人呢？回答说：像从前三代的圣王尧、舜、禹、汤、文、武等都是。他们是因为什么原因而得到赏赐的呢？回答说：他们治理天下，能够相互关爱，相互帮助，又率领天下万民崇尚天理，爱护百姓。所以天地鬼神赏赐他们，立他们为天子，做百姓的父母，百姓从而称赞他们为"圣王"，直到现在还颂扬不止。这就是富贵而行仁政得到上天赏赐的人。那么富贵行暴而得到惩罚的又是哪些人呢？回答说：像从前三代的暴君

暴王桀纣幽厉者是也。何以知其然也？曰：其为政乎天下也，兼而憎之，从而贼之，又率天下之民以诟天侮鬼，贼傲万民。是故天、鬼罚之，使身死而为刑戮，子孙离散，室家丧灭，绝无后世。万民从而非之曰"暴王"，至今不已。则此富贵为暴而以得其罚者也。

桀、纣、幽、厉就是。怎么知道呢？回答说：他们统治天下，互相仇恨和残害，又率领天下的百姓咒骂上天，侮辱鬼神，残害万民。所以上天鬼神惩罚他们，使他们被刑戮，子孙后代流离失所，家室毁灭，没有后代，万民从而毁骂他们为"暴王"，直到现在还没有休止。这就是富贵行暴而得到惩罚的人。

**【原文】**

然则亲而不善以得其罚者谁也？曰：若昔者伯鲧，帝之元子，废帝之德庸，既乃刑之于羽之郊，乃热照无有及也，帝亦不爱。则此亲而不善以得其罚者也。

然则天之所使能者谁也？曰：若昔者禹、稷、皋陶是也。何以知其然也？先王之书《吕刑》道之，曰："皇帝清问下民，有辞①有苗。曰：'群后之肆在下，明明不常，鳏寡不盖，德威维威，德明维明'。乃名三后，恤功于民：伯夷降典，哲民维刑；禹平水土，主名山川；稷隆播种，农殖嘉谷。三后成功，维假②于民。"则此言三圣人者，谨其言，慎其行，精其思虑，索天下之隐事遗利，以上事天，则天乡③其德；下施之万民，万民被其利，终身无已。故先王之言曰："此道也，大用之天下则不窕④，小用则不困，修用之则万民被其利，终身无已。"

**【译文】**

那么，作为君王的亲族因行为不善而受到惩罚的有哪些人呢？回答说：像从前的伯鲧，是帝颛顼的长子，败坏了舜帝的功德，不久就被流放到羽山的郊野，那是日月照不到的地方，舜帝一点也不爱怜他。这就是君王的亲族因行为不善而受到上天惩罚的人。

那么，上天所使用的贤能的人有谁呢？回答说：像古代的大禹、后稷、皋陶就是。怎么知道是这样呢？先王的书籍《吕刑》说过："尧帝询问百姓的祸患，百姓都谴责有苗部落。尧帝说：'各位君主以及在下执事的人，凡是有德之人即可显用，鳏寡之人也没有关系。出于崇高品德的威严才是真正的威严，出于崇高品德的明察才是真正的明察。'于是命令伯夷、禹、稷三君，忧虑勤劳民事：伯益制定典礼，使百姓有法可依；大禹平治水土，制定山川的名称；后稷教导百姓播种，让百姓耕种粮食。这三君的成功，使百姓大受其福。"这说的是三位圣人，谨言慎行，深思熟虑，寻求天下不被发现的事情和遗忘的好处。以此来敬奉上天，那么上天享用他们的功德；以此来施于万民，那么百姓将大受其利，终身受用无穷。所以先王说："这种道，用到大处治理天下就不会缺损，用到小处就不会困塞。长久用

【注释】

①有辟：谴责。②假：降福，受福。③乡：通"享"。享用。④窕：不满。

【原文】

《周颂》道之曰："圣人之德，若天之高，若地之普，其有昭于天下也；若地之固，若山之承，不坼不崩；若日之光，若月之明，与天地同常。"则此言圣人之德章明博大，填固以修久也。故圣人之德，盖总乎天地者也。今王公大人欲王天下、正诸侯，夫无德义，将何以哉？其说将必挟震威强。今王公大人将焉取挟震威强哉？倾者民之死也！民生为甚欲，死为甚憎。所欲不得，而所憎屡至。自古及今，未有尝能有以此王天下、正诸侯者也。今大人欲王天下、正诸侯，将欲使意得乎天下，名成乎后世，故不察尚贤为政之本也？此圣人之厚行也。

【译文】

《周颂》上说："圣人的德行，像天一样高，像地一样广，光照于天下；像大地一样坚固，像山一样耸立，不开裂、不崩塌；像太阳一样的光芒，像月亮一样的光明，与天地一样长久。"这是说圣人的德行，彰明博大，坚牢而长久。所以圣人的德行，是能够总括天地的。现在的王公大人想一统天下，称霸诸侯，如果没有德和义，那将依靠什么呢？他们说将用威力和强权。现在王公大人怎么能使用威力强权呢？这只能带来百姓的死亡。百姓对生十分爱惜，对死十分憎恶。百姓得不到自己所希望的，而常常得到他们所厌恶的。从古到今，还没有人能靠这一统天下、称霸诸侯的。现在的王公大人想一统天下、称霸诸侯，把自己的愿望推行于天下，名垂于后世，为什么不研究崇尚贤士这一为政的根本呢？这是圣人崇高的德行呀！

它，百姓就会深受其利，终身不止。"

【评析】

墨子主张举贤应该"不避亲"、"不辟疏"，要任用贤才，"高予之爵，重予之禄"，"任之以事，断予之令"，对有能者要"举而上之，富而贵之，以为官长"，对无能者要"抑而废之，贫而贱之，以为徒役"。这是对贤者的重视，对无能者的遗弃，一切都要以能力为重。所以说，使用贤能的人执政治理国家，并得到治理，就是意在其中了。

当今掌握国家政权的王公大人们实际上希望把国家治理好并达到长治久安，而不失却政权，却为什么不能够考虑到崇尚和使用贤能良好的人执政是治理国家的根本呢？何况认为崇尚和使用贤能良好的人执政是治理国家的根本的人，仅仅是墨子的独家之言吗？这是古代圣明的君王治理国家所遵循的用人规律，也是先王写在书中的记录、老年人说的话。传言说："求得圣明的君子和有智慧的人，用来辅佐自己的事业。"《汤誓》中说："专心求得最圣明的人，并与他同心协力，共同治理天下。"这就是说：圣明的君王并没有失去崇尚和使用贤能良好的人执政治理国家的做法。所以说，古代圣明的君王只有能够审时度势，崇尚和使用贤能良好的人执政治理国家，就不会在治理国家中假公济私，使得全天下的人都公正、公平地获得应得的利益。

典例阐幽

## 齐威王明示以赏

一个国家的兴盛与衰败，国君起着重大的作用，只有国君贤明，他才能选拔出真正的人才。

一次，齐威王召见即墨大夫，对他说：自从你到即墨以后，我就一天天听到人家讲你的坏话。可是我派人去即墨视察，却看见那里是"田野辟，人民给，官无事，东方以宁"，情况良好。为什么会这样？是你没有贿赂我的左右，求他们给你讲好话。于是，齐威王奖励了即墨大夫。

齐威王又召见阿大夫，对他说：自从你做了阿的地方官，我就一天天听到夸奖你的好话。我派人去视察，看见的却是"田野不辟，人民贫馁"。赵国攻打鄄，你不救；卫国占据薛陵，你不知道。为什么会这样呢？是你用重金贿赂我的左右，求得他们的赞誉。当日就将阿大夫和左右讲假话的人都用"烹"刑处死了。

于是群臣耸惧，莫敢饰诈，务尽其情，齐国大治，强于天下。

奖赏会使人感恩而产生激励的效果，领导可以奖赏下属，让下属来重视自己的工作并完成目标。奖赏性的权力是领导者通过奖励的方式来吸引下属，让人们愿意服从领导者的指挥，从而能够更好地治理地方。

"明示以赏"，用现代管理的术语来讲，管理下属必须建立激励机制，充分调动人员的积极性。如果赏罚不明，是非不分。对工作积极者鞭打快牛，却无以回报；为人奸诈，不干实事，夸夸其谈，阿谀逢迎之辈也得不到制止处罚，那么，这样的上级是得不到下属的人真心相助的。

# 尚贤下

**【题解】**

本篇从"知天下之士君子，明于小而不明于大也"这句话中，可以看出天下的士大夫、君子们，只明白小道理而不懂得大道理，这是为什么？墨子提出这个问题，然后通过事例来说明不要以偏概全，片面地看问题。而应该时时处处考虑到国家的利益，国家的利益高于一切。

**【原文】**

子墨子言曰："天下之王公大人皆欲其国家之富也，人民之众也，刑法之治也。然而不识以尚贤为政其国家百姓，王公大人本失尚贤为政之本也。若苟王公大人本失尚贤为政之本也，则不能毋举物示之乎？"

今若有一诸侯于此，为政其国家也，曰："凡我国能射御之士，我将赏贵之；不能射御之士，我将罪贱之。"问于若国之士，孰喜孰惧？我以为必能射御之士喜，不能射御之士惧。我赏①因而诱之矣，曰："凡我国之忠信之士，我将赏贵之；不忠信之士，我将罪贱之。"问于若国之士，孰喜孰惧？我以为必忠信之士喜，不忠不信之士惧。今惟毋以尚贤为政其国家百姓，使国为善者劝，为暴者沮②。大以

**【译文】**

墨子说："天下的王公大人都想让自己的国家富足，人民众多，政治安定。但却不知道用尚贤作为对国家百姓为政的原则。王公大人从来就不知道尚贤是政治的根本。如果王公大人从来就不知道尚贤这一治理政事的根本，那么就不能举出事例来启示他吗？"

假定有一位诸侯，在他的国家治理政事，说道："凡是我国会射箭和驾车的人，我将奖赏他们并使他们尊贵；不能射箭和驾车的人，我将治他们的罪并使他们贫贱。"请问这个国家的士人，谁高兴谁害怕呢？我认为必定是善于射箭驾车的人高兴，不善于射箭驾车的人害怕。我因而尝试诱导他们说："凡是忠实而讲信用的人，我都将奖赏他们并使他们尊贵；不忠实不讲信用的人，我都将治他们的罪并使他们贫贱。"请问这个国家的士人，谁高兴谁害怕呢？我认为必定是忠实而讲信用的人高兴，不忠实不讲信用的人害怕。现在只有对自己国家的百姓采取尚贤的政策，使良善的人得到鼓励，使作恶的人受到阻止。推而

为政于天下,使天下之为善者劝,为暴者沮。然昔吾所以贵尧舜禹汤文武之道者,何故以哉?以其唯毋临众发政而治民,使天下之为善者可而劝也,为暴者可而沮也。然则此尚贤者也,与尧舜禹汤文武之道同矣。

广之,在普天之下都推行崇尚贤士的政策,使全天下行善的人都受到鼓励,而使作恶的人受到阻止。我以前所以推崇尧、舜、禹、汤、文、武之道,是什么原因呢?因为他们面对民众发布政令以治理万民,使天下行善的人都受到鼓励,作恶的人受到打击。这就是崇尚贤士,这和尧、舜、禹、汤、文、武之道是相同的。

【注释】

①赏:当作"尝",曾经。②沮:阻止。

【原文】

而今天下之士君子,居处言语①皆尚贤;逮至其临众发政而治民,莫知尚贤而使能。我以此知天下之士君子,明于小而不明于大也。何以知其然乎?今王公大人有一牛羊之财不能杀,必索良宰;有一衣裳之财不能制,必索良工。当王公大人之于此也,虽有骨肉之亲、无故富贵、面目美好者,实知其不能也,不使之也。是何故?恐其败财也。当王公大人之于此也,则不失尚贤而使能。王公大人有一罢②马不能治,必索良医;有一危弓不能张,必索良工。当王公大人之于此也,虽有骨肉之亲、无故富贵、面目美好者,实知其不能也,必不使。是何故?恐其败财也。当王公大人之于此也,则不失尚贤而使能。逮至其国家则不然,王公

【译文】

而今天下的士君子,平时言论都崇尚贤士,而等到他们面对民众发布政令以治理人民时,就不知道尚贤使能了。我由此知道天下的士大夫、君子们,只懂得小道理而不懂得大道理。怎么知道是这样呢?现在的王公大人有一只牛羊不会杀,一定去找好的屠夫;有一件衣裳不会做,一定去找好的裁缝来做。王公大人在此时,即使是骨肉之亲,和无缘无故得到富贵者,以及面貌漂亮的人,确实知道他们没有能力,就不会让他去做。为什么呢?因为担心他们败坏财富。王公大人在此时,还不失为一个崇尚贤能的人。

王公大人有一匹病马不能治,一定要找好的兽医,有一张坏弓拉不开,一定要找好的工匠,王公大人在此时,即使有骨肉之亲,和无缘无故得到富贵者,以及面貌美丽的人,而确实知道他们没有这种能力,就不会使他去做。为什么呢?因为担心他们会败坏财物。王公大人在此时,还不失尚贤使能。但一到他治理国家就不这样了。王公大人的骨肉之亲,无缘无故富贵,以及面貌美丽的人,就举用他。如此看

大人骨肉之亲、无故富贵、面目美好者则举之。则王公大人之亲其国家也，不若亲其一危弓、罢马、衣裳、牛羊之财与？我以此知天下之士君子，皆明于小而不明于大也。此譬犹喑者而使为行人，聋者而使为乐师。是故古之圣王之治天下也，其所富，其所贵，未必王公大人骨肉之亲、无故富贵、面目美好者也。

是故昔者舜耕于历山，陶于河濒，渔于雷泽，灰于常阳。尧得之服泽之阳，立为天子。使接天下之政，而治天下之民。昔伊尹为莘氏女师仆，使为庖人。汤得而举之，立为三公，使接天下之政，治天下之民。昔者傅说居北海之洲，圜③土之上，衣褐带索，庸筑于傅岩之城。武丁得而举之，立为三公，使之接天下之政，而治天下之民。是故昔者尧之举舜也，汤之举伊尹也，武丁之举傅说也，岂以为骨肉之亲、无故富贵、面目美好者哉？惟法其言，用其谋，行其道，上可而利天，中可而利鬼，下可而利人，是故推而上之。

来，王公大人爱他自己的国家，还不如爱他的一张坏弓、一匹病马、一件衣裳、一只牛羊？我因此知道天下的士君子都是只懂得小道理，而不懂得大道理。这就好像一个哑巴去充当外交人员，一个聋子去充当乐师一样。所以古代圣王治理天下，使其富有让他尊贵的，未必是他的骨肉之亲，和无故富贵者，以及面貌美丽的人。

所以，古时候的舜，在历山耕地，在黄河边制造陶器，在雷泽捕鱼，在常阳烧石灰，尧帝在服泽的北边找到他，让他继位为天子，掌管天下的政事，治理天下的百姓。从前伊尹本是有莘氏女儿陪嫁的仆人，身为厨子，商汤得到他，任用他为宰相，让他掌管天下的政事，治理天下的百姓。傅说身穿粗布衣，围着绳索，在傅岩受佣筑墙，武丁得到他，任用他为三公，让他掌管天下的政事，治理天下的百姓。由此看来，从前尧举用舜，汤举用伊尹，武丁举用傅说，难道是因为他们是骨肉之亲、无缘无故富贵者以及面貌美丽的人吗？只不过是仿照他们的话去做，采用他们的谋略，实行他们的主张，从而上可以有利于天，中可以有利于鬼，下可有利于人，所以就把他们推举上去。

**【注释】**

①居处言语：时常挂在嘴上。②罢：同"疲"，疲乏，病。③圜(huán)土：牢狱。

**【原文】**

古者圣王既审尚贤，欲以为政，故书之竹帛，琢之槃盂，传以遗后世子孙。于先王之书《吕刑》之书然：王

**【译文】**

古代的圣王既然明白崇尚贤士，并想让他们治理政事，所以把它写在竹帛上，雕刻在槃盂上，相传下来留给后世子

曰："於！来！有国有士,告女讼刑①。在今而安百姓,女何择言②人？何敬不刑？何度不及？"能择人而敬为刑,尧舜禹汤文武之道可及也。是何也？则以尚贤及之。于先王之书、竖年之言然,曰："晞③夫圣武知人,以屏辅而耳。"此言先王之治天下也,必选择贤者,以为其群属辅佐。

曰：今也天下之士君子,皆欲富贵而恶贫贱,曰然女何为而得富贵而辟贫贱？莫若为贤,为贤之道将奈何？曰：有力者疾以助人,有财者勉以分人,有道者劝以教人。若此,则饥者得食,寒者得衣,乱者得治。若饥则得食,寒则得衣,乱则得治,此安生生。

在先王留下的典籍《吕刑》中这样记载：周王说："啊！你们过来！拥有国家和封邑的人们,告诉你们用刑之道。现在当务之急是使百姓安定,你们除了贤人,还有什么可选择的呢？除了刑罚,还有什么可慎重的呢？还有什么考虑不能达到呢？"只要谨慎地选拔人才,慎重地行使法律,尧、舜、禹、汤、文、武之道就可以达到了。这是为什么呢？因为可以通过崇尚贤士而达到。在先王的书上、老人的话中这样说道："寻求圣人、武人、智人,来辅佐自身。"这是说先王治理天下,一定要选择贤能的人,做他的僚属来辅佐。现在天下的士君子,都希望富贵而厌恶贫贱。那么怎样才能得到富贵而避免贫贱呢？最好是做贤人。那怎样才能成为贤人呢？回答说:有力气的赶快去帮助他人,有钱财的就主动与人共享,有学问道德就努力教给他人。这样,饥饿的人就有饭吃,寒冷的人就有衣服穿,混乱的地方就可以得到治理。如果饥饿的人有饭吃,寒冷的人有衣服穿,混乱的地方可以得到治理,那么整个社会和人民就能得到安定。

【注释】

①讼刑：审慎用刑。②言：此处意为"不",不择良才。③晞：寻求。

【原文】

今王公夫人,其所富,其所贵,皆王公大人骨肉之亲、无故富贵、面目美好者也。今王公大人骨肉之亲、无故富贵、面目美好者,焉故必知哉？若不知,使治其国家,则其国家之乱,可得而知也。

今天下之士君子皆欲富

【译文】

现在的王公大人,让他富裕的,让他高贵的都是王公大人们的骨肉之亲、无缘无故富贵以及面貌美丽的人,这些人哪里就一定有智慧呢？如果没有智慧,派他治理国家,那么国家的动乱就可想而知了。

现在天下的士大夫、君子们,都希望富贵而厌恶贫贱,但是怎样才能得到富贵而避免贫贱呢？回答说:不如做王公大人的骨肉之亲、无缘

贵而恶贫贱，然女何为而得富贵而辟贫贱哉？曰：莫若为王公大人骨肉之亲、无故富贵、面目美好者。王公大人骨肉之亲、无故富贵、面目美好者，此非可学能者也。使不知辨，德行之厚，若禹汤文武，不加得也；王公大人骨肉之亲，躄喑聋暴为桀纣，不加失也。是故以赏不当贤，罚不当暴。其所赏者，已无故矣；其所罚者，亦无罪。是以使百姓皆攸心①解体，沮以为善；垂②其股肱之力③，而不相劳来也；腐臭余财，而不相分资也；隐慝良道，而不相教诲也。若此则饥者不得食，寒者不得衣，乱者不得治。

无故富贵以及面貌美丽的人。然而王公大人的骨肉之亲、无缘无故富贵以及面貌美丽的人，却不是靠学习所能得到的。假使不知分辨的话，即使德行淳厚像禹、汤、文、武，也不会多得到什么；而王公大人的骨肉之亲，即使是跛、哑、聋、瞎，乃至暴虐如桀纣，也不会失去什么。由于奖赏的不是该奖赏的贤人，惩罚的不是该惩罚的恶人，因而他所赏的人是没有功劳的，所惩罚的也是没有罪过的。所以使百姓人心涣散，没有心情做好事善事。怠惰他们的肢体，而不相互勉励帮助；宁可让多余的财物腐烂变质，也不愿分给别人；隐藏自己好的学问，而不相互教导。如此一来，饥饿的人就没有饭吃，寒冷的人没有衣服穿，混乱的社会就得不到治理。

【注释】

①攸心：谓心性弛放。攸，通"悠"。②垂："堕"之借字，怠惰，懒散。③股肱之力：自己的所有力量。形容做事已竭尽全力。股肱：大腿和胳膊。

【原文】

推而上之以，是故昔者尧有舜，舜有禹，禹有皋陶，汤有小臣，武王有闳夭、泰颠、南宫括、散宜生，而天下和，庶民阜。是以近者安之，远者归之。日月之所照，舟车之所及，雨露之所渐，粒食之所养，得此莫不劝誉。且今天下之王公大人士君子，中实将欲为仁义，求为上士，上欲中圣王之道，下欲中国家百姓之利，故尚贤之为说，而不可不察此者也。尚贤者，天、鬼、百姓之利而政事之本也。

【译文】

所以从前，唐尧有虞舜，虞舜有大禹，大禹有皋陶，商汤有伊尹，周武王有闳夭、泰颠、南宫括、散宜生，从而天下太平，百姓富足。因此，周围的人都安居乐业，远方的人都来归服。凡是日月所普照的地方、车船到达的地方、雨露滋润到的地方、粮食所养活的人们，得到这些，无不相互劝勉和鼓励。如果现在天下的王公大人及士君子，心中确实想实行仁义，寻求贤能的人才，上要符合圣王之道，下要满足国家与百姓的利益，那就不可不认真考虑尚贤这一说法了。尚贤是天帝、鬼神、百姓的利益所在，也是国家政事的根本。

**【评析】**

　　这篇文章同前两篇文章一样,也是从尚贤的角度来说明治理国家时,贤才的重要性。本篇通过大量的例子来阐述贤才的重要性。一般的贤才未必就是王公大人们的骨肉之亲或是富贵和面孔美丽的人,但他们有自己的真才实学。他们能为国家繁荣富强出谋划策。许多王公大臣治理国家、选拔人才时,并不是从贤才入手,而是从亲戚、富贵、面孔美丽入手,这样的人才选拔出来,最终只能是自食其果。

　　贤才的获得不在于出身的卑微,而在于是否有能力处理国家事务。通过舜、伊尹、傅说这三个人的例子来说明地位卑微,而且也不是王公大人们的骨肉之亲,但只要有才,就一定能成为国家的栋梁之材。

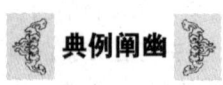

## 燕昭王招贤

　　燕国被起过攻破后,昭王继位,他怎样才能重振国家呢?墨子曾经说过:"贤士是一个国家为政的根本。"现在我们来看看燕王是怎样从各国招揽贤士的,怎样对待他们的?

　　燕昭王收拾了残破的燕国以后,登上王位,他礼贤下士,用丰厚的聘礼来招募贤才,想要依靠他们来报齐国破燕杀父之仇。为此他去见郭隗先生,说:"齐国乘人之危,攻破我们燕国,我深知燕国势单力薄,无力报复。然而如果能得到贤士与我共同治理国家,以雪先王之耻,这是我的愿望。请问先生要报国家的大仇应该怎么办?"

　　郭隗回答说:"成就帝业的国君以贤者为师,成就王业的国君以贤者为友,成就霸业的国君以贤者为臣,行将灭亡的国君以贤者为仆役。如果能够卑躬屈节地侍奉贤者,屈居下位接受教诲,那么比自己才能超出百倍的人就会光临;早些学习晚些休息,先去求教别人过后再默思,那么才能胜过自己十倍的人就会到来;别人怎么做,自己也跟着做,那么才能与自己相当的人就会来到;如果凭靠几案,拄着手杖,盛气凌人地指挥别人,那么供人驱使跑腿当差的人就会来到;如果放纵骄横,行为粗暴,吼叫骂人,大声喝斥,那么就只有奴隶和犯人来了。这就是古往今来实行王道和招致人才的方法啊。大王若是真想广泛选用国内的贤者,就应该亲自登门拜访,天下的贤人听说大王的这一举动,就一定会赶着到燕国来。"

　　昭王说:"我应当先拜访谁才好呢?"郭隗说道:"我听说古时有一位国君想用

千金求购千里马,可是三年也没有买到。宫中有个近侍对他说道:'请您让我去买吧。'国君就派他去了。三个月后他终于找到了千里马,可惜马已经死了,但是他仍然用五百金买了那匹马的脑袋,回来向国君复命。国君大怒道:'我要的是活马,死马有什么用,而且白白扔掉了五百金?'这个近侍胸有成竹地对君主说:'买死马尚且肯花五百金,更何况活马呢?天下人一定都以为大王您擅长买马,千里马很快就会有人送了。'于是不到一年,三匹千里马就到手了。如果现在大王真的想要罗致人才,就请先从我开始吧;我尚且被重用,何况那些胜过我的人呢?他们难道还会嫌千里的路程太遥远了吗?"

于是昭王为郭隗专门建造房屋,并拜他为师。消息传开,乐毅从魏国赶来,邹衍从齐国而来,剧辛也从赵国来了,人才争先恐后集聚燕国。昭王又在国中祭奠死者,慰问生者,和百姓同甘共苦。燕昭王二十八年的时候,燕国殷实富足,国力强盛,士兵们心情舒畅愿意效命。于是昭王用乐毅为上将军,和秦楚及三晋赵魏韩联合策划攻打齐国,齐国大败,齐闵王逃到国外。燕军又单独痛击败军,一直打到齐都临淄,掠取了那里的全部宝物,烧毁齐国宫殿和宗庙。没有被攻下的齐国城邑,只剩下莒和即墨。

# 尚同上

**【题解】**

尚同即上同,也即人们的意见应当统一于上级,并最终统一于天意。这是墨子针对当时国家混乱而提出的政治纲领。墨子认为,天下混乱是由于没有符合天意的好的首领,因此主张选择"仁人"、"贤者"担任各级领导。这种思想与尚贤说在本质上基本一致,都是对当时贵族统治的批判。

**【原文】**

子墨子言曰:"古者民始生,未有刑政之时,盖其语,人异义。是以一人则一义,二人则二义,十人则十义。其人兹①众,其所谓义者亦兹众。是以人是其义,以非人之义,故交相非也。是以内者父子兄弟作怨恶离散,不能相和合;天下之百姓,皆以水火毒药相亏害。至有余力,不能以相劳;腐朽余财,不以相分;隐匿良道,不以相教。天下之乱,若禽兽然。"

**【译文】**

墨子说:"远古人类刚刚诞生,还没有刑法与政治的时候,人们所说的话,每个人都有不同的意义。因此,一个人就有一种意义,两个人就有两种意义,十个人就有十种意义。人越多,各种不同的意思也就越多。而且每个人都坚持自己的意见是对的,别人的意见是错的,因而就相互攻击。既而在家里父子兄弟之间开始相互怨恨奋力而不能互相团结和睦。天下的百姓,都用水、火、毒药这些东西相互残害。即使有余力也不能互相帮助;让多余的财物腐烂也不愿分给别人;隐藏起好的知识不能相互教育。天下的混乱,就像禽兽一样。"

**【注释】**

①兹:通"滋"。

**【原文】**

夫明虖①天下之所以乱者,生于无政长,是故选天下

**【译文】**

明白了天下之所以大乱的原因,是由于没有行政长官,所以人们就选择天下有贤能的

之贤可者，立以为天子。天子立，以其力为未足，又选择天下之贤可者，置立之以为三公。天子、三公既以立，以天下为博大，远国异土之民，是非利害之辨，不可一二而明知，故画分万国，立诸侯国君。诸侯国君既已立，以其力为未足，又选择其国之贤可者，置立之以为正长②。正长既已具，天子发政于天下之百姓，言曰："闻善而不善，皆以告其上。上之所是，必皆是之；所非，必皆非之。上有过则规谏之，下有善则傍荐③之。上同而不下比者，此上之所赏而下之所誉也。意若闻善而不善，不以告其上；上之所是弗能是，上之所非弗能非；上有过弗规谏，下有善弗傍荐；下比不能上同者，此上之所罚而百姓所毁也。"上以此为赏罚，明察以审信。

人，立他为天子。立了天子之后，因他的力量还不够，于是又选拔天下的贤人，把他们立为三公。天子、三公都已经确立，又认为天下地域广大，他们对于远方异邦的人民以及是非利害的辨别，还不能一一了解，所以又把天下划为许多小国，设立诸侯和国君。诸侯国君已经确立，因他们的力量还不够，又选择国内贤德的人，设立他们为各级行政长官。行政长官已经确立，天子就向天下的百姓发布政令，说道："你们无论听到好的还是不好的，都要把它报告给你的上级。上级认为是对的，大家也一定都认为对；上级认为是错的，大家也一定都认为错。上级有过失就应该规劝进谏，下面有好的就要访求并举荐。是非与上级一致，而不与下面勾结，这是上级所赞赏，下面所称誉的。假如听到好的或不好的，却不向上级报告；上级认为对的他认为不对，上级认为不对的他认为对；上级有过失不规劝进谏，下面有好的不访求举荐；与下面勾结而不与上级一致，这是上级所要惩罚，也是百姓所要非议的。"上级根据这些方面来行使赏罚，就必然十分审慎、可靠。

**【注释】**

①摩：通"乎"。②正长：即"政长"，行政长官。③傍荐：谓访求而举荐。傍，通"访"。

**【原文】**

是故里长者，里之仁人也。里长发政里之百姓，言曰："闻善而不善，必以告其乡长。乡长之所是，必皆是之；乡长之所非，必皆非之。去若不善言①，学乡长之善言；去若不善行，学乡长之善行。"

**【译文】**

所以里长就是这一里内的仁人。里长对里内百姓发布政令，说道："听到好的和不好的事情，必须报告给乡长。乡长认为对的，大家也一定都认为对；乡长认为错的，大家也一定都认为错。去掉你的不好的言谈，学习乡长好的言论；去掉你的不好的行为，学习乡长好

则乡何说以乱哉?察乡之所治者何也?乡长唯能壹同乡之义,是以乡治也。乡长者,乡之仁人也。乡长发政乡之百姓,言曰:"闻善而不善者,必以告国君。国君之所是,必皆是之;国君之所非,必皆非之。去若不善言,学国君之善言;去若不善行,学国君之善行。"则国何说以乱哉?察国之所以治者何也?国君唯能壹同国之义,是以国治也。国君者,国之仁人也。国君发政国之百姓,言曰:"闻善而不善,必以告天子。天子之所是,皆是之;天子之所非,皆非之。去若不善言,学天子之善言;去若不善行,学天子之善行。"则天下何说以乱哉?察天下之所以治者何也?天子唯能壹同天下之义,是以天下治也。

的行为。"那么这个乡里怎么会乱呢?考察这一乡之所以治理得好的原因是什么呢?是由于只有乡长能够统一全乡的意见,所以乡内就治理好了。乡长是这一乡的仁人。乡长对乡内的百姓发布政令,说道:"听到好和不好的事情,一定要报告给国君。国君认为是对的,大家一定都认为是对的;国君认为是错的,大家一定都认为是错的。去掉你的不好的言论,学习国君的好的言论;去掉你的不良行为,学习国君的好的行为。"那么国内怎么还会混乱呢?考察一国之所以得到治理的原因是什么呢?是由于只有国君能统一全国人的意见。所以国家就治理好了。国君是这一国的仁人。国君发布政令于天下百姓,说道:"听到好和不好的事情,必须报告给天子。天子认为是对的,大家一定都认为是对的;天子认为是错的,大家一定都认为是错的。去掉你的不好的言论,学习天子的好的言论,去掉你的不良行为,学习天子的好的行为。"那么还怎么能说天下会乱呢?考察天下之所以治理得好的原因是什么呢?是因为天子能够统一天下的意见,所以天下就治理好了。

【注释】

①去若不善言:去掉你们不好的言谈。去,去掉,放弃。

【原文】

天下之百姓皆上同于天子,而不上同于天,则灾犹未去也。今若天飘风苦雨,溱溱而至者,此天之所以罚百姓之不上同于天者也。是故子墨子言曰:"古者圣王为五刑,请①以治其民。譬若丝缕之有纪,网罟②之有纲③,所连收天下之百姓不尚同其上者也。"

【译文】

天下的老百姓都知道与天子一致,而不知道与上天一致,那么灾祸还不能彻底除去。现在如果天刮大风下久雨,频频而至,这就是上天对那些不与上天一致的百姓的惩罚。所以墨子说:"古时圣王制定五种刑法,确实是用它来治理百姓,就好比丝线有头绪、鱼网有钢绳一样,是用来约束天下不与上级保持一致的百姓的。"

【注释】

①请：通"诚"。②罟(gǔ)：捕鱼及捕鸟兽的工具。③纲：网上的总绳。

【评析】

墨子在《尚同上》阐述了民主选举产生政府的观点：由于原来的无政府状态"天下之乱，若禽兽然。"所以人们"选天下之贤可者，立以为天子。"又选择"天下之贤可者，置立之以为三公。""立诸侯国君。"又选择"其国之贤可者，置立之以为正长。"从天子到三公，从诸侯到正长，政府各级官员莫不是经民主选举产生。"尚同"同时要求全社会的思想共识和舆论达到一致，即所谓"上之所是，必皆是之；所非，必皆非之"，要求社会成员的思想都要统一于其上级，下级的思想要统一于上级，以此逐级统一思想舆论，天下大治。同时墨子十分强调自天子、三公、诸侯，直到地方上的乡长、里长都必须实行举贤良之制，自上而下建立起贤人政治的一套平民民主的体制，以保证思想舆论的统一有正确的方向，即求"兴天下之利，除天下之害"，以利万民。

值得警惕的是，尚同和尚贤是不能分离的。尚同要以尚贤为基础和前提，否则小了可能会造成"一言堂"，大了可能会形成独裁统治，希特勒也是民选上台的。这也是墨子的"尚同"最容易为人诟病的地方。虽然墨子有"天志"来警示最高统治者，但今天看来，没有制衡的权力，仍然是危险的。同时，尚贤需要以尚同来相辅，否则，无政府状态下，再贤良的人，再好的政策也是无法推行的。

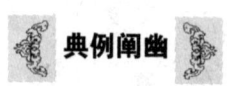 典例阐幽

## 孝文帝汉化改革

墨子提出"尚同"的思想是要人们把自己所看到、所听到的事情报告给上级，让上级尽快知道发生了什么事情，好进行统一的管理。"去若不善言，学天子之善言；去若不善行，学天子之善行。"学习天子好的东西。魏孝文帝就是这样，以身作则，才使鲜卑族很快融入了汉族之中。

北魏自从太武帝死去后，政治腐败，鲜卑贵族和大商人压迫人民，不断引起北方人民的反抗。公元471年，魏孝文帝即位后，决心采取改革的措施。

魏孝文帝规定了官员的俸禄，严厉惩办贪官污吏；实行了"均田制"，把荒地分配给农民，成年男子每人四十亩，妇女每人二十亩，让他们种植谷物，另外还分给桑地。农民必须向官府交租、服役。农民死了，除桑田外，都要归还官府。这样一来，

开垦的田地多了,农民的生产和生活比较稳定,北魏政权的收入也增加了。

魏孝文帝是一个政治上有作为的人,他认为要巩固魏朝的统治,一定要吸收中原的文化,改革一些落后的风俗。

汉族文化博大精深,有许多是鲜卑民族所比不上的。孝文帝认为只要肯认真学习,接纳汉人,对于北魏的发展有极大的帮助。但汉化的最大问题在于要先改变国民的观念,让他们接受更为先进的东西。魏孝文帝经过深思熟虑,决定要让北魏少数民族逐渐与汉族文明相融合。

魏主想要先改革鲜卑族的旧的风俗习惯,并决定先从服饰下手。建武元年十二月二日,孝文帝下诏要求全国民众、官员学习汉族人的装束,禁止穿鲜卑族的服装。命令一公布,没有人敢不执行,也没有人敢当着他的面反对,但有许多人对此事颇为不满。

建武二年五月,魏太子在宗庙里举行了冠礼。北魏孝文帝决定趁此机会正式开始对鲜卑族的文化习俗进行改革。他召集文武百官问道:"你们是愿意我的统治超过远古时的商、周,还是希望我连汉、晋时都不如?"咸阳王拓跋禧回答:"我们当然希望您能超越他们。"孝文帝接着又问:"那么我们应该大胆改革,移风易俗,还是因循守旧,一成不变呢?"王禧回答说:"我们希望陛下治理的国家能时常更新、进步。"孝文帝又问:"我们的江山是到我这一代就结束呢,还是子子孙孙永远留传下去?"王禧回答说:"希望江山能万古长存。"孝文帝看时机已经成熟,紧接着就说:"既然你们都这样认为,那么就一定要实施彻底的改革,谁都不许违抗!"群臣异口同声地回答:"皇上您下的命令我们一定会遵守,怎么会敢违抗呢?"孝文帝表情严肃地说:"古人说:名不正,言不顺,则礼乐不兴。现在我决定停止使用鲜卑语,一律说汉语。三十岁以上的人已经养成了习惯,要一下改过来也不容易,可以慢慢努力,暂时不作严格的要求。但三十岁以下的朝廷官员就必须马上改说汉语,不准再说鲜卑语。如果有不听诏令,执意不改的人,一律降低或罢黜官职。这一点我说到做到,希望各位都牢记在心中,认真执行。大家觉得我这样做对吗?"

众臣回答说:"谨遵圣旨。"魏孝武帝又教训这群唯唯诺诺的臣子:"如果我的决定有不对的地方,你们应当立刻指出来与我商议、争论。为什么当时不说出自己的不满,上朝时口口声声同意,退朝之后却又不照办呢?"六月初二他再次下诏:

"在朝廷之内不准使用鲜卑语,凡是违反了就免除他的职务。"

六月十六日,魏主下令搜集各种宫廷内从缺、但又十分有用的书籍,一律付给十分丰厚的赏赐。

不久有关官员上奏请求:"广川王妃死后葬在代都平城,现在广川王死了是应该葬在平城呢,还是把王妃的墓迁过来与他一同葬在洛阳。"孝文帝想了想回答:"凡是迁居到洛阳的人,死后都埋葬在洛阳东部的山上。如果丈夫在迁都前就死在了平城,那么他的妻子就可以到平城与之合葬。但如果丈夫死于洛阳,就不允许与其妻葬在平城。其他各州的人听随自便。"六月十九日颁布了正式的条例,规定:"迁居到洛阳的民众死后就葬在黄河以南,不得迁回黄河以北。"从此,南迁的鲜卑人才真正在洛阳扎下根来,慢慢融入了汉族。

# 尚同中

【题解】

此篇与上篇一样，都是讲述从服从天子的角度来治理国家。一个国家需要一个统治者来管理，否则这个国家将成为一盘散沙，最终导致灭亡。所以，国君治理国家需要"尚同"。尚同是一个国家为政的根本，也就是只有大家都统一于一个观点，凝聚一心，国家才能更好地、更容易地治理。但"尚同"也不是凭空而来的，他同样需要的是"尚贤"，尊重贤者，把贤者的观点统一起来，让他为天子服务。

【原文】

子墨子曰："方今之时，复古之民始生，未有正长之时，盖其语曰，天下之人异义，是以一人一义，十人十义，百人百义。其人数兹众，其所谓义者亦兹众。是以人是其义，而非人之义，故相交非也。内之父子兄弟作怨雠，皆有离散之心，不能相和合。至乎舍余力，不以相劳；隐匿良道，不以相教；腐朽余财，不以相分。天下之乱也，至如禽兽然。无君臣上下长幼之节、父子兄弟之礼，是以天下乱焉。"

明乎民之无正长以一同天下之义，而天下乱也，是故选择天下贤良、圣知、辩慧之人，立为天子，使从事乎一同天下之义。天子既以立矣，以为唯其耳目之请①，不能独一同天下之义，是故选择天下赞阅

【译文】

墨子说："与现在相比，远古人类刚刚诞生，还没有行政长官的时候，人们所说的话，每个人都有不同的意义。因此，一个人就有一种意义，十个人就有十种意义。人越多，各种不同的意思也就越多。而且每个人都坚持自己的意见是对的，别人的意见是错的，因而就相互攻击。既而在家里父子、兄弟之间相互怨恨，人心离散，不能和睦相处。以致有余力的不愿意帮助别人；隐藏起好的知识不能相互教育；让多余的财物腐烂也不愿分给别人；天下的混乱，就像禽兽一样，没有君臣、上下、长幼的区别，没有父子、兄弟之间的礼节，因此天下大乱。"

明白了没有行政长官来统一天下的意见，天下就会大乱，所以就选择天下的贤才、圣智和口才好的人，推举他立为天子，让他担当起统一天下不同意见的重任。天子已经确立，认为仅仅依靠自己耳

贤良、圣知、辩慧之人，置以为三公，与从事乎一同天下之义。天子三公既已立矣，以为天下博大，山林远土之民，不可得而一也。是故靡分天下，设以为万诸侯国君，使从事乎一同其国之义。国君既已立矣，又以为唯其耳目之请①，不能一同其国之义，是故择其国之贤者，置以为左右将军大夫，以至乎乡里之长，与从事乎一同其国之义。天子、诸侯之君、民之正长，既已定矣，天子为发政施教，曰："凡闻见善者，必以告其上，闻见不善者，亦必以告其上。上之所是，亦必是之；上之所非，亦必非之。己有善，傍荐之；上有过，规谏之。尚同义其上，而毋有下比之心。上得则赏之，万民闻则誉之。意若闻见善，不以告其上；闻见不善，亦不以告其上。上之所是不能是，上之所非不能非。己有善，不能傍荐之；上有过，不能规谏之。下比而非其上者，上得则诛罚之，万民闻则非毁之。"故古者圣王之为刑政赏誉也，甚明察以审信。是以举天下之人，皆欲得上之赏誉而畏上之毁罚。

【注释】

①请：通"情"。

闻目见的情况，不能够统一天下的意见，所以就选择天下贤才、圣知和口才好的人，推举他为三公，参与从事统一天下的意见。天子、三公已经确立了，又因天下地域太广，远方山野的人民，不可能统一，所以划分天下，设立了数以万计的诸侯国君，让他们从事统一他们各国的意见。诸侯国君既然已经确立了，认为仅以他自己耳目所闻所见的实情，尚不能统一一国的意见，所以又在他们国内选择一些贤人，立为国君左右的将军、大夫，以及远至乡里之长，让他们参加从事统一国内的意见。天子、诸侯国君、人民的行政长官既然已经确立，天子就发布政令，说："凡听到或看到好的，一定要向上级报告；凡听到或看到不好的，也必须报告给上级。上级认为是对的，必须也认为对；上级认为是错的，也必须认为错。如果有好的，就要访问推荐；上级有了过失，要规劝。与上级意见保持一致，而不能有与下面勾结的私心。这样，上级得知就会赏赐他，百姓听了就会赞美他。假如听到或看到好的，而不报告给上级；凡听到或看到不好的，也不报告给上级。上级认为对的，不肯说对，上级认为错的，不肯说错。如果有好的，也不访问推荐；上级有过失也不规谏，与下面勾结而毁谤上级，上级知道后就会惩罚他们，百姓听了也要谴责他们。"所以古时圣王制定刑法赏誉，都非常明察、可靠。因此凡是天下的百姓，都希望得到上级的赏赐赞扬，而害怕上级的批评与惩罚。

**【原文】**

是故里长顺天子政而一同其里之义。里长既同其里之义,率其里之万民以尚同乎乡长,曰:"凡里之万民,皆尚同乎乡长而不敢下比,乡长之所是,必亦是之;乡长之所非,必亦非之。去而不善言,学乡长之善言;去而不善行,学乡长之善行。"乡长固乡之贤者也。举乡人以法乡长,夫乡何说而不治哉?察乡长之所以治乡者,何故之以也?曰唯以其能一同其乡之义,是以乡治。

乡长治其乡而乡既已治矣,有率其乡万民,以尚同乎国君,曰:"凡乡之万民,皆上同乎国君而不敢下比。国君之所是,必亦是之;国君之所非,必亦非之。去而不善言,学国君之善言;去而不善行,学国君之善行。"国君固国之贤者也,举国人以法国君,夫国何说而不治哉?察国君之所以治国而国治者,何故之以也?曰:唯以其能一同其国之义,是以国治。

**【原文】**

国君治其国而国既已治矣,有率其国之万民以尚同乎天子,曰:"凡国之万民,上同乎天子而不敢下比。天子之所是,必亦是之;天子之所非,必亦非之。去而

**【译文】**

所以里长顺从天子的政令,统一该里内百姓的意见。里长统一了全里百姓的意见,就率领里内的百姓向上与乡长意见保持一致,说:"凡是里内的百姓,都应该上同于乡长,而不敢与下面勾结。乡长认为是对的,大家都必须认为对;乡长认为错的,大家也都必须认为错。去掉你们不好的言论,学习乡长的好的言论;去掉你的不良行为,学习乡长的好的行为。"乡长本来就是乡里的贤人。全乡人都效法乡长,怎能说这个乡不能治理呢?考察乡长之所以能把乡内治好的原因,是什么呢?回答说:因为只有他能使全乡意见一致,所以乡内就治理好了。

乡长治理他的乡,而乡内已经治理好了,又率领他乡内的万民,与国君保持一致,说:"凡是我们乡内的百姓,都应与国君保持一致,而不可与下面勾结。国君认为是对的,大家也必须认为对;国君认为错的,大家也必须认为错。放弃你们不好的言论,学习国君好的言论;去掉你的不良的行为,学习国君的好的行为。"国君本来就是全国最贤德的人,全国人民都效仿国君,怎能说这个国家还有什么不能治理呢?考察国君之所以能把国内治好的原因,是什么呢?回答说:"因为只有他能统一全国的意见,所以国内就治理好了。"

**【译文】**

国君治理他的国家,而国内已治理好了,又率领他国内的百姓,与天子保持一致,说:"凡是国内的百姓,都要上同于天子,而不可与下面勾结。天子认为是对的,大家也必须认为对;天子认为错的,大家也必须认为错。

不善言,学天子之善言;去而不善行,学天子之善行。"天子者,固天下之仁人也,举天下之万民以法天子,夫天下何说而不治哉?察天子之所以治天下者,何故之以也?曰:唯以其能一同天下之义,是以天下治。夫既尚同乎天子,而未上同乎天者,则天灾将犹未止也。故当若天降寒热不节,雪霜雨露不时,五谷不熟,六畜不遂,疾灾戾疫,飘风苦雨,荐臻①而至者,此天之降罚也,将以罚下人之不尚同乎天者也。

故古者圣王明天、鬼之所欲,而辟天、鬼之所憎,以求兴天下之害,是以率天下之万民,齐②戒沐浴,洁为酒醴③粢盛④,以祭祀天、鬼。其事鬼神也,酒醴粢盛不敢不蠲洁⑤,牺牲不敢不腯肥,珪璧币帛不敢不中度量,春秋祭祀不敢失时几,听狱不敢不中,分财不敢不均,居处不敢怠慢。曰:"其为正长若此,是故上者天、鬼有厚乎其为正长也,下者万民有便利乎其为政长也。天、鬼之所深厚而能强从事焉,则天、鬼之福可得也。万民之所便利而能强从事焉,则万民之亲可得也。其为政若此,是以谋事得,举事成,入守固,出诛胜者,何故之以也?"曰:"唯以尚同为政者也。故古者圣王之为政若此。"

去掉你们不好的言论,学习天子好的言论;去掉你的不良的行为,学习天子的好的行为。"天子本来就是天下最仁爱的人,如果全天下的百姓都效仿天子,那怎么能说天下还治理不好吗?考察天子之所以能把天下治理好的原因,是什么呢?回答说:"因为只有他能统一天下的意见,所以天下就治理好了。已经做到上同于天子,而还不能上同于天,那么天灾还会不止。所以当遇到气候的寒热失调,雪霜雨露降得不是时候,五谷不熟,六畜不蕃,疾疫流行,暴风骤雨等,这就是上天降下的惩罚,惩罚那些不与上天保持一致的人。"

所以古代的圣王,知道天帝鬼神所希望的,从而能避免天帝鬼神所憎恶的,以求兴天下之利,除天下之害,所以率领天下的百姓,斋戒沐浴,预备了洁净而丰盛的酒饭,用来祭祀天帝鬼神。他们对鬼神的奉祀,酒饭不敢不洁净丰盛,猪牛羊三牲,不敢不肥硕;珪璧币帛,不敢不符合数量;春秋二季的祭祀,不敢错过时间;审理狱讼,不敢不公正;分配财物,不敢不均匀;待人处事不敢怠慢礼节。这就是说:"他像这样当行政长官,在上的天帝鬼神优厚地看待他,在下的百姓也便利他。天帝鬼神优厚地看待他,而他能努力办事,那么天帝鬼神的降幅就可得到;百姓有所便利,而他们能努力办事,那么他就可以得到万民的爱戴了。他像这样治理政事,所以谋划就能成功,办事就能成功,保卫城池坚不可摧,出战征讨一定取胜。这是什么原因呢?"回答说:"因为只有他在治理政事上能统一意见。所以古代圣王治理政事就是这样的。"

【注释】

①荐臻(jiàn zhēn)：接连地来到；一再遇到。②齐：通"斋"。③酒醴(jiǔ lǐ)：酒和醴，亦泛指各种酒。④粢盛(zī chéng)：古代盛在祭器内以供祭祀的谷物。⑤蠲洁(juān jié)：亦作"蠲絜"，清洁。

【原文】

今天下之人曰："方今之时，天下之正长犹未废乎天下也，而天下之所以乱者，何故之以也？"子墨子曰："方今之时之以正长，则本与古者异矣。譬之若有苗之以五刑然。昔者圣王制为五刑以治天下，逮至有苗之制五刑，以乱天下，则此岂刑不善哉？用刑则不善也。是以先王之书《吕刑》之道曰：'苗民否用练①，折则刑，唯作五杀之刑，曰法。'则此言善用刑者以治民，不善用刑者以为五杀。则此岂刑不善哉？用刑则不善，故遂以为五杀。是以先王之书《术令》之道曰：'唯口出好兴戎。'则此言善用口者出好，不善用口者以为谗贼寇戎，则此岂口不善哉？用口则不善也，故遂以为谗贼寇戎。"

故古者之置正长也，将以治民也。譬之若丝缕之有纪，而罔罟之有纲也。将以连收天下淫暴而一同其义也。是以先王之书、相年之道曰："夫建国设都，乃作后王君公，否用泰也。轻大夫师长，否用佚也。维辩②使治天均。"则此语古者上帝鬼神之建设国都立正长也，非高其

【译文】

现在天下的人说："在今天，天下的行政长官还没有废除，而天下却发生混乱，是什么原因呢？"墨子说："现在天下的行政长官，根本就和古代不同，就好像有苗制定五刑那样。古代的圣王制定五刑，用来治理天下。等到有苗制定五刑，却用此来扰乱天下。这难道就是刑法不好吗？是刑法使用的不好。所以先王留下来的书籍《吕刑》上这样记载：'苗民不服从政令，就制定刑罚。他们作了五种意在杀戮的刑罚，也叫作法。'这就是说，善于运用刑罚可以治理百姓，不善用刑罚就变成五种杀刑了。这难道是刑法不好吗？是刑法使用的不得当，所以就变成了五种杀刑。因此，先王的书《术令》(即《说命》)记载说：'人之口，可以产生好事，也可以产生战争。'这说的就是善于用口的，可以产生好事；不善于用口的，就可以产生逸贼战争。这难道是口不好吗？是由于不善于用口，所以就变成逸贼战争。"

所以古时候设置行政长官，是拿来治理百姓的。就好像丝线有总头、鱼网有钢绳一样，他们是用来管束天下淫暴之徒，并使之与上面协同一致的。所以先王的书中、老年人的话中说："建立国家，设立都城，做帝王君王，不是让他骄奢淫逸。设卿大夫师长，也不是叫他们放纵逸乐的。这是让他们分授职责，按公平之天道治理天下。"这说的就是古代上帝、鬼神建设国都，设置行政长官，并不是

爵，厚其禄，富贵佚而错③之也。将此为万民兴利除害，富贵贫寡，安危治乱也。故古者圣王之为若此。

为了提高他们的爵位，增加他们的俸禄，使他过富贵淫佚的生活，而是让他给万民兴利除害，使贫者富，使民少者众，使危者安，使乱者治。所以古代圣王的作为是这样的。

【注释】

①练：与"灵"、"命"一声之转。②辨：通"辨"，分设。③错：通"措"。

【原文】

今王公大人之为刑政则反此：政以为便譬、宗於父兄故旧，以为左右，置以为正长。民知上置正长之非正以治民也，是以皆比周隐匿，而莫肯尚同其上。是故上下不同义。若苟上下不同义，赏誉不足以劝善，而刑罚不足以沮暴。何以知其然也？

曰：上唯毋立而为政乎国家，为民正长，曰："人可赏，吾将赏之。"若苟上下不同义，上之所赏，则众之所非。曰人众与处，于众得非，则是虽使得上之赏，未足以劝乎！上唯毋立而为政乎国家，为民正长，曰："人可罚，吾将罚之。"若苟上下不同义，上之所罚，则众之所誉。曰人众与处，于众得誉，则是虽使得上之罚，未足以沮乎！若立而为政乎国家，为民正长，赏誉不足以劝善，而刑罚不沮暴，则是不与乡本言"民始生未有正长之时"同乎？若有正长与无正长之时同，则此非所以治民一众之道。

故古者圣王唯而审以尚同。

【译文】

现在的王公大人行使政事却与此相反：为政是依靠宠幸的臣子、宗亲父兄和老部下老相识，把他们安排在身边做行政长官。百姓知道天子设立行政长官并不是真的治理百姓，于是大家都结党营私，隐瞒良道，不肯与上级意见一致。因此，上下级之间意见不统一。如果上下级之间意见不一致，那么奖赏就不能起到鼓励的作用，刑罚就不能收到震慑的效果。怎么知道是这样呢？

回答说：假定处在上位、管理着国家、作为人民行政长官的人说："这个人应该奖赏，我要奖赏他。"如果上下级之间意见不一致，上级所赏的人，正是大家所非议的人，于是大家就说：平日我们与他相处，大家都认为他不好。那么，这人即使得到上级的奖赏，却无法起到鼓励的作用！假定处在上位，管理着国家，作为人民行政长官的人说："这个人应该处罚，我将要处罚他。"如果上下级之间意见不一致，上级所罚的人，正是大家所赞誉的人，于是大家就说：平日我们与他相处，大家都赞誉他好。那么，这人即使得到惩罚，也不能起到震慑的作用。假定处在上位、管理着国家、作为人民行政长官的人奖赏不能鼓励人心向善，刑罚不能够制止暴徒，那不是与我前面所说过的"百姓刚刚诞生还没有行政长官

以为正长，是故上下情请为通。上有隐事遗利，下得而利之；下有蓄怨积害，上得而除之。是以数千万里之外，有为善者，其室人未遍知，乡里未遍闻，天子得而赏之；数千万里之外，有为不善者，其室人未遍知，乡里未遍闻，天子得而罚之。是以举天下之人，皆恐惧振动惕栗，不敢为淫暴，曰："天子之视听也神！"先王之言曰："非神也。夫唯能使人之耳目助己视听，使人之吻助己言谈，使人之心助己思虑，使人之股肱助己动作。"助己视听者众，则其所闻见者远矣；助之言谈者众，则其德音之所抚循者博矣；助之思虑者众，则其谈谋度速得矣；助之动作者众，即其举事速成矣。故古者圣人之所以济事成功，垂名于后世者，无他故异物焉，曰：唯能以尚同为政者也。

【原文】

是以先王之书《周颂》之道之曰："载来见辟王，聿求厥章①。"则此语古者国君诸侯之以春秋来朝聘天子之廷，受天子之严教，退而治国，政之所加，莫敢不宾。当此之时，本无

时"的情况一样了吗？如果有行政长官与没有行政长官的时候一样，那么这就不是治理百姓、统一民众的正道了。

所以古代的圣王，因为能够审慎地统一民众的意见，立为行政长官，所以上下之间就很容易沟通了。上级如果有隐蔽而遗置的利益，下面的人就能够随时兴办，使他得到好处；下面若有蓄积的怨和害，上面也能够随时为他消除。所以远在数千或数万里之外，如果有人做了好事，他的家人还没有完全知道，他的乡人也还没有完全听到，天子就已知道并赏赐他；远在数千或数万里之外，如果有人做了坏事，他的家人还没有完全知道，他的乡人也没有听到，天子就已知道并惩罚了他。所以所有天下的人，十分害怕和震动战栗，不敢做淫暴的事。说："天子的视听如神。"先王说："这不是神，只是能够使他人的耳目帮助自己看、自己听；使他人的嘴帮助自己说话，使他人的心帮助自己思考，使他人的四肢帮助自己做事。"帮助自己看、自己听的人多，那么他的所见所闻就远；帮助他说话的人多，那么他的好心所安抚范围就广阔了；帮助自己思考的人多，那么计划很快就能实行了；帮助自己做事的人多，那么他所做的事情很快就能成功了。所以古代的圣人之所以能够把事情办成、名垂后世，没有别的其他原因，只不过是能用与上级保持一致的办法来行使政事。

【译文】

所以先王的书《周颂》上曾说过："拜见那个君王，寻求车服礼仪的文章制度。"这就是说，古代诸侯国的君主在春秋二季，到天子的朝廷来定期朝见，接受天子严厉的教令，然后回去治理他们的国家，因此政令所到之处，没有人敢不服。在这个时候，根本没有人敢扰乱天子的教令，《诗经》上说："我的马是黑色鬃毛的白马，六条马缰绳柔美

有敢纷天子之教者。《诗》曰:"我马维骆,六辔沃若,载驰载驱,周爰咨度。"又曰:"我马维骐,六辔若丝,载驰载驱,周爰咨谋②。"即此语也。古者国君诸侯之闻见善与不善也,皆驰驱以告天子。是以赏当贤,罚当暴,不杀不辜,不失有罪,则此尚同之功也。是故子墨子曰:"今天下之王公大人士君子,请将欲富其国家,众其人民,治其刑狱,定其社稷,当若尚同之不可不察,此之本也。"

光滑,在路上或快或慢地跑,在所到之处普遍地询访查问。"又说:"我的马是青黑色毛片的,六条马缰绳象丝一般光滑,在路上或快或慢地跑,在所到之处普遍地询问谋划。"说的就是这个意思。古代的国君诸侯听见或看到好的或不好的,都要赶快报告给天子。因此奖赏的是贤人,惩罚的是暴徒,不杀害无辜,也不放过有罪,这就是与上级保持一致的功效。所以墨子说:"现在天下的王公大人士大夫君子们,如果确实想让他们的国家富有,人民众多,刑政治理,国家安定,就不可不考察尚同,因为这是施政的根本。"

【注释】

①聿求厥章:寻求车服礼仪等文章制度。②咨谋:询问筹划。

【评析】

墨子以为"尚同"是上帝和鬼神的意志,是最公平合理的,但在客观上,这种尚同于天下的说法,乃是帮助当时王公大人巩固在人民面前已经动摇的威信的。

墨子说:"今天下之王公大人士君子,请将欲富其国家,众其人民,治其刑狱,定其社稷,当若尚同之不可不察,此之本也。"墨子认为尚同是为政的根本,他认为尚同可以避免灾祸,使国家富强。而他所提倡的"尚同"思想乃是以天志说为基础的。认为这所有的一切都必须听从于上天的安排。他的这一思想明显具有消极的因素,不值得提倡和学习。

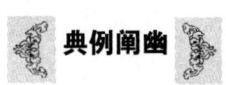

## 赵武灵王胡服骑射

公元前302年,赵武灵王决定进行军事改革,改穿胡服,学习骑射。

赵武灵王是一个眼光远、胆子大的君主。赵国的大臣楼缓、肥义、公子成,全是他的帮手。赵武灵王想改革军事已经想了很久。有一天,他对楼缓说:"咱们北边有燕国,东边有东胡,西边有林胡、楼烦、秦、韩等国,中间还有中山,四面八方全是敌

人,什么是咱们的保障呢?自己要是不再发愤图强,随时都可能被人家灭了。要发愤图强就得做好些事情。我打算先从改革服装着手,接着可以改变打仗的方法。你说怎么样?"

楼缓说:"我们的服装要怎么改呢?"

赵武灵王说:"咱们穿的衣服,腰太肥,袖子太长,领口太宽,下摆太大,穿着这种长袍大褂,做事也不太方便。"楼缓把话接过去说:"而且还浪费衣料。"

赵武灵王把袖子晃了晃,下摆兜了兜,说:"多费衣料倒在其次,穿上长袍大褂,不但做事不方便,而且走起路来摇摇摆摆的,干起活儿就迟慢。因此,也就减少了急起直追的精神。全国的人全都这样,国家哪儿强得起来?我打算仿照胡人的风俗,把大袖子的长袍改成小袖儿的短褂,腰里系一根皮带,脚上穿双皮靴。穿上这种衣服,做事方便,走路灵活。你再想大模大样、摇摇摆摆地走也就办不到了。"

楼缓听得很高兴地说:"咱们仿照胡人的穿着,打起仗来灵便,是不是?"

赵武灵王说:"是啊!咱们打仗全靠步兵,就是有马,只知道用马拉车,可不会骑着马打仗。我打算穿胡人那样的衣服,学习胡人那样骑马射箭。那可多么灵活!"

楼缓听得来劲,就去告诉肥义,肥义也很赞同。

第二天上朝的时候,赵武灵王、楼缓和肥义,都穿着小袖子的短战衣出来。一般大臣们瞧见他们这个样子,吓了一跳,他们还以为赵武灵王跟那两位大臣犯了疯病呢。赵武灵王把改变服装的事宣布了。大臣们总觉得这太丢脸了。这不是把中原的文化、礼义都扔了吗?可是赵武灵王下了决心,非实行不可。他拿种种理由把他那个最顽固的叔叔公子成说服了。大臣们一见公子成也穿上了胡服,只好随着改了。

接着,赵武灵王下了一道改革服装的命令。过了没有多少日子,全国的军队不分将军士兵,全部穿上了胡服。在民间,有的人起头觉得有点不像样,后来因为胡服比起以前的衣服实在方便得多,反倒时兴起来了。

赵武灵王第二件向胡人学习的事,就是骑马射箭。不到一年工夫,赵国大队的骑兵训练成了。军事改革后,赵武灵王亲自把临近的中山国从魏国接收过来,又收服了东胡和临近的几个部族,接着打发使者去联络秦国、韩国、齐国、楚国,赵国就这么强大起来了。到了实行胡服骑射的第七年,不但中山、林胡、楼烦都已经收服了,还扩张势力,北边一直到代郡、雁门,西边到云中、九原,一下子增加了好多土地。

接着,赵武灵王打算到秦国去摸摸底。国内的事由谁管呢?他见小儿子很能干,就把太子废了,传位给小儿子,自己改称为主父。赵主父拜肥义为相国,李兑为太傅,公子成为司马,封大儿子为安阳君。国内的政权布置妥当之后,他要动身去考察秦国的地理形势,还要去侦察一下如今在位的秦王,看他是怎样的一个人了。

赵主父打扮成个使臣，自称为"赵招"，带了几十个手下，上秦国去访问，沿路察看山水要道，画成地图。到了秦都咸阳，他以使臣的身份见了秦昭襄王，还向他报告了赵武灵王传位的事情。

秦昭襄王问他："你们的国君老了吗？"他回答说："还正在壮年。"秦昭襄王就问："那为什么要传位呢？"他回答说："我们的国君叫太子先练习练习。国家大权可仍然在主父手里。"

秦昭襄王接着说："你们怕不怕秦国？""使臣赵招"说："怕！要是不怕，就用不着改革服装，练习骑马射箭了。好在如今敝国的骑兵比起早先来增加了十多倍，

大约能够跟贵国结交了吧！"秦昭襄王听了这话，还挺尊敬他。"使臣赵招"辞别了秦王，回到驿馆去了。

当天晚上，秦昭襄王想起赵国使臣的谈话，又文雅、又强硬，态度又尊严、又温和，倒是个人才。他还想跟他谈谈。第二天，秦昭襄王派人去请他。"使臣赵招"的手下人说："使臣病了，过几天再去朝见大王吧。"就这么又过了几天，秦昭襄王又派人去请赵国使臣，一定要他去。可是"使臣赵招"不见了，他的随从人员也不见了，使馆里只留下一个人，自称是赵国的使臣赵招。

秦昭襄王的手下人就把他带到秦昭襄王跟前。秦昭襄王问他："你既是使臣赵招，那么上次见我的那个使臣又是谁呢？"

真赵招说："是我们的主父。他想见一见大王，特意打扮成使臣。他嘱咐我留在这儿给大王赔罪。"

秦昭襄王咬牙切齿地说："赵主父骗了我！"立刻叫大将白起带领三千精兵，连夜去追。他们追到函谷关，守关的将士说："赵国的使臣已经出关三天了。"泾阳君白跑一趟，只好回去向秦王报告。秦昭襄王没有办法，索性大方点儿，把那个真赵招也放了回去。

赵国的改革，增强了消费综合国力，对秦国也是一种威慑。

# 尚同下

【题解】

本篇也是从尚同的角度来阐明治国之道的,由于每个人的思想不一样,所以即使是对同一个事物也会有不一样的观点,而且每个人都会认为自己的观点是对的,这时如果没有一个确定的观点,没有天子出来主持公道,那么就一定会引发纷争,甚至是战争。

【原文】

子墨子言曰:"知者之事,必计国家百姓所以治者而为之,必计国家百姓之所以乱者而辟①之。"然计国家百姓之所以治者,何也?上之为政,得下之情则治,不得下之情则乱。何以知其然也?上之为政,得下之情,则是明于民之善非也。若苟明于民之善非也,则得善人而赏之,得暴人而罚之也。善人赏而暴人罚,则国必治。上之为政也,不得下之情,则是不明于民之善非也,若苟不明于民之善非,则是不得善人而赏之,不得暴人而罚之。善人不赏而暴人不罚,为政若此,国众必乱。故赏不得下之情,而不可不察者也。

然计得下之情,将奈何可?故子墨子曰:"唯能以尚同一义

【译文】

墨子说:"智者做事,一定要考虑国家百姓所以治理的原因而行事,也一定要考虑国家百姓所以动乱的根源而去避免它。"然而考虑国家百姓之所以能治理的原因,是什么呢?上级领导施政,能得到下面的实情则治理,不能得到下面的实情则混乱。怎么知道是这样呢?上级领导施政,得到了下边实情,就是明白了百姓的善恶好坏,如果了解了百姓的善恶好坏,那么得到善人就奖赏他,得到恶人就惩罚他。善人得到奖赏而恶人得到惩罚,那么国家就一定能够得到治理。如果上级领导施政,不能得知下面的实情,那就不知道百姓的善恶是非,如果不能够了解百姓的善恶是非,那么就不能得到善人而赏赐他,不能得到恶人而惩罚他。善人得不到赏赐而恶人得不到惩罚,施政若是像这样,国家民众就一定会混乱。所以赏罚若得不到下面的实情,就不能不慎重对待了。

然而要得到下边的实情,将怎么办才可以呢?所以墨子说:"只能实行与上级保持一致的尚同办法来行使政令就可以了。"怎么知道尚

为政,然后可矣!"何以知尚同一义之可而为政于天下也?然胡不审稽②古之治为政之说乎?

古者天之始生民,未有正长也,百姓为人。若苟百姓为人,是一人一义,十人十义,百人百义,千人千义。逮至人之众,不可胜计也;则其所谓义者,亦不可胜计。此皆是其义,而非人之义,是以厚者有斗,而薄者有争。是故天下之欲同一天下之义也,是故选择贤者,立为天子。天子以其知力为未足独治天下,是以选择其次,立为三公。三公又以其知力为未足独左右天子也,是以分国建诸侯。诸侯又以其知力为未足独治其四境之内也,是以选择其次,立为卿之宰。卿之宰又以其知力为未足独左右其君也,是以选择其次,立而为乡长、家君。是故古者天子之立三公、诸侯、卿之宰、乡长、家君,非特富贵游佚而择③之也,将使助治乱刑政也。故古者建国设都,乃立后王君公,奉以卿士师长,此非欲用说④也,唯辩而使助治天明也。

【注释】

①辟:通"避",避开。②稽:考察。③择:为"怿"字之误。④说:通"悦"。

【原文】

今此何为人上而不能治其下?为人下而不能事其上?则是上下相贼也。何故以然?则义不同也。若

同这办法可以在天下为政呢?那就应该认真考察古代得以治理的为政的办法。

远古的时候,天地之间刚刚有人类,还没有行政长官的时候,百姓人各为主。如果百姓人各为主,那么一个人有一个道理,十个人有十个道理,一百个人有一百个道理,一千人就有一千个道理。等到人数多得不可胜数,那么他们所谓的道理也就多得不可胜数。这样人都认为自己的道理正确,而认为别人的道理不正确,因此严重的发生斗殴,轻微的发生争吵。所以上天希望统一天下的不同道理,因此就选择贤人立为天子。天子认为他的智慧能力还不足以治理天下,所以选拔次于他的贤人立为三公。三公又认为自己的智慧能力也不足单独辅佐天子,所以分封建立诸侯;诸侯又认为自己的智慧能力不足单独治理他国家的四境之内,因此又选择次于他的贤士立为卿和宰;卿、宰又认为自己的智慧能力不足以单独辅佐他的君主,因此又选拔次于他的贤士立为乡长、家君。所以古时天子设立三公、诸侯、卿、宰、乡长、家君,不是让他们富贵享乐的,而是让他们协助自己治理天下推行政令的。所以古时建立国家,设置都城,就设立了帝王和君主,并让卿士师长等官员辅助他们,这不是为了取悦人,只是为了帮助上天实现清明的政治。

【译文】

现在为什么居人之上的人不能治理他的下属,居人之下的人不能事奉他的上级?这就是上下之间相互残害。是什么原因造成苟义不同者有党，上以若人为善，将赏之，若人唯使得上之赏而辟百姓之毁；是以为善者必未可使劝，见有赏也。上以若人为暴，将罚之，若人唯使得上之罚，而怀百姓之誉；是以为暴者必未可使沮，见有罚也。故计上之赏誉，不足以劝善，计其毁罚，不足以沮暴。此何故以然？则义不同也。

然则欲同一天下之义，将奈何可？故子墨子言曰：然胡不赏使家君，试用家君发宪布令其家？曰："若见爱利家者，必以告；若见恶贼家者，亦必以告。"若见爱利家以告，亦犹爱利家者也，上得且赏之，众闻则誉之；若见恶贼家不以告，亦犹恶贼家者也，上得且罚之，众闻则非之。是以遍若家之人，皆欲得其长上之赏誉，辟其毁罚。是以善言之，不善言之；家君得善人而赏之，得暴人而罚之。善人之赏，而暴人之罚，则家必治矣。然计若家之所以治者，何也？唯以尚同一义为政故也。

家既已治，国之道尽此已邪？则未也。国之为家数也甚多，此皆是其家，而非人之家，是以厚者有乱，而薄者有争。故又使家君总其家之义，以尚同于国君。国君亦为发宪布令于国之

这样的呢？就是各人的见解主张不同。如果见解主张不同的人双方有所偏私，上面认为这人是好人，要赏赐他。这人虽然得到了上级的赏赐，却免不了百姓的非议，因此真正做好事的人未必得到勉励。上级认为这人是恶人，要惩罚他，此人虽得到了上级的惩罚，却在百姓中享有盛誉，因此真正作恶的人未必就会受到抑制。虽然人们看到了惩罚，但思考上级的赏赐赞誉，不足以勉励向善，思考上级的批评惩罚，也不足以遏制暴行。这是什么原因造成的呢？就是各人见解主张不同。

既然如此，那么想统一天下各人的不同意见，该怎么办呢？所以墨子说："为何不试着使家君对他的下属发布政令？"说："你们见到爱护和有利于家族的，必须把它报告给我，你们见到憎恨和危害家族的也必须把它报告给我。你们见到爱护和有利于家族的报告给我，也和爱护和有利家族一样，上面得知了将赏赐他，大家听到了将赞誉他。你们见到了憎害家族不拿来报告，也和憎害家族的一样，上级得知了将惩罚他，大家听到了将非议他。"以此遍告这全家的人。人们都希望得到上级的赏赐赞誉，而避免非议惩罚。所以，见了好的来报告，见了不好的也来报告。家君了解到善人就赏赐他，了解到恶人就惩罚他。善人得到奖励，恶人受到惩罚，那么家族就会治理好。然而思考家族所以治理好的原因是什么呢？只是在家族之内实行了统一各种不同意见的"尚同"这一主张的原因。

家族已经治理好了，治国的办法就尽在此了吗？那还没有。国家是由许多家族构成的，他们都认为自己的家族是对的而别人的家族是不对的，所以严重的就发生动乱，轻微的就发生争执。所以又使家君总其家族的道理，用以尚同于国君。国君也对国中民众发布政令说：

众,曰:"若见爱利国者,必以告;若见恶贼国者,亦必以告。"若见爱利国以告者,亦犹爱利国者也,上得且赏之,众闻则誉之;若见恶贼国不以告者,亦犹恶贼国者也,上得且罚之,众闻则非之。是以遍若国之人,皆欲得其长上之赏誉,避其毁罚。是以民见善者言之,见不善者言之;国君得善人而赏,得暴人而罚之。善人赏而暴人罚,则国必治矣。然计若国之所以治者何也?唯能以尚同一义为政故也。

### 【原文】

国既已治矣,天下之道尽此已邪?则未也。天下之为国数也甚多,此皆是其国,而非人之国,是以厚者有战,而薄者有争。故又使国君选其国之义,以尚同于天子。天子亦为发宪布令于天下之众,曰:"若见爱利天下者,必以告;若见恶贼天下者,亦以告。"若见爱利天下以告者,亦犹爱利天下者也,上得则赏之,众闻则誉之;若见恶贼天下不以告者,亦犹恶贼天下者也,上得且罚之,众闻则非之。是以遍天下之人,皆欲得其长上之赏誉,避其毁罚,是以见善、不善者告之。天子得善人而赏之,得暴人而罚

### 【译文】

"你们看到爱护和有利于国家的必定拿它来报告,你们看到憎恶和残害国家的也必定拿它来报告。你们看到爱护和有利于国家的把它上报了,也和爱护和有利国家的一样。上面得悉了将予以赏赐,大家听到了将予以赞誉。你们看到了憎恶和残害国家的不拿来上报,也和憎恶和残害国家的一样。上面得悉了将予以惩罚,大家听到了将予以非议。"以此遍告这一国的人。人们都希望得到上级的赏赐赞誉,避免他的非议惩罚,所以人民见到好的来报告,见到不好的也来报告。国君得到善人予以赏赐,得到恶人而予以惩罚。善人得到奖赏而恶人受到惩罚,那么国家必然治理好。然而思考这一国治理好的原因是什么呢?只是能够用统一不同意见的"尚同"主张施行政教的缘故。

国家既然已经治理了,治理天下的办法就这些了吗?那还没有。天下的国家为数很多,这些国家都认为自己的国家正确而别人的国家错误,所以严重的就发生动乱,轻微的就发生争执。因此又使国君统一各国的意见,用来上同于天子。天子也对天下民众发布政令说:"你们看到爱护和有利于天下的必定拿它来报告,你们看到憎恶和残害天下的也必定拿它来报告。你们看到爱护和有利于天下而拿它来报告的,也和爱护和有利于天下的一样。上面得悉了将予以赏赐,大家听到了将予以赞誉。你们看到了憎恶和残害天下的而不拿来上报的,也和憎恶和残害天下的一样。上面得悉了将予以惩罚,大家听到了将予以非毁。"以此遍告天下的人。人们都希望得到上级的赏赐赞誉,避免他的非议惩罚,所以看到好的来报告,看到不好的也来报告。天子得到善人予以赏赐,得到

之，善人赏而暴人罚，天下必治矣。然计天下之所以治者，何也？唯而以尚同一义为政故也。

天下既已治，天子又总天下之义，以尚同于天。故当尚同之为说也，尚用之天子，可以治天下矣；中用之诸侯，可而治其国矣；小用之家君，可而治其家矣。是故大用之治天下不窕，小用之治一国一家而不横者，若道之谓也。故曰治天下之国，若治一家；使天下之民，若使一夫。意独子墨子有此而先王无此？其有邪，则亦然也。圣王皆以尚同为政，故天下治。何以知其然也？于先王之书也《大誓》之言然，曰："小人见奸巧，乃闻不言也，发罪钧。"此言见淫辟不以告者，其罪亦犹淫辟者也。

【原文】

故古之圣王治天下也，其所差论以自左右羽翼者皆良，外为之人，助之视听者众。故与人谋事，先人得之；与人举事，先人成之；光誉① 令闻，先人发之。唯信身而从事，故利若此。古者有语焉，曰："一目之视也，不若二目之视也；一耳之听也，不若二耳之听也；一手之操也，不若二手之强也。"夫唯能信身而从事，故利若此。是故古之圣王之治天下也，千

恶人而予以惩罚。天下必定治理了。然而思考天下治理好的原因是什么呢？只是用"尚同"这个同意不同意见的办法实行政教的缘故。

天下既然已经治理了，天子又统一整个天下的道理，用来尚同于上天。所以尚同作为一种主张，它上而用之于天子，可以用来治理天下；中可用之于诸侯，用来治理他的国家；小可用之于家长，用来治理他的家族。所以大用之于治理天下而不会不足，小用之于治理一国一家也无不顺利，说的就是尚同这个道理。所以说：治理天下、国家，就如同治理一个家庭，支使天下的百姓就像支使一个人。难道只有墨子有这个主张，而先王就没有吗？先王也是这样的。圣王都用尚同的原则治政，所以天下治理。从何知道这样呢？在先王的书《大誓》这样说过："小人看到奸诈虚伪的事而不报告的，他的罪行与作奸犯科者均等。"这说的就是看到淫僻之事不拿来报告的，他的罪行也和淫僻者一样。

【译文】

所以古时的圣王治理天下，他所选择的作为自己左右辅佐的都是贤良的人。在外边做事的人，帮助他察看和听闻的人很多。所以他和大家一起谋划事情，要比别人先考虑周到；和大家一起办事，要比别人先成功，他的荣誉和美好的名声要比别人先传扬出去。只因为以诚信从事，所以有这样多的利益。古时有这样的话，说："一只眼睛所看到的，不如两只眼睛所看到的；一只耳朵听到的，不如两只耳朵听到的；一只手操拿，不如两只手强。"只有用诚信从事，所以如此有利。所以古代圣王治理天下，千里之外的地方有个贤人，那一乡

里之外,有贤人焉,其乡里之人皆未之均闻见也,圣王得而赏之。千里之内,有暴人焉,其乡里未之均闻见也,圣王得而罚之。故唯毋以圣王为聪耳明目与?岂能一视而通见千里之外哉?一听而通闻千里之外哉?圣王不往而视也,不就而听也,然而使天下之为寇乱盗贼者,周流天下无所重足者,何也?其以尚同为政善也。

是故子墨子曰:"凡使民尚同者,爱民不疾,民无可使,曰:必疾爱而使之,致信而持之,富贵以道②其前,明罚以率③其后。为政若此,唯欲毋与我同,将不可得也。"

是以子墨子曰:"今天下王公大人士君子,中情将欲为仁义,求为上士,上欲中圣王之道,下欲中国家百姓之利,故当尚同之说而不可不察。尚同,为政之本而治要也。"

里的人还没有全都听到或见到,圣王就已经得悉而予以赏赐了。千里之外的地方有一个恶人,那一乡里的人还未全部听到或见到,圣王就已经得悉而予以惩罚了。所以只是因为圣王是耳聪目明吗?难道张眼一望就到达千里之外吗?倾耳一听就到达千里之外吗?圣王不会亲自去看,不会亲自去听。然而使天下从事寇乱盗贼的人,走遍天下无处容足,是什么原因呢?那是以尚同的原则来实行政治教化的。

所以墨子说:"凡是使百姓尚同的,如果爱民不深,百姓就不会听你的。就是说:一定要深爱他们才能使用他们,讲究信用才能拥有百姓,用富贵在前面引导,用严明的惩罚在后面督促。施政要是像这样,即使要想人民不与我一致,也将办不到。"

因此墨子说:"现在天下的王公大人、士大夫君子们,如果心中确实想要实行仁义,追求做高尚之士,上要符合圣王之道,下要符合国家百姓之利,因此对尚同这一主张不可不予以审察。因为尚同是施政的根本和统治的关键。"

【注释】

①光誉:广泛的声誉。②道:通"导",引导。③率:督促。

【评析】

墨子是一个唯心主义者,因此决定了他的"尚同"说的荒谬,他认为世界上一切存在的东西都是按照上帝的意志,为了人民的需要而创造出来的,山河、草木、日月的存在都是为了人民、国家,也是遵循了上帝的意志,为了人民的利益而建立的。他本想用"天志"说来限制一下国君的权威,让他们知道在他们之上还有更大的力量存在,他们才是操持着赏罚之权的最终决定者。

同时,在这篇文章中也渗透出了他的另一个观点——兼爱。对于同一事物的不同观点,每个人都认为自己是对的,别人的是不对的,结果就发生相互争斗。而这一切皆源于不相爱,如果大家都彼此相爱,就不会发生争斗。

现在不管你从事何种职业,只有爱护你身边的人才能使用他们,做事讲究信用你才能拥有他们。尤其是作为一个领导者,必须与群众同甘苦,共患难,不能因为你处在领导阶层就看不起下面的人,高高在上,不体恤民情,这样的领导始终是不会长久的。作为领导要懂得,最底层的意见才是最真实的,最可靠的。无论是治理国家,还是单位管理,要想得到一个真正客观的意见就必须深入基层。

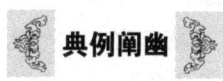

## 宋牧仲体察民情

康熙年间,江苏巡抚宋牧仲为官清廉,他经常微服私访,体察民情,惩治恶吏,体恤百姓。

有一天,他改装出行时,刚巧碰到一个县令坐轿而来。此县令官虽不大,可架子不小,一路鸣锣开道,全副仪仗,耀武扬威,百姓闪避不及,便遭衙役驱赶呵斥。宋牧仲故作不知,直冲仪仗。差役把他带到轿前,县令发现竟然冲撞了巡抚大人,吓得连忙拜倒赔礼。宋牧仲将县令扶起,并无责备之意,只是约他一起微服出巡。

宋牧仲与县令走出县城,在一个偏僻的小店歇脚。用餐时,宋牧仲向店主询问当地的政事。那店主大骂县太爷贪赃枉法,欺压百姓。县令再也坐不住了,他吓得冷汗直冒。那店主不知他俩的真实身份,越说越起劲,县令欲加阻止,但又苦于无法。

吃罢饭,两人回城。路上县令向宋牧仲又是解释,又是申辩,诚惶诚恐,唯恐巡抚大人怪罪。宋牧仲却笑着说:"官民不和,古今如此,那店家言辞过激,望贵县不必介意,我也不会偏信一面之词,怪罪于你。"县令听了这才放心返回县衙。

和县令分手之后,宋牧仲则返身再回到小店,请求店主让他住宿一夜。店主先是不肯,说小店不备床铺,不便留宿。宋牧仲说,夜晚歇业,可在店里将就一宿。店主这才答应了。

晚间,宋牧仲就留宿在店堂里,他穿了店主的衣服,躺在酒柜上。

半夜里,随着一阵呼喊叫骂,几个县差破门而入。见宋牧仲躺在酒柜上,不由分说,捆上就走,一直押进县衙。

县令正在那里大发雷霆,一见抓得人来,便骂道:"可恶刁民,竟敢辱骂本官,知罪不知罪!"说完便吩咐左右用刑。

阶下被绑的宋牧仲慢条斯理地说:"谁是刁民,你可认清了。"县令看清了又是巡抚大人,叫苦不迭,忙请宋牧仲上坐,自己则趴在地上连连赔罪。

宋牧仲说:"白天店家骂你,我并不深信,现在我亲自经历,再无怀疑。你如此作威作福,无法无天,百姓定是吃尽了苦头。"他当即下令罢免了县令。

宋牧仲微服私访,为民作主,清除恶官之事很快传扬开来,百姓听了,奔走相告,无不拍手称快。

# 兼爱上

【题解】

兼爱是墨家学派最有代表性的理论之一。所谓兼爱,其本质是要求人们爱人如己,彼此之间不要存在血缘与等级差别的观念。墨子认为,不相爱是当时社会混乱最大的原因,只有通过兼爱才能达到社会安定的状态。这种理论具有反抗贵族等级观念的进步意义,但同时也带有强烈的理想色彩。

【原文】

圣人以治天下为事者也,必知乱之所自起,焉能治之;不知乱之所自起,则不能治。譬之如医之攻①人之疾者然:必知疾之所自起,焉能攻之;不知疾之所自起,则弗能攻。治乱者何独不然②?必知乱之所自起,焉能治之;不知乱之所自起,则弗能治。圣人以治天下为事者也,不可不察乱之所自起。

【注释】

①攻:治疗。②何独不然:为什么不是那样。

【译文】

圣人是以治理天下为己任,必须要知道混乱从哪里产生,才能够对它进行治理。如果不知道混乱从哪里产生,就不能进行治理。这就好像医生给病人治病一样,必须要知道疾病从哪里起的,然后才能进行医治。如果不知道疾病产生的根源,就不能医治。治理天下混乱又何尝不是这样,必须要知道混乱产生的根源,才能进行治理。如果不知道混乱产生的根源,就不能治理。圣人是以治理天下为己任,不能不考察混乱产生的根源。

【原文】

当察乱何自起?起不相爱。臣子之不孝君父,所谓乱也。子自爱,不爱父,故亏父而自利;弟自爱,不爱兄,故亏兄而自利;臣自爱,不爱君,故亏君而自利,此

【译文】

考察混乱是从哪里产生的?是起源于人与人不相爱。臣下不尊敬君长,儿子不孝敬父母,这就是所谓的乱。儿子只爱自己,而不爱父母,所以损害父亲而自利;弟弟只爱自己,

所谓乱也。虽父之不慈子,兄之不慈弟,君之不慈臣,此亦天下之所谓乱也。父自爱也,不爱子,故亏子而自利;兄自爱也,不爱弟,故亏弟而自利;君自爱也,不爱臣,故亏臣而自利。是何也?皆起不相爱。

而不爱兄长,所以损害兄长以自利;臣下只爱自己,而不爱君上,所以损害君上以自利,这就是所谓的混乱。反过来,即使父亲不爱儿子,兄长不爱弟弟,君上不爱臣下,这也是天下所谓的混乱。父亲爱自己,而不爱儿子,所以损害儿子以自利;兄长爱自己,而不爱弟弟,所以损害弟弟以自利;君上爱自己,而不爱臣下,所以损害臣下以自利。这是为什么呢?都是起源于不相爱。

【原文】

虽至天下之为盗贼者亦然:盗爱其室,不爱其异室,故窃异室以利其室。贼爱其身,不爱人,故贼人以利其身。此何也?皆起不相爱。虽至大夫之相乱家,诸侯之相攻国者亦然:大夫各爱其家,不爱异家,故乱异家以利其家。诸侯各爱其国,不爱异国,故攻异国以利其国。天下之乱物,具此而已矣。察此何自起?皆起不相爱。

【译文】

即使是天底下做盗贼的人,也是这样。盗贼只爱自己的家,不爱别人的家,所以盗窃别人的家以利自己的家;盗贼只爱自身,不爱别人,所以残害别人以利自己。这是什么原因呢?都起源于不相爱。即使大夫相互侵扰家族,诸侯相互攻伐侵略,也是同样的道理。大夫各自爱他自己的家族,不爱别人的家族,所以侵扰别人的家族以利自己的家族;诸侯各自爱自己的国家,不爱别人的国家,所以攻伐别人的国家以利自己的国家。天下的乱事,全部都具备在这里了。考察这些是从哪里产生的?都起源于不相爱。

【原文】

若使天下兼相爱,爱人若爱其身,犹有不孝者乎?视父兄与君若其身,恶①施不孝?犹有不慈者乎?视弟子与臣若其身,恶施不慈?故不孝不慈亡②。犹有盗贼乎?故视人之室若其室,谁窃?视人身若其身,谁贼?故盗贼亡有。犹有大夫之相乱家,诸侯

【译文】

如果使天下的人都能相亲相爱,爱别人就像爱自己一样,那还会有不孝的人吗?对待父亲、兄弟和君上像对待自己一样,怎么会做出不孝的事?哪里还会有不慈爱的人呢?对待弟子与臣下像对待自己一样,哪里还会有不慈爱的行为?所以不孝顺不慈爱的事情没有了。还会有盗贼吗?看待别人的家像自己的家一样,谁会去盗窃?看待别人就像自己一样,谁会去

相攻国者乎？视人家若其家，谁乱？视人国若其国，谁攻？故大夫之相乱家，诸侯之相攻国者亡有。若使天下兼相爱，国与国不相攻，家与家不相乱，盗贼无有，君臣父子皆能孝慈，若此，则天下治。

故圣人以治天下为事者，恶①得不禁恶而劝爱。故天下兼相爱则治，交相恶则乱。故子墨子曰："不可以不劝爱人者，此也。"

害人？所以盗贼没有了。还有大夫相互侵扰家族，诸侯相互攻伐吗？看待别人的家族就像自己的家族一样，谁会去侵犯？看待别人的封国就像自己的封国，谁会去攻伐？所以大夫相互侵扰家族，诸侯相互攻伐封国，都没有了。如果天下的人都相亲相爱，国家与国家不相互攻打，家族与家族不相互侵扰，盗贼没有了，君臣父子间都能孝敬慈爱，像这样，天下就得到了治理。

所以圣人以治理天下为己任，怎么能不禁止相互仇恨而劝导相爱呢？天下人相亲相爱天下就治理好，相互仇恨天下就会乱。所以墨子说："不可以不劝导爱别人，道理就在此。"

【注释】

①恶(wū)：何。②亡：通"无"。

【评析】

"圣人以治天下为事者也，必治乱之所自起，焉能治之；不知乱之所自起，则不能治。……当察乱何自起？起不自爱。"从这段话中，我们可以知道，墨子认为国与国之间的战争都是由于"不相爱"，如果要天下治而不乱，那只有人人都做到兼爱。

可以说，墨子的兼爱互利思想体现了劳动人民质朴、纯真、善良的品性与愿望，是一种弥足珍贵的追求和谐社会的理想。当然，这一思想也有其历史局限性。例如，墨子鼓吹兼爱、非攻，强烈反对暴力革命，主动放弃了武器的作用来改造世界、赢得自身解放的途径与可能，把希望寄托在"圣王"身上，从而使兼爱互利这一体现着小生产者政治经济利益的构想成为无法实现的乌托邦。在当时的历史氛围中，兼爱互利也不切实际，甚至阻碍了以兼并战争一统天下的历史潮流。

在长达数千年的传统社会，墨学一直处于湮没无闻的状态。直到近代，墨子才受到进步思想家与民主革命派的青睐，似有墨学复兴之势。究其缘由，是因为墨学蕴藏着平等博爱的思想因子。

## 三孝廉让产立高名

汉朝许武,有三个兄弟,父亲很早就过世了,两个弟弟一个叫许宴,一个叫许普,年纪还非常小。在过去传统的家庭里长兄如父,父亲过世了,身为长兄的许武,必须要肩负家庭的重任,不但要负责生计,还要提携照顾两个弟弟。

许武知道他的责任非常重大,白天到田里劳作时,就把弟弟安置在树下荫凉的地方,教两个弟弟学习如何耕种;晚上回家时教两个弟弟读书,非常辛劳。如果两个弟弟不肯受教,他就跑到家庙向祖先禀明,今天我教导不利,所以两个弟弟才不受教。他把所有的责任都自己承担下来,在祖先面前告罪,是自己的过失,忏悔自己没有尽心尽力,直到两个弟弟哭泣着来请罪,许武才起来,而且他始终没有严声厉色地对待弟弟。

许武到了壮年还没有娶妻,有人劝他,他回答说:"我恐怕找不到适当的人选,反而使兄弟的情感发生嫌隙!"

后来许武被推荐为孝廉。为了让两个弟弟也能够成名,跟他一样被举孝廉,就故意把家产分为三份,自己取最好的,让弟弟得到的又少又不好,让所有亲朋好友、邻里都骂这个哥哥贪婪,推崇两个弟弟谦让。等到弟弟在品德、学问和产业上有一点点成就,也被推举为孝廉时,哥哥才把亲朋好友聚集在一块,把他成就两个弟弟的苦心表露了出来。当场的人都非常惊讶,许武竟然是这样的长兄,疼爱他两个弟弟,提拔他两个弟弟,如此地用心良苦!

从此以后,乡里的人都称他"孝悌许武"。郡守和州刺史推荐许武出来为民服务,并且请他担任"议郎"的官职。许武的声望非常显赫,不久,他却辞去官职而返回故乡,先为两位弟弟张罗婚事,而后自己才娶妻。兄弟们生活在一起,相处得非常融洽。

# 兼爱中

**【题解】**

此处论述"兼相爱、交相利"。墨子曰:"视人之国,若视其国;视人之家,若视其家;视人之身,若视其身。是故诸侯相爱,则不野战;家主相爱,则不相篡;人与人相爱,则不相贼;君臣相爱,则惠忠;父子相爱,则慈孝;兄弟相爱,则和调。天下之人皆相爱,强不执弱,众不劫寡,富不侮贫,贵不傲贱,诈不欺愚,凡天下祸篡怨恨,可使毋起者,以相爱生也,是以仁者誉之。"墨子无意追求爱的浪漫,而视之为济世救世的良方。

**【原文】**

子墨子言曰:"仁人之所以为事者,必兴天下之利,除去天下之害,以此为事者也。"然则天下之利何也?天下之害何也?子墨子言曰:"今若国之与国之相攻,家之与家之相篡①,人之与人之相贼②,君臣不惠忠,父子不慈孝,兄弟不和调,此则天下之害也。"然则崇③此害亦何用生哉?以不相爱生邪?子墨子言:"以不相爱生。"今诸侯独知爱其国,不爱人之国,是以不惮举其国,以攻人之国。今家主④独知爱其家,而不爱人之家,是以不惮举其家,以篡人之家。今人独知爱其身,不爱人之身,是以不惮举其身,以贼人之身。是故诸侯不相

**【译文】**

墨子说:"仁爱的人所要做的政事,一定是要增进天下的利益,除去天下的祸患,并以此作为做事的原则。"那么天下的利益是什么?天下的祸患又是什么呢?墨子说:"现在如果诸侯国之间相互攻伐,家族与家族之间相互掠夺,人与人之间相互残害,君臣不施恩惠和效忠,父子之间不慈爱、孝顺,兄弟之间不和睦,这些就是天下的祸患。"那么考察这些祸患是从什么地方产生的呢?是因不相爱而产生的吗?墨子说:"是由于不相爱而产生的。"现在的诸侯只知道爱自己的国家,而不爱别人的国家,所以毫无忌惮地发动自己全国的力量,去攻打别人的国家。现在的家主只知道爱自己的家族,而不爱别人的家族,因而毫无忌惮地发动他自己家族的力量,去掠夺别人的家族。现在的人只知道爱自己,而不爱别人,因而毫无忌惮地运用全身的力量去残害别人。所以诸侯不相爱,就一定会发生野外大战;家主不相爱,就一

爱,则必野战;家主不相爱,则必相篡;人与人不相爱,则必相贼;君臣不相爱,则不惠忠;父子不相爱,则不慈孝;兄弟不相爱,则不和调。天下之人皆不相爱,强必执弱,富必侮贫,贵必敖⑤贱,诈必欺愚。凡天下祸篡怨恨,其所以起者,以不相爱生也。是以仁者非之。

定会相互争夺;人与人不相爱,就一定会相互残害;君与臣不相爱,就必然没有恩惠、忠心;父与子不相爱,就必然没有慈爱、孝顺;兄弟之间不相爱,就必然没有和睦和协调。天下的人都不相爱,那么强者就会欺凌弱者,富者一定会欺侮贫者,尊贵的一定会傲视卑贱的,狡猾的就必然欺骗愚笨的。凡是天下的祸患、强取豪夺、埋怨、愤恨,之所以能出现,原因就在于人们不相爱而产生。所以仁义的人认为这是不对的。

【注释】

①篡:用强力夺取。②贼:杀害。③崇:为"察"字之误。④家主:指公卿大夫。⑤敖:通"傲"。

【原文】

既以非之,何以易之?子墨子言曰:"以兼相爱、交相利之法易之。"然则兼相爱、交相利之法将奈何哉?子墨子言:视人之国,若视其国;视人之家,若视其家;视人之身,若视其身。是故诸侯相爱,则不野战;家主相爱,则不相篡;人与人相爱,则不相贼;君臣相爱,则惠忠;父子相爱,则慈孝;兄弟相爱,则和调。天下之人皆相爱,强不执弱,众不劫寡,富不侮贫,贵不敖贱,诈不欺愚。凡天下祸篡怨恨,可使毋起者,以相爱生也。是以仁者誉之。

【译文】

既然认为不相爱是不对的,那用什么去改变它呢?墨子说:"用互相关爱、互相谋利的方法来改变它。"那么互相关爱、互相谋利的方法将要怎样改变这种情况呢? 墨子说:"对待别人国家就像对待自己的国家,对待别人的家族就像对待自己的家族一样,对待别人的身体就像对待自己的身体一样。"这样诸侯之间相爱,就不会发生野战;家主之间相爱,就不会相互掠夺;人与人之间相爱,就不会相互残害;君臣之间相爱,就会有恩惠、忠心;父子之间相爱,就会有慈爱、孝顺;兄弟之间相爱,就会有和睦、协调。天下的人都相爱,强者就不会欺凌弱者,人多势众的就不会欺凌势单力薄的,富者就不会欺侮贫者,尊贵的就不会傲视卑贱的,狡猾的就不会欺骗愚笨的。凡是天下的祸患、掠夺、埋怨、愤恨,可以使它们不发生的,就是因为相爱而产生的。所以仁义的人都称赞它。

【原文】

然而今天下之士君子曰："然！乃若兼则善矣；虽然，天下之难物于故①也。"子墨子言曰："天下之士君子，特不识其利、辨其故也。今若夫攻城野战，杀身为名，此天下百姓之所皆难也。若君说之，则士众能为之。况于兼相爱、交相利，则与此异！夫爱人者，人必从而爱之；利人者，人必从而利之；恶人者，人必从而恶之；害人者，人必从而害之。此何难之有？特上弗以为政、士不以为行故也。"昔者晋文公好士之恶衣，故文公之臣，皆牂羊②之裘，韦③以带剑，练帛之冠，入以见于君，出以践于朝。是其故何也？君说之，故臣为之也。昔者楚灵王好士细要④，故灵王之臣，皆以一饭为节，胁息⑤然后带，扶墙然后起。比期年，朝有黧黑之色。是其故何也？君说之，故臣能之也。昔越王句践好士之勇，教驯其臣，和合之，焚舟失火，试其士曰："越国之宝尽在此！"越王亲自鼓其士而进之，士闻鼓音，破碎⑥乱行，蹈火而死者，左右百人有余，越王击金而退之。是故子墨子言曰："乃若夫少食、恶衣、杀人而名，此天下百姓之所皆难也。若苟君说之，则众人能为之；

【译文】

然而现今天下的士大夫、君子们说："对！如果能兼爱自然是好的。但却是天下难办而又迂阔的事情啊。"墨子说："天下的士大夫、君子们，特别地不能认识兼爱的利益、不能辨别兼爱的意义。现在如果攻城野战，以牺牲生命来换取名声，这是全天下百姓都认为很难做的事。但如果君主喜欢，那么民众也能做到。况且互相关爱、互相谋利，跟这不一样。凡是爱别人的人，别人也一定会爱他；有利于别人的人，别人也一定会有利于他；憎恶别人的人，别人也一定会憎恶他；残害别人的人，别人也一定会残害他。这又有什么难的呢？只不过君主不把它用在政事上，士大夫不把它付诸行动罢了。"从前晋文公喜欢士人穿简陋的衣服，所以文公的臣下都穿着母羊皮缝的皮袄，用没有修饰的皮带来挂佩剑，头戴厚布做的帽子，就这样进宫参见君上，出来会于朝廷。这是什么缘故呢？因为君主喜欢，所以臣下就能这样做。从前楚灵王喜欢细腰的人，所以灵王的臣下都吃一顿饭来节食，深吸气后才系上腰带，扶着墙然后才站得起来。等到一年之后，朝廷大臣都面色发黑。这是什么缘故呢？因为君主喜欢，所以臣下能这样做。从前越王苟践喜欢将士勇猛，训练他的臣下时，先把他们集合起来，放火烧船，试探他的将士说："越国的财宝全在这里。"越王亲自擂鼓来激励将士前进。将士听到鼓声，都乱了阵脚不顾次序，冲到火中被火烧死的，大约有一百人左右。这时越王再敲锣，让他们退兵。所以墨子说："像节制饮食，身穿简陋的衣服，牺牲生命以换取名声，这都是天下百姓认为难做的事。但是只要君主喜欢，那么众人就都能做到。何况互相关爱、互相谋利，与这不

况兼相爱、交相利,与此异矣!夫爱人者,人亦从而爱之,利人者,人亦从而利之;恶人者,人亦从而恶之;害人者,人亦从而害之。此何难之有焉?特士不以为政而士不以为行故也。"

一样。爱别人的人,别人也一定会爱他;有利于别人的人,别人也一定会有利于他;憎恶别人的人,别人也一定会憎恶他;残害别人的人,别人也一定会残害他。这又有什么难的,只不过是君主不把它用在政事上,士大夫不把它付诸行动罢了。"

【注释】

①于故:当作"迁故",即迁阔之事。②牂羊:母羊。③韦:熟牛皮。④细要:细腰。⑤胁息:吸气。人一吸气小腹收缩则腰变细。⑥砕:疑为"阵"字之误。

【原文】

然而今天下之士君子曰:"然!乃若兼则善矣;虽然,不可行之物也。譬若挈太山越河、济也。"子墨子言:"是非其譬也。夫挈太山而越河、济,可谓毕劫①有力矣。自古及今,未有能行之者也;况乎兼相爱、交相利,则与此异,古者圣王行之。"何以知其然?古者禹治天下,西为西河渔窦,以泄渠、孙、皇之水。北为防、原、泒,注后之邸、嘑池之窦②,洒为底柱③,凿为龙门,以利燕代胡貉④与西河之民。东方漏之陆,防孟诸之泽,洒为九浍,以楗东土之水,以利冀州之民。南为江、汉、淮、汝,东流之注五湖之处,以利荆楚、干、越与南夷之民。此言禹之事,吾今行兼矣。昔者文王之治西土,若日若月,乍光于四方,于西土。不为大国侮小国,不为众庶侮鳏寡,不

【译文】

然而现在天下的士大夫、君子们说:"对!如果能兼爱自然是好的。但却是无法实行的事。就像要举起泰山越过黄河、济水一样。"墨子说:"这不是个恰当的比喻。举起泰山而越过黄河、济水,可以说是极为有力了,但自古至今,没有人能这样做。况且互相关爱,互相谋利,与这不一样。古时的圣王就这样做。"怎样知道是这样的呢?古时大禹治理天下,在西边疏通了西河、渔窦,用来排泄渠水、孙水和皇水的水量;在北边疏通了防水、原水、泒水,使它们注入昭祁连湖和呼沱河,在黄河中的砥柱山分流,再凿开龙门上,以有利于燕、代、胡、貉的少数民族与西河地区的百姓;东边疏通大陆的积水,为孟诸之泽修堤坝,把水分为九条河流,以此限制东边的水,并使冀州的百姓受利用;南边疏通长江、汉水、淮河、汝水,使它们向东流入太湖,以使楚国、吴越和南夷的百姓受利。这是大禹实行兼爱的事,现在我们也应当用这种精神来实行兼爱。从前周文王治理西土,就像太阳、月亮一样,光照四方,泽被西周大地。他不倚仗大

暴势夺穑人黍稷狗彘。天屑临文王慈，是以老而无子者，有所得终其寿，连独无兄弟者，有所杂于生人之间，少失其父母者，有所放依而长。此文王之事，则吾今行兼矣。昔者武王将事泰山，隧传曰："泰山，有道曾孙周王有事。大事既获，仁人尚作，以祗⑤商、夏、蛮夷丑貉。虽有周亲，不若仁人。万方有罪，维予一人。"此言武王之事，吾今行兼矣。是故子墨子言曰："今天下之君子，忠实欲天下之富，而恶其贫，欲天下之治，而恶其乱，当兼相爱、交相利。此圣王之法，天下之治道也，不可不务为也。"

国而欺侮小国，不倚仗人多而欺侮人少，不倚仗强暴势力而掠夺农夫的粮食牲畜。上天察看了文王的慈爱，所以让年老无子的人，有人供养以享天年；孤苦无兄弟的人，可以生活在生人之中；小时候失去父母的人，也能有所依靠而长大成人。这是文王实行兼爱的事，我们现在也应当实行兼爱。从前周武王将行巡祭祀泰山，于是就传他的祷辞说："泰山啊！有道的曾孙周王有事祷告，大事已经成功，仁人也出现了，以此来拯救商、夏的百姓及四方的少数民族。即使是至亲，也不如仁人。万方的人有罪，由我一人承当。"这是说周武王实行兼爱的事，我们今天也应当实行兼爱。所以墨子说："现在天下的君子，如果内心确实希望天下富足，而讨厌天下贫穷；希望天下治理好，而讨厌天下混乱，那就应当相互兼爱、相互谋利。这是圣王的法则，治理天下的正道，不可不努力去做。"

**【注释】**

①毕劫：犹毕强。敏捷而强劲。②嘑池之窦：即呼沱河。嘑，同"呼"。窦，沟渠。这里可以理解为河。③洒为底柱：在砥柱山被分流。洒，分流之意。底柱，即砥柱山，也被称为三门山。④胡貉(hú mò)：亦作"胡狢"。亦作"胡貊"。古代称北方各民族。⑤祗：拯救。

**【评析】**

墨子认为，先秦社会之所以失范，在于人与人之间不相爱，"是故诸侯不相爱则必野战，家主不相爱则必相篡，人与人不相爱则必相贼，君臣不相爱则不惠忠，父子不相爱则不慈孝，兄弟不相爱则不和调。"与此相伴，自私自利亦是乱世之因，如"亏父而自利"、"亏子而自利"、"亏兄而自利"、"亏弟而自利"、"亏君而自利"、"亏臣而自利"、"乱异家以利其家"、"攻异国以利其国"等皆为自私自利之结果。一言以蔽之，违反兼爱互利原则的恶果是"强必执弱、富必侮贫、贵必傲贱、诈必欺愚"。这表明，墨子有意凸显爱的现实性一面，拙于或不屑渲染爱的幻梦色彩。而这一步骤又主要是通过把爱与利予以贯通得以完成的。也就是说，爱必言利，以爱启利，以利寓爱，构成一个有机整体。"兼相爱"并不否定自爱，而是把自爱与相爱结合起来。"交相利"也不是鄙视自利，而是力求使自利与互利两不偏废。"夫爱人者，人必从而爱之；利人者，人必从而利之"。在这种爱意融融的相互义务性关系中，天下才能实现和谐、富足。是故,兼爱互利是为治之道,"今天下之士君子,忠实欲天下之富,而恶其贫;欲天下之治,而恶其乱,当兼相爱、交相利。此圣王之法,天下之治道也,不可不务为也"。

作为功利范畴的称谓,利,在墨子那里,主要是指利益、益处、互利、谋利等,似乎并无特异之处。但是,一旦将利与爱联系起来,使利成为爱的助力、佐证而不是对立面,那么利就获得了非同寻常的意味。墨子既不片面宣扬自爱自利,也不断然否定自爱自利,而是讲求"兼"、"相"、"交",提倡同类项之间(君臣、父子、家国等)的互摄、协调,这才是"兼相爱、交相利"的精要。从而,利不是狭隘的自私、计较、得失,不是应该任意贬低、排拒、批判的对象,而是可以借助、肯定、拥有的现实利益,具有更为开阔的胸襟与气势。

在中华文化创制的轴心时代,没有哪位思想家像墨子那样旗帜鲜明地提出"兼相爱、交相利"的思想、不遗余力地鼓吹并履践爱的哲学。墨子标示的思想路线(墨学)及其追随者聚合而成的学派(墨家),在先秦诸子中可谓气势夺人、不同凡响,成为与孔孟儒学比肩而立的两大思想流派,"其在九流之中,惟儒足与之相抗,自余诸子,皆非其比"(汪中《述学·墨子序》)。然而,自秦汉以降,由于统治者独尊儒术,墨学就日渐从思想流变史上消失了。虽如此,墨子的兼爱思想仍有其不可抹煞的思想内涵和现实意义。

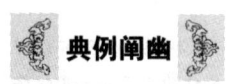

典例阐幽

## 宽以待人的孟尝君

俗话说:"尺有所短,寸有所长。"每个人都有自己的长处,怎样发挥自己的长处,成为有用的人才,这至关重要。但最为重要的是有人赏识,墨子说:"人都是平等的,无所谓上等人、下等人。"他所提倡的"兼爱"就是无差等的爱。而孟尝君之所以能成为"战国四君子"之一,就在于他能兼爱所有的人。

孟尝君姓田名文,齐国的贵族,战国时四公子之一。在《战国策齐策》中《冯谖客孟尝君》一文里,作者通过冯谖言行的一系列描述,从侧面衬托出孟尝君胸怀宽广、待人宽厚、礼贤下士的君子形象。

起初冯谖没有生活来源,托人去请求孟尝君,想做他的门客。孟尝君问来人,冯谖有什么爱好?回答没有。又问有什么才干,回答还是没有。按照一般人的思维和理解,你既然没有爱好,又没什么才能,以后也不可能帮我做什么,我要你又有什么用?没有一技之长的人,将他拒之门外不就得了。但孟尝君并没有这样做,人

家已经求上门来,就答应了吧,所以他只是笑了笑就说:"好,让他来吧。"

冯谖到孟府后,开始孟府上下都有些瞧不起他,给他吃的是粗恶的饮食。过了不久,冯谖就弹剑唱歌了:"剑啊,回去吧,鱼都没有吃的。"孟尝君听说这件事后,并没有不高兴,对家人说给他吧,让他享受与别人一样的待遇。后来,冯谖又要车,孟尝君也给了他。冯谖并不满足这些,他得寸进尺,不久又提出更过分的要求:"我没有办法养家啊!"对这样的人,此时不仅孟尝君的家人已非常厌恶,就连读者觉得此人太贪得无厌:也不想想,你以前过得是什么日子?现在有饭吃了,天天还有鱼,出门有车代步,比之以前,不知道强到哪儿去了,怎么就那么不知足呢?孟尝君供养你已经不错了,难道还要供养你全家?这些我们觉得非常无理的要求,孟尝君并不与他计较,一如既往地满足了他,将他的母亲也供养起来。这一段,作者用冯谖的贪心不足,反衬出孟尝君的宽宏大度。

最能表现出孟尝君心胸宽厚的是冯谖"千金买义"一段。冯谖为孟尝君收完债后,马不停蹄地连夜赶回家。孟尝君很奇怪他回来得这么早,赶紧"衣冠而见之……""衣冠",书上解释为穿好衣服戴好帽子,以示恭敬。此处也可看出孟尝君对自己的门客非常尊重。冯谖已经假托他的名义把债款赐给老百姓,并烧毁了债券,即所谓"千金买义"。孟尝君听他说完后,很不高兴:原以为债已收回,不想却是这样的结局,转眼之间债券化为灰烬,还说什么"买义"。如果是一个心胸狭窄、把利益看得很重的人,此时一定会将冯谖逐出门外。但此时的孟尝君,只说了一声:"诺。先生休矣!"孟尝君最终还是原谅了冯谖。

当冯谖说自己能去薛地收债时,孟尝君却不认识他了,从这一点也可看到他早已忘记了冯谖以前的贪婪索取。待得知是那个唱"长铗归来"的人时,此时的孟尝君非常自责,"客果有能也,吾负之……"并诚挚地向冯谖道歉:"文倦于事,愦于忧,而性懧愚……开罪于先生……"这些话语,将孟尝君待人真诚、为人谦逊的形象跃然纸上。

正是由于孟尝君为人不势利,对小事不斤斤计较,待人真诚、宽厚,给予门客应有的尊重,后来他被齐王撤职后,冯谖才全心全意地为他出谋划策,并为他准备好了退路和后路,孟尝君才得以高枕无忧。

# 兼爱下

## 【题解】

墨子兼爱的具体内容就是兼以易别,所谓"兼"就是"视人之国若己之国,视人之家若己之家,视人之身若己之身"。总之,"为彼者,犹为己。"就是说要不分彼此,不分你我,视人若己,爱我若己,为人若己。所谓"别",正好与"兼"相反,它是"处大国就攻小国,处大家就篡小家,强劫弱,众暴寡,诈欺愚,贵傲贱"。总之,它是一种人与人、国与国、家与家互相侵害、互相仇视的邪恶的社会现象,是社会的病态表现。"兼以易别"就是要用爱人若己去取代互相仇视和侵害的不良风气。

## 【原文】

子墨子言曰:"仁人之事者,必务求兴天下之利,除天下之害。"然当今之时,天下之害,孰为大?曰:若大国之攻小国也,大家之乱小家也,强之劫弱,众之暴寡,诈之谋愚,贵之敖贱,此天下之害也。又与为人君者之不惠也,臣者之不忠也,父者之不慈也,子者之不孝也,此又天下之害也。又与今人之贱人,执其兵刃毒药水火,以交相亏贼,此又天下之害也。

姑尝本原若众害之所自生。此胡自生?此自爱人、利人生与?即必曰:"非然也。"必曰:"从恶人、贼人生。"分名乎天下,恶人而贼人者,兼与?别与?即必曰:"别也。"然即之交别者,果生天下之

## 【译文】

墨子说:"仁爱的人所要做的政事,一定是要增进天下的利益,除去天下的祸患。"但在现在,天下祸患,哪个是最大的呢?回答说:"例如大国攻打小国,大家族扰乱小家族,强大的掠夺弱小的,人多的欺凌人少的,狡诈的算计愚蠢的,尊贵的傲视卑贱的,这就是天下的祸害。又如,做国君的不仁惠,做臣下的不忠诚,做父亲的不慈爱,做儿子的不孝敬,这又都是天下的祸害。又如,现在的贱民,手握兵刃、毒药、水火,用来相互残害,这又是天下的祸害。"

姑且试着推究这许多祸害产生的缘故。这是从哪儿产生的呢?这是从爱人、利人所产生的吗?则必然会说:"不是这样的"。而一定会说:"这是憎恶别人、残害别人产生的"。现在让我们分别一下事情的来源:世上憎恶别人和残害别人的人,是相互关爱,还是相互憎恶呢?则必然会说:"是相互憎恶。"既然如此,那么这种相互憎恶,果然是产生天下大害的原因吗?所以相互

大害者与？是故别非也。

子墨子曰："非人者必有以易之，若非人而无以易之，譬之犹以水救火也，其说将必无可矣。"是故子墨子曰："兼以易别。"然即兼之可以易别之故何也？曰：藉为人之国，若为其国，夫谁独举其国以攻人之国者哉？为彼者，由为己也。为人之都，若为其都，夫谁独举其都以伐人之都者哉？为彼犹为己也。为人之家，若为其家，夫谁独举其家以乱人之家者哉？为彼犹为己也。然即国都不相攻伐，人家不相乱贼，此天下之害与？天下之利与？即必曰天下之利也。

### 【原文】

姑尝本原若众利之所自生。此胡自生？此自恶人贼人生与？即必曰："非然也。"必曰："从爱人利人生。"分名乎天下，爱人而利人者，别与？兼与？即必曰："兼也。"然即之交兼者，果生天下之大利者与？是故子墨子曰："兼是也。"且乡吾本言曰：仁人之事者，必务求兴天下之利，除天下之害。今吾本原兼之所生，天下之大利者也；吾本原别之所生，天下之大害者也。是故子墨子曰别非而兼是者，出乎若方也。

憎恶是不对的。

墨子说："如果以别人为不对，那就必须有东西去替代它，如果说别人不对而又没有东西去替代它，就好像用水救水、用火救火。这种说法也将没有可取之处。"所以墨子说："要用相互关爱来代替相互憎恶。"既然如此，那么可以用相互关爱来代替相互憎恶的原因是什么呢？回答说："假如对待别人的国家，就像对待自己的国家一样，谁还会动用自己国家的力量，去攻打别人的国家呢？为别人考虑，就像为自己打算一样。对待别人的都城，就像对待自己的都城一样，谁还会动用自己都城的力量，去攻打别人的都城呢？对待别人就像对待自己。对待别人的家族，就像对待自己的家族，谁还会动用自己的家族，去侵扰别人的家族呢？对待别人就像对待自己。既然如此，那么国家、都城不相互攻伐，个人、家族不相互侵扰残害，这是天下的祸乱呢？还是天下的好处呢？一定会说这是天下的好处。"

### 【译文】

姑且试着推究这许多利益所产生的原因。这是哪儿发生的呢？这是从憎恶人残害人产生的吗？则一定会说："不是这样的。"必然会说："是从爱人，利人所产生的。"分别研究天下爱人并给人以好处的，是相互憎恶呢？还是相互关爱呢？则必然会说是相互关爱。既然如此，这个相互有利，彼此相爱，果真是对天下大有好处的啊！所以墨子说："相互关爱是对的。"而且从前我曾说过："仁爱的人所要做的政事，一定是要增进天下的利益，除去天下的祸患。现在我推究由相互关爱产生的，都是天下的大利；我推究由相互憎恶所产生的，都是天下的大害。所以墨子说相互憎恶是错误的，相互关爱是对的，就是出于这个道理。

【原文】

　　今吾将正求与天下之利而取之，以兼为正。是以聪耳明目相与①视听乎！是以股肱毕强相为动宰②乎！而有道肆相教诲，是以老而无妻子者，有所侍养以终其寿；幼弱孤童之无父母者，有所放依以长其身。今唯毋以兼为正，即若其利③也。不识天下之士，所以皆闻兼而非者，其故何也？然而天下之士，非兼者之言犹未止也，曰："即善矣，虽然，岂可用哉？"子墨子曰："用而不可，虽我亦将非之；且焉有善而不可用者。"姑尝两而进④之。谁⑤以为二士，使其一士者执别，使其一士者执兼。是故别士之言曰："吾岂能为吾友之身，若为吾身？为吾友之亲，若为吾亲？"是故退睹其友，饥即不食，寒即不衣，疾病不侍养，死丧不葬埋。别士之言若此，行若此。兼士之言不然，行亦不然。曰："吾闻为高士于天下者，必为其友之身，若为其身；为其友之亲，若为其亲。然后可以为高士于天下。"是故退睹其友，饥则食之，寒则衣之，疾病侍养之，死丧葬埋之。兼士之言若此，行若此。若之二士者，言相非而行相反与？当使若二士者，言必信，行必果，使言行之合，犹合符节⑥也，无言而不行也。然即敢问：

【译文】

　　现在我将寻求兴起天下有利的办法而采取它，以相互关爱来施政。所以大家都耳聪目明，相互帮助看东西听东西，用强劲有力的四肢相互帮助做事情，并且用道义相互勉励和教诲；因此年老而没有妻室子女的，也能有所奉养而得以享尽天年；没有父母的幼弱孤童，也能有所依靠而长大成人。现在用相互关爱来施政，有这样大的好处。不知道天下的士人，听到"兼爱"这件事都加以反对，这是什么缘故呢？然而天下的士子，否定兼相爱的言论还没有中止，他们说："即使相互关爱是好事，难道可以用呢？"墨子说："如果不可应用，即使我也要批评它，但哪有好的东西不能应用呢？"姑且试着让主张相互关爱和主张相互憎恶的两种人各尽其见。假设有两个士子，其中一士主张相互憎恶，另一士主张相互兼爱。主张相互憎恶的士子说："我怎么能看待我朋友的身体，像我的身体一样？看待我朋友的双亲，就像我的双亲一样？"所以他返身看到朋友挨饿时，不给他吃；受冻时，不给他穿；生病时，也不照顾他；朋友死了也不给埋葬。主张相互憎恶的士子是这样说的，也是这样做的。主张相互关爱的士子的说法不是这样的，行为也不是这样的。他说："我听说作为天下的高士，必须会把朋友的身体看得如同自己的身体，看待朋友的双亲如同自己的双亲。这以后就可以成为天下的高士。"所以他看到朋友饥饿时，就给他吃；受冻时，就给他穿；疾病时前去服侍，死亡后给予埋葬。主张相互关爱的士人是这样说的，也是这样做的。这两个士子，他们的言论是相互否定的，行为也是相反的吗？假使这两个士子，言出必信，行为必果，

今有平原广野于此,被甲婴胄,将往战,死生之权,未可识也;又有君大夫之远使于巴、越、齐、荆,往来及否,未可识也。然即敢问:不识将恶也家室,奉承亲戚、提挈妻子而寄托之,不识于兼之有是乎?于别之有是乎?我以为当其于此也,天下无愚夫愚妇,虽非兼之人,必寄托之于兼之有是也。此言而非兼,择即取兼,即此言行费⑦也。不识天下之士,所以皆闻兼而非之者,其故何也?

使他们的言与行就象符节一样符合,没有什么话不能实行。既然如此,那么请问:现在这里有一平原旷野,人们将披甲戴盔前往作战,生死无法预料;又有国君的大夫出使遥远的巴、越、齐、楚,去后能否回来不可预知。那么敢问:不知道将怎么保护其家室,奉养父母,照料自己的妻子,究竟是把他们托付给主张相互关爱的人呢?还是托付给主张相互憎恶的人呢?我认为在这个时候,无论天下多么愚蠢的男女,即使反对相互关爱的人,也必然要托付给主张相互关爱的人。在口头上即使不赞成兼爱的,具体行动却又选择兼爱,这就是言行相违背。我不知道天下的人都听到兼相爱就反对它,是什么缘故?

【注释】

①与:为"为"字之误。②动宰:为"助宰"。宰,佐治。③即若其利:则其利若此。④进:为"尽"之假借字。⑤谁:为"设"字之误。⑥符节:古时朝廷传达命令或调兵遣将所用的凭证。⑦费:通"拂",违背。

【原文】

然而天下之士,非兼者之言,犹未止也,曰:"意可以择士,而不可以择君乎?"姑尝两而进之。谁以为二君,使其一君者执兼,使其一君者执别。是故别君之言曰:"吾恶能为吾万民之身,若为吾身?此泰①非天下之情也。人之生乎地上之无几何也,譬之犹驷驰而过隙也。"是故退睹其万民,饥即不食,寒即不衣,疾病不侍养,死丧不葬埋。别君之言若此,行若此。兼

【译文】

然而天下的士子,攻击兼爱的言论还是没有停止,说:"这种理或许可以选择士人,但恐怕不能选择君王吧?"试着让主张相互关爱和主张相互憎恶的两种人各尽其见。假设这里有两个国君,其中一个主张相互关爱的观点,另一个主张相互憎恶的观点。所以主张相互憎恶的国君会说:"我怎能对待我的万民之身,就对待自己的身体一样呢?这太不合天下人的情理了。人生在世并没有多少时间,就好像马车奔驰缝隙那样短暂。"所以他返身看到他的万民挨饿,也不给吃,受冻也不给穿,有疾病也不给疗养,死亡后不给埋葬。主张相互憎恶的国君是这样说的,也是这样做的。主张相互关爱的国君的言论不是这样

君之言不然，行亦不然，曰："吾闻为明君于天下者，必先万民之身，后为其身，然后可以为明君于天下。"是故退睹其万民，饥即食之，寒即衣之，疾病侍养之，死丧葬埋之。兼君之言若此，行若此。然即交若之二君者，言相非而行相反与？常使若二君者，言必信，行必果，使言行之合，犹合符节也，无言而不行也。然即敢问：今岁有疠疫，万民多有勤苦冻馁，转死沟壑中者，既已众矣。不识将择之二君者，将何从也？我以为当其于此也，天下无愚夫愚妇，虽非兼者，必从兼君是也。言而非兼，择即取兼，此言行拂也。不识天下所以皆闻兼而非之者，其故何也。

【注释】

①泰：通"太"。

的，行为也不是这样的。他说："我听说在天下做一位明君，必须先看重万民的身体，然后才看重自己的身体，这以后才可以在天下做一位明君。"所以他返身看到他的百姓挨饿，就给他吃，受冻就给他穿，生了病就给他疗养，死亡后就给予埋葬。主张相互关爱的君主是这样说的，也是这样做的。既然这样，那么这两个国君，他们言论不同而行为也相反吗？假使这两个国君，言必信，行必果，使他们的言行就像符节一样符合，没有说过的话不能实现。既然如此，那么敢问：假如今年有瘟疫，万民大多因劳苦和冻饿而辗转死于沟壑之中的，已经很多了。不知道从这两个国君中选择一位，你将会跟随哪一位呢？我认为在这个时候，无论天下多么多么愚蠢的男女，即使是反对兼爱的人，也必定跟随主张相互关爱的国君。在言论上反对相互关爱，而在行动上又选择相互关爱，这就是言行相违背。不知道天下的人听到相互关爱的主张而非难它的做法，其原因是什么。

【原文】

然而天下之士，非兼者之言也，犹未止也，曰："兼即仁矣，义矣；虽然，岂可为哉？吾譬兼之不可为也，犹挈泰山以超江、河也。故兼者，直愿之也，夫岂可为之物哉？"子墨子曰："夫挈泰山以超江、河，自古之及今，生民而来，未尝有也。今若夫兼相爱、交相利，此自先圣六王者亲行之。"

【译文】

然而天下的士子，攻击相互关爱的言论还是没有停止，说："相互关爱算得上是仁，也算得上是义了。即使如此，难道可以实行吗？我打个比方证明兼爱无法实行，就好像让你提着泰山而跳过长江、黄河一样。所以相互关爱只不过是一种愿望，难道是可以实行的吗？"墨子说："提举泰山跳越长江、黄河，自古至今，人类诞生以来，还不曾有过。至于现在说到兼相爱、交相利，这则是自先圣六王就亲自实行过的。"怎么知道

何知先圣六王之亲行之也？子墨子曰："吾非与之并世同时，亲闻其声、见其色也；以其所书于竹帛、镂于金石、琢于盘盂，传遗后世子孙者知之。"《泰誓》曰："文王若日若月乍照，光于四方，于西土。"即此言文王之兼爱天下之博大也，譬之日月，兼照天下之无有私也。即此文王兼也；虽子墨子之所谓兼者，于文王取法焉！

【原文】

且不唯《泰誓》为然，虽《禹誓》即亦犹是也。禹曰："济济有众，咸听朕言！非惟小子，敢行称乱。蠢兹有苗，用天之罚。若①予既②率尔群对诸群③，以征有苗。"禹之征有苗也，非以求以重富贵，干福禄，乐耳目也；以求兴天下之利，除天下之害。即此禹兼也；虽子墨子之所谓兼者，于禹求焉。

且不唯《禹誓》为然，虽汤说即亦犹是也。汤曰："惟予小子履，敢用玄牡，告于上天后曰：'今天大旱，即当朕身履，未知得罪于上下，有善不敢蔽，有罪不敢赦，简在帝心，万方有罪，即当朕身；朕身有罪，无及万方。'"即此言汤贵为天子，富有天下，然且不惮以身为牺牲，以词说于上帝鬼神。即此汤兼也；虽子墨子之所谓兼者，于汤取法焉。

【译文】

先圣六王亲自实行了呢？墨子说："我并不和他们处于同一时代，能亲自听到他们的声音，亲眼见到他们的容色，我是从他们书写在简帛上、镂刻在钟鼎石碑上、雕琢在盘盂上，并留给后世子孙的文献中知道这些的。"《泰誓》上说："文王就像太阳、月亮一样，光照四方和西周大地。"这就是说文王兼爱天下的广大，就像日月普照大地，没有偏私。这就是文王的兼爱。即使墨子所说的兼爱，也是在文王那里取法的！

而且不只《泰誓》这样记载，《禹誓》也这样说。大禹说："众位军士，请听我的话。不是横行称乱，而是苗民在蠢动，因而上天对他们降下惩罚。现在我率领众邦的各位君长，去征讨有苗。"大禹征讨有苗，不是为了求取富贵、福禄，使耳目享受声色之乐，而是为了追求兴起天下的利益，除去天下的祸患。这就是大禹的兼爱。即使墨子所说的兼爱，也是从大禹那里取法的！

而且并不只《禹誓》这样记载，即使汤的言辞也是如此，汤说："我商履，敢用黑色的公牛，祭告于皇天后土说：'现在天大旱，我自己也不知道什么缘故得罪了天地。于今有善不敢隐瞒，自身有罪也不敢宽饶，这一切都鉴察在上帝的心里。万方有罪，由我一人承担；我自己有罪，不要累及万方。'"这说的是商汤贵为天子，富有天下，然而尚且不惜以身作为牺牲祭品，用言辞向上帝鬼神祷告。这就是商汤的兼爱，即使墨子的兼爱，也是从汤那里取法的。

【注释】

①若:疑为"兹"之误。②既:为"即"假借字。③群对诸群:当为"群邦诸辟",指众邦国诸君。

【原文】

且不惟誓命与汤说为然,《周诗》即亦犹是也。《周诗》曰:"王道荡荡,不偏不党;王道平平,不党不偏。其直若矢,其易若厎①。君子之所履,小人之所视。"若吾言非语道之谓也,古者文、武为正均分,贵贤罚暴,勿有亲戚弟兄之所阿②。即此文、武兼也,虽子墨子之所谓兼者,于文、武取法焉。不识天下之人,所以皆闻兼而非之者,其故何也。

【译文】

而且不只是大禹的誓言和商汤的言辞是这样,周人的诗也有这类的话。《周诗》上说:"治国之道非常宽广,不偏私不结党。治国之道非常便便,不结党不私偏。治国之道,正直如箭矢,平平如磨刀石。君子所践履的,下民都看在眼里。"如果我所说的话不符合道理,则古时周文王、周武王为政公平,重视贤能惩罚暴行,对父母兄弟没有偏私。这就是周文王、武王的兼爱,即使墨子所说的兼爱,也是从文王、武王那里取法的。不知道天下的人,一听到兼爱就攻击,原因究竟是什么。

【注释】

①厎:古同"砥",砥砺;砥柱。②阿:私,偏袒。

【原文】

然而天下之非兼者之言,犹未止。曰:"意不忠亲之利,而害为孝乎?"子墨子曰:姑尝本原之孝子之为亲度者。吾不识孝子之为亲度①者,亦欲人爱、利其亲与?意欲人之所恶、贼其亲与?以说观之,即欲人之爱、利其亲也。然即吾恶先从事即得此?若我先从事乎爱利人之亲,然后人报我爱利吾亲乎?意我先从事乎恶人之亲,然后人报我以爱利吾亲乎?即必吾先从事乎爱利人之亲,然后人报我以爱利吾亲

【译文】

然而天下的人反对兼爱的主张,还是没有停止,他们说:"兼爱恐怕不符合双亲之利,而有害于孝道吧。"墨子说:姑且试着推究孝子为父母考虑的本心,我不知道孝子为双亲考虑,是希望别人爱护和有利他的双亲呢?还是希望憎恶、残害他的双亲呢?按照常理来看,当然希望别人爱护和有利于他的双亲。既然如此,那么怎样从事才能得到这个呢?假若我先从事于爱护和有利于别人的双亲,然后别人会以爱护和有利于我的双亲来报答我呢?还是我先从事于憎恶别人的双亲,然后别人以爱护和有利于我的双亲呢?则必然是我先从事于爱护和有利于别人的双亲,然后别

也。然即之交孝子者，果不得已乎？毋先从事爱利人之亲者与？意以天下之孝子为遇②，而不足以为正乎？姑尝本原之。先王之所书，《大雅》之所道，曰："无言而不雠③，无德而不报。投我以桃，报之以李。"即此言爱人者必见爱也，而恶人者必见恶也。不识天下之士，所以皆闻兼而非之者，其故何也。

人以爱护和有利于我的双亲来报答我。然则这一交相利的孝子，果真是出于不得已，才先从事于爱护和有利于别人的双亲呢？还是以为天下的孝子都是愚笨的，完全不值得善待呢？姑且试着探究这一问题。先王的书《大雅》说道："没有什么话不践履，没有什么恩德不报答。人家赠给我桃，我就报人以李。"这就是说，爱别人的一定被别人所爱，而憎恶他人的人也一定被他人所憎恶。不知道天下的人，一听到兼爱就反对，原因究竟是什么。

【注释】

①度：筹划。②遇："愚"的假借字。③雠(chóu)：应答。

【原文】

意以为难而不可为邪？尝有难此而可为者，昔荆灵王好小要，当灵王之身，荆国之士饭不逾乎一，固据而后兴，扶垣而后行。故约食为其难为也，然后为，而灵王说之，未逾于世，而民可移也，即求以乡其上也。昔者越王句践好勇，教其士臣三年，以其知为未足以知之也，焚舟失火，鼓而进之。其士偃前列，伏水火而死有不可胜数也。当此之时，不鼓而退也，越国之士，可谓颤①矣。故焚身为其难为也，然后为之，越王说之，未逾于世，而民可移也，即求以乡上也。昔者晋文公好苴服，当文公之时，晋国之士，大布之衣，牂羊之裘，练帛之冠，且苴之屦，入见文公，出以

【译文】

难道认为困难而做不到吗？曾有比这更困难而做到的。从前楚灵王喜欢细腰。当灵王在世时，楚国的士人每天吃饭不超过一次，用力扶稳后才能站起，扶着墙壁然后才能走路。所以节食本是他们难于做到的，然而这样做后灵王喜欢，所以没有经过多久时间，民风可以转移。则这无非是为迎合君主之意罢了。从前越王勾践喜欢勇猛，训练他的将士三年，认为自己还不知道效果如何，于是故意放火烧船，擂鼓命将士前进。他的将士前仆后继，倒身于水火之中而死的不计其数。当这个时候，如停止擂鼓而撤退的话，越国的将士可以说害怕的了。所以说焚身是很难的事，但却做到了。因为越王喜欢，所以没有经过很久时间，民风就转移了，这是为追求迎合君主罢了。从前晋文公喜欢穿粗布衣，当文公在世时，晋国的人士都穿大布做的衣和母羊皮做的袍子，戴厚帛做的帽子，穿粗糙的鞋子，这身打扮进可见晋文公，出可在朝廷来往。所以穿粗陋的

践之朝。故苴服为其难为也,然后为,而文公说之,未逾于世,而民可移也,即求以乡其上也。是故约食、焚舟、苴服,此天下之至难也,然后为而上说之,未逾于世而民可移也,何故也?即求以乡其上也。今若夫兼相爱、交相利,此其有利,且易为也,不可胜计也,我以为则无有上说之者而已矣。苟有上说之者,劝之以赏誉,威之以刑罚,我以为人之于就兼相爱、交相利也,譬之犹火之就上、水之就下也,不可防止于天下。

故兼者,圣王之道也,王公大人之所以安也,万民衣食之所以足也,故君子莫若审兼而务行之。为人君必惠,为人臣必忠;为人父必慈,为人子必孝;为人兄必友,为人弟必悌。故君子莫若欲为惠君、忠臣、慈父、孝子、友兄、悌弟,当若兼之不可不行也。此圣王之道,而万民之大利也。

衣服是难做到的事,然而因为文公喜欢,没过多长时间,民风可以转移,这是为追求迎合君主罢了。所以说节食、焚舟、穿粗衣服,这本是天下最难做的事,然而这样做可使君主喜欢,因此没过多长时间,民风可以转移,这是什么缘故呢?这是为追求迎合君主罢了。现在至于兼相爱、交相利,这是有利而容易做到,并且不可胜数的事。我认为只是没有君上的喜欢罢了,只要有君上喜欢,用奖赏称赞来勉励大众,用刑罚来威慑大众,我认为众人对于兼相爱、交相利,会像火一样的向上,水一样的向下,在天下是防止不住的。

所以说兼爱是圣王治理天下的大道,王公大人因此得到安稳,万民衣食得到满足。所以君子最好审察兼爱的道理而努力实行它。做人君的一定要仁惠,做人臣的一定要忠诚,做人父的一定要慈爱,做人子的一定要孝敬,做人兄的一定要友爱其弟,做人弟的一定要敬顺兄长。所以君子假如想要做惠君、忠诚之臣、慈爱之父、孝敬之子、友爱之兄、敬顺之弟,那么兼爱就不可不去实行。这是圣王的大道,百姓的大利。

【注释】

①颤:读为"惮",恐惧、害怕。

【评析】

墨子首先向人们陈述了相侵相害、自私自利的危害,然后提出用"兼相爱,交相利"之法来改变这种"不相爱"、"亏人以自利"的社会现实。"视人若己"、"爱人若己"是墨子设计的爱的社会的理想蓝图,这种蓝图与儒家所设想的"大道之行也,天下为公",以及"人不独亲其亲,不独子其子"的思想有异曲同工之妙。然而孔子是把大同理想寄托于遥远的过去,而墨子的理想则注重现在;孔子的理想社会是以"亲亲"、"尊尊"为始点、为前提的,他承认或顺应了人的自然亲情,而墨子则根

本不理会社会中的亲疏、远近、等级关系。在他看来,那种"亲亲"、"尊尊"的自然亲情关系恰恰是人们只爱自己、自私自利的根源。而他大胆冲破了血缘与亲情的界限,肯定爱人若己、视人若己,这是墨子与孔子的不同之处。由此可见,孔子是顺而取之,墨子则是逆而成之。

虽然墨子的思想具有极大的空想性,但其理论价值和精神内涵却是不容忽视的。它反映了人们对社会罪恶现象的厌恶和敌视,表达了人们对美好社会的憧憬,体现了人类的尊严和其精神的崇高。正是这种不分彼此、不分种族、不分疆域、不分贵贱贫富的平等博爱,才体现了人类精神的抽象之爱,体现了人之所以为人、人之所以别于万物又高于万物的根本所在。

墨子"兼以易别"的社会理想给中国历代思想家以深远的影响。太平天国农民革命的领袖洪秀全、百日维新领袖谭嗣同以及梁启超等人都曾深受墨子影响。洪秀全曾言:天下多男人,尽是兄弟之辈,天下多女子,尽是姊妹之群;何得存此疆彼界之私,何得存你吞我并之念。又说:要使现在的充满欺凌、掠夺、争斗、仇杀的世道变为"强不犯弱、众不暴寡、智不诈愚、勇不苦怯之世也"。洪秀全连使用的语言都类似于墨子,足见墨子兼爱思想对其影响之大。谭嗣同曾明确表示墨子兼爱思想是其著名著作《仁学》的理论源泉。梁启超则大声疾呼:"欲救中国,厥惟墨学!"由此可知,墨子思想在中国历史上曾激励着一代又一代仁人志士,前赴后继,艰苦奋斗,为实现公正、平等的社会理想而努力!

"兼爱"的思想始终贯穿墨子全书,墨子提出的"兼爱"思想,目的是为了给大家创造一个友好的和谐的社会氛围,不是整天勾心斗角,尔虞我诈,处在一个恐怖、阴森的环境中,到处提防着别人,害怕一不小心就落入陷阱。

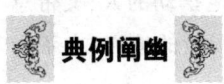

## 隋文帝体恤下民

杨坚,性格沉稳内敛,废杀北周静帝于文阐后称帝,平南陈灭北齐,结束中国自西晋末年以来近300年的分裂局面。在位23年,勤思善治,开创了中国科举制度的先河,是一位对后世产生了深远影响的政治家。

墨子说:"故兼者,圣王之道也。"而作为人君的一定要施惠于百姓,那样国家才能昌盛。隋文帝统治时期,他仁行天下,躬行节俭。隋文帝曾效力于北周,亲眼看到北周的腐败没落,感同身受。懂得成由勤俭败由奢的道理,深知贪腐的危害。因此他崇尚节俭,体恤民情,一次关中饥荒,他得知老百姓竟以豆粉拌糠为食时,流泪自责,下令降低自己的伙食标准,不喝酒不吃肉,"流涕以示群臣,深自咎责,为之撤膳,不御酒肉者殆将一期",如此亲民爱民的举动,这在历朝历代帝王中当属凤毛麟角。

还有一次,有关官员上奏:"国库中物品堆放满了,再也装不下了,只能堆积在厢房中。"隋文帝对此感到十分吃惊:"我不断削减人民的赋税,还经常大量地赏赐功臣,怎么还有这么多物品存在库里?"官员答道:"这是因为收入远大于支出。每年赏赐的加上花费的一共百万段左右,故而库存并没有什么减损。"于是又开辟了左藏院来存放财物。文帝下诏:"宁可把钱财积存于百姓家中也不要贮存在府库中。今年黄河的北部、东部地区田租减去三分之一,士兵减半,租调全部免去不收。"当时全国人数每年都在增加,京城周围及河北、河南、河东地区地少人多,百姓衣食贫乏。文帝派遣使者到各地,把普天下的田地尽量平均分配,许多地少人多的地方每个成年男丁才得以分到二十亩的地,老人及孩子要少一些。

开皇十四年,关中地区大旱,一片饥荒,人民饥寒交迫。隋文帝派身边的亲信去视察民情,他们把百姓们吃的豆屑杂糖带回来献给文帝。文帝流着泪把这些东西拿给群臣看,感到惭愧不已,深深地责备自己,因为这件事,文帝整整一年没有吃肉喝酒。八月初九,文帝亲自率领受灾的百姓到洛阳度过饥荒,严令卫士不准驱赶侮辱民众。男女老少参差地夹杂在仪仗、卫队之间。遇到扶老携幼的人,文帝总是拉住马让他们先走,轻言细语地安慰、鼓励他们。走到路途艰险的地方,文帝看见身负重担的人,便命令身边的人去帮助他。

隋文帝如此体恤人民,处处为人民着想,国家怎能不繁荣呢?

# 非攻上

【题解】

　　非攻是墨家针对当时诸侯间的兼并战争而提出的反战理论。墨子认为，战争是天下的"巨害"，无论对战胜国还是战败国都将造成巨大损害，因之既不合于"圣王之道"，也不合于"国家百姓之利"。在篇中，他对各种为攻战进行辩护的言论作出了批驳，并进一步将大国对小国的"攻"与有道对无道的"诛"区别开来。

【原文】

　　今有一人，入人园圃①，窃其桃李，众闻则非之，上为政者得则罚之。此何也？以亏人自利也。至攘人犬豕鸡豚者，其不义，又甚入人园圃窃桃李。是何故也？以亏人愈多，其不仁兹甚，罪益厚。至入人栏厩、取人牛马者，其不仁义，又甚攘人犬豕鸡豚。此何故也？以其亏人愈多。苟亏人愈多，其不仁兹②甚，罪益厚。至杀不辜人也，扡③其衣裘、取戈剑者，其不义，又甚入人栏厩、取人牛马。此何故也？以其亏人愈多。苟亏人愈多，其不仁兹甚矣！罪益厚。当此天下之君子皆知而非之，谓之不义。今至大为攻国，则弗知非，从而誉之，谓之义。此可谓知义与不义之别乎？

【译文】

　　现在有这样一个人，进入别人的园圃，偷摘人家的桃子、李子。大家听说后都指责他，上边执政的人抓到后就要处罚他。这是为什么呢？因为他损人利己。至于盗窃别人家的鸡犬、牲猪，他的不义又超过到别人的园圃里去偷桃子、李子。这是什么缘故呢？因为他给别人造成的损失越大，他的不仁就更突出，他的罪过也就更深重。至于进入别人的牛栏马厩内，偷取别人的牛马，他的不仁不义，又超过了盗窃别人鸡犬、牲猪的。这是什么缘故呢？因为他损人更大。一旦损人更大，他的不仁也更突出，罪过也更深重。至于枉杀无辜的人，剥夺别人衣服的人，抢走人家武器的人，他的不义又超过了进入别人的牛栏马厩盗取别人牛马的。这是什么缘故呢？因为他损人更大。一旦损人更大，那么他的不仁也更突出，罪过也更深重。对此，天下的君子都知道指责他，称他为不义。现在对于大规模地攻伐别人的国家，却不知指责其错误，反而跟着去赞誉他，称之为义。这样可以称得上是明白义与不义的区别吗？

【注释】

①园圃:种植果木菜蔬的园地。②兹甚:更深。兹,通"滋"。③扡:同"拖",夺取。

【原文】

杀一人,谓之不义,必有一死罪矣。若以此说注,杀十人,十重不义①,必有十死罪矣;杀百人,百重不义,必有百死罪矣。当此天下之君子皆知而非之,谓之不义。今至大为不义攻国,则弗知非,从而誉之,谓之义。情不知其不义也,故书其言以遗后世;若知其不义也,夫奚说②书其不义以遗后世哉?

【译文】

杀掉一个人,叫作不义,必定有一项死罪。如果按照此种说法类推,杀掉十个人,有十倍不义,则必然有十重死罪了;杀掉一百个人,有百倍不义,则必然有百重死罪了。对这些事,天下的君子都知道指责它,称它为不义。现在至于攻伐别人的国家这种大为不义的事,却不知道指责其错误,反而称赞他,并称之为义举。他们确实不懂得那是不义的,所以记载那些称赞攻国的话遗留给后代。倘若他们知道那是不义的,又怎么解释记载这些不义之事,用来遗留给后代呢?

【注释】

①十重:十倍。②奚说:怎么解释。

【原文】

今有人于此,少见黑曰黑,多见黑曰白,则以此人不知白黑之辩矣;少尝苦曰苦,多尝苦曰甘,则必以此人为不知甘苦之辩矣。今小为非,则知而非之;大为非攻国,则不知非,从而誉之,谓之义。此可谓知义与不义之辩乎?是以知天下之君子也,辩义与不义之乱也。

【译文】

现在有一个人在这里,看见一点黑就说是黑的,看见很多黑却说是白的,那么人们就会认为他黑白不分。少尝一点苦味就说是苦的,多吃些苦味却说是甜的,那么人们就会认为他甘苦不分。现在看到别人做了一点小的错事,就都知道指责他;对于犯了大的过错,以至于攻打别人的国家的人,却不知道指责,反而跟着赞美,说这是"义"。这样可以称得上是明白义与不义的区别吗?因此我知道天下的君子,把义与不义的分辨弄得很混乱了。

【评析】

《非攻》是《墨子》中的名篇,了解中国文化又谈论国事者,多少都会想到《非攻》,墨子的非攻思想是影响古今的和平主义,是平民主义的战争观。

和平,众之所求。先秦诸子对于和平有着更为深刻的理解,主要的就是关于仁与义的争论。这是残酷的环境使然。当时,道家的创始人老子愤于世事而无奈,骑牛出函谷而不还;儒家的创始人孔子著述春秋,希望以此劝世,但是闻说祥瑞麒麟被猎获,对世事极度失望,掷笔绝书。

孟子是孔子理念的继承者,也是"义"的创建者。孟子说:"春秋无义战。征者上伐下也,敌国不相征也。"朱熹对此句的解释是:"征,所以正人也。诸侯有罪,则天子讨而诛之,此春秋无义战也。"

无论是"仁"或"义",都是从建立社会秩序的角度来说的。社会秩序的实质是社会各利益群体相互间的一种妥协。问题是,战国期间的诸侯们并非孟子的性"善"者,而是荀子的性"恶"者,于是就有了"十年十一战,民不堪命"的战争,他们是用战争的方式来进行关于建立社会秩序的讨论。而墨子是"不堪命"之民的代言人,他对"义"的理解是从民众的角度来阐述的。或者说,他是作为人民的代言人参与关于社会秩序的讨论。

## 吴惠平战

战争对于劳动人民来说是百害而无一利,既劳民伤财,又耽误耕种的时间。因此,墨子主张"非攻"。其实,人们都厌恶战争,从古至今,人人都是在小心翼翼地避免战争的发生。

明代的吴惠做桂林知府时,恰遇义宁洞的瑶人串通湖南苗族人作乱,监察州郡的官员正在议论进行征剿,要向朝廷秉奏。吴惠急忙说道:"义宁洞是我管辖的地方,请让我出面去招抚,如果他们不服从,再征剿也不晚。"于是他带了十多个人,坐着一乘小轿,进了义宁洞地界。义宁洞地势十分险峻,山石拔地而起,尤如刀枪剑戟。汉人到了那里好像无处插足,站立不稳;而瑶人却腾跃其间,上上下下像飞一样。听说桂林太守到了,瑶人急忙报告了他们的首领,他们从四面聚集来,对吴惠虎视眈眈。吴惠告诉他们说:"我是你们的父母官,我是来帮助你们求生的，没有别的意思。"众人连连称是。于是吴惠又反复陈述归顺朝廷的好处和反叛朝廷的坏处。瑶人的首领感动得流下眼泪。他们留吴惠在义宁洞住了几天，领着他逐一参观了他们的山寨堡垒。吴惠走的时候，数千瑶人护送他出境，在边境上杀猪宰羊为他饯行。吴惠对他们说："你们一定要好好把握住自己，不要做那些将来要后悔的事。"数千人都扔下大刀，跪拜在他面前，发誓永不反叛。吴惠回到桂林，将情况报告了监司，于是监司没有再派兵去征剿。

第二年，武冈州有一伙强盗作乱，他们宣称推举义宁洞主作主帅。监司就怪罪吴惠。吴惠说："州府主张招抚，而监司主张征剿。苗人、瑶人发生反复，这个过错我愿意承担。"于是他又派人去了义宁。义宁瑶人从山顶上看到是吴惠的人来了，就将武冈州作乱使他们蒙受的冤情告诉了他。监司得知真情，十分惭愧。武冈州的强盗也因此衰颓不振。义宁人对吴惠感恩戴德，将他视为父母。在吴惠任桂林知府的十年间，没有敢到桂林境内骚扰的人。

# 非攻中

【题解】

墨子"非攻"主张的核心是:"战争是否合于义与利。"从战争是否获利,还是战争是正义的观点出发,来阐述战争是弊大于利,提倡人们之间、国家之间应该相互兼爱,而不是通过战争来扩大自己的疆域、领土。如果什么事情都依靠战争来解决,民众又怎么能够承受?

【原文】

子墨子言曰:"古①者王公大人为政于国家者,情欲誉之审②,赏罚之当,刑政之不过失。"是故子墨子曰:"古者有语:'谋而不得,则以往知来,以见知隐③'。谋若此可得而知矣。"

今师徒唯毋兴起,冬行恐寒,夏行恐暑,此不以冬夏为者也。春则废民耕稼树艺,秋则废民获敛。今唯毋废一时,则百姓饥寒冻馁而死者,不可胜数。今尝计军上④:竹箭、羽旄、幄幕、甲盾、拨劫⑤,往而靡弊腑冷⑥不反者,不可胜数。又与矛、戟、戈、剑、乘车,其列住⑦碎折靡弊而不反者,不可胜数。与其牛马,肥而往,瘠而反,往死亡而不反者,不可胜数。与其涂道之修远,粮食辍绝而下继,百姓死者,不可胜数也。与其居处之不

【译文】

墨子说:"现在的王公大人掌握着国家行政大权,如果确实希望毁誉精审,赏罚恰当,刑罚施政没有过错。"所以墨子说:"古时有这样的话:'筹划而不能得出满意的办法,那就根据以往的推断未来的,根据明显的推知隐微的。'像这样谋划,就可以得出高明的办法而知道该怎么做了。"

现在如果军队出征,冬天行军害怕寒冷,夏天行军害怕暑热,这样就不可以在冬、夏二季行军打仗了。春天就会影响百姓耕田播种;秋天就会荒废百姓收获储藏粮食。现在如果荒废了一季,那么百姓就因饥寒而冻死、饿死的,就多得数不胜数。我们现在试着计算一下:出兵时所用的竹箭、羽旄、帐幕、铠甲、大小盾牌和刀柄,拿去用后损坏腐烂而带不回来的东西,又多得数不胜数;再加上戈矛、剑戟、兵车,用后破碎损坏而不可返回的,多得数不胜数;牛马带去时都很肥壮,回来时全部瘦弱,至于去后死亡而不能返回的,多得数不胜数;战争时因为道路遥远,粮食的运输有时中断不继,

安,食饭之不时,饥饱之不节,百姓之道疾病而死者,不可胜数。丧师多不可胜数,丧师尽不可胜计,则是鬼神之丧其主后⑧,亦不可胜数。

百姓因而死亡的,也多得数不胜数;战争时人民居处都不安定,饥饱没有节制,老百姓在道路上生病而死的,多得数不胜数;丧师之事多得数不胜数,军士因而阵亡的更是无法计算,鬼神因此丧失后代祭祀的,也多得数不胜数。

【注释】

①古:为"今"字之误。②誉之审:应为"毁誉之神"。审,审慎。③见:通"现"。④上:为"出"字之误。⑤拨劫:拨,同"㢭"。劫,同"鈒"(马)组带铁。⑥腑冷:腑,为"腐"之假借字。冷,当作"泠",零乱。⑦列住:为"往则"之误。⑧主后:后代祭祀。

【原文】

国家发政,夺民之用,废民之利,若此甚众。然而何为为之?曰:"我贪伐胜之名,及得之利,故为之。"子墨子言曰:"计其所自胜,无所可用也;计其所得,反不如所丧者之多。"今攻三里之城、七里之郭,攻此不用锐,且无杀,而徒得此然也?杀人多必数于万,寡必数于千,然后三里之城、七里之郭且可得也。今万兼①之国,虚数于千,不胜而入;广衍数于万,不胜而辟。然则土地者,所有徐也;王民②者,所不足也。今尽王民之死,严下上之患,以争虚城,则是弃所不足,而重所有徐也。为政若此,非国之务者也!

【译文】

国家发动战争,剥夺百姓的财产,荒废百姓的利益,如此众多,然而又为什么还去做这种事呢?他们回答说:"我贪图战胜的声名,以及所获得的利益,所以要这样做。"墨子说:"计算他自己所赢得的胜利,是没有什么用处的;计算他们所得到的东西,反而不如他所失去的多。"现在进攻一个三里大小的内城和七里大小的外城,攻占这些地方不用精锐之师,并且不杀人,能白白地得到它吗?杀人多的有上万人,少的有几千人,然后这三里之城、七里之郭才能得到。现在拥有万辆战车的大国,管辖的小城邑有上千座,分兵把守还来不及;领土辽阔有上万里,许多地方还没有开辟。那么土地是他所有余的,而人民是他所不足的。现在尽让百姓去送死,加重全国上下的祸患,以争夺一座虚城,则是摈弃他所不足的,而增加他所有余的。像这样施政,不是治国的要务啊!

【注释】

①兼:犹"乘",战车,一车四马,配甲士三人,步卒七十二人。②王民:应为"士民",兵士和百姓。

【原文】

饰攻战者言曰："南则荆、吴之王，北则齐、晋之君，始封于天下之时，其土城之方，未至有数百里也；人徒之众，未至有数十万人也。以攻战之故，土地之博，至有数千里也；人徒之众，至有数百万人。故当攻战而不可为也。"子墨子言曰："虽四五国则得利焉，犹谓之非行道也。譬若医之药人之有病者然，今有医于此，和合其祝药之于天下之有病者而药之。万人食此，若医四五人得利焉，犹谓之非行药也。故孝子不以食其亲，忠臣不以食其君。古者封国于天下，尚者以耳之所闻，近者以目之所见，以攻战亡者，不可胜数。"何以知其然也？东方有莒之国者，其为国甚小，间于大国之间，不敬事于大，大国亦弗之从而爱利，是以东者越人夹削其壤地，西者齐人兼而有之。计莒之所以亡于齐、越之间者，以是攻战也。虽南者陈、蔡，其所以亡于吴、越之间者，亦以攻战。虽北者且、不一著何，其所以亡于燕代、胡貊之间者，亦以攻战也。是故子墨子言曰："古者王公大人，情欲得而恶失，欲安而恶危，故当攻战，而不可不非。"

【译文】

掩饰攻战的人说："南方有楚国、吴国的君王，北方有齐国、晋国的君王，他们最初被封于天下的时候，他们的土地城郭，方圆还不到数百里，还不到数十万人。因为攻战的缘故，土地广博，以致有数千里，人民的总数，也增多到数百万人。所以攻战是不可以不进行的。"墨子说："即使有四、五个国家因攻战而得到利益，也还不能说明它是正道。这就像医生给病人开药方一样，如果现在有个医生在这里，他拌好他的药剂给天下有病的人服药。一万个人服了药，如果其中有四、五个人的病治好了，还不能说这是可通用的药。所以孝子不拿它给父母服用，忠臣不拿它给君主服用。古时在天下封国，年代久远的可由耳目所闻，年代近的可由亲眼所见，由于攻战而亡国的，多得数都数不清。"怎么知道这些呢？东方有个莒国，这反而国家非常小，处于大国之间，不敬事大国，也不听从大国而唯利是好，结果东面的越国来侵削他的疆土，西面的齐国兼并并占有了它。考虑莒国之所以被齐、越两国灭亡的原因，乃是由于攻战。即使是南方的陈国、蔡国，它们之所以被吴、越两国灭亡，也是由于攻战。即使北方的柤国、不屠何国，它们之所以被燕、代、胡、貊灭亡，也是由于攻战。所以墨子说："当今的王公大人如果真想拥有天下而厌恶失去，真想安定而厌恶倾危，那么对于攻战，是不能不反对的。"

**【原文】**

饰攻战者之言曰："彼不能收用彼众，是故亡；我能收用我众，以此攻战于天下，谁敢不宾服哉！"子墨子言曰："子虽能收用子之众，子岂若古者吴阖闾哉？"古者吴阖闾教七年，奉甲执兵，奔三百里而舍焉。次注林，出于冥隘之径，战于柏举，中楚国而朝宋与及鲁。至夫差之身，北而攻齐，舍于汶上，战于艾陵，大败齐人，而葆①之大山；东而攻越，济三江五湖，而葆之会稽。九夷之国莫不宾服。于是退不能赏孤，施舍群萌②，自恃其力，伐其功，誉其志，怠于教。遂筑姑苏之台，七年不成。及若此，则吴有离罢③之心。越王勾践视吴上下不相得，收其众以复其仇，入北郭，徙大内④，围王宫，而吴国以亡。昔者晋有六将军，而智伯莫为强焉。计其土地之博，人徒之众，欲以抗诸侯，以为英名、攻战之速。故差论其爪牙之士，皆列其车舟之众，以攻中行氏而有之，以其谋为既已足矣。又攻兹范氏而大败之，并三家以为一家而不止，又围赵襄子于晋阳。及若此，则韩、魏亦相从而谋曰："古者有语：'唇亡则齿寒。'赵氏朝亡，我夕从之；赵氏夕亡，我朝从之。诗曰：'鱼水不务⑤，陆将何及乎？'"

**【译文】**

为攻战辩饰的人又说："他们不能收揽、利用他们的民众士卒，所以灭亡了；我能收揽、利用我的民众士卒，用他们攻战于天下，谁敢不归顺服从呢？"墨子说："您虽然能收揽、利用您的民众士卒，您难道比得上古时的吴王阖闾吗？"古时的吴王阖闾教战七年，士卒披甲执刃，奔走三百里才停止歇息，驻扎在注林，取道冥隘的小径，在柏举大战一场，占领楚国中央的都城，并使宋国与鲁国被迫来朝见。等到吴王夫差即位，向北攻打齐国，驻扎在汶上，大战于艾陵，大败齐人，使齐人退败据守泰山；向东攻打越国，渡过三江五湖，迫使越人退败据守会稽，东方各个小部落没有谁敢不归附。战罢班师回朝之后，不能抚恤阵亡将士的遗族，也不施舍民众，自恃自己的武力，夸大自己的功业，吹嘘自己的才智，怠于教练士卒，于是建筑姑苏台，经过七年，还没有造成，这时吴人都有离异疲惫之心。越王勾践看到吴国上下不相融洽，就收集他的士卒用以复仇，从吴都北郭攻入，迁走吴王的大船，围困王宫，而吴国因此灭亡。从前晋国有六位将军，而其中以智伯为最强大。他估量自己的土地广大，人口众多，想要跟诸侯抗衡，以为用攻战的方式取得英名最快，所以指使他手下的谋臣战将，排列好兵船战车士卒，用以攻打中行氏，并占据中行氏的土地。他认为自己的谋略已经高超到极点，又去进攻范氏，并大败范氏，合并三家作为一家却还不肯罢手，又在晋阳围攻赵襄子。到此地步，韩、魏两家也相互商议道："古时有话说：'唇亡则齿寒。'赵氏若在早晨灭亡，我们晚上也将跟着灭亡；赵氏若在晚上灭亡，我们在早晨也将跟

是以三主之君,一心戮力,辟门除道,奉甲兴士,韩、魏自外,赵氏自内,击智伯,大败之。

是故子墨子言曰:"古者有语曰:'君子不镜于水,而镜于人。镜于水,见面之容;镜于人,则知吉与凶。'今以攻战为利,则盖⑥尝鉴之于智伯之事乎?此其为不吉而凶,既可得而知矣。"

着灭亡。古诗说:'鱼在水中不快速游行,到了陆地怎么还来得及呢?'"因此韩、魏、赵三家之主,同心协力,开门清道,命令士卒们穿上铠甲出发,韩、魏两家军队在外面,赵氏军队从在城内,三家合击智伯。智伯大败。

所以墨子说:"古时有话说:'君子不在水中照镜子,而是以人作镜子。在水中照镜子,只能看到自己的面貌;用人作照镜子,则可以知吉凶。'现在若有人以为攻战有利,那么何不以智伯失败的事作借鉴呢?这样做不是吉而是凶,这是可以知道的了。"

【注释】

①葆:通"保"。②萌:通"氓"。③罢:为"披"之假借字。④内:为"舟"字之误。⑤务:通"骛",游行疾速。⑥盖:通"盍"。

【评析】

墨子说,发动战争,冬天太冷,夏天又太热,只好在春、秋进行。可是春天是播种的季节,秋天是收获的季节,荒废了这两个季节,则百姓饥寒冻馁而死者,不可胜数;进行战争,战死于战场的人又不可胜数;用于战争的牛马的死伤不可胜数;运输粮草而疲于奔命的百姓不可胜数;丧师多不可胜数,丧师尽不可胜计,则是鬼神之丧其主后,亦不可胜数。

如此危害民众的利益,又是为了什么?是为了得到"伐胜"的名声和一点战利品?墨子以为,这其实是一件得不偿失的事情。为了得到"三里之城,七里之郭",却要死伤数万,这样的结果只能是土地太多了而自己一方的民众却大量减少,这种"弃所不足,而重所有馀"的做法是国家的要务吗?

墨子在驳斥了好战者的种种谬论之后说到:"古者有语曰:君子不镜于水而镜于人。镜于水,见面之容,镜于人,则知吉与凶。"他问道,今天的好战分子,难道不应该从智伯的行为中得到教训吗?

墨子进而论曰,每个人都知道奉天则承运。奉天就是奉行天下人认同的大义,即圣王之道。诸侯们把精力用于战伐兼并,而以为是义举,实在是盲人不知白黑的行为。

什么是圣王之道?墨子论曰,"古之知者之为天下度也,必顺虑其义,而后为之行。"所谓圣王之道,就是所作所为都要服务于百姓的利益,对外则不以大国自居与邻邦和睦共处,然后带领百姓奉祀山川鬼神、发展生产。这样做的后果就是使大家都得到利益,自然功劳也就大了,于是四面八方都是拥护的声音,大家也就敬奉他"贵为天子,富有天下,名参乎天地,至今不废"了,这才是"先王之所以有天下者也。"

### 弦高智退秦军

公元前632年,晋国在城濮之战中打败楚国,成为中原霸主。一向归附楚国的陈、蔡、郑三国与晋国签约,表示臣服。暗地里,郑国又与楚国结盟。

晋文公知道后,决定联合秦国征伐郑国。秦穆公正想向东扩张势力,就亲率大军出征。晋秦两国兵马驻扎在郑国边境,声势十分浩大。郑国国君慌了神,派大臣烛之武去劝说秦穆公退兵。

烛之武向秦穆公陈述秦晋共同伐郑可能出现郑国灭亡后,秦晋之间发生战争的严重后果。秦穆公考虑到秦国的战略利益,决定与郑国单独讲和,还派了三个将军带了两千人马,替郑国守卫北门,自己带领其余的兵马回国。晋国无心再战,于是也与郑国订了盟约,撤兵而回。秦穆公得到消息,虽然很不痛快,但是他不愿跟晋文公扯破脸,只好暂时忍着。

过了两年,晋文公病死,晋襄公即位。秦穆公趁机讨伐郑国。派孟明视为大将,西乞术、白乙丙为副将,率领三百辆兵车,长途奔袭,进攻千里之外的郑国。

秦国的大军进入滑国地界(在今河南省),忽然有人拦住去路,说是郑国派来的使臣,求见秦国主将。孟明视大吃一惊,亲自接见那个自称使臣的人,并问他前来干什么。那"使臣"说:"我叫弦高。我们的国君听到三位将军要到郑国来,特地派我送上一份微薄的礼物,慰劳贵军将士,表示我们一点心意。"接着,他献上四张熟牛皮和十二头肥牛。

孟明视原来打算在郑国毫无准备的时候,进行突然袭击。现在郑国使臣老远地跑来犒劳军队,这说明郑国早已有了准备,要偷袭就不可能了。他收下了弦高送给他们的礼物,对弦高说:"我们并不是到贵国去的,你们何必这么费心。你就回去吧。"弦高走了以后,孟明视对他手下的将军说:"郑国有了准备,偷袭没有成功的希望。我们还是回国吧。"说罢,就灭掉滑国,回国了。

其实,孟明视上了弦高的当。弦高是个牛贩子。他赶了牛到洛邑去做买卖,正好碰到秦军。他看出了秦军的来意,要向郑国报告已经来不及。他急中生智,冒充郑国使臣骗了孟明视,一面派人连夜赶回郑国向国君报告。

郑国的国君接到弦高的信,急忙叫人到北门去观察秦军的动静。果然发现替郑国把守北门的秦军已秣马砺兵,正准备与即将伐郑秦军里应外合。他就不客气地向秦国的三个将军下了逐客令,三位秦国将军知道已经泄密,只好带着人马连夜离开郑国。

# 非攻下

【题解】

这篇是接着上两篇继续讨论"非攻"的问题。墨子阐述圣王之道,评论战争的危害,对于不识大义、妄动干戈的好战分子痛加批驳,激愤之语溢于言表。"非攻"当然不是"非战",墨子对于战争的理解是从民之利益、圣王之道的角度予以考虑的。

【原文】

子墨子言曰:"今天下之所誉善者,其说将何哉?为其上中天之利①,而中中鬼之利,而下中人之利,故誉之与?意亡非为其上中天之利,而中中鬼之利,而下中人之利,故誉之与?"虽使下愚之人,必曰:"将为其上中天之利,而中中鬼之利,而下中人之利,故誉之。"今天下之所同意②者,圣王之法也。今天下之诸侯,将犹多皆免③攻伐并兼,则是有誉义之名,而不察其实也。此譬犹盲者之与人,同命白黑之名,而不能分其物也,则岂谓有别哉!是故古之知者之为天下度也,必顺虑④其意而后为之。行是以动,则不疑速通。成⑤得其所欲,而顺天、鬼、百姓之利,则知者之道也。是故古之仁人有天下者,必反大国之说,一天下之

【译文】

墨子说:"当今天下所赞誉的善,该是怎样一种说法呢?是他在上能符合上天的利益,在中能符合鬼神的利益,在下能符合人民的利益,所以大家才赞誉他呢?还是他在上不能符合上天的利益,在中不能符合鬼神的利益,在下不能符合人民的利益,所以大家才赞誉他呢?"即使是最愚蠢的人,也必定会说:"是他在上能符合上天的利益,在中能符合鬼神的利益,在下能符合人民的利益,所以人们才赞誉他。"现在天下所共同认为是义的,是圣王的法则。现今天下的诸侯,大概还有很多在尽力于攻战兼并,那就只是仅有誉义的虚名,而不考察其实际。这就像瞎子与正常人一同能叫出白黑的名称,却不能辨别那个物体一样,这难道能说会辨别吗?所以古时的智者为天下谋划,必先考虑此事是否合乎义,然后再去做。行为依义而动,则号令就不会产生怀疑而速通于天下。诚然都满足了自己的愿望,又顺从了上天、鬼神、百姓的利益,这就是智者之道。所以古时仁人享有天下,必然反对大国攻伐的说法,使

和，总四海之内，焉率天下之百姓以农，臣事上帝、山川、鬼神。利人多，功故又大，是以天赏之，鬼富之，人誉之，使贵为天子，富有天下，名参乎天地，至今不废。此则知者之道也，先王之所以有天下者也。

天下统一和睦，总领四海之内，于是率领天下百姓务农，以臣礼事奉上帝、山川、鬼神。给人民的好处很多，功劳又大，所以上天赏赐他们，鬼神使他们富裕，人们赞誉他们，使他们贵为天子，富有天下，名声与天地并列，至今不废。这就是智者之道，也是先王之所以能拥有天下的缘故。

**【注释】**

①中：合。②意：为"义"字之误。③免：即"勉"。④顺虑：审慎考虑。顺，通"慎"。⑤成：为"诚"之假借字。

**【原文】**

今王公大人、天下之诸侯则不然。将必皆差论其爪牙之士，皆列其舟车之卒伍，于此为坚甲利兵，以往攻伐无罪之国，入其国家边境，芟刈其禾稼，斩其树木，堕①其城郭，以湮其沟池，攘杀其牲牷②，燔溃③其祖庙，劲杀其万民，覆其老弱，迁其重器④，卒进而柱⑤乎斗，曰："死命为上，多杀次之，身伤者为下；又况失列北桡乎哉？罪死无赦！"以谭⑥其众。夫无兼国覆军，贼虐万民，以乱圣人之绪。意将以为利天乎？夫取天之人，以攻天之邑，此刺杀天民，剥振⑦神之位，倾覆社稷，攘杀其牲牷，则此上不中天之利矣。意将以为利鬼乎？夫杀之人，灭鬼神之主，废灭先王，贼虐万民，百姓离散，则此中不中

**【译文】**

现在的王公大人、天下的诸侯则不是这样。他们一定要指使他们的谋臣战将，都排列其兵船战车的队伍，在这个时候准备用坚固的铠甲和锐利的兵器，去攻打无罪的国家，侵入别国的边境，割掉其庄稼，砍伐其树木，摧毁其城郭，填塞其沟池，夺杀其牲畜，烧毁其祖庙，屠杀其人民，灭杀其老弱，搬走其宝器，军队疾速前进拼死作战，并高喊："死于君命的为上，能多杀敌人的次之，身体受伤的为下。至于畏缩不前和后退的，则杀无赦！"用这些话使他的士卒畏惧。其目的不过是兼并他国覆灭敌军；残杀虐待百姓，以破坏圣人的功业。这样的认识，有利于上天吗？用上天的人，去攻打上天的城邑，这就是杀死上天的人民，毁坏神的神位，倾覆江山社稷，掠夺人家的牲畜，那么这就对上不符合上天的利益了。还将认为这样有利于鬼神吗？屠杀了这些人民，就灭掉了鬼神的祭主，废灭了先王，残害虐待万民，使百姓分散，那么这就于中不符合鬼神的利益了。还将认为

鬼之利矣。意将以为利人乎？夫杀之人力利人也博⑧矣！又计其费，此为周生之本，竭天下百姓之财用，不可胜数也，则此下不中人之利矣。

这样利于人民吗？认为杀他们的人民是利人，这就是悖论。又计算那些费用，这些原都是人民的衣食之本，竭尽天下百姓的财用，就不可胜数了，那么，这就对下不符合人民的利益了。

【注释】

①堕：通"隳"，毁坏。②牲牷：牲口。③燔溃：烧毁。④重器：国家的宝器。⑤柱：通"拄"，支持。⑥谭：即"惮"，畏惧。⑦振：为"振"字之误。⑧博：为"悖"字之误。

【原文】

今夫师者之相为不利者也，曰："将不勇，士不分，兵不利，教不习，师不众，率不利和①，威不圉，害②之不久，争之不疾，孙③之不强，植心不坚，与国诸侯疑。与国诸侯疑，则敌生虑而意赢矣。偏具此物，而致从事焉，则是国家失卒④，而百姓易务也。今不尝观其说好攻伐之国？若使中兴师，君子、庶人也必且数千，徒倍十万，然后足以师而动矣。久者数岁，速者数月。是上不暇听治，士不暇治其官府，农夫不暇稼穑，妇人不暇纺绩织紝。则是国家失卒，而百姓易务也。然而又与其车马之罢毙也，幔幕帷盖，三军之用，甲兵之备，五分而得其一，则犹为序疏矣。然而又与其散亡道路，道路辽远，粮食不继，飧食饮⑤时，厮役以此饥寒冻馁疾

【译文】

现在率领军队的人相互认为不利的因素，就是："将领不勇敢，兵士作战不勇猛，武器不锐利，训练较少，军队不多，士兵不团结，受到威胁而不能抵御，防守不能长久，战斗力不强，凝聚力不够，树立的信心不坚定，结交的诸侯内心生疑。结交的诸侯内心生疑，那么敌对之心就会产生而共同对敌的意志就减弱了。"如果完全具备了这些不利条件而竭力从事战争，那么国家就会失去法度，百姓也就要改业了。现在何不试着看看那些喜欢功伐的国家，如果国家发动一场战争，动用君子、普通人必定数以千计，负担劳役的人数十万，然后才足以成为一支队伍而行动。战争时间久的要数年，快的要数月，这使在上位的人无暇听政，官员无暇治理他的官府之事，农夫无暇耕种，妇女无暇纺织，那么国家就会失去法度，而百姓则要改业了。然而如兵车战马的损失，帐幕帷盖的损失，三军的费用，兵甲的设备，最后能剩下五分之一，这还只是一个粗略的估计。然而又如那种在道路上走散逃亡的士卒，由于道路遥远，粮食不继，饮食不时，厮役们因饥寒冻饿发生疾病的，而辗转死于沟壑之中的，又多得不可胜数。这样对人民非常不利，

病而转死沟壑中者,不可胜计也。此其为不利于人也,天下之害厚矣,而王公大人乐而行之,则此乐贼灭天下之万民也,岂不悖哉!今天下好战之国,齐、晋、楚、越,若使此四国者得意于天下,此皆十倍其国之众,而未能食其地也,是人不足而地有余也。今又以争地之故,而反相贼也,然则是亏不足而重有余也。

给天下带来的祸害也非常严重。但王公大人却喜欢这样并乐此不疲,那么这就是喜欢祸害天下万民了,难道不是十分荒唐吗?现在天下好战的国家为齐、晋、楚、越,如果让这四国得意于天下,那么,即使他们的人口增加十倍,也不能全部耕种土地。这是人口不足而土地有余呀!现在又因争夺土地的缘故而互相残杀,那么这就是亏损不足而增加有余了。

【注释】

①不利和:疑应为"卒不和"。②害:通"曷",阻遏。③孙:为"系"字之误。④卒:应为"率"。⑤之:为"不"字之误。

【原文】

今逮夫好攻伐之君①,又饰其说,以非子墨子曰:"以攻伐之为不义,非利物与?昔者禹征有苗,汤伐桀,武王伐纣,此皆立为圣王,是何故也?"子墨子言曰:"子未察吾言之类,未明其故者也。彼非所谓'攻',谓'诛'也。昔者三苗大乱,天命殛之。日妖宵出,雨血三朝,龙生于庙,犬哭乎市,夏水②,地坼及泉,五谷变化,民乃大振。高阳乃命③玄宫,禹亲把天之瑞令,以征有苗。四④电诱祗,有神人面鸟身,若瑾以侍⑤,搢矢有苗之祥⑥。苗师大乱,后乃遂几。禹既已克有三苗,焉磨⑦为山川,别物上下,卿制大极⑧,而神明不违,天下

【译文】

现在所涉及的喜好攻伐的国君,又掩饰其说,用以非议墨子说:"你认为攻战为不义,不是有利的事物吗?从前大禹征讨有苗,商汤讨伐夏桀,周武王讨伐商纣,这些人都立为圣王,这是什么缘故呢?"墨子说:"您没有搞清我说法的类别,不明白其中的缘故。他们的讨伐不叫作'攻',而叫作'诛'。从前三苗大乱,上天下命杀死他。太阳成为妖在晚上出来,血雨下了三天,龙在祖庙里出现,狗在市上哭叫,夏天水结成冰,土地开裂而下及泉水,五谷不能成熟,百姓于是大为震惊。古帝高阳于是在玄宫向禹授命,大禹亲自拿着天赐的玉符,去征讨有苗。雷电大震,有一位人面鸟身的神,恭谨地侍立,用箭射死有苗的将领,苗军大乱,后来就衰微了。大禹既已战胜三苗,于是就划分山川,区分了事物的上下,节制四方,神民和顺,天下安

乃静。则此禹之所以证有苗也。遝至乎夏王桀，天有酷命，日月不时，寒暑杂至，五谷焦死，鬼呼国，鹤鸣十夕馀。天乃命汤于镳宫：'用受夏之大命，夏德大乱，予既卒其命于天矣，往而诛之，必使汝堪之。'汤焉敢奉率其众，是以乡有夏之境，帝乃使阴暴⑨毁有夏之城。少少有神来告曰：'夏德大乱，往攻之，予必使汝大堪之。予既受命于天，天命融隆火于夏之城间西北之隅。'汤奉桀众以克有，属诸侯于薄，荐章天命，通于四方，而天下诸侯莫敢不宾服。则此汤之所以诛桀也。遝至乎商王纣，天不序⑩其德，祀用失时。兼夜中十日，雨土于薄，九鼎迁止，妇妖宵出，有鬼宵吟，有女为男，天雨肉，棘生乎国道，王兄⑪自纵也。赤鸟衔珪，降周之岐社，曰："天命周文王，伐殷有国。'泰颠来宾，河出绿⑫图，地出乘黄，武王践⑬功，梦见三神曰：'予既沉渍殷纣于酒德矣，往攻之，予必使汝大堪之。'武王乃攻狂夫，反⑭商之周，天赐武王黄鸟之旗。王既已克殷，成帝之⑮来⑯，分主诸神，祀纣先王，通维⑰四夷，而天下莫不宾。焉袭汤之绪，此即武王之所以诛纣也。若以此三圣王者观之，则非所谓'攻'也，所谓'诛'也。"

定。这就是大禹征讨有苗。等到夏王桀的时候，上天降下严命，太阳月亮不按时升落，寒暑杂至紊乱，五谷枯死，国都有鬼叫，鹤叫达十多个晚上。上天在镳宫命令汤：'去接替夏朝的天命，夏王的德行已大乱，我已在天上把他的命运终断，你前去诛灭他，一定使你诛杀他。'汤于是敢奉命率领他的部队，向夏边境进军。天帝派神暗中毁掉夏的城池。少顷，有天神来通告说：'夏德大乱，去攻打他，我一定让你诛杀他。我既已受命于上天，上天命令火神祝融降火在夏都西北角。'汤接受夏的民众而战胜了夏，在薄地会合诸侯，表明天命，并向四面八方通告，而天下诸侯没有敢不归附的。这就是商汤诛灭夏桀。等到商王纣，上天不能享用其德，祭祀失时。夜中出了十个太阳，在薄地下了泥土雨，九鼎迁移位置，女妖夜晚出现，有鬼晚上叹唔，有女子变为男人，天下了一场肉雨，国都大道上生了荆棘，而纣王更加放纵自己了。有只赤鸟口中衔珪，降落在周的岐山社庙上，珪上写道：'上天授命周文王，讨伐殷邦。'贤臣泰颠来投奔帮助，黄河中浮出图箓地下冒出乘黄神马。周武王即位，梦见三位神人说：'我已经使殷纣沉湎在酒乐之中，你去攻打他，我一定使你诛杀他。'武王于是去进攻纣这个疯子，灭商兴周。上天赐给武王黄鸟之旗。武王既已战胜殷商，承受上天的赏赐，命令诸侯分祭诸神，并祭祀纣的祖先，政教通达四方，而天下没有不归附的，于是继承了汤的功业。这即是武王诛纣。如果从这三位圣王来看，这并应叫作'攻'，而叫作'诛'。"

【注释】

①遝:通"逮"。②水:为"冰"字之误。③乃命:后疑脱"禹于"二字。④四:为"雷"字之误。⑤瑾以侍:瑾,为"谨"字之误。"侍"为"持"之误。⑥祥:为"将"字之误。⑦磨:为"磿"字之误。⑧卿制大极:即"缩制四极",节制四方。⑨阴暴:阴,为"隆"字之误。暴,为"爆"之假借字。⑩序:为"享"字之误。⑪兄:同"况"。⑫绿:通"箓"。⑬践:为"缵"之假借字。⑭反:通"翻"。⑮之:为"作"字之误。⑯来:为"赍"之假借字。⑰维:通"于"。

【原文】

则夫好攻伐之君又饰其说,以非子墨子曰:"子以攻伐为不义,非利物与?昔者楚熊丽,始讨①此睢山之间,越王繁亏,出自有遽,始邦于越;唐叔与吕尚邦齐、晋。此皆地方数百里,今以并国之故,四分天下而有之。是故何也?"子墨子曰:"子未察吾言之类,未明其故者也。古者天子之始封诸侯也,万有馀;今以并国之故,万国有馀皆灭,而四国独立。此譬犹医之药万有馀人,而四人愈也。则不可谓良医矣。"

【译文】

但是那些喜好攻伐的国君又辨饰其说,用来非议墨子道:"您认为攻战为不义,不是有利的事情吗?从前楚世子熊丽,最初封于睢山之间;越王繁亏出自有遽,开始在越地建国;唐叔和吕尚分别建邦于晋国、齐国。他们这时的地方都不过方圆数百里,现在因为兼并别国的缘故,这些国家四分天下而占有之,这是什么缘故呢?"墨子说:"您没有搞清我说法的类别,不明白其中的缘故。从前天下最初分封的诸侯,一万多个国家还有剩余的国家;现在因为并国的缘故,一万多个国家和剩余的国家都已经覆灭,唯有这四个国家独自存在。这就像医生给一万多个人开药方,而其中仅四个人治好了,那么就不能称为良医啊。"

【注释】

①讨:为"封"字之误。

【原文】

则夫好攻伐之君又饰其说,曰:"我非以金玉、子女、壤地为不足也,我欲以义名立于天下,以德求诸侯也。"子墨子曰:"今若有能以义名立于天下,以德求诸侯者,天下之服,可立而待

【译文】

但是喜好攻伐的国君又辨饰其说,说道:"我不是因为我的金玉、子女、土地不足,而是想用义在天下立名,用德行收服诸侯。"墨子说:"现在如果能有用义在天下立名,用德行收服诸侯,那么天下的归附就可以立等了。"天下处于攻伐时代已经很久了,这就像小孩把童子当作

也。"夫天下处攻伐久矣,譬若傅①子之为马然。今若有能信效先利天下诸侯者,大国之不义也,则同忧之;大国之攻小国也,则同救之。小国城郭之不全也,必使修之,布粟之绝则委之②,币帛不足则共之。以此效③大国,则小国之君说。人劳我逸,则我甲兵强。宽以惠,缓易急,民必移,易攻伐以治我国,攻必倍。量我师举之费,以争④诸侯之毙,则必可得而序⑤利焉。督以正,义其名,必务宽吾众,信吾师,以此授⑥诸侯之师,则天下无敌矣,其为⑦下不可胜数也。此天下之利,而王公大人不知而用,则此可谓不知利天下之巨务矣。

是故子墨子曰:"今且天下之王公大人士君子,中情将欲求兴天下之利,除天下之害,当若繁为攻伐,此实天下之巨害也。今欲为仁义,求为上士,尚欲中圣王之道,下欲中国家百姓之利,故当若'非攻'之为说,而将不可不察者此也!"

马骑一样。现在如果能先以信用相交而利于天下诸侯的,对大国的不义,大家共同考虑对付它;大国攻打小国,就一起前去解救;小国的城郭不完整,一定让他修理好;布匹粮食不足的,就输送给他;货币不足的,就供给他。以此与大国较量,那么小国的君主一定会高兴。别人劳顿而我安逸,那么我的兵力就会加强。宽厚而恩惠,以从容代替急迫,民心一定归附。改变攻伐政策来治理我们的国家,功效必定加倍。计算我们兴师的费用,以安抚诸侯的疲敝,那么一定能获得厚利了。以公正督察别人,以义为名,务必宽待我们的民众,取信于我们的军队,以此去援助诸侯的军队,那么就可以天下无敌了。这样做对天下产生的好处也就数不清了。这是天下之利,但王公大人不知道去利用,这可以说是不懂得有利于天下的最大要务了。

所以墨子说:"现在天下的王公大人、士大夫、君子们,内心确实想求得兴起天下的利益,除去天下的祸患,那么像这样频繁地进行攻战,这实际就是天下巨大的祸害。现在想要实行仁义,求做上等的士人,那就上要符合圣王之道,下要符合国家百姓之利,所以对于'非攻'这样的主张,就不能不认真考虑和体察了。"

【注释】

①傅:当为"骗"。②之:为"乏"字之误。③效:为"校"。较量,报复。④争:为"靖"字之误,安抚,安定。⑤序:为"厚"字之误。⑥授:为"援"字之误,援助。⑦其为:之后脱"利天"二字。

【评析】

有好战分子说:"昔者禹征有苗,汤伐桀,武王伐纣,此皆立为圣王,是何故也?"墨子反驳,禹征有苗不是攻,而是诛其元凶。三苗大乱之时民不聊生,所以天命殛之。大禹奉天命征伐,得到天下的支持,所以很快成功了。特别是禹既克有三苗,不是烧杀掳掠,而是为他们建立了秩序,使他们有了安居乐业的环境。

还有汤之伐夏王桀,也是因为夏王桀倒行逆施,天下大乱,所以才有神来告曰:"夏德大乱,往攻之,予必使汝大堪之。"汤遵从天命,通于四方,而天下诸侯,莫敢不宾服,这就是汤之诛桀也。

至于周文王伐商王纣,也是纣的"天不序其德,祀用失时"。也就是纣的德行败坏,天下大乱,才有"赤鸟衔珪,降周之岐社,曰:"天命周文王伐殷有国。"同样的,周文王伐纣之后也是奉行仁德的天道:"成帝之来,分主诸神,祀纣先王,通维四夷,而天下莫不宾。"也就是说克服了种种乱象,使天下得以安宁。

墨子战争观的内涵有深刻的人民性。墨子曰:"今欲为仁义,求为上士,尚欲中圣王之道,下欲中国家百姓之利,故当若非攻之为说,而将不可不察者此也。"在上古,天命常常指的是社会的表现,也就是人民生存的状况。在墨子看来,只有顺乎民意,除暴安良,此类的战争也并非不可以,反而是圣人之道。墨子战争观的核心就是战争必须服务于"求兴天下之利,除天下之害。"以此观之,墨子为民的立场鲜明,亦非迂腐之辈可以比拟。

"非攻"是墨学的重要范畴,常常有人片面理解"非攻"为反对战争,这是曲解。大家都希望和平,严格地说却并非如此。和平与战争都是社会存在的合理的形式。在战国时期这样一个大变革的时代,如果片面地反对一切战争显然没有合理的现实依据,注定被现实否定。

基于这样的战争观,墨子在战略战术上体现为"墨守"。后世的诬墨者常常以"墨守成规"来戏弄墨学为保守学说。其实"墨守"有之,"成规"却未必。"墨守"实际上是一种后发制人的战略战术,当然这种方式只适用于得民心、为民者所领导的人民战争。墨子的战争观和战略战术与他的平民思想是相一致的。

典例阐幽

## 吴起才识

吴起,卫国左氏人,曾经拜鲁国曾子为师,学习儒术。之后,在鲁国担任将领。齐国人攻打鲁国,鲁国国君想拜吴起为元帅,抵御齐国。但由于吴起娶了齐国的女子为妻,鲁君心生疑虑。吴起想因此成就功名,便杀了他的妻子,来表明自己与齐国没有任何关系。鲁君最终拜他为统帅,率领军队攻打齐国,将齐国打得大败。

鲁国有人厌恶吴起,说:"吴起这个人,是猜忌狠心之人。他小时,家有千金之富,但他到外周游没有能成功,于是使家业荡尽。他的乡里人笑话他,吴起便杀死了30多个笑话他的人,奔出卫国东门,与他的母亲诀别说:'我吴起不做卿相之类

的大官，决不再回到卫国。'于是便拜曾子为师。不久，他的母亲去世，吴起始终没有回去。曾子看不起他，便与他断交。吴起于是到鲁国学习兵法，侍奉鲁君。鲁君怀疑他，吴起便杀死自己的妻子来谋求鲁国的将帅之位。鲁国只是个小国，却有战胜齐国的威名，那么诸侯便会谋划灭亡鲁国了。何况鲁国和卫国本来是兄弟之国，现在大王重用吴起，则是抛弃卫国。"鲁君也怀疑吴起，便把吴起辞退了。

吴起听说魏文侯贤明，想要侍奉他。文侯问他的大夫李悝说："吴起是个什么样的人呀？"李悝说："吴起贪婪而且好色，但是非常会用兵，即使司马穰苴在世也不见得比他强。"于是魏文侯便以吴起作为将帅，攻打秦国，拔下秦国的五座城池。

吴起治军号令严明，军纪森严，赏罚严明，任贤用能。尤为难能可贵的是，他处处以身作则，为人表率，和普通士兵吃相同的饭菜，穿一样的衣服，行军时不骑马，不乘车，背负干粮，坚持与士卒一起步行。吴起统率魏军攻打中山国时，有一个士兵身上长了毒疮，辗转呻吟，痛苦不堪。吴起巡营时发现后，毫不犹豫地跪下身子，把这位士兵毒疮中的脓血一口一口地吸吮出来，解除了他的痛苦。士兵的母亲听说了这件事，大哭。别人说："你儿子仅仅是个普通士兵，却得到将军为你儿子吮血，应是光荣之事，为什么还要哭呢？"士兵的母亲说："不是这样呀，前几年吴将军为他的父亲吮吸疮口，结果他的父亲直到战死也绝不回首。今日吴将军又为他的儿子吮血，我真不知我儿子要死在哪里了，我因此哭。"

文侯因为吴起善于用兵，而且廉洁正直，能够得到士卒的拥护，便让他在西边守护黄河西岸的魏国土地，同时抵御韩国和秦国的入侵。

魏文侯死后，魏武侯即位。武侯坐船从西部黄河顺流而下，到了黄河中间时，回首看着吴起说："这里的山河多么险固，多么美好壮丽呀，这是魏国的珍宝呀！"吴起回答说："国家的稳固在于统治者的德业而不在山河的险固。从前，三苗国左边扼拒洞庭湖，右边扼拒鄱阳湖，但他们不修道德仁义，所以被夏毓灭掉了。夏桀的都城，左边是黄河、济水，右边是泰山、华山，伊阙山在南边，羊肠道在北边，但他不修德政，终于被商汤流放。殷纣的都城，左边是孟门山，右边是太行山，背靠常山，南据黄河，不修德政，被周武王杀死。由此可见，治国在德不在险。如果大王您不修德政，舟中的人都会成为您的敌人呀。"武侯说："很好。"

# 节用上

【题解】

节用是墨家学说的一个重要内容。墨子认为,古代圣人治政,宫室、衣服、饮食、舟车只要适用就够了。而当时的统治者却在这些方面穷奢极欲,大量耗费百姓的民力财力,使人民生活陷于困境。甚至让很多男子过着独身生活。因此,他主张凡不利于实用,不能给百姓带来利益的,应一概取消。

【原文】

圣人为政一国,一国可倍也。大之为政天下,天下可倍也。其倍之,非外取地也。因其国家去其无用之费,足以倍之。圣王为政,其发令、兴事、使民、用财也,无不加用而为者。是故用财不费,民德不劳①,其兴利多矣!

【注释】

①民德不劳:民众能够不劳苦。德,通"得"。

【译文】

圣人治理一个国家,一个国家的财力可以增加一倍。如果大到治理天下,天下的财富也可增加一倍。这增加的一倍,不是靠向外掠夺土地得来的。而是根据国家的情况减掉那些没有用的费用,这就足够使财力足足增长一倍。圣王施政,他发布命令、举办事业、役使民力、使用钱财,没有不是有益于实用才去做的。所以使用钱财不浪费,百姓能够不劳苦,他兴起的利益就多了。

【原文】

其为衣裳何以为?冬以圉寒,夏以圉暑。凡为衣裳之道:冬加温、夏加清者,芊芊①;不加者,去之。其为宫室何以为?冬以圉风寒,夏以圉暑雨。有盗贼加固者,芊鉏;不加者,去

【译文】

他们制作衣服是为了什么呢?冬天用来御寒,夏天用来防暑。凡是制作衣服的原则是:冬天更加温暖、夏天更加凉爽,如果只是漂亮而不能增加这一特征的就去掉。他们建造宫室是为了什么呢?冬天用以抵御风寒,夏天用以防抵挡炎热和雨水,有盗贼侵入能够增加防守之坚固的,就使用

之。其为甲盾五兵何？以为以圉寇乱盗贼。若有寇乱盗贼，有甲盾五兵者胜，无者不胜，是故圣人作为甲盾五兵。凡为甲盾五兵，加轻以利、坚而难折者，芊鉏①；不加者，去之。其为舟车何以为？车以行陵陆，舟以行川谷，以通四方之利。凡为舟车之道，加轻以利者，芊（鉏）；不加者，去之。凡其为此物也，无不加用而为者。是故用财不费，民德不劳，其兴利多矣。

它；不能增加的，就去掉它。他们制造铠甲、盾牌和戈矛等五种兵器是为了什么呢？用以抵御外寇和盗贼。如果有外寇盗贼，拥有铠甲、盾牌和五种兵器的就胜利，没有的就失败。所以圣人制造铠甲、盾牌和五种兵器。凡是制造铠甲、盾牌和五种兵器，能增加轻便锋利、坚而难折的，就拿来使用；不能增加的去掉它。他们制造车、船是为了什么呢？车用来行陆地，船用来行水道，以此沟通四方的利益。凡是制造车、船的原则，能增加轻快便利的，就使用它；不能增加的就去掉它。凡是他们制造这些东西，无一不是有益于实用才去做的。所以用钱财不浪费，百姓不劳苦，他们兴起的利益就多了。

**【注释】**

①芊鉏：疑为"芊诸"之误。

**【原文】**

有去大人之好聚珠玉、鸟兽、犬马，以益衣裳、宫室、甲盾、五兵、舟车之数，于数倍乎，若则不难。故孰为难倍？唯人为难倍；然人有可倍也。昔者圣王为法，曰："丈夫年二十，毋敢不处家；女子年十五，毋敢不事人。"此圣王之法也。圣王既没，于民次也①。其欲蚤处家者，有所二十年处家；其欲晚处家者，有所四十年处家。以其蚤与其晚相践②，后圣王之法十年，若纯三年而字③，子生可以二三年矣。此不为使民蚤处家，而可以倍与。且不然已！

**【译文】**

如果能去掉王公大人所喜欢聚集的珠玉、鸟兽、狗马的费用，用来增加衣服、宫室、兵器、车船的数量，使之增加一倍，这好像不难做到。那么什么是难以倍增的呢？只有人口是难以倍增的。然而人也有可以倍增的办法。从前圣王制定法令，说："男子到了二十，不敢不成家，女子到了十五，不敢不出嫁。"这是圣王的法令。圣王去世以后，百姓就放纵自己，那些想早点成家的，到二十岁时就成家，那些想晚点成家的，到四十岁时才成家。拿早的与晚的相减，比圣王的法令晚了十年。如果婚后都三年生一个孩子，就可多生两、三个孩子了。这不仅仅是让百姓早成家，也是让人口成倍增加的办法。但现在的帝王却不这样做。

【注释】

①次:通"恣"。②践:当为"翦",减的意思。③字:生子。

【原文】

今天下为政者,其所以寡人之道多。其使民劳,其籍敛厚,民财不足,冻饿死者,不可胜数也。且大人帷毋兴师,以攻伐邻国,久者终年,速者数月,男女久不相见,此所以寡人之道也。与居处不安,饮食不时,作疾病死者,有与侵就橐㺊①,攻城野战死者,不可胜数。此不令为政者所以寡人之道、数术②而起与?圣人为政特无此。不圣人为政③,其所以众人之道,亦数术而起与?故子墨子曰:"去无用之费,圣王之道,天下之大利也。"

【译文】

现在天下执政的人,他们用来减少人口的办法很多。他们使百姓劳苦,收取的赋税繁重,百姓的财力不足,受冻饿死的人,不计其数。而且大人们兴师动众去攻打邻国,时间长的要一年,快的也有数月。男女很久不能相见,这就是人口减少的原因。再加上生活不安定,饮食不按时,生病而死的,还有士卒被侵略俘虏,攻城战死的人,也不计其数。这些不都是不善为政者所造成人口减少的原因,而这原因不是多种多样的吗?圣人施政绝对不会有这种情况。圣人施政,能使人口增多的方法不也是多种多样的吗?所以墨子说:"去掉那些没有用的费用,实行圣王的治国之道,这就是天下的大利啊!"

【注释】

①侵就橐㺊:应作"侵掠俘虏"。②数术:即术数。古代关于天文、历法、占卜的学问。③不:为"夫"字之误,发语词。

【评析】

墨子从"国家人民之利"的立场提出了节用的原则,他主要是针对贵族阶级的奢侈浪费以及腐朽享乐的生活。

"节用"是墨子在社会生活方面的一个基本思想。在他看来,社会消费应以保持基本生产生活条件为限,能供给民用即可,反对奢侈浪费。墨子认为,"去无用之务",是"天下之大利"。如果国家"用财不费,民德不劳",就会得到很大的利益。如果国家"去其无用之费",那么节约的财富"足以倍之",可见节俭在增强国力方面的重要作用。

墨子在衣、食、住、行、丧葬等各个方面,都主张节俭,并痛陈奢靡之风盛行造

成的社会危害。在他看来,穿衣服只要能"冬以御寒,夏以御暑"即可,而不能像王公贵族们"为锦绣文采靡曼之衣,铸金以为钩,珠玉以为珮"。饮食只要能"充虚继气,强股肱,使耳目聪明"就行,而不能像王公贵族那样追求"美食刍豢蒸炙鱼鳖"。住房只要能"御风寒"、"别男女之礼"即可,而不能像王公贵族那样动辄"宫室台榭曲直之望,青黄刻镂之饰"。出行造车方面,只要能"完固轻利,可以任重致远"即可。在丧葬方面,墨子制定了"节葬之法","棺三寸足以朽骨。墨子认为,丧葬要以有利于人们的生产生活为目的,不用长时间守丧。墨子认为他的观点"不失死生之利",即对死者、生者都有好处。

墨子倡导"节用",主张勤俭节约,反对奢靡浪费,对于我们建设节约型社会,实现人与自然和谐相处大有裨益。人口众多、资源相对不足、环境承载能力较弱,是中国的基本国情。墨子提出的"节用"、"节葬"等勤俭节约思想,对于我们树立保护生态资源的理念,树立节约就是增加社会财富的理念,树立全社会崇俭抑奢的理念,培养勤俭节约的道德情操和良好习惯,积极创建节约型城市、节约型政府、节约型企业、节约型社区,都有很强的启发性。

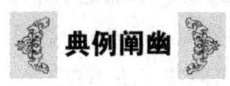

## 范楷智迎天子

明朝景王出藩时,沿淮河航行,要从彭城航行到宝应。沿途需要预备酒食长达千里,随行船只万余艘。兵卒护卫布满路途,牵船缆的役夫有五万人。两淮之间要开路五丈宽,遇到民房就拆除。

范楷在民房边放置破船,上面加板,然后再覆盖上泥土,这样看上去就和平地一样,百姓都能安居。当时各郡都急着寻求役夫,范楷却不储备等待,巡抚非常担忧,便召范楷来问。范楷不在意地说:"既有大人在此,有什么可忧虑的?"巡抚愤怒地说:"你想把责任推给我吗?我一个老头子,会有什么用处?"范楷说:"不敢。但必须仰赖大人才容易招集。"巡抚问:"怎么办?"范楷说:"现在天子的船刚出发,运粮船必定不敢进入水闸,只能在那里排队等候,每天费用繁多。现在我们用旗帜和士兵为他们守护粮船,而征用他们十人为役夫。他们还可以得到雇金,一定很喜欢去做,只是必须大人下一道告示。"巡抚问:"如果人数不够怎么办?"范楷说:"目前凤阳县的役夫有好几万人在徐州协助船运,工作结束后一定会取道淮河回去。如果利用他们归途之便,雇用他们服役,没有人不乐于接受的,这样人数就可以齐全了。"

巡抚听了既高兴又佩服。范楷又说:"但是这样做没有什么作用。"巡抚听了,

惊愕地站起来问:"为什么?"范槚说:"现在上流正在蓄水,使天子的船顺利通行,等到船队进入黄河以后,各水闸打开,水势浩大,航行容易,怎么能用得到了这么多人?"巡抚说:"这是必然,但是皇上肯如此平静地离去吗?"范槚说:"我再想想办法,大人不必担忧。"巡抚说:"你足智多谋,我不如你。"

先前光禄寺发公函给沿途郡县,吩咐要准备天子的膳食,食品必须是山珍海味,每顿价值数千两。范槚拿着《大明会典》到巡抚院争辩道:"天子的船所经过的州县,只供应鸡鹅柴炭,这是明证。而且光禄寺备有各方进贡的珍奇异品,这里穷乡僻壤,哪来此种东西供奉?"巡抚认为很有道理,特地与礼部商议。礼部奏准后,便下令改为郡县只需准备膳食费,天子一顿二十两,后妃一顿十两,这样节省了数万的巨额花费。天子驾临时,范槚派人拿着银两在路上迎接,送给天子左右的人说:"水流急,船只很难停靠,希望多多留意。"于是天子的船整日航行,水流急速,船队很快就通过了,三处靠岸只供应一千三百两。后来船队到仪真时,一夜之间便花了五万两。

# 节用中

【题解】

墨子通过圣人对饮食、衣服、兵器、制造船只、节葬等制定的法则来阐述节用的重要性,一切东西只要实用就行,不奢求华丽的外表,这是一个个国家繁荣富强,人民安居乐业的必要前提。

【原文】

子墨子言曰:"古者明王圣人所以王天下、正诸侯者,彼其爱民谨忠,利民谨厚,忠信相连,又示之以利,是以终身不餍①,殁世而不卷②。古者明王圣人其所以王天下、正诸侯者,此也。"

是故古者圣王制为节用之法,曰:"凡天下群百工,轮车鞼鲍③,陶冶梓匠,使各从事其所能,曰:凡足以奉给民用,则止。"诸加费不加于民利者,圣王弗为。

【注释】

①餍:通"厌"。②卷:为"倦"。③鞼鲍(guì páo):制皮革的工匠。鞼,为"䩨"之假借字,制皮鼓工。"鲍"为"鞄"之假借字,皮革工。

【译文】

墨子说:"古代的明王圣人所以能在天下称王、做诸侯之长的原因,是他们爱民确实尽心,给百姓的实惠确实很多,忠信结合,又把好处的所在指示给百姓。而且终身不满足,一生不厌倦。古代的明王圣人所以能在天下称王、做诸侯之长的原因,就在这里。"

所以古代圣王所规定的节用的法则是:"凡是天下一切工匠,如制造轮车的、制皮革的、烧陶器的、铸金属的、当木匠的,让他们各自从事自己所擅长的,说只要足以供给民用就行。"而那种种只增加费用而不利于民用的,圣王都不会去做。

【原文】

古者圣王制为饮食之法,曰:"足以充虚继气,强股肱,耳目聪明,则止。不极五味之调、芬香之

【译文】

古代圣王制定关于饮食的法则是:"食物只要能够充饥补气,强壮四肢,耳聪目明就可以了。而不必去追求五味的调和与气味

和，不致远国珍怪异物。"何以知其然？古者尧治天下，南抚交阯，北降幽都，东、西至日所出、入，莫不宾服。逮至其厚爱，黍稷①不二，羹胾②不重，饭于土塯③，啜于土形④，斗以酌，俯仰周旋，威仪之礼，圣王弗为。

古者圣王制为衣服之法，曰："冬服绀之衣，轻且暖；夏服绤之衣，轻且清，则止。"诸加费不加于民利者，圣王弗为。

古者圣人为猛禽狡兽暴人害民，于是教民以兵行。日带剑，为刺则入，击则断，旁击而不折，此剑之利也。甲为衣，则轻且利，动则兵且从⑤，此甲之利也。车为服重致远，乘之则安，引之则利，安以不伤人，利以速至，此车之利也。古者圣王为大川广谷之不可济，于是利为舟楫，足以将之，则止。虽上者三公、诸侯至，舟楫不易，津人⑥不饰，此舟之利也。

的芳香，也不必去追求远方异国的珍禽异物。"怎么知道是这样呢？古时尧帝治理天下，南面安抚到交阯，北面降服到幽都，东西管至日出日落的地方，没有不归顺服从的。至于他最喜爱的食物，饭食没有两种，肉食不会重复，盛饭的碗是瓦做的，盛水的杯子是泥土烧制的，盛酒的勺子是木头做的，那些俯仰周旋显示排场威仪的礼节，圣王不会去做。

古代圣王制作衣服的法则是："冬天穿黑色的衣服，轻便而又暖和；夏天穿细葛或粗葛布的衣服，轻便而又凉爽，这就可以了。而各种只增加人民负担而不利用民的事，圣王也不会去做。

古代圣王因为看到凶猛的鸟类和野兽残害百姓，于是教导百姓带着兵器走路。每日带着剑，用剑刺东西，能把东西刺穿，用剑砍东西，能把东西砍断，剑被别的器械击了也不会折断，这就是剑的好处。铠甲则要轻巧便利，行动时方便又顺意，这是甲衣的好处。用车子载得重行得远，乘坐则安稳，拉动它也方便，安稳而不会伤人，便利而能迅速到达，这是车子的好处。古代圣王因为大河宽广而不能渡过，于是制造船桨，能够行驶，就可以了。即使上面的三公、诸侯到了，船桨也不必更换，摆渡之人也不必装饰。这就是船的好处。

【注释】

①黍稷：黍和稷。为古代主要农作物。亦泛指五谷。②羹胾(gēng zì)：肉羹和大块肉。③土塯(tǔ liù)：盛饭的瓦器。④土形：即"土铏"。古代盛羹的瓦器。⑤动则兵且从：行动既方便又顺心如意。兵，为"弁"字之误，为"便"字之音借。⑥津人：摆渡之人。

【原文】

古者圣王制为节葬之法，曰："衣三领，足以朽肉；棺三

【译文】

古代圣王制定节葬的法则是："衣服三件，足够使死者骸骨朽烂在里面；棺木三寸厚，

寸,足以朽骸;堀穴,深不通于泉,流不发泄,则止。"死者既葬,生者毋久丧用哀。古者人之始生,未有宫室之时,因陵丘堀穴而处焉。圣王虑之,以为堀穴,曰:冬可以避风寒,逮夏,下润湿上熏烝①,恐伤民之气,于是作为宫室而利。然则为宫室之法,将奈何哉?子墨子言曰:"其旁可以圉风寒,上可以圉雪霜雨露,其中蠲洁,可以祭祀,宫墙足以为男女之别,则止。诸加费不加民利者,圣王弗为。

足够使死者肉体朽烂在里面。挖掘坟墓,深度不接触到地下的泉水,尸体的气味也不散发出来就可以了。"死者既然已经埋葬,生者就不要长久服丧哀悼。古代人类刚刚诞生,还没有宫室的时候,依着山丘挖洞穴而居住。圣人对此忧虑,认为挖的洞穴,虽然冬天可以避风寒,但一到夏天,下面潮湿,上面热气蒸发,恐怕伤害百姓的气血,于是建造房屋来便利百姓。那么建造宫室的法则应该怎样呢?墨子说:"房屋四边可以抵御风寒,屋顶可以防御雪霜雨露,屋里清洁,可供祭祀,壁墙足以使男女分别生活,就可以了。而各种只增加人民负担而不能利用百姓的事,圣王是不会去做的。"

【注释】

①熏烝:亦作"熏蒸"。气、味升腾或散发。

【评析】

　　墨子时代的统治者不满足于仅仅追求实用,而是通过华丽的外表,来炫耀自己的财富,认为只有这些才能代表自己的身份地位。而这样的结果是劳民伤财,人民不是饿死、冻死,就是过着独身的生活,大量的财富被消耗在无用的东西上。因此,在本篇中,墨子主张一切事物对人民实用的就实行,不实用的就抛弃。

　　墨子的节用观虽然在当时属于空想,但在今天却有很强的现实意义。现在生产力高度发达,可利用的资源越来越广泛,反而使得人们放松了警惕,以为人与自然的矛盾终于有望解决。这种极度膨胀的乐观情绪带给人类的却是一枚酸涩的苦果:人口大爆炸和资源的滥用造成了环境恶化、能源短缺等一系列问题,使人类的生存直接受到威胁。这一沉痛的教训告诉我们,即使在科技高度发达的今天,墨子的节用观仍然没有过时。

**典例阐幽**

## 刘后才德

墨子说过：建造房屋的目的是为了防御风寒，如果为了奢华而建造，这样只能加重人民的负担。而这种加重人民负担不能给人民带来实惠的事情，圣王是不会做的。刘主为了自己的皇后而建造宫殿，这对于当时的百姓无疑是雪上加霜，战乱频繁，五谷不收。但刘皇后却是一个知明大义的人，她知道在这种时候不易于建造宫殿。如果不是她的出现，汉朝将又失去一名忠臣。

汉主刘聪把贵嫔刘娥立为皇后后，为她建造鹭仪殿。廷尉陈元达恳切地劝谏，认为："天生百姓并为他们树立君主，是让君主管理他们，并不是用千万百姓的生命去满足一个人的穷奢极欲。光文皇帝刘渊身穿粗布，皇后妃嫔也不穿绫罗绸缎，拉车的马匹不喂粟谷，这是爱惜百姓的缘故。陛下即位以来，已经建造了四十多处宫殿，加上一再兴兵作战，军粮运输不停，饥馑、疾病流行，造成人们死的死，逃的逃。如今您还想大兴土木，这难道是作百姓父母的想法吗？"

刘聪听了勃然大怒，说："朕身为天子，建造一个殿堂，你竟敢胡说八道扰乱大家的情绪，不杀掉你，朕的殿堂就建不成！"于是发出命令："拖出去杀了！连他的妻子一起在东市悬首示众。"当时刘聪在逍遥园的李中堂里，而陈元达在进谏之前已先用锁将自己锁在堂下的树上，听到刘聪欲诛杀自己和家人，他大声呼喊："我所说的，是为社稷大业考虑，而陛下却要杀掉我。"汉朝朱云说："我能够与龙逢、比干同游，这就满足了。"

大司徒任凯、光禄大夫朱纪、范隆、骠骑大将军河间王刘易等人一起叩头叩得出血，说："陈元达为先帝刘渊所赏识，受命于汉之初，即使把他安排在门下，他也一直尽忠竭虑，知无不言。今天他所说的话虽然有些狂妄直率，但希望陛下能够宽容他。"刘聪沉默不语。

刘皇后听说后，暗中命令随从们停止对陈元达的刑罚，亲笔写了奏疏给刘聪，说："现在宫室已经齐备，用不着再营建新的，四海还没有统一，应当珍惜百姓的财力。直言进谏的忠臣固然不顾自己的性命，

而拒绝进谏的君主也是不考虑自身的性命。陛下为我营建宫殿而杀劝谏的大臣,这样,使忠良之臣缄口不言是因为我,远近都产生怨恨愤怒也是因为我,公私两方面的困窘弊害都是因为我,使国家社稷面临危险还是因为我,天下的大罪都集中到我的身上,我怎么能承担得起呢?我观察发现,自古以来造成国破家亡的,没有不从妇人开始。我心里常常为之痛心,想不到今天自己也会这样,使得后世的人看我,就像看古人一样!我实在没有颜面再伺候您,希望您允许我死在这个殿堂里,以弥补陛下的过错!"刘聪看完后脸色都变了。

　　任凯等人仍然流着泪不停地叩头。刘聪这才慢慢地说:"朕近年来,因为中了点风,有点喜怒无常。陈元达是忠臣,朕却没有看出来,各位却能够为了他磕破头,确实是深明辅佐之臣呀。"说着便叫陈元达上来,把刘皇后的奏疏给他看,说:"在外有像您这样的人辅佐,在内有像皇后这样的人辅佐,我还有什么可忧虑的呢?"于是赏赐给任凯等人不同数量的稻谷与布帛,把逍遥园改称为纳贤园,李中堂改称为愧贤堂。

# 节葬下

**【题解】**

节葬是墨子针对当时统治者耗费大量钱财来铺张丧葬而提出的节约主张。墨子认为,厚葬久丧不仅浪费了社会财富,而且还使人们无法从事生产劳动,并且影响了人口的增长。这不仅对社会有害,而且也不符合死者的利益和古代圣王的传统,因而必须加以废止。本篇原有三篇,现存一篇。

**【原文】**

子墨子言曰:"仁者之为天下度也,辟①之无以异乎孝子之为亲度也。"今孝子之为亲度也,将奈何哉?曰:亲贫,则从事乎富之;人民寡,则从事乎众之;众乱,则从事乎治之。当其于此也,亦有力不足,财不赡,智不智②,然后已矣。无敢舍余力,隐谋遗利,而不为亲为之者矣。若三务者,孝子之为亲度也,既若此矣。虽仁者之为天下度,亦犹此也。曰:天下贫,则从事乎富之;人民寡,则从事乎众之;众而乱,则从事乎治之。当其于此,亦有力不足,财不赡,智不智,然后已矣。无敢舍余力,隐谋遗利,而不为天下为之者矣。若三务者,此仁者之为天下度也,既若此矣。

**【译文】**

墨子说:"仁义的人为天下打算,就好比孝子为父母考虑一样。"现在的孝子为父母考虑,将要怎么做呢?即是说:父母贫穷,就努力让他们富裕起来;人丁稀少,就努力让人口增多;人多混乱,就努力去治理。当他们做这些事时,也有力量不够、财用不足、智谋欠缺的情况,然后就算了的。但没有人敢留有余力,隐藏智谋、遗留财利,而不为父母努力去做的。像这三件事,就是孝子为父母考虑的,也就像这样。即使仁义的人为天下考虑,也是这样的。那就是:天下贫穷,就努力使他们富足;人口稀少,就努力增加人口;天下混乱,就努力去治理。当他在做这些时,也会遇到力量不够、财用不足、智力欠缺,然后才罢了的。但没有人敢留有余力、隐藏智谋、遗留财利,而不为天下努力去做的。像这三件事,就是仁义的人为天下所考虑,也就像这样。

**【注释】**

①辟:通"譬"。譬如,比喻。 ②智不智:通"智不知"。下同。

**【原文】**

今逮至昔者，三代圣王既没，天下失义。后世之君子，或以厚葬久丧①，以为仁也义也，孝子之事也；或以厚葬久丧，以为非仁义，非孝子之事也。曰二子者，言则相非，行即相反，皆曰："吾上祖述尧、舜、禹、汤、文、武之道者也。"而言即相非，行即相反，于此乎后世之君子，皆疑惑乎二子者言也。若苟疑惑乎之二子者言，然则姑尝传②而为政乎国家万民而观之。计厚葬久丧，奚当此三利者？我意若使法其言，用其谋，厚葬久丧，实可以富贫众寡、定危治乱乎！此仁也义也，孝子之事也，为人谋者，不可不劝也。仁者将兴之天下，谁贾而使民誉之，终勿废也。意亦使法其言，用其谋，厚葬久丧，实不可以富贫众寡、定危理乱乎！此非仁非义、非孝子之事也。为人谋者，不可不沮也。仁者将求除之天下，相废而使人非之，终身勿为。且故兴天下之利，除天下之害，令国家百姓之不治也，自古及今，未尝之有也。

何以知其然也？今天下之士君子，将犹多皆疑惑厚葬久丧之为中是非利害也。故子墨子言曰："然则姑尝稽之，今虽毋法执

**【译文】**

从古代到今天，三代的圣王已经死去，天下失去了仁义。后世的君子，有的认为厚葬久丧就是仁、义，是孝子要做的事；也有的认为厚葬久丧不是仁、义，不是孝子应该做的事。这两种人，在言论上相互否定，在行为上也截然相反。但都说："我是继承尧、舜、禹、汤、文王、武王的大道。"但是他们的言语相互否定，在行为上也截然相反。于是后世的君子对这两种人的说法都感到疑惑。如果仅仅疑惑这两种人的言论，那么姑且试着从对国家百姓进行施政的情况来进行考察吧。想想厚葬久丧，能得到这三种利益吗？如果仿照他们的说法，采用他们的主张，实行厚葬久丧，确实可以使贫困的人变富、使人口增多、能转危为安、治理混乱，这就是仁、义，是孝子应该做的事，为别人打算的人，就不能不劝导人们这样做。仁义的人将努力使之在天下兴盛起来，设置相应的制度而并使民众赞同它，永远不会废止。如果依照他们的说法，采用他们的主张，实行厚葬久丧，确实不可以使贫困的人变富、使人口增多、能转危为安、治理混乱，这就不是仁、义，这不是孝子应做的事，为别人打算的人，就不能不阻止人们这样做。仁义的人将努力把它从天下消除掉，交相废除这种制度，并使民众也反对它，一辈子也不用这个做法。所以增进天下的利益，去除天下的祸患，而使国家百姓得不到治理的，从古至今还不曾有过。

怎么知道是这样的呢？现在天下的士人君子，可能还有很多人对于厚葬久丧的是非利害有所怀疑。所以墨子说："那么我们姑且来考察一下，现在效法执行厚葬久丧的言论，用来治理国家。"在王公大人有丧事的时候，就说棺木一定要厚，埋葬的一定要深，装殓的衣服一定要

厚葬久丧者言,以为事乎国家。"此存乎王公大人有丧者,曰棺椁必重,葬埋必厚,衣衾必多,文绣必繁,丘陇必巨;存乎匹夫贱人死者,殆竭家室;乎诸侯死者,虚车府,然后金玉珠玑比乎身,纶组节约,车马藏乎圹,又必多为屋③幕、鼎鼓、几梃④、壶滥、戈剑、羽旄、齿革,寝而埋之,满意⑤,若送⑥从,曰天子杀殉,众者数百,寡者数十;将军、大夫杀殉,众者数十,寡者数人。

多,棺材上的花纹一定要繁复,坟堆一定要高大。一般平民百姓遇到丧事时,恐怕要竭尽全家所有资财。诸侯遇到丧事,府库为之空虚,然后将金玉珠宝装饰在死者身上,并用丝絮带束住,把车马埋藏在墓穴中,还一定要作出很多帷幕、钟鼎、鼓、几筵、酒壶、镜子、戈、剑、羽旄、象牙、皮革,都置于死者寝宫而埋掉,然后才满意。至于殉葬,天子是杀人殉葬的,多的数几百人,少的几十人。将军、大夫死后所杀的殉葬者,多的几十人,少的几个人。

【注释】

①厚葬久丧:这时儒家的主张,指葬礼要隆重盛大,陪葬的物品要丰厚,守丧的时间要达到规定长度。②传:为"傅"字之误,铺展。③屋:通"幄",帐幕。④梃:同"筵",竹席。⑤满意:与"懑抑"同音义通,愁眉压抑。⑥送:为"殉"字之误。送从,应为"殉从"。

【原文】

处丧之法,将奈何哉?曰:哭泣不秩①声,翁缞绖②垂涕,处倚庐③,寝苫④枕块;又相率强不食而为饥,薄衣而为寒。使面目陷陬,颜色黧⑤黑,耳目不聪⑥明⑦,手足不劲强,不可用也。又曰:上士之操丧也,必扶而能起,杖而能行,以此共三年。若法若言,行若道,使王公大人行此,则必不能蚤朝。治五官六府,辟草木,实仓廪。使农夫行此则必不能蚤出夜入,耕稼树艺。使百工行此,则必不能修舟车、为器皿矣。使妇人行此则必不能夙兴夜寐,纺绩织纴⑧。细计厚

【译文】

守丧期间的做法又是怎么做的呢?那就是:哭泣不用平常的声音,披麻戴孝涕泪相加,住在临时搭的木屋里,睡在茅草上,头枕着土块;又竞相忍着不吃东西而挨饿,衣服穿得单薄而受冻。使自己面目干瘦,颜色黝黑,耳朵不聪敏,眼睛不明亮,手脚没有力气,不可能做事。又说:上层士大夫守丧,必须虚弱得搀扶才能起来,拄着拐杖才能行走,要这样总共三年。如果按这种言论,实行这样的做法,要是王公大人这样做,就必定不能上早朝了。要是士大夫这样做,就无法治理五官六府的事务,开辟草木荒地,充实仓库;要是农夫这样做,就必定不能早出晚归,耕耘种作;要是工匠这样做,就必定不能修理船、车,制造器皿;要是妇女这样做,就必定不能早起晚

葬，为多埋赋之财者也；计久丧，为久禁从事者也。财以成者，扶⑨而埋之；后得生者，而久禁之。以此求富，此譬犹禁耕而求获也。富之说无可得焉。

睡，去纺纱绩麻织布。仔细计算厚葬这件事，实际是把大量财富埋掉了；计算长久服丧之事，其实是长久禁止人们从事生产。已经获得的财富，要拿来埋掉；以后本来可以生出来的资财，又长时间禁止生产。用这种做法去追求财富，就好像禁止耕田而又想收获一样。想让国家富起来的想法是不可能达到的。

**【注释】**

①秩：为"迭"之假借字，更替。②缞绖(shuāi dié)：丧服，亦指服丧。③倚庐：古人为父母守丧时居住的简陋棚屋。④苫(shān)：古代居丧时睡的草垫子。⑤黧(lí)：黑里带黄的颜色。⑥聪：听觉灵敏为聪。⑦明：眼里好为明。⑧纺绩织纴(rèn)：统指纺织。绩，绩麻。纴，织布帛的丝缕。⑨扶：读"覆"，犹反。

**【原文】**

是故求以富家，而既已不可矣，欲以众人民，意者可邪？其说又不可矣！今唯无以厚葬久丧者为政：君死，丧之三年；父母死，丧之三年；妻与后子死者，五皆丧之三年。然后伯父、叔父、兄弟、孽子其①，族人五月；姑姊甥舅皆有月数，则毁瘠必有制矣。使面目陷陬，颜色黧黑，耳目不聪明，手足不劲强，不可用也。又曰上士操丧也，必扶而能起，杖而能行，以此共三年。若法若言，行若道，苟其饥约又若此矣：是故百姓冬不仞②寒，夏不仞暑，作疾病死者，不可胜计也。此其为败男女之交多矣。以此求众，譬犹使人负剑而求其寿也。众之说无可得焉。

**【译文】**

因此，用厚葬久丧来使国富家足是不可能的了，那么想以此来增加人口，可不可以呢？然而这种说法还是不行的。现在让主张厚葬久丧的人去治理国家，那么国君死了，必须服丧三年；父母死了，服丧三年，妻子或长子死了，也都要服丧三年。然后伯父、叔父、兄弟、庶子也要服丧一年；同族的人服丧五个月；姑姑、姐姐、外甥也都有一定的月数。那么服丧期间，哀毁也有规定，要使面目干瘦，颜色黝黑，耳朵不聪敏，眼睛不明亮，手脚没有力气，不可能做事。又说：上层士大夫守丧，必须搀扶才能站起，拄着拐杖才能行走，要这样总共三年。按此方式生活三年。如果按这种言论，实行这样的做法，他们再节衣缩食，就会变成这个样子。因此百姓冬天受不了寒冷，夏天受不住酷暑，生病而死的，多得无法计算。这样做也就大大妨碍了男女之间的正常交合。用这种做法来求得人口的增加，就好像使人伏在利剑之下而寻求长寿一样。想让人口增加的想法是不可能达到的。

【注释】

①其:通"期",期年,一整年。②忉:为"忍"字之假借字,忍耐。下同。

【原文】

是故求以众人民,而既以不可矣,欲以治刑政,意者可乎?其说又不可矣。今唯无以厚葬久丧者为政,国家必贫,人民必寡,刑政必乱。若法若言,行若道:使为上者行此,则不能听治;使为下者行此,则不能从事。上不听治,刑政必乱;下不从事,衣食之财必不足。若苟不足,为人弟者求其兄而不得,不弟弟①必将怨其兄矣;为人子者求其亲而不得,不孝子必是怨其亲矣;为人臣者求之君而不得,不忠臣必且乱其上矣。是以僻淫邪行之民,出则无衣也,入则无食也,内续奚吾②,并为淫暴,而不可胜禁也。是故盗贼众而治者寡。夫众盗贼而寡治者,以此求治,譬犹使人三睘而毋负已也③。治之说无可得焉。

【译文】

所以用厚葬久丧的办法来使人口增多,这是不可能了。那么,以此治理刑事政务,可不可以呢?这种说法还是不行的。现在让主张厚葬久丧的人来治理政事,国家必定会贫穷,人民必定会减少,刑事政务必定会混乱。如果依照这种言论,实行这种主张,让在上的统治者实行厚葬久丧,他们就不能听政治国;让在下位的人实行厚葬久丧,就不可能从事生产。在居上位的不能听政治国,刑事政务就必定混乱;在下位的不能从事生产,用以衣食的财用就必定不足。如果财用不足,做弟弟的向哥哥求借而没有得到,不懂事的弟弟就会怨恨他的哥哥;做儿子的向父母求借而没有得到,不孝的儿子就一定会怨恨他的父母;做臣子的向君主求借而没有得到,不忠的臣子就必定会犯上作乱。所以邪僻淫暴的百姓,出门就没有衣服穿,回家就没有饭吃,内心深感耻辱,就一起去做邪恶暴虐之事,而且无法禁止。因此盗贼众多而顺民减少。增加了盗贼而减少了顺民,按照这种方法求得国家的治理,就好像把人多次遣送回去还要求他不背叛自己一样。想让国家得到治理的说法是不可实现的。

【注释】

①弟弟:敬重弟弟。前一个"弟"通"悌"。②内续奚吾:续,当作"积"。奚吾,当作"奚后",即"謑诟",耻辱的意思。③三睘(qióng):三次转身。"睘"同"还"。

【原文】

是故求以治刑政,而既已

【译文】

因此用厚葬久丧来治理刑法政务是不可能

不可矣,欲以禁止大国之攻小国也,意者可邪？其说又不可矣。是故昔者圣王既没,天下失义,诸侯力征,南有楚、越之王,而北有齐、晋之君,此皆砥砺①其卒伍,以攻伐并兼为政于天下。是故凡大国之所以不攻小国者,积委②多,城郭修,上下调和,是故大国不耆攻之。无积委,城郭不修,上下不调和,是故大国耆攻③之。今唯无以厚葬久丧者为政,国家必贫,人民必寡,刑政必乱。若苟贫,是无以为积委也；若苟寡,是城郭、沟渠者寡也；若苟乱,是出战不克,入守不固。

了。那么,以此禁止大国攻打小国,可不可以呢？这种说法还是不行的。从前的圣王去世以后,天下就失去了道义,诸侯用武力征伐。南边有楚国、越过的君王,北边有齐国、晋国的君王,他们都严格训练他们的士卒,以攻伐兼并治理于天下。所以,凡是大国之所以不攻打小国,是因为小国积蓄的粮草多,城郭修筑的坚固,上下团结和谐,所以大国不喜欢攻打它们。如果小国没有积蓄的粮草,城郭不修固,上下不团结和谐,那么大国就喜欢攻打它们。现在让主张厚葬久丧的人主持政务,国家必定会贫穷,人民必定会减少,刑事政务必定会混乱。如果国家贫穷,就没有什么东西可以用来积贮；如果人口减少,那么修城郭、沟渠的人就少了；如果刑政混乱,那么出战就不会胜利,退守就不牢固。

**【注释】**

① 砥砺(dǐ lì)：磨炼、锻炼。② 积委：指积贮的财物。③ 耆：致使。

**【原文】**

此求禁止大国之攻小国也,而既已不可矣,欲以干①上帝鬼神之福,意者可邪？其说又不可矣。今唯无以厚葬久丧者为政,国家必贫,人民必寡,刑政必乱。若苟贫,是粢盛酒醴不净洁也；若苟寡,是事上帝鬼神者寡也；若苟乱,是祭祀不时度也。今又禁止事上帝鬼神,为政若此,上帝鬼神始得从上抚之曰："我有是人也,与无是人也,孰愈？"曰："我有是人也,与无

**【译文】**

用厚葬久丧这个方法来禁止大国攻打小国,已经是不可能了。那么,用它来求得上帝、鬼神的福佑,可不可以呢？这种说法还是不行的。现在让主张厚葬久丧的人主持政务,国家必定贫穷,人民必定减少,刑法政治必定混乱。如果国家贫穷,那么祭祀的祭品就不能洁净；如果人民减少,那么敬拜上帝、鬼神的人就少了；如果刑政混乱,那么祭祀就不能准时。现在又禁止侍奉上帝鬼神,主持政务要像这样,上帝、鬼神就会在天上扪心自问说："我有这些人和没有这些人,哪个更好呢？"回答说："我拥有这些人与没有这些人,没有什么区别。"那么,即使上帝、鬼神就降下疾病和灾祸并抛弃他

是人也，无择也。"则惟上帝鬼神降之罪厉之祸罚而弃之，则岂不亦乃其所哉！

故古圣王制为葬埋之法，曰："棺三寸，足以朽体；衣衾三领，足以覆恶。以及其葬也，下毋及泉，上毋通臭，垄若参耕之亩②，则止矣。"死则既已葬矣，生者必无久哭，而疾而从事，人为其所能，以交相利也。此圣王之法也。

们，这难道不也是理所当然吗？

所以古代圣王制定埋葬的原则是：棺木三寸厚，能够让尸体在里面腐烂就行；衣服三件，能够覆盖住难看的尸体就行。至于埋葬，只要下面不挖掘到泉水，上面不漏出臭气，坟墓有三尺宽就可以了。死者既已埋葬，活着的人就不要长久地哭泣，而要赶快做事，人人干自己能做的事，用以互利互惠。这就是圣王的法则啊。

【注释】

①干：向上请求。②参耕之亩：古代用耜来耕地，参耕即三耜所耕之地，因一耜为五寸，故三耜大约为三尺。

【原文】

今执厚葬久丧者之言曰："厚葬久丧，虽使不可以富贫、众寡、定危、治乱，然此圣王之道也。"子墨子曰："不然！昔者尧北教乎八狄，道死，葬蛩山之阴，衣衾三领，榖木之棺，葛以缄之，既沉而后哭①，满坎②无封。已葬，而牛马乘之。舜西教乎七戎，道死，葬南己之市，衣衾三领，榖木之棺，葛以缄之。已葬，而市人乘之。禹东教乎九夷，道死，葬会稽之山，衣衾三领，桐棺三寸，葛以缄之，绞之不合，通之不坎，土③地之深，下毋及泉，上毋通臭。既葬，收馀壤其上，垄若参耕之亩，则

【译文】

现在坚持厚葬久丧主张的人说："厚葬久丧即使不可以使贫困的人变富、使人口增多、能转危为安、治理混乱，但这是圣王之道。"墨子说："不是这样的。从前尧去北方教化八狄，在路上死了，葬在蛩山的北侧，随葬的衣服只有三件，用普通的楮木做成棺材，用葛藤捆束封口，下葬之后才开始哀哭，用土填平墓道而不起坟堆，葬完之后，牛马还照常在上面行走。舜到西方教化七戎，在路上死了，葬在南己的市场中，随葬的衣服只有三件，用普通的楮木做成棺材，用葛藤捆束封口，葬完之后，市人还照常在上面行走。大禹去东方教化九夷，在路上死了，葬在会稽山上，随葬的衣服只有三件，用桐木做的棺材厚三寸，用葛藤捆束封口，虽然封了口但并不密合，也不修饰墓道，掘地的深度下不及泉水，上不透漏出臭气。下葬之后，把剩余的泥土堆在上面，坟地大约有三尺宽就行了。如果照这三位圣王来看，那么厚葬

止矣。若以此若三圣王者观之，则厚葬久丧，果非圣王之道。故三王者，皆贵为天子，富有天下，岂忧财用之不足哉！以为如此葬埋之法。"

久丧并不是圣王之道。这三位圣王都贵为天子，富有天下，难道还怕财用不够吗？而用这样简单的埋葬的方式。"

**【注释】**

①泥：为"窆(biǎn)"的借音字。②坎：墓道。③土：为"掘"字之误。

**【原文】**

今王公大人之为葬埋，则异于此。必大棺、中棺，革闠三操①，璧玉即具，戈剑、鼎鼓、壶滥、文绣、素练、大鞅万领②、舆马、女乐皆具，曰：必捶涂差通③，垄虽凡④山陵。此为辍民之事，靡民之财，不可胜计也，其为毋用若此矣。

是故子墨子曰："乡⑤者，吾本言曰：意亦使法其言，用其谋，计厚葬久丧，请可以富贫、众寡、定危、治乱乎？则仁也，义也，孝子之事也！为人谋者，不可不劝也；意亦使法其言，用其谋，若人厚葬久丧，实不可以富贫、众寡、定危、治乱乎？则非仁也，非义也，非孝子之事也！为人谋者，不可不沮也。是故求以富国家，甚得贫焉；欲以众人民，甚得寡焉；欲以治刑政，甚得乱焉；求以禁止大国之攻小国也，而既已不可矣；欲以干上帝鬼神之福，又得祸焉。上稽之尧、舜、禹、汤、文、武之道，而政⑥逆之；下稽之桀、纣、幽、厉之事，犹

**【译文】**

现在王公大人们埋葬，却与此不同。必定要有大棺、中棺，还要用饰有文彩的皮带再三捆扎，宝璧宝玉既已齐备，戈、剑、钟鼎、鼓、壶、镜、纹绣、白练、衣衾万件、车马、女乐都齐备了。还必须把墓道捶实、涂饰好，坟墓雄伟可比山陵。这样荒废人民的事务，耗费人民的财富，是无法计算的，厚葬久丧就像这样没有一点好处。

所以墨子说："从前，我已经说过：假如效法这种言论，实行这种方法，计算厚葬久丧，真的可以使贫困的人变富、使人口增多、能转危为安、治理混乱，这就是仁、义，是孝子应该做的事。那么替别人打算的人就不能不劝导人们这样做。如果效法这种言论，实行这种办法，确实不能使贫困的人变富、使人口增多、能转危为安、治理混乱，那就不是仁、义，不是孝子应做的事。因而替人打算的人就不可不阻止人们这样做。所以，想用厚葬久丧来求得国家的富足，没想到却更加贫困；想以此来增加人口，却使人口减少；想以此来治理刑事政务，却更加混乱；想用它以此来禁止大国攻打小国，却已经是不可能的；想以此来求取上帝鬼神的赐福，却又得到灾祸。向上考察尧、舜、禹、汤、周文王、周武王之道，正好与之相反；向下考察

合节也。若以此观，则厚葬久丧，其非圣王之道也。"

桀、纣、周幽王、周厉王的行事，却还符节相合。照这看来，厚葬久丧不是圣王之道。"

**【注释】**

①革阓(huì)：绣有文彩的皮革棺饰。阓，通"绩"。操，当为"累"。②大鞅万领：疑为"衣衾万领"之误。③捶埨差通：当为"捶涂美通"。捶，捣土而帛它坚硬。涂，装饰的意思。美道，即墓道。④虽凡：虽，为"雄"字之误。凡，为"兄"字之误，即"况"。⑤乡：通"向"。⑥政：通"正"。

**【原文】**

今执厚葬久丧者言曰："厚葬久丧，果非圣王之道，夫胡说中国之君子为而不已、操而不择①哉？"子墨子曰："此所谓便其习、而义其俗者也②。"昔者越之东，有輆沭③之国者，其长子生，则解而食之，谓之"宜④弟"；其大父死，负其大母而弃之，曰"鬼妻不可与居处。"此上以为政，下以为俗，为而不已，操而不择，则此岂实仁义之道哉？此所谓便其习、而义其俗者也。楚之南，有炎人国者，其亲戚死，朽其肉而弃之，然后埋其骨，乃成为孝子。秦之西，有仪渠之国者，其亲戚死，聚柴薪而焚之，熏上谓之"登遐"，然后成为孝子。此上以为政，下以为俗，为而不已。操而不择，则此岂实仁义之道哉？此所谓便其习、而义其俗者也。若以此若三国者观之，则亦犹薄矣；若以中国之君子观之，则亦犹厚矣。如彼则大厚，如此则大薄，然则埋葬之有节矣。故衣食者，人之生利也，然且犹尚有节；葬埋者，人之死利也，夫何独无

**【译文】**

现在坚持厚葬久丧的人说："厚葬久丧，果真不是圣王之道，那么为什么说中原的君子照这样做不停止、实行而不舍弃呢？"墨子说："这就所谓的便于习惯、安于风俗啊。"从前，越国的东面有个輆沭国，他们是生下长子后，就肢解了吃掉，说是宜于生弟弟；他们的祖父死后，他们就背着祖母扔掉，说："不能和鬼的妻子住在一起。"上面以此来施政，下面习以为常，照这样做而不停止，实行而不舍弃，但这难道确实是仁义之道吗？这就是所谓的便于习惯、安于风俗。楚国的南面有个炎人国，他们的父母死后，先把肉剔下来扔掉，然后再埋葬骨头，这样才是孝子。秦国的西面有个仪渠国，他们的父母死后，要聚积柴薪而焚烧尸体，把烟气上升说成是死者"登仙"，然后才能成为孝子。上面以此来施政，下面习以为常，照这样做而不停止，实行而不舍弃，但这难道确实是仁义之道吗？这就是所谓的便于习惯、安于风俗。如果从这三国的情况来看，那么人们对葬丧也还是很简薄的，如果从中原君子的情况来看，则又还是很厚重的。像这样太厚，像那样又太薄，那么葬埋就应当有节制。衣食是人活着时所需要的利益，尚且要有一定的节制；葬埋是人死后所需要的利益，为何就单单不在这里加以节制呢？墨子制定葬埋的原则是："棺材厚三

节于此乎？于墨子制为葬埋之法，曰："棺三寸，足以朽骨；衣三领，足以朽肉。掘地之深，下无菹⑤漏，气无发泄于上，垄足以期其所，则止矣。哭往哭来，反，从事乎衣食之财，俛乎祭祀，以致孝于亲。"故曰子墨子之法，不失死生之利者此也。

故子墨子言曰："今天下之士君子，中请将欲为仁义，求为上士，上欲中圣王之道，下欲中国家百姓之利，故当若节丧之为政，而不可不察者，此也。"

寸，足以使尸骨腐朽；衣服三件，足以使肌肉在里面朽烂，挖掘坟墓的深度，下面没有湿漏、尸体气味不要泄出地面上，坟堆足以标识所在之处就可以了。哭着送去，哭着回来。回来以后就从事于谋求衣食之财，用以资助祭祀之用，以次对父母双亲尽孝道。"所以说，墨子制定的原则，不损害生者和死者的利益，原因就在这里。

所以墨子说："现在天下的士人君子，内心确实想行仁义，做上等的贤士，上要符合圣王之道，下要符合国家百姓的利益，所以就应当以节葬的办法来政策，这是不能不深入考察的，原因就在这里。"

【注释】

①择：当作"释"，舍弃之意。②义：为"宜"。③輆沭（kǎi shù）：古国名。④宜：保佑。"炎"为"啖"字之误，吃。⑤菹：通"沮"，湿润。

【评析】

儒家讲究厚葬久丧，也就是说，不同地位和身份的人，要在丧葬的制度上有所区别，比如说天子的棺木要四重，这在墨子看来，是完全没有必要的浪费。而且，事实上也是如此，在这种礼节下，有些家庭甚至都死不起人。古代有很多卖身葬亲的故事，原因也在于此。所以墨子针锋相对地提出了节葬的主张，对于丧葬，应该薄葬、短葬，并要求缩小贵族世卿和人民之间生活的距离。

墨子认为，厚葬久丧不仅浪费了社会财富，而且还使人们无法从事生产劳动，并且影响了人口的增长。这不仅对社会有害，而且也不符合死者的利益和古代圣王的传统，因而必须加以废止。

《后汉书·明帝纪》里也记载道，倘若死者有灵，大约也不愿意因"供终朝之费"而累及子孙的度日，使之陷于饥寒的吧？其实孝道之行，并不在亲人的死后。厚养薄葬，才是真正的孝道。

## 典例阐幽

### 慈禧奢华葬礼

墨子说:"以厚葬久丧者为政,国家必贫,人民必寡,刑政必乱。"而要真正想成为士人,就不得不满足人民的利益,就必须节葬。可仍有很多君主不能这样做,结果导致民不聊生,国家混乱。慈禧太后就是一个鲜明的例子。

慈禧太后,她只是个女人,却让凤高高地飞翔于龙之上;她把两代帝王玩弄于股掌之中,独操朝纲,令人人顶礼膜拜;她生前就十分思虑她死后葬身之地;她于1908年一个阴霾的冬日里死去。

慈禧生前曾从北京乘轿途经二百多里,到遵化州观看"万年吉地"的风水。为了取得菩陀峪寿宫穴位的吉利,曾把她手腕上一件稀世珍宝"十八颗珍珠手串"摘下来,投入地宫金券的金井之中,作为镇墓之宝。想必生前对死如此在乎的人,死后的葬礼定也要弄得兴师动众才肯安心的吧。光绪三十四年(1908年)十月二十二日,慈禧太后因病亡于西苑的仪鸾殿,卒年74岁。慈禧的葬礼是怎样的呢?

慈禧太后葬礼的礼仪沿用的是几千年来中国的古老礼仪,按理说陪葬品也应该很中国化才对,但被焚烧的纸糊的新军士兵却是穿着现代欧洲军装的士兵们,被烧掉的也并非中国世代流传的中式轿子,而是一辆优雅的欧式布鲁厄姆车,即一种驭者坐在车厢外的四轮马车,还有两匹身材高大、有灰色花斑的欧洲马、轮胎和欧式油灯等。

慈禧的陵墓位于河北省遵化的清东陵。北京到清东陵有75英里的路程,这75英里,早在慈禧在世时就开始了修建,到慈禧去世,这条路虽然已比较平整,但给慈禧太后送葬的队伍在这条道路上,还是要走整整五天。

1908年十一月九日,慈禧太后盖着金黄色柩布的灵柩被缓缓地抬过了北京灰色的土丘,据当时目击者回忆,当时清朝外务部的官员们在北京东直门外的一个小土丘上,搭建了一个带顶棚的看台,专门提供给各国公使馆所介绍的在京外国人。另外还在东直门内附近,修建了一个单独的亭子,

也是为各国外交官、尊贵的商业权贵,以及报界记者们所搭建的,为的是可以让他们很方便地观看到慈禧太后的送葬队伍。另外,送葬行列中的在京外国人代表,一般走到东直门附近也就不再往前走了,可以在此小憩一会。但这些看台是不可以随便进去的。必须得到清朝外务部发放的入场券,才会被容许进去观看。

慈禧太后的送葬要经过东直门附近那天,街上人山人海,极度拥挤。清朝外务部一些会说英语的官员们,神情严肃地接待客人和收取入场券。

1908年十一月九日的十点三分,慈禧太后的送葬队伍到达东直门附近。送葬队伍的阵容极其壮观:打头的是一队穿着现代军装的长矛轻骑兵,装束齐整,举止得体;接下来是由仆役们用手牵着,成一列纵队的小矮马;再后面就是一大群身穿猩红色绸缎衣服,帽子上插着黄色羽毛的仆役,大约有几百人,他们轮换着抬灵柩。

紧接着又是另一队长矛轻骑兵,在他们的长矛上飘扬着红色长条旗,后面跟着马枪骑兵。他们属于皇家禁卫军,身穿有红镶边的灰色军衣。后面又有一排排穿着红衣服的仆役,举着绿、红、紫、黄等各种颜色的旌旗和低垂的绸缎条幅。那些举着鲜艳旌旗的仆役行列没完没了,似乎他们把皇宫里的旌旗全都搬出来给已故太后送葬了。

# 天志上

【题解】

天志即天的意志。所谓天志实即是子墨子之志。它是墨子用以和当时统治者进行斗争的一种武器。墨子推崇"天志",他作为小私有者和手工业者的代表,由于他们的力量很薄弱,只能依靠一定的强大的阶级,因此,他所代表的阶级既有进取的一面,也有它保守的、安于现状的某些弱点。

【原文】

子墨子言曰:"今天下之士君子,知小而不知大。"何以知之?以其处家者知之。若处家得罪于家长,犹有邻家所避逃之;然且亲戚、兄弟、所知识,共相儆戒,皆曰:"不可不戒矣!不可不慎矣!恶有处家而得罪于家长而可为也?"非独处家者为然,虽处国亦然。处国得罪于国君,犹有邻国所避逃之;然且亲戚、兄弟、所知识,共相儆戒,皆曰:"不可不戒矣!不可不慎矣!谁亦有处国得罪于国君而可为也?"此有所避逃之者也,相儆戒犹若此其厚,况无所逃避之者,相儆戒岂不愈厚,然后可哉?且语言有之曰:"焉而①晏②日焉而得罪,将恶避逃之?"曰:"无所避逃之。"夫天,不可为林谷幽门无人,明必见之;然而天下之士君子

【译文】

墨子说道:"现在天下的士君子只知道小道理,而不知道大道理。"怎么知道是这样呢?从他处身于家的情况可以知道。如果一个人处在家族中而得罪了家长,他还可逃避到相邻的家族去。然而父母、兄弟和相识的人们彼此相互警戒,都说:"不可不警戒呀!不可不谨慎呀!怎么会有处在家族中而可以得罪家长的呢?"不仅处理家族事务是这样,即使处理国家事务也是这样。如果处理国家事务得罪了国君,还有邻国可以逃避。然而父母、兄弟和亲戚朋友,彼此相互警戒,都说:"不能不引以为戒!不能不谨慎呀!哪里有生活在一个国家而得罪国君,那还能有什么作为呢?"这是有地方可以逃避的,人们相互告诫还如此严重,又何况那些没有地方可以逃避的呢?互相告诫难道不就更加严重了吗?而且俗话说:"光天化日之下犯了罪,能逃避到什么地方去呢?"回答是:"没有地方可以逃避。"上天不会对山林深谷幽暗无人的地方有所忽视,他明晰的目光一定会看得见。然而天下的士君子

之于天也，忽然不知以相儆戒。此我所以知天下士君子知小而不知大也。

【注释】

①前"而"：通"尔"。②晏：清明。

【原文】

然则天亦何欲何恶？天欲义而恶不义。然则率天下之百姓，以从事于义，则我乃为天之所欲也。我为天之所欲，天亦为我所欲。然则我何欲何恶？我欲福禄而恶祸祟。若我不为天之所欲，而为天之所不欲，然则我率天下之百姓，以从事于祸祟中也。然则何以知天之欲义而恶不义？曰：天下有义则生，无义则死；有义则富，无义则贫；有义则治，无义则乱。然则天欲其生而恶其死，欲其富而恶其贫，欲其治而恶其乱。此我所以知天欲义而恶不义也。

曰：且夫义者，政①也。无从下之政上，必从上之政下。是故庶人竭力从事，未得次②己而为政，有士政之；士竭力从事，未得次己而为政，有将军、大夫政之；将军、大夫竭力从事，未得次己而为政，有三公、诸侯政之；三公、诸侯竭力听治，未得次己而为政，有天子政之；天子未得次己而为政，有天政之。天子为政于三公、诸侯、士、庶人，天下之士君子固明知；天之为政于天子，天下百姓未

【译文】

既然这样，那么上天也爱好什么、憎恶什么呢？上天爱好义而憎恶不义。既然如此，那么率领天下的百姓，用以去做合乎义的事，这就是我们在做上天所希望的事了。我们做上天所希望的事，那么上天就会做我们所希望的事。那么我们又希望什么、憎恶什么呢？我们希望得到福禄而讨厌祸患，如果我们不做上天所希望的事，而做上天不喜欢的事，那么就是我们率领天下的百姓，陷身于祸患灾殃中去了。那么怎么知道上天喜爱义而憎恶不义呢？回答说：天下之事，有义的就生存，无义的就死亡；有义的就富有，无义的就贫穷；有义的就治理，无义的就混乱。既然如此，那么上天喜欢人类孳生而讨厌他们死亡，喜欢人类富有而讨厌他们贫穷，喜欢人类治理而讨厌他们混乱。这就是我所以知道上天爱好正义而憎恶不义的原因。

墨子说：义是用来匡正人的。不能从下正上，必须从上正下。所以老百姓竭力做事，不能擅自恣意去做，有士去匡正他们；士竭力做事，不得擅自恣意去做，有将军、大夫匡正他们；将军、大夫竭力做事，不得擅自恣意去做，有三公、诸侯去匡正他们；三公、诸侯竭力听政治国，不得擅自恣意去做，有天子匡正他们；天子不得擅自恣意去治政，有上

得之明知也。故昔三代圣王禹、汤、文、武，欲以天之为政于天子，明说③天下之百姓，故莫不犓牛羊，豢犬豕，洁为粢盛酒醴，以祭祀上帝鬼神，而求祈福于天。我未尝闻天下之所求祈福于天子者也，我所以知天之为政于天子者也。

天匡正他。天子向三公、诸侯、士、庶人施政，天下的士君子固然明白地知道；上天向天子施政，天下的百姓却未能清楚地知道。所以从前三代的圣君禹、汤、周文王、周武王，想把上天向天子施政的事，明白地告诉天下的百姓，所以大家都豢养牛羊、猪狗，洁净地预备酒醴粢盛，用来祭祀上帝鬼神而向上天求福。我没有听说过上天向天子祈求福报的。所以我知道上天是领导天子的。

【注释】

①"政"：通"正"，正义。②"次"：为"恣"，恣意。下同。③说：劝告。

【原文】

故天子者，天下之穷贵也，天下之穷富也。故于①富且贵者，当天意而不可不顺。顺天意者，兼相爱，交相利，必得赏；反天意者，别相恶，交相贼，必得罚。然则是谁顺天意而得赏者？谁反天意而得罚者？子墨子言曰："昔三代圣王禹、汤、文、武，此顺天意而得赏也；昔三代之暴王桀、纣、幽、厉，此反天意而得罚者也。"然则禹、汤、文、武，其得赏何以也？子墨子言曰："其事上尊天，中事鬼神，下爱人，故天意曰：'此之我所爱，兼而爱之；我所利，兼而利之。爱人者此为博焉，利人者此为厚焉。'故使贵为天子，富有天下，业②万世子孙，传称其善，方施天下，至今称之，谓之圣王。"然则桀、纣、幽、

【译文】

所以说天子是天下极尊贵的人，天下极富有的人。所以想要贵富的人，对天意就不可不顺从。顺从天意的人，同时都相爱，交互都得利，必定会得到赏赐；违反天意的人，分别都相恶，交互都残害，必定会得到惩罚。既然这样，那么谁顺从天意而得到赏赐呢？谁违反天意而得到惩罚呢？墨子说道："从前三代圣王禹、汤、文王、武王，这些是顺从天意而得到赏赐的；从前三代的暴王桀、纣、幽王、厉王，这些是违反天意而得到惩罚的。"既然如此，那么禹、汤、文王、武王得到赏赐是因为什么呢？墨子说："他们所做的事，对上尊敬上天，在中敬奉鬼神，在下爱护人民。所以天意说：'这就是对我所爱的，他们兼而爱之；对我所利的，他们兼而利之。爱护人民的以此为最广泛了；有利于人民的以此为最重要了。'所以上天使他们贵为天子，富有天下，使后代子孙得利，相传而称颂他们的美德，教化普遍施行于天下，人民到现在还受人称道，称他为圣王。"既然如此，那么桀、

厉,得其罚何以也。子墨子言曰:"其事上诟天,中诟鬼,下贼人,故天意曰:'此之我所爱,别而恶之;我所利,交而贼之。恶人者,此为之博也;贼③人者,此为之厚也。'故使不得终其寿,不殁其世,至今毁之,谓之暴王。"

**【注释】**

①"于":为"欲"字之误。②"业":当为"叶"。③"贱":为"贼"字之误。

**【原文】**

然则何以知天之爱天下之百姓?以其兼而明之。何以知其兼而明之?以其兼而有之。何以知其兼而有之?以其兼而食焉。何以知其兼而食焉?四海之内,粒食之民,莫不犓牛羊,豢犬彘,洁为粢盛酒醴,以祭祀于上帝鬼神。天有邑人,何用弗爱也?且吾言杀一不辜者,必有一不祥。杀不辜者谁也?则人也。予之不祥者谁也?则天也。若以天为不爱天下之百姓,则何故以人与人相杀,而天予之不祥?此我所以知天之爱天下之百姓也。

顺天意者,义政也;反天意者,力政也。然义政将奈何哉?子墨子言曰:"处大国不攻小国,处大家不篡小家,强者不劫弱,贵者不傲贱,多诈者不欺愚。此必上利于天,中利于鬼,下利于人。

**【译文】**

纣、幽王、厉王得到惩罚又是什么原因呢?墨子说道:"他们所做的事,对上辱骂上天,在中辱骂鬼神,在下残害人民。所以天意说:'这是对我所爱的,他们分别憎恶之,对我所利的,他们交相残害。憎恨人民的以次为最广泛了;残害人民的以次为最严重了。'所以上天使他们不得寿终正寝,一世而不能使子孙继业。人们到现在还在毁骂他,称他们为暴君。"

既然如此,那么怎么知道上天爱护天下的百姓呢?因为他对百姓能全部明察。怎么知道他对百姓全都明察呢?因为他能全部抚养。怎么知道他全部抚养呢?因为他全都供给食物。怎么知道他全都供给食物呢?因为四海之内,凡是吃五谷杂粮的人,没有喂养牛羊、猪狗,洁净地做好粢盛酒醴,用来祭祀上帝和鬼神。上天拥有自己的臣民,怎么会不爱护他们呢?而且我认为杀害一个无辜的人,必然会有一件不祥的事情发生。杀害无辜的人的是谁呢?是人。那么给与不祥的是谁呢?是上天啊。如果说上天不爱天下的百姓,那么为什么人和人相互残杀,而上天会给他不祥呢?这是我所以知道上天爱护天下百姓的缘故。

顺从天意的,就是仁义政治;违反天意的,就是暴力政治。那么义政应怎么做呢?墨子说:"居于大国地位的不攻打小国,居于大家族地位的不掠夺小家族,强者不强迫弱者,贵人不傲视贱人,狡诈的不欺压愚笨的。这就必然上利于天,中利于鬼,下利于人。做到这三利,就会无所不利。所以将天下最好的名声加给他,

三利无所不利,故举天下美名加之,谓之圣王。力政者则与此异,言非此,行反此,犹倖①驰也。处大国攻小国,处大家篡小家,强者劫弱,贵者傲贱,多诈欺愚。此上不利于天,中不利于鬼,下不利于人。三不利无所利,故举天下恶名加之,谓之暴王。"

子墨子言曰:"我有天志,譬若轮人之有规,匠人之有矩。轮、匠执其规、矩,以度天下之方员,曰:'中者是也,不中者非也。'今天下之士君子之书,不可胜载,言语不可尽计,上说诸侯,下说列士,其于仁义,则大相远也。何以知之?曰:我得天下之明法以度之。"

称他们为圣王。然而对于暴力政治却与此不同:他们的言论不是这样,行动跟这个相反,犹如背道而驰。处于大国地位的攻伐小国,处于大家族地位的掠夺小家族,强者强迫弱者,高贵者傲视贫贱人,狡诈者欺压愚笨者,这上不利于天神,中不利于鬼神,下不利于人民。有了这三个不利,那就不论什么全都不利了。所以将天下最坏的名声加给他,称之为暴王。"

墨子说道:"我们有了上天的意志,就好像制车轮的有了圆规,木匠有了方尺。轮和木匠拿着他们的规和尺来量度天下的方和圆,说:'符合二者的就是对的,不符合的就是错的。'当今天下士君子们著书立说,多得用车都拉不完,他们的话也多得无法计算。上说诸侯,下说有志于功业的人,然而一说到仁义,则大相径庭。怎么知道呢?回答说:我发现了上天有意志这个真理并拿来衡量一切而知道的。"

【注释】

①"倖":为"偝"字之误,同"背"。

【评析】

从墨子所描绘的"天志"说,不难看出,这正是他和他所代表的小生产者和手工业者对和平幸福生活的向往。国家的最高统治者(天子)的选派是由"上帝、鬼神"的意志决定的。他所提倡的"尚同"说,他认为世界上一切存在的事物都是按照上帝的意志,为了人民的需要而创造出来的,他用"天志"说来限制国君的权威,让他们知道在他们上面还有上帝的存在,可以掌控他们。这些思想都是从"天志"说这个基础上发展起来的。

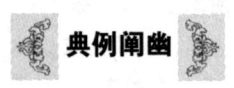

程门立雪求贤师

宋代有两位学者,一个叫杨时(1053—1135),一个叫游酢(1053—1123)。这两

个人都是当时著名的学者,他们知道程氏兄弟很有学问,为了能更好地学习,他们不远万里从南方北上求师。他们先是拜程颢为师,程颢极其认真地向他们传授知识,两个学生也学得不知疲倦。谁知好景不长,程颢不久就因病与世长辞。两个学生悲痛欲绝,但他们并没有因此而停止学习。他们打算继续拜程颐为师。

那是在一个天寒地冻的季节,一天,他俩来到程颐的门前,刚要敲门,却透过窗户看到程老先生正在打盹。他们知道老先生整日忙着讲学与思考问题,难得会有这片刻的小憩,不忍打扰先生,就轻轻地退到大门外等候。其实呢,程老先生根本就没有睡着,只是刚才一直在思考问题,觉得眼睛有点酸,大脑也有点累了,就暂且在闭目养神而已。事实上他从半睁半闭的眼睛里早看出了是杨、游二人。他以前也听兄长夸过这两位学生,常说这两个学生特别刻苦。知道他俩这是来求学的,想故意考验以下这两位有身份、有地位、年龄也比较大的学生,看他们拜师是否是诚心的。

过了好长时间,老天变了脸,呼啸的北风夹着鹅毛大雪一起袭来。天气瞬间就变得寒冷起来。杨时他们来的时候,没想到会变天,穿的也不多,尤其是双脚,冻得生痛,但他们又不能跺脚,唯恐吵醒老师,所以,就那样一动不动地站在那里,任凭风雪吹打。时间一点点过去了,程颐也觉得时间不短了,就睁开眼睛,把他们请到屋子里,说:"天气这么冷,你们还在呀?"他俩连忙说:"我们已经在此恭候多时了。"程颐见两位如此有诚意,心里很是过意不去。就亲手帮他们扫掉身上的雪,看到他俩的鞋子已经全湿透了,刚才站过的地方,两对一尺多深的脚印,仍清晰可见。程颐当即收下了这两位学生。

在程颐悉心教育下,两位学生通过发奋苦学,学业进步非常快,成为著名的"程门四大弟子"中的重要人物。

# 天志中

**【题解】**

墨子生活在战争频繁的年代，自己虽有治国的抱负，但因自己身份的低微，不能实现。因此只能求助于上天，鬼神，认为他们一定能掌管天子，并协助他们治理好国家，因此，他提出了著名的"天志"说，他认为上帝是万能的，是可以掌管一切的。

**【原文】**

子墨子言曰："今天下之君子之欲为仁义者，则不可不察义之所从出。"既曰不可以不察之所欲出，然则义何从出？子墨子曰："义不从愚且贱者出，必自贵且知者出。"何以知义之不从愚且贱者出，而必自贵且知者出也？曰：义者，善政也。何以知之为善政也？曰：天下有义则治，无义则乱，是以知之为善政也。夫愚且贱者，不得为政乎贵且知者；然后①得为政乎愚且贱者。此吾所以知义之不从愚且贱者出，而必自贵且知者出也。

然则孰为贵？孰为知？曰：天为贵、天为知而已矣。然则义果自天出矣。

**【注释】**

① "然后"上脱"贵且知者"四字。

**【译文】**

墨子说："现在天下的君子如果想实行仁义的话，那么就不能不研究义是从哪里产生的。"既然说不能不研究义是从哪里产生的，那么义到底是从什么地方产生的呢？墨子说："义不是从愚蠢而卑贱的人中产生，而是从高贵而聪明的人中产生。"怎么知道义不是从愚蠢而卑贱的人中产生，而是从高贵而聪明的人中产生呢？回答说：所谓义，就是善政。怎么知道义就是善政呢？回答说：天下有义则治理，无义则混乱，所以知道义就是善政。愚蠢而卑贱的人，不能向尊贵而聪明的人施政；只有尊贵而聪明的人，然后才可能向愚蠢而卑贱的人施政。这就是我知道义不从愚蠢而卑贱的中产生，而必定从尊贵而聪明的人中产生的原因。

既然如此，那么谁是高贵的？谁是聪明的？回答说：天是高贵的，天是聪明的，如此而已。那么，义确实是由天产生出来的了。

## 【原文】

今天下之人曰："当若天子之贵诸侯，诸侯之贵大夫，傊①明知之，然吾未知天之贵且知于天子也。"子墨子曰："吾所以知天贵且知于天子者，有矣。曰：天子为善，天能赏之；天子为暴，天能罚之；天子有疾病祸祟，必斋戒沐浴，洁为酒醴粢盛，以祭祀天鬼，则天能除去之。然吾未知天之祈福于天子也。此吾所以知天之贵且知于天子者。不止此而已矣，又以先王之书驯天明不解之道也知之。曰：'明哲维天，临君下土。'则此语天之贵且知于天子。不知亦有贵、知夫天者乎？曰：天为贵、天为知而已矣。然则义果自天出矣。"是故子墨子曰："今天下之君子，中实将欲遵道利民，本考察仁义之本，天之意不可不慎②也。"既以天之意以为不可不慎已，然则天之将何欲何憎？子墨子曰："天之意，不欲大国之攻小国也，大家之乱小家也，强之暴寡，诈之谋愚，贵之傲贱，此天之所不欲也。不止此而已，欲人之有力相营，有道相教，有财相分也。又欲上之强听治也，下之强从事也。"上强听治，则国家治矣；下强从事，则财用足矣。若国家治，财用足，则内有以洁为酒醴粢盛，以祭祀天鬼，外有以

## 【译文】

现在天下的人说道："应当天子比诸侯尊贵，诸侯比大夫尊贵，这是确然明白知道的。但是我不知道上天比天子还尊贵而且聪明。"墨子说道："我知道上天比天子还尊贵而且聪明的理由。即是：天子为善，上天能够赏赐他；天子行暴，上天能惩罚他；天子有疾病灾祸，必定斋戒沐浴，洁净地准备酒醴粢盛，用来祭祀上天鬼神，那么上天就能帮他除去疾病灾祸。可是我并没有听说上天向天子祈求赐福的，这就是我知道上天比天子尊贵而且聪明的理由。道理还不仅如此。又有古代先王传下来的训解上天高明而不易解说的道理中可以知道，说是：'明哲的上天，高高在上，君临下土。'这就是说上天比天子更高贵更聪明。不知道还有没有比上天更高贵而且聪明的呢？"回答说："只有上天是最高贵，上天是最聪明的，既然如此，那么义确实是从上天那里产生的。"所以墨子说道："现今天下的君子们，如果确实要遵循圣王之道，造福人民，考察仁义的根本，那么对于上天的意志就不能不遵循。"所以墨子说道："现在天下的君子们，如果心中确实想要遵行圣王之道，以利于人民，考察仁义的根本，天意不可不顺从。"既然认为天意不可不顺从，那么天希望什么憎恶什么呢？墨子说："天的心意，不希望大国攻打小国，大家族侵扰小家族。强大的侵暴弱小的，狡诈的算计愚笨的，尊贵的傲视卑贱的，这是天所不希望的。不仅只此而已，天希望人们有力则相互帮助，有道义相互教导，有财物相互分配；又希望居上位的努力听政治事，居下位的努力从事劳作。"居上位的努力听政事，那么国家就治理了，居下位的努力从事劳作，那么财用就足够了。假若国家和家族都治

环璧珠玉,以聘挠四邻。诸侯之冤不兴矣,边境兵甲不作矣。内有以食饥息劳,持养其万民,则君臣上下惠忠,父子兄弟慈孝。故唯毋明乎顺天之意,奉而光施之天下,则刑政治,万民和,国家富,财用足,百姓皆得暖衣饱食,便宁无忧。是故子墨子曰:"今天下之君子,中实将欲遵道利民,本考察仁义之本,天之意不可不慎也。"

理好了,财用也充足了,那么在内有能力洁净地准备酒醴粢盛,用以祭祀上天和鬼神;对外有环璧珠玉,用以聘问交接四方邻国。诸侯间的仇怨不再发生了,边境上的甲兵不会产生了。在内有能力让饥者得食、劳者得息,保养万民,那么君臣上下就相互施惠效忠,父子兄弟之间慈爱孝顺。所以明白上天之意,奉行而施之于天下,那么刑政就会治理,万民就会和谐,财用就会充足。百姓都得到暖衣饱食,安宁无忧。所以墨子说:"现在天下的君子,如果心中确实想遵循圣道、造福人民,那么就要认真研究仁义这个根本问题,而对上天的意志就不可不认真对待。"

【注释】

①"犕":当为"礦",即"确"。②"慎":通"顺"。下同。

【原文】

且夫天子之有天下也。辟之无以异乎国君、诸侯之有四境之内也。今国君、诸侯之有四境之内也,夫岂欲其臣国、万民之相为不利哉!今若处大国则攻小国,处大家则攻小家,欲以此求赏誉,终不可得,诛罚必至矣。夫天之有天下也,将无已异此。今若处大国则攻小国,处大都则伐小都,欲以此求福禄于天,福禄终不得,而祸祟必至矣。然有所不为天之所欲,而为天之所不欲,则夫天亦且不为人之所欲,而为人之所不欲矣。人之所不欲者,何也?曰:疾病祸祟也。若已不为天之所欲,而为天之所

【译文】

天子拥有整个天下,就好像国君、诸侯拥有四境之内一样没有分别。现在国君、诸侯拥有四境之内,难道希望他的臣下、民众互相做出不利的事吗?现在若是处于大国地位的攻打小国,处于大家族地位的攻打小家族,想要以此来求取赏赐和赞誉,终究是不可能得到的,而诛戮惩罚则必然会降临。而上天之拥有天下,将跟这个情形没有分别。现在若是处在大国地位就攻打小国,处在大都地位就攻打小都,想要以此来向上天求得福禄,福禄终究是得不到的,而祸殃则必然降临。既然如此,如果不做天所希望的事,而做上天所不希望的事,那么天也将不做人所希望的事,而做人所不希望的事。人所不希望的是什么呢?是疾病和灾祸。如果自己不做上天所希望的,而做上天所不希望的,这是率领天下的百姓,陷入

不欲,是率天下之万民以从事乎祸祟之中也。故古者圣王,明知天鬼之所福,而辟①天鬼之所憎,以求兴天下之利,而除天下之害。是以天之为寒热也,节四时、调阴阳雨露也;时五谷孰②,六畜遂,疾灾戾疫、凶饥则不至。是故子墨子曰:"今天下之君子,中实将欲遵道利民,本察仁义之本,天意不可不慎也。"

【注释】

①"辟":通"避"。②"孰":通"熟"。

【原文】

且夫天下盖有不仁不祥者,曰:当若子之不事父,弟之不事兄,臣之不事君也,故天下之君子,与谓之不祥者。今夫天,兼天下而爱之,撽遂万物以利之,若豪之末,非天之所为也,而民得而利之,则可谓否①矣。然独无报夫天,而不知其为不仁不祥也。此吾所谓君子明细而不明大也。且吾所以知天之爱民之厚者,有矣。曰:以磨②为日月星辰,以昭道之;制为四时春秋冬夏,以纪纲之;雷降雪霜雨露,以长遂五谷丝麻,使民得而财利之;列为山川溪谷,播赋百事,以临司民之善否;为王公侯伯,使之赏贤而罚暴,贼③金木鸟兽,从事乎五谷丝麻,以为民衣食之财,自古及今,未尝不有此也。今有人于此,欢若爱其子,竭力单务以利之,其子

【译文】

灾祸之中。所以古时的圣王,明白地知道上天、鬼神所降福,而避免做上天、鬼神所憎恶的事,以追求兴天下之利,而除天下之害。所以天安排寒热合节,四时调顺,阴阳雨露合乎时令,五谷熟,六畜繁殖,而疾病灾祸瘟疫凶饥不至。所以墨子说道:"现在天下的君子,如果心中将希望遵循圣道、利于人民,考察仁义的根本,对天意不可不顺从!"

而且天下有不仁不祥的人,即如儿子不侍奉父亲,弟弟不服事兄长,臣子不服事君上,所以天下的君子都称之为不祥的人。现在天对于天下都兼而爱之,育成了万物而使天下百姓得利,即使如毫末之微,也莫非天之所为,而人民得而利之,则可谓大了。然而人们唯独不知报答上天,而且也不知那种不仁的事就是不祥。这就是我所说的君子明白小的而不明白大的。而且我之所以知道上天爱人民深厚,是有根据的,上天分离出日、月、星、辰,用以照明天下;制定春、夏、秋、冬四季,用作纲纪常度,降下霜、雪、雨、露,用以长成五谷和丝麻,使老百姓得以供给财用;又分列为山、川、溪谷,广布各种事业,用以监察百姓的善恶;分别设立王、公、侯、伯,使他们奖赏贤良而惩罚暴徒,征收金、木、鸟、兽,从事五谷、丝、麻的掌管工作,以此作为百姓的衣食之财,从古至今,没有不是如此的。现在这里有一个人,喜欢

长,而无报子求④父,故天下之君子,与谓之不仁不祥。今夫天,兼天下而爱之,撽遂万物以利之,若豪之末,非天之所为,而民得而利之,则可谓否矣。然独无报夫天,而不知其为不仁不祥也,此吾所谓君子明细而不明大也。

且吾所以知天爱民之厚者,不止此而足矣。曰杀不辜者,天予不祥。不辜者谁也?曰人也。予之不祥者谁也?曰天也。若天不爱民之厚,夫胡说人杀不辜而天予之不祥哉?此吾之所以知天之爱民之厚也。

疼爱他的孩子,尽心尽力使孩子有利。他的儿子长大后,却对父亲不报答,所以天下的君子,都说他是不仁而又不善的人。现今的上天,包容天下的百姓都兼而爱之,养育天下的万物以有益人民,哪怕像毫毛一样的东西,难道不是上天给予的吗?人民从中得到的好处,可以说是非常厚重的了。但是这些人一点也不知道应该报答上苍,而不知道这就是不仁和不善。这就是我所说的君子明白小的道理而不明白大的道理。

而且我藉以知道上天爱民深厚的理由,还不仅止此。凡杀戮的人,上天必定给他不祥。杀无辜的是谁呢?是人。给予不祥的是谁呢?是天。如果天不厚爱于人,那为什么人杀了无辜而天给他不祥呢?这就是我用以知道上天爱民深重的理由。

【注释】

①"否":为"丕"字之误。②"磿":为"厤"字之误,分别。③"贼":为"赋"字之误,赋敛。④"子求":为"于其"之误。

【原文】

且吾所以知天之爱民之厚者,不止此而已矣。曰爱人利人,顺天之意,得天之赏者有之;憎人贼人,反天之意,得天之罚者亦有矣。夫爱人、利人,顺天之意,得天之赏者,谁也?曰:若昔三代圣王尧、舜、禹、汤、文、武者是也。尧、舜、禹、汤、文、武,焉所从事?曰:从事"兼",不从事"别"。兼者,处大国不攻小国,处大家不乱小家,强不劫弱,众不暴寡,诈不谋愚,贵不傲贱;观其

【译文】

我之所以知道上天爱护百姓厚重的原因,理由不仅只这个罢了。因为爱人、利人的,顺从上天的旨意,从而得到上天赏赐的人,是存在的;憎恶人、残害人,违反上天的旨意,从而得到上天惩罚的人,是存在的。爱护人、有利于人的,顺从上天的旨意,而得到上天赏赐的人是谁呢?回答说:从前三代的圣王尧、舜、禹、汤、文王、武王就是。尧、舜、禹、汤、文王、武王又实行些什么呢?回答说:实行"兼",不实行"别"。所谓兼,即处在大国地位不攻打小国,处在大家族地位不侵扰小家族,强大的不欺凌弱小的,人多的不侵暴人少的,狡诈的不算计愚笨的,高贵的不傲视卑贱的。观察他们的行事,在上有利于上天,在

事，上利乎天，中利乎鬼，下利乎人，三利无所不利，是谓天德。聚敛天下之美名而加之焉，曰："此仁也，义也。爱人、利人，顺天之意，得天之赏者也。"不止此而已，书于竹帛，镂之金石，琢之盘盂，传遗后世子孙，曰："将何以为？将以识夫爱人、利人，顺天之意，得天之赏者也。"《皇矣》道之曰："帝谓文王，予怀明德，不大声以色，不长夏以革，不识不知，顺帝之则。"帝善其顺法则也，故举殷以赏之，使贵为天子，富有天下，名誉至今不息。故夫爱人、利人，顺天之意，得天之赏者，既可得留①而已。

夫憎人、贼人，反天之意，得天之罚者，谁也？曰：若昔者三代暴王桀、纣、幽、厉者是也。桀、纣、幽、厉，焉所从事？曰：从事别，不从事兼。别者，处大国则攻小国，处大家则乱小家，强劫弱，众暴寡，诈谋愚，贵傲贱，观其事，上不利乎天，中不利乎鬼，下不利乎人，三不利无所利，是谓天贼。聚敛天下之丑名而加之焉，曰："此非仁也、非义也。憎人、贼人，反天之意，得天之罚者也。"不止此而已，又书其事于竹帛，镂之金石，琢之盘盂，传遗后世子孙，曰将何以为？将以识夫憎人、贼人，反天之意，得天之罚者也。《太誓》之道之曰："纣越厥夷居，不肯事上帝，弃厥先神祇不祀，

中有利鬼神，在下有利于人民，三者有利，则无所不利，这就是天德。人们把天下的美名聚集起来加到他们身上，说："这是仁，是义。是爱人利人，顺从天意，因而得到上天的赏赐的人。"不仅只此而已，又把他们的事迹写于简帛，刻上金石，雕于盘盂，传给后世子孙。这是为什么呢？将用以使人记住爱人利人，顺从天意，会得到上天的赏赐。《皇矣》说道："天帝告诉文王，我思念有光明之德的人，他不虚张声色，不崇尚夸饰与变革。不知不识，只遵循上帝的法则。"天帝赞赏文王顺从法则，所以把殷商的天下赏赐给他，使他贵为天子，富有天下，名声至今流传不息。所以爱人利人，顺从天意，从而得到上天赏赐的，已经可以知道了。

那憎恶人、残害人的，违反上天的旨意，从而得到上天惩罚的，又是谁呢？回答说：从前三代的暴君桀、纣、幽王、厉王就是。桀、纣、幽王、厉王做了些什么呢？回答说：他们从事"别"，不从事"兼"。所谓别，即处于大国地位的攻打小国，处于大家族地位的侵扰小家族，强大的劫掠弱小的，人多的侵暴人少的，狡诈的算计愚笨的，高贵的傲视卑贱的。观察他们的事迹，在上不利于天，在中不利于鬼神，在下不利于人类，三者不利就无所得利，这就是"天贼"。人们聚集天下的丑名加到他们头上，说："这是不仁、不义，是憎人害人，违反天帝，得到上天惩罚的人。"不仅只此，又将这些事迹写在简帛上，刻在金石上，雕在盘盂上，传给后世的子孙，为什么这样做呢？将使人们记住憎人害人，违反天意，从而得到上天惩罚的人。《尚书·太誓》说道："纣傲慢不恭，不肯奉事上帝，遗弃他的祖先与天地神祇不祭祀，竟说：'我有天命。'不努力从事政务，天帝也抛

乃曰:'吾有命。'无廖僳务②天下,天亦纵弃纣而不葆。"考察天以纵弃纣而不葆者,反天之意也。故夫憎人、贼人,反天之意,得天之罚者,既可得而知也。

弃纣而不去保佑他。"观察上天抛弃纣而不去保佑他的原因,是他违反了天意。所以憎人害人,违反天意,从而得到上天惩罚的人,已经可以知道了。

【注释】

①"留":为"智"字之误,即"知"。②"无廖僳务":当作"无戮其务"。

【原文】

是故子墨子之有天之,辟人无以异乎轮人之有规,匠人之有矩也。今夫轮人操其规,将以量度天下之圆与不圆也,曰:"中吾规者,谓之圆;不中吾规者,谓之不圆。"是以圆与不圆,皆可得而知也。此其故何?则圆法明也。匠人亦操其矩,将以量度天下之方与不方也,曰:"中吾矩者,谓之方,不中吾矩者,谓之不方。"是以方与不方,皆可得而知之。此其故何?则方法明也。故子墨子之有天之意也,上将以度天下之王公大人为刑政也,下将以量天下之万民为文学、出言谈也。观其行,顺天之意,谓之善意行;反天之意,谓之不善意行。观其言谈,顺天之意,谓之善言谈;反天之意,谓之不善言谈。观其刑政,顺天之意,谓之善刑政;反天之意,谓之不善刑政。故置此以为法,立此以为仪,将以量度天下之王公大人、卿、大夫之仁与不仁,譬之犹分墨白也。

是故子墨子曰:"今天下之王公

【译文】

所以墨子认为有天志,就像制轮的人有圆规,木匠有方尺一样没有区别。现在轮匠拿着他的圆规,将用以量度天下圆与不圆,说:"符合我圆规的,就是圆;不符合我圆规的,就是不圆。"因此圆和不圆,都是可得而知的。这其中的缘故是什么呢?是因为确定圆的规则十分明确。木匠拿着他的方尺,将以量度天下的方与不方,说:"符合我方尺的就是方,不符合我方尺的,就是不方。"因此方与不方,都是可知道的。这其中是什么缘故呢?是因为确定方的规则十分明确。所以墨子认为天有意志,上用以量度天下的王公大人施行政事,下用以量度天下的民众发布文学与言谈。观察他们的行为,顺从上天旨意的,就叫作好的言行;违反上天旨意的,就叫作不善的言行。考察他们的言谈,顺从上天旨意的,就叫作好的言谈,违反上天旨意的,就叫作不好的言谈。观察他们的刑政,顺从上天旨意的,就叫作好的刑政;违反上天旨意的,就叫作不好的刑政。所以设置这个天志作为法则,建立这个天志作为标准,将以次去量度天下的王公大人、卿、大夫的仁跟不仁,这就好像分别黑白一样容易。

大人、士君子,中实将欲遵道利民,本考察仁义之本,天之意不可不顺也。顺天之意者,义之法也。"

所以墨子说:"现在天下的王公大人士大夫、君子们,如果内心确实想要遵循天道,造福民众,考察仁义的根本,对上天的旨意不能不顺从呀。顺从上天旨意的,这就是仁义的标准。"

## 【评析】

在墨子生活的年代,战争频繁,人乱不得治,自己身份低微只能求助于上天和鬼神来协助他们治理好国家,因此,他提出了著名的"天志"说,其实他的很多思想都是建立在这个基础上的。"故子墨子之有天之意也,上将以度天下之王公大人为刑政也,下将以量天下之万民为文学、出言谈也。"从这句话中我们可以知道墨子所提倡的"天志"就是用来作为王公大人和天下万民言行的尺度的。墨子认为只有"天志"才是人类行为的客观标准。

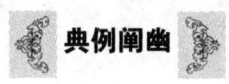
典例阐幽

## 改邪归正成就大事

周处是西晋时期人,少年时期曾横行乡里,被乡亲们是为一大祸患。他特别喜欢打猎,不拘小节,纵情私欲,祸害乡里。有一次,他对邻居说:"今年是个丰收年,大家应该高兴才是,怎么都哭丧个脸?"乡亲们对他说:"不出三害,怎么高兴的起来呢?"周处问:"有那三害呢?"人们告诉他:"南山上的白额虎,长桥河里的蛟龙,加上你,就是三害。"周处听了心里咯噔一下,原来自己是如此的可恶呀!他决定改过自新,说道:"我先把两害除掉,再来见你们。"

从此周处开始出害。他先杀了南山上的白额虎,又在河里与蛟龙大战了三天三夜,人们以为周处被蛟龙吃了呢,都在庆贺,周处杀了蛟

龙回到村里,听到这种情况,心里难受极了,他真正感到了人们对他的厌恶,于是他悄悄地离别了老家,到了吴地,找到了自己过去的好友陆云,伤心地说:"我现在也想学好,可是已经蹉跎了多年,恐怕来不及了。"陆云说:"古人提倡朝闻夕改,你的前途是光明的,只要你自己下定决心,还怕将来出不了名吗?"听了好友的一番话,周处下定决心,处处严格要求自己,勤奋学习,言行有信。由于他的言己正身,所以屡被升迁,最后官至御史中丞。

# 天志下

【题解】

在上一篇中我们已经说过了墨子提倡"天志"说,是用"天志"来作为王公大人和天下万民言行的尺度的,他认为只有"天志"才是人类行为的客观标准。先王之书《大夏》之道之然:"帝谓文王,予怀明德,毋大声以色,毋长夏以革,不识不知,顺帝之则。"因此,在做任何事情时都应给顺从上天的旨意,即使是拥有权力的帝王。为了国家的长久发展,也应该挑选有能力的人,而不能为了一己私利,置国家社稷于不顾。

【原文】

子墨子言曰:"天下之所以乱者,其说将何哉?则是天下士君子,皆明于小而不明于大。"何以知其明于小不明于大也?以其不明于天之意也。何以知其不明于天之意也?以处人之家者知之。今人处若家得罪,将犹有异家所以避逃之者;然且父以戒子,兄以戒弟,曰:"戒之!慎之!处人之家,不戒不慎之,而有处人之国者乎?"今人处若国得罪,将犹有异国所以避逃之者矣;然且父以戒子,兄以戒弟,曰:"戒之!慎之!处人之国者,不可不戒慎也。"今人皆处天下而事天,得罪于天,将无所以避逃之者矣;然而莫知以相极①戒也。吾以此知大物则不知者也。

【译文】

墨子说道:"天下混乱的原因是什么呢?就是天下的士君子,都只明白小道理而不明白大道理。"从何知道他们只明白小道理而不明白大道理呢?从他们不明白天意就可知道。从何知道他们不明白天意呢?从他们处理家族的情况可以知道。假如现在有人在家族中得了罪,他还有别的家族可以逃避,然而父亲以此告诫儿子,兄长以此告诫弟弟,说:"警戒呀!谨慎呀!居住在自己人家里,不警戒,不谨慎,却能有居住在别人的国家里的么?"现今居住在这个国家中得了罪,将还有别国的处所可以逃避,然而父亲以此告诫儿子,兄长以此告诫弟弟,说:"警戒呀!谨慎呀!居住在有人的国度里,不可不警戒谨慎呀!"现今的人都居住在天下,而侍奉上天,如果得罪了上天,将没有地方可以逃避了。然而没有人知道以此互相警戒。我因此知道他们对大事情不知道。

【注释】

①"极"即"亟","敬",通"警"。

【原文】

是故子墨子言曰:"戒之慎之,必为天之所欲,而去天之所恶。"曰天之所欲者,何也?所恶者,何也?天欲义而恶其不义者也。何以知其然也?曰:义者,正也。何以知义之为正也?天下有义则治,无义则乱,我以此知义之为正也。然而正者,无自下正上者,必自上正下。是故庶人不得次①己而为正,有士正之;士不得次己而为正,有大夫正之;大夫不得次己而为正,有诸侯正之;诸侯不得次己而为正,有三公正之;三公不得次己而为正,有天子正之;天子不得次己而为政,有天正之。今天下之士君子,皆明于天子之正天下也,而不明于天之正天子也。是故古者圣人明以此说人,曰:"天子有善,天能赏之;天子有过,天能罚之。"天子赏罚不当,听狱不中,天下疾病祸福,霜露不时,天子必且犓豢其牛羊犬彘,洁为粢盛酒醴,以祷祠祈福于天,我未尝闻天之祷祈福于天子也。吾以此知天之重且贵于天子也。是故义者,不自愚且贱者出,必自贵且知者出。曰:谁为知?天为知。然则义果自天出也。今天下之士君子之欲为义者,则不可不顺天之意矣。

【译文】

所以墨子说道:"警戒呀!谨慎呀!一定要做天所希望的,除去天所厌恶的。"天所希望的是什么呢?所厌恶的是什么呢?天希望义而厌恶不义。从何知道是这样呢?因为义即是正。怎么知道义就是正呢?天下有义就治理,没有义就混乱,我因此知道义就是正。然而所谓正,没有自下而匡正上司的,必须从上来匡正下属。所以庶民百姓不得自己擅自肆意去从政,有士来匡正他;士不得肆意去做,有大夫来匡正他;大夫不得肆意去做,有诸侯去匡正他;诸侯不得肆意去做,有三公来匡正他;三公不得肆意去做,有天子匡正他;天子不得肆意去做,有上天匡正他。现在天下的士大夫、君子们对于天子匡正天下都很明白,但对上天匡正天子却不明白。所以古代的圣人明白地将此道理告诉人们,说:"天子有优点,上天能奖赏他;天子有过失,上天能惩罚他。"如果天子赏罚不当,刑罚不公,天就会降下疾病灾祸,霜露失时。这时天子必须要喂养牛羊猪狗,洁净地整备粢盛酒醴,用来祭祀上天并向上天祈求降福。但我从来就不曾听说过上天向天子祷告和求福的。我由此知道上天比天子高贵、庄重。所以义不从愚蠢而卑贱的人中产生,必定从尊贵而聪明的人中产生。那么谁是尊贵的?天是尊贵的。谁是聪明的?天是聪明的。既然如此,那么义果真是从上天产生出来的了。现在天下的士君子希望行义的话,那么就不可不顺从天意。

【注释】

① "次"即"恣"恣意，下同。

【原文】

曰：顺天之意何若？曰：兼爱天下之人。何以知兼爱天下之人也？以兼而食之也。何以知其兼而食之也？自古及今，无有远灵孤夷之国①，皆犓豢其牛羊犬彘，洁为粢盛酒醴，以敬祭祀上帝、山川、鬼神，以此知兼而食之也。苟兼而食焉，必兼而爱之。譬之若楚、越之君：今是楚王食于楚之四境之内，故爱楚之人；越王食于越，故爱越之人。今天兼天下而食焉，我以此知其兼爱天下之人也。

【译文】

顺从天意应怎样做呢？回答说：上天会兼爱天下的人。怎么知道上天是兼爱天下的人呢？因为上天对人民的祭祀全都享用。怎么知道天上兼而食之呢？自古及今，没有一个远方孤僻的国家，不都是喂养他的牛羊狗猪，洁净地整备酒醴粢盛，用以祭祀山川、上帝、鬼神，由此知道上天对人民兼而食之。假如兼而食之，必定会兼而爱之，就好像楚、越的国君一样。现在楚王在楚国四境之内享用食物，所以爱楚国的人。越王在越国享用食物，所以爱越国的人。现在天对天下兼而享用，我因此知道它爱天下的人。

【注释】

①"远灵孤夷"：应为"远夷蓝孤"，"蓝"通"零"，零落。译为远方夷人及零落孤单之国。

【原文】

且天之爱百姓也，不尽物而止①矣。今天下之国，粒食之民，杀一不辜者，必有一不详。曰："谁杀不辜？"曰："人也。""孰予之不辜？"曰："天也。"若天之中实②不爱此民也，何故而人有杀不辜，而天予之不祥哉？且天之爱百姓厚矣，天之爱百姓别矣，既可得而知也。何以知天之爱百姓也？吾以贤者之必赏善罚暴也。何以知贤者之必赏善罚暴也？吾以昔者三代

【译文】

而且上天爱护百姓，不仅此而已。现在天下所有的国家，凡是吃米粮的人民，杀了无辜的人，必定得到一种不祥，杀无辜的是谁呢？回答说："是人。"给他不祥的是谁呢？"是天"。假若上天内心确实不爱护这些百姓，那为什么在人杀了无辜之后，天要给他以不祥？并且上天爱护百姓是很厚重的，上天爱护百姓是很普遍的，这已经可以知道了。怎么知道上天爱护百姓呢？我从贤者必定要赏善罚暴得知。怎么知道贤者必然赏善罚暴呢？我从从前三代圣王的事迹知道这个。从前三代的圣王尧、舜、禹、汤、文王、武王兼爱天下，从而有利

之圣王知之。故昔也三代之圣王，尧、舜、禹、汤、文、武之兼爱之天下也。从而利之，移其百姓之意焉，率以敬上帝、山川、鬼神。天以为从其所爱而爱之，从其所利而利之，于是加其赏焉，使之处上位，立为天子以法也，名之曰圣人。以此知其赏善之证。是故昔也三代之暴王，桀、纣、幽、厉之兼恶天下也，从而贼之，移其百姓之意焉，率以诟侮上帝、山川、鬼神。天以为不从其所爱而恶之，不从其所利而贼之，于是加其罚焉。使之父子离散，国家灭亡，抎③失社稷，忧以及其身。是以天下之庶民，属而毁之。业万世子孙继嗣，毁之贵，不之废也，名之曰失王。以此知其罚暴之证。今天下之士君子欲为义者，则不可不顺天之意矣。

于人民，使百姓的心思潜移默化，率领百姓用以敬奉上帝、山川、鬼神。上天因为他们爱自己所爱的人，利自己所利的人，于是加重他们的赏赐，使他们居于上位，立为天子，子孙万代继业，以此成为法度标准，称他们为圣人。因为这个原因就知道这是上天赏赐善良的明证。从前三代的暴君，如桀、纣、幽王、厉王等，对天下人全都憎恶，残害他们，转移百姓的心意，率领他们侮慢上帝、山川、鬼神，上天因为他们不跟从自己的所爱，反而憎恶他们，不跟从自己的所利，反而残害他们，于是对他们加以惩罚，使他们父子离散，国家灭亡，丧失社稷，忧及他自身。而天下的百姓也都非毁他们，到了子孙万世以后，仍然受人们的唾骂，称他们为暴君，这就是上天惩罚暴君的明证。现今天下的士大夫、君子们，若要行事合乎义，就不可不顺从上天的旨意。

**【注释】**

①尽物不止：仅此而已。②中实：内心确实。③抎：坠落。

**【原文】**

曰：顺天之意者，兼也；反天之意者，别也。兼之为道也，义正；别之为道也，力正①。曰："义正者，何若？"曰：大不攻小也，强不侮弱也，众不贼寡也，诈不欺愚也，贵不傲贱也，富不骄贫也，壮不夺老也。是以天下之庶国，莫以水火、毒药、兵刃以相害也。若事上利天，中利鬼，下利人，三利而无所不利，是谓天德。故凡从事此者，圣知也，仁义也，忠惠也，慈

**【译文】**

顺从上天的旨意，就是"兼"；违反上天的旨意，就是"别"。兼的道理，就是义政；别的道理，就是力政。如果问道："义政是什么样呢？"回答说：大国不攻打小国，强国不欺侮弱国，势众的不残害人少的，狡诈的不欺骗愚笨的，高贵的不傲视卑贱的，富足的不傲慢贫困的，年壮的不掠夺年老的。所以天下众多的国家，不以水火、毒药、刀兵相互杀害。这种事在上利于天，在中利于鬼，在下利于人。三者有利，就无所不利，就是天德。所以凡从事于此的，就是圣智、仁义、

孝也。是故聚敛天下之善名而加之。是其故何也？则顺天之意也。曰："力正者，何若？"曰：大则攻小也，强则侮弱也，众则贼寡也，诈则欺愚也，贵则傲贱也，富则骄贫也，壮则夺老也。是以天下之庶国，方以水火、毒药、兵刃以相贼害也。若事上不利天，中不利鬼，下不利人，三不利而无所利，是谓之贼。故凡从事此者，寇乱也，盗贼也，不仁不义，不忠不惠，不慈不孝，是故聚敛天下之恶名而加之。是其故何也？则反天之意也。

【注释】

①力正：通"力政"，暴政。

【原文】

故子墨子置立天之以为仪法，若轮人之有规，匠人之有矩也。今轮人以规，匠人以矩，以此知方圆之别矣。是故子墨子置立天之，以为仪法，吾以此知天下之士君子之去义，远也！何以知天下之士君子之去义远也？今知氏大国之君宽者然曰："吾处大国而不攻小国，吾何以为大哉？"是以差论蚤牙之士，比列其舟车之卒，以攻罚无罪之国，入其沟境，刈其禾稼，斩其树木，残其城郭，以御其沟池，焚烧其祖庙，攘杀其牺牷。民之格者，则劲拔①之，不格者，则

【译文】

忠惠、慈孝，所以聚集天下的好名声加到他身上。这是什么缘故呢？就是顺从天意。问道："力政是什么样呢？"回答说：大的攻打小的强的欺侮弱的，多的残害少的，狡诈的欺骗愚笨的，尊贵的傲视卑贱的，富裕的傲慢贫困的，年壮的掠夺年老的，所以天下众国，一齐拿着水火、毒药、刀兵来相互残害。这种事上不利于天，中不利于鬼，下不利于人，三者不利就无所得利，所以称之为（天）贼。凡从事于这些事的，就是寇乱、盗贼、不仁不义、不忠不惠、不慈不孝，所以聚集天下的恶名加在他们头上。这是什么缘故呢？就是违反了天意。

所以墨子设立天志以为仪法，就像轮匠有圆规，木匠有方尺一样，现在轮人使用圆规，木匠使用方尺，以之知道方与圆的区别。所以墨子设立天志以为仪法，我因此而知道天下的士君子离义还很远。怎么知道天下的士君子离义还很远呢？现在大国的君主自得地说："我们处于大国地位而不攻打小国，我怎能成为大国呢？"因此差遣他们的爪牙，排列他们的舟车队伍，用以攻伐无罪的国家。进入他们的国境，割掉他们的庄稼，砍伐他们的树木，毁坏他们的城郭，以及填没他们的沟池，焚烧他们的祖庙，屠杀他们的牲口。人民抵抗的，就杀掉；不抵抗的就捆缚回去，男人用作奴仆、马夫，女从用作舂米、掌酒的家奴。那些喜好攻伐的君主，不知道这是不仁不义，

系操②而归,丈夫以为仆圉、胥靡,妇人以为舂酋。则夫好攻伐之君,不知此为不仁义,以告四邻诸侯曰:"吾攻国覆军,杀将若干人矣。"其邻国之君,亦不知此为不仁义也,有具其皮币,发其总处,使人飨贺焉。则夫好攻伐之君,有重不知此为不仁义也,有书之竹帛,藏之府库,为人后子者,必且欲顺其先君之行,曰:"何不当发吾府库,视吾先君之法美?"必不曰"文、武之为正者,若此矣",曰"吾攻国覆军,杀将若干人矣。"则夫好攻伐之君,不知此为不仁义也。其邻国之君,不知此为不仁义也。是以攻伐世世而不已者。此吾所谓大物则不知也。

还以此通告四邻的国君说:"我攻下别国,覆灭他们的军队,杀了将领多少人。"他邻国的君主,也不知道这是不仁不义,又准备皮币,拿出仓库的积藏派人去犒劳庆赏。那些喜好攻伐的君主又绝对不知道这是不仁不义,又把它写在简帛上,藏在府库中,作为后世子孙的,必定将要顺从他们先君的志行,说道:"为什么不打开我们的府库,看看我们先君留下的法则呢?"(那上面)必定不会写着"文王、武王的政绩像这样",而必定写着"我攻下敌国,覆灭他们的军队,杀了将领若干人"。那些喜好攻伐的君主不知道这是不仁不义;他的邻国君主,也不知道这是不仁不义,因此攻伐代代不止。这就是我所说的(士大夫、君子们)对于大事全不明白的缘故。

【注释】

①"拔":为"杀"字之误。②"操":为"累"之误。

【原文】

所谓小物则知之者,何若?今有人于此,入人之场园,取人之桃李瓜姜者,上得且罚之,众闻则非之。是何也?曰:不与其劳,获其实,已非其有所取之故。而况有逾于人之墙垣,担格人之子女者乎!与角人之府库,窃人之金玉蚤累者乎!与逾人之栏牢,窃人之牛马者乎!而况有杀一不辜人乎!今王公大人之为政也,自杀一不辜人者,逾人之墙垣,担格人之

【译文】

所谓小事则知道,又怎么讲呢?比如现今这里有一个人,他进入别人的果场菜园,偷窃人家的桃子、李子、瓜菜和生姜,上面抓住了将会惩罚他,大众听到了就指责他。这是什么原因呢?是因为他不参与种植之劳,却获得了果实,取到了不属于自己的东西的缘故。何况还有翻越别人的围墙,去抓取别人子女的呢!与角穿人家的府库,偷窃人家的金玉布帛的呢!与翻越人家的牛栏马圈,盗取人家牛马的呢!何况还有杀掉一个无罪的人呢!当今的王公大人执掌政治,

子女者,与角人之府库,窃人之金玉蚤累者,与逾人之栏牢,窃人之牛马者,与入人之场园,窃人之桃李瓜姜者,今王公大人之加罚此也;虽古之尧、舜、禹、汤、文、武之为政,亦无以异此矣。今天下之诸侯,将犹皆侵凌①攻伐兼并,此为杀一不辜人者,数千万矣!此为逾人之墙垣,格人之子女者,与角人府库,窃人金玉蚤累者,数千万矣!逾人之栏牢,窃人之牛马者,与入人之场园,窃人之桃李瓜姜者,数千万矣!而自曰:"义也!"

【注释】

①"凌":通"陵",侵犯。

【原文】

故子墨子言曰:"是蕡①我者,则岂有以异是蕡黑白、甘苦之辩者哉!今有人于此,少而示之黑,谓之黑;多示之黑,谓白。必曰:'吾目乱,不知黑白之别。'今有人于此,能少尝之甘,谓甘;多尝,谓苦。必曰:'吾口乱,不知其甘苦之味。'今王公大人之政也,或杀人,其国家禁之。此蚤越②有能多杀其邻国之人,因以为文义。此岂有异蕡黑白、甘苦之别者哉!"

故子墨子置天之以为仪法。

【译文】

对于从杀掉一个无罪的人,翻越人家的围墙抓取别人的子女,与角穿别人的府库而偷取人家的金玉布帛,与翻越别人的牛栏马牢而盗取牛马的,与进入人家的果场菜园而偷取桃、李、瓜、姜的,现在的王公大人对这些所判的罪,即使古代的圣王如尧、舜、禹、汤、文王、武王等治政,也不会与此不同。现在天下的诸侯,大概还全都在相互侵犯、攻伐、兼并,这与杀死一个无辜的人相比,(罪过)已是几千万倍了。这与翻越别人的围墙而抓取别人的子女相比,与角穿人家的府库而窃取金玉布帛相比,(罪过)也已数千万倍了。与翻越别人的牛栏马圈而偷窃别人的牛马相比,与进入人家的果场菜园而窃取人家的桃、李、瓜、姜相比,(罪过)已数千万倍了!然而他们自己却说:"这是义呀!"

所以墨子说道:"这是混乱我的说法。它和把黑白甘苦混淆在一起有什么区别呢!假如现在这里有一个人,少许给他看一点黑色,他说是黑的,多给他看些黑色,他却说白的,结果他必然会说:'我的眼睛昏乱,不知道黑白的分别。'假如现在这里有一个人,少许给他尝点甜味,他说是甜的;多多给他尝些甜味,他说是苦的。结果他必然会说:'我的口味乱了,我不知道甜和苦的味道。'现在的王公大人施政,若有人杀人,他的国家必然禁止。如果有人拿兵器多多杀掉邻国的人,却说这是义。这难道与混淆黑白、甘苦的做法有什么区别吗!"

所以墨子设立天志,作为法度标准。不仅墨子以天志为法度,就是先王的书《大夏》(即

非独子墨子以天之志为法也,于先王之书《大夏》之道之然:"帝谓文王,予怀明德,毋大声以色,毋长夏以革,不识不知,顺帝之则。"此诰文王之以天志为法也,而顺帝之则也。且今天下之士君子,中实将欲为仁义,求为上士,上欲中圣王之道,下欲中国家百姓之利者,当天之志而不可不考察也。天之志者,义之经也。"

《诗·大雅》)中这样说过:"上帝对文王说:我思念有光明德行的人,他不大显露声色,也不崇尚侈大与变革,不成能弄巧自作聪明,而是顺从天帝的法则。"这是告诫周文王以天志为法度,顺从天帝的法则。所以当今天下的士大夫、君子们,如果内心确实希望实行仁义,追求做上层人士,在上希望符合圣王之道,在下希望符合国家百姓的利益,对天志就不可不详考察。天的意志,就是"义"的原则。

【注释】

①菆:"纂"之假借字,乱。"我"为"义"字之误。②蚤越:当为"斧钺"。

【评析】

墨子认为只有"天志"才是人类行为的客观标准。上帝的意志不但在消极方面限制人们某些事情不能做,并且在积极方面还鼓励人们,某些事情要努力去做,天志希望人有力相营,有道相救,有财相分,这样做的结果就是国家安定、万民团结、经济繁荣、百姓安居乐业。

"天子赏罚不当,听狱不中",如果天子赏罚不公的话,那么这个国家就会混乱,忠臣不敢言语,小人当道,社稷频临危境。先王之书《大夏》之道之然:"帝谓文王,予怀明德,毋大声以色,毋长夏以革,不识不知,顺帝之则。"因此,在做任何事情时都应给顺从上天的旨意,即使是拥有权力的帝王。为了国家的长久发展,也应该挑选有能力的人,而不能为了一己私利,置国家社稷于不顾。

## 吐谷浑王为国禅让

吐谷浑是从东晋到唐初活动于青海高原的一个鲜卑族政权,历辈国王中出现了一些很有作为的人物,而阿柴是其中影响很大的一位。他是吐谷浑国的第九代王,史书上又写作阿豺。

公元418年,阿柴的哥哥树洛干病死,年轻的阿柴便继承了王位,自号骠骑将

军、沙州刺史。随之向周围扩张,逐渐强盛起来了。

为了对付强大的西秦,阿柴主动与南朝的刘宋政权取得联系。相传他曾登上西强山(今西顷山)眺望垫江(今白龙江)源头,感叹说:"水尚知归,吾虽塞表小国,而独无所归乎?"公元423年二月,他正式派使者到刘宋那里献财物通好。宋少帝很高兴,封阿柴为安西将军、沙州刺史、浇河公、督塞表诸军事。虽然由于各种原因,阿柴没能亲自"拜受"封职就去世了。但是他所开创的联宋抗秦、同时又结好周邻诸国的策略却为吐谷浑的强盛起了很大的作用。刘宋从此也称吐谷浑为"阿柴虏"。吐蕃人则直接称吐谷浑人为"阿柴",可见其影响是很大的。

阿柴英年早逝。在病中,他召集诸弟子说:他死后不要立他的儿子为王,而应以国家大事为重,立他的同母弟,叔父乌纥提的儿子慕璝为王。在临终时,他又将20个儿子召集在一起,让每人拿一支箭放在地下。先叫弟弟慕利延拿起一支折断,慕利延很轻松地折断了。然后又让他拿起另外的19支箭一齐折,慕利延怎么也折不断。阿柴这才对大家说:"汝曹知否?单者易折,众则难摧,戮力一心,然后社稷可固。"他告诫弟子们要团结一致,戮力同心,才能保住国家。这就是历史上有名的"折箭遗教"故事。阿柴讲完后就瞑目辞世了。

据推算,他死时年仅30余岁。他死后,大家按照家训,拥立慕璝为王,苦心经营,吐谷浑王国逐渐走向了兴盛。慕璝也才略过人,他采取多种安邦治国的措施,妥善地安抚了秦州、凉州的贫苦老百姓,并安定羌族、氐族等民族五六百个部落,使下属部众不断增多,国家日益强盛。

而后来土族人在家中供奉神箭之说也是由此而来!

# 明鬼下

【题解】

在本篇中,墨子列举古代的传闻、古代圣王对祭祀的重视以及古籍的有关记述,以证明鬼神的存在和灵验。他认为圣王既没,天下失义,由此出现了民为淫暴寇乱盗贼的现象,其根源就在于人们不相信鬼神的存在,不相信鬼神可以赏善罚恶。由于时代和墨子本人认识上的局限性,墨子对战国末期"礼崩乐坏"的局面,不可能从历史发展和阶级关系上去进行解释,他宣扬有神祀,批驳无神祀,表现了主观唯心主义的偏见,这需要我们在阅读时仔细加以鉴别。

【原文】

子墨子言曰:"逮至昔三代圣王既没,天下失义,诸侯力正。是以存夫为人君臣上下者之不惠忠也,父子弟兄之不慈孝弟长贞良也,正长之不强于听治,贱人之不强于从事也。民之为淫暴寇乱盗贼,以兵刃、毒药、水火,退①无罪人乎道路率②泾,夺人车马、衣裘以自利者,并作,由此始,是以天下乱。此其故何以然也?则皆以疑惑鬼神之有与无之别,不明乎鬼神之能赏贤而罚暴也。今若使天下之人,偕若信鬼神之能赏贤而罚暴也,则夫天下岂乱哉!"

【译文】

墨子说:"自当初三代的圣王死后,天下丧失了义,诸侯用暴力相互征伐。因此就存在着做人时,君臣上下不相互做到仁惠、忠诚,父子弟兄不相互做到慈爱、孝敬与悌长、贞良,行政长官不努力于听政治国,平民不努力于做事。人们做出了淫暴、寇乱、盗贼的事,拿着兵器、毒药、水火在大小道路上阻遏无罪的人,夺取人家的车马、衣裳作为自己的利益。这些事一并产生,从此开始天下大乱。这是什么原因呢?这是因为对鬼神有与无的分辨疑惑不解,对鬼神能够赏贤、罚暴不明白。现在如果天下的人都确信鬼神能赏贤罚暴,那么天下哪里还会乱呢?"

【注释】

①"退":当作"迟",与"御"通。御:止。②率:读为"术",车道。

【原文】

今执无鬼者曰:"鬼神者,固无有。"旦暮以为教诲乎天下,疑天下之众,使天下之众皆疑惑乎鬼神有无之别,是以天下乱。是故子墨子曰:"今天下之王公大人、士君子,实将欲求兴天下之利,除天下之害,故当鬼神之有与无之别,以为将不可以不明察此者也。既以鬼神有无之别,以为不可不察已。"

然则吾为明察此,其说将奈何而可?子墨子曰:"是与天下之所以察知有与无之道者,必以众之耳目之实知有与亡为仪者也。请惑①闻之见之,则必以为有;莫闻莫见,则必以为无。若是,何不尝入一乡一里而问之?自古以及今,生民以来者,亦有尝见鬼神之物、闻鬼神之声,则鬼神何谓无乎?若莫闻莫见,则鬼神可谓有乎?"

【注释】

①"惑":通"或"。

【译文】

现在坚持没有鬼神的人说:"鬼神本来就不存在。"早晚都用这些话宣扬于天下,以疑惑天下的民众,使天下的人都对鬼神有无的分辨疑惑不解,所以天下大乱。所以墨子说:"现在天下的王公大人士君子,如果实在想兴办天下之利,除去天下之害,那么对于鬼神有无的分辨,就是不可不考察清楚的。"

既然这样,那么我们为了彻底弄清楚这件事,应该怎么论证才好呢?墨子说:"要和天下的人一同弄清鬼神的有无这件事,都应该用大众的耳目亲闻亲见的事实为根据。如果确实有人听见了,见到了,那么必定认为鬼神是存在的,如果没有人听到或看到,那么必定认为鬼神是不存在的。假若这样,为什么不曾进入一乡一里去询问呢?从古至今有生民以来,也有人曾见到过鬼神之形,听到过鬼神之声,那么鬼神怎么能说没有?假若没有谁听到、没有谁看到,那怎么能说鬼神是有的呢?

【原文】

今执无鬼者言曰:"夫天下之为闻见鬼神之物者,不可胜计也。"亦孰为闻见鬼神有、无之物哉?子墨子言曰:"若以众之所同见,与众之所同闻,则若昔者杜伯是也。"周宣王杀其臣杜伯而不辜,杜伯曰:"吾君

【译文】

现在坚持没有鬼神的人说:"天下听到和见到鬼神的人,多得数不清。"那么又是谁听到、看到鬼神的呢?墨子说道:"如果以大众共同见到和大众共同听到的来说,那么像从前杜伯的例子就是。"周宣王杀了他的臣子杜伯而杜伯并没有罪。杜伯说:"我的君王要杀我而我并没有罪,假若认为死者无知,

杀我而不辜,若以死者为无知,则止矣;若死而有知,不出三年,必使吾君知之。"其①三年,周宣王合诸侯而田②于圃,田车数百乘,从数千人,满野。日中,杜伯乘白马素车,朱衣冠,执朱弓,挟朱矢,追周宣王,射之车上,中心折脊,殪车中,伏弢而死。当是之时,周人从者莫不见,远者莫不闻,著在周之《春秋》。为君者以教其臣,为父者以警其子,曰:"戒之!慎之!凡杀不辜者,其得不祥,鬼神之诛,若此之憯速也!"以若书之说观之,则鬼神之有,岂可疑哉?

那么就罢了,假若死而有知,那么不出三年,我必定让我的君王知道后果。"第三年,周宣王会合诸侯在圃田打猎,猎车数百辆,随从数千人,人群布满山野。正当中午,杜伯乘坐白马素车,穿着红衣,拿着红弓,追赶周宣王,在车上射箭,射中宣王的心脏,使他折断了脊骨,倒伏在弓袋之上而死。当这个时候,跟从的周人没有人不看见,远处的人没有人不听到,并记载在周朝的《春秋》上。做君上的以此教导臣下,做父亲的以此警戒儿子,说:"一定要警惕呀!谨慎呀!凡是杀害无罪的人,他必得到不祥后果。鬼神的惩罚,是如此的惨痛快速。"按这本书的说法来看,鬼神的存在,难道还有什么疑问吗?

**【注释】**

①其:通"期",会见。②田:通"畋",打猎。

**【原文】**

非惟若书之说为然也,昔者郑①穆公,当昼日中处乎庙,有神入门而左,鸟身,素服三绝,面状正方。郑穆公见之,乃恐惧奔。神曰:"无惧!帝享女明德,使予锡女寿十年有九,使若国家蕃昌,子孙茂,毋失郑。"穆公再拜稽首,曰:"敢问神名?"曰:"予为句芒。"若以郑穆公之所身见为仪,则鬼神之有,岂可疑哉!

非惟若书之说为然也,昔者燕简公杀其臣庄子仪而不辜,庄子仪曰:"吾君王杀我而不辜。死人毋知亦已,死人有知,不出三

**【译文】**

不只是这本书的说法是这样的,从前,秦穆公有一天中午在庙堂里,看到一个神进入大门向左拐,人面鸟身,穿着素服头戴着黑色的帽子,脸形方正。秦穆公见了,因恐惧而想逃走。神说:"不要害怕!天帝因你明德有道而保佑你,派我来给你增添阳寿十九年,使你的国家繁荣昌盛,子孙兴旺,不丧失秦国。"穆公拜了两拜,叩头道:"请问尊神大名。"神回答说:"我是句芒。"如果以秦穆公的亲身经历为依据,那么鬼神的存在,难道还有疑问吗?

不只这本书的说法是这样的,从前,燕简公杀了他的臣下庄子仪,而庄子仪无罪。庄子仪说:"我的君上杀我而我并没有罪。如果死人无知,也就罢了。如果死者有知,不出三年,必定使我的君上知道后果。"过了一年,燕人将坐

年，心使吾君知之。"期年，燕将驰祖②。燕之有祖，当齐之社稷，宋之有桑林，楚之有云梦也，此男女之所属而观也。日中，燕简公方将驰于祖涂③，庄子仪荷朱杖而击之，殪之车上。当是时，燕人从者莫不见，远者莫不闻，著在燕之《春秋》。诸侯传而语之曰："凡杀不辜者，其得不祥，鬼神之诛，若此其憯速也。"以若书之说观之，则鬼神之有，岂可疑哉！

车到沮泽祭祀。燕国有沮泽，就像齐国有社，宋国有桑林，楚国有云梦泽一样，都是男女聚会和游览的地方。正午时分，燕简公正在驰往沮泽途中，庄子仪肩扛红木杖击打他，把他杀死在车上。当这个时候，燕人跟从的没人不看见，远处的人没人不听到，这记载在燕国的《春秋》上。诸侯相互转告说："凡是杀了无罪的人，他定得不祥。鬼神的惩罚像这样的惨痛快速。"从这书的记载来看，鬼神的存在，还有什么可以怀疑的吗！

【注释】

①"郑"：为"秦"字之误。下同。②祖：通"沮"。③涂：通"途"。

【原文】

非惟若书之说为然也，昔者宋文君鲍之时，有臣曰祐①观辜，固尝从事于厉，袾②子杖揖出，与言曰："观辜！是何珪璧之不满度量？酒醴粢盛之不净洁也？牺牲之不全肥？春秋冬夏选失时？岂女③为之与？意鲍为之与？"观辜曰："鲍幼弱，在荷襁④之中，鲍何与识焉？官臣观辜特为之。"袾子举揖而槀⑤之，殪之坛上。当是时，宋人从者莫不见，远者莫不闻，著在宋之《春秋》。诸侯传而语之曰："诸不敬慎祭祀者，鬼神之诛至，若此其憯速也！"以若书之说观之，鬼神之有，岂可疑哉！

非惟若书之说为然也，昔者齐庄君之臣，有所谓王里国、中里徼者，此二子者，讼三年而狱不断。齐

【译文】

不仅这部书上这样说，从前，宋文君鲍在位之时，有个臣子叫祏观辜，曾在祠庙从事祭祀，有一次他到神祠里去，厉神附在祝史的身上，对他说："观辜，为什么珪璧达不到礼制要求的规格？酒醴粢盛不洁净？用作牺牲的牛羊不纯色不肥壮？春秋冬夏的祭献不按时？这是你干的呢？还是鲍干的呢？"观辜说："鲍还幼小，在襁褓之中，鲍怎么会知道呢？是我执事之官观辜单独这样做的。"祝史举起木杖敲打他，把他打死在祭坛上。这个时候，宋人跟随的没有人不看见，远处的人没有不听到，记载在宋国的《春秋》上。诸侯相互传告说："凡各不恭敬谨慎地祭祀的人，鬼神的惩罚来得如此惨痛快速。"从这部书的说法来看，鬼神的存在，难道可以怀疑吗！

不只这部书这样说，从前，齐庄王的时候，有两个大臣，叫作王里国、中里徼的。这

君由谦杀之，恐不辜；犹谦释之，恐失有罪。乃使之人共一羊，盟齐之神社。二子许诺。于是泏⁶洫，揿羊而漉其血。读王里国之辞，既已终矣；读中里激之辞，未半也，羊起而触之，折其脚，祧神之而棄之，殪之盟所。当是时，齐人从者莫不见，远者莫不闻，著在齐之《春秋》。诸侯传而语之曰："请品先不以其请者，鬼神之诛至，若此其憯速也！"以若书之说观之，鬼神之有，岂可疑哉！

是故子墨子言曰："虽有深溪博林、幽涧无人之所，施行不可以不董⑦，见有鬼神视之。"

两人打了三年的官司，案件还审理不清。齐君想把他们两个都杀掉，又担心杀了无罪者；想释放他们，又担心放过了有罪者。于是让两个人共同带着一头羊，到齐国社稷神坛前发誓。二人都答应了。在神前挖了一个坑，把羊杀掉，把羊血洒在地上。王里国的誓词读完以后，读中里徼的誓词，读了不到一半，那死羊跳起来触他，把他的脚折断了，守神祀的人看到羊显灵了，就来打中里徼，把他杀死在盟誓的地方。当时，齐国人跟从的没人不看见，远处的人没人不听说这件事，记载在齐国的《春秋》中。诸侯传告说："所有发誓而言不由衷的，鬼神的惩罚，如此惨痛快速。"按这部书的说法来看，那么鬼神的存在，难道还有什么可怀疑的吗？

所以墨子说："虽然处于深山老林、悠闲无人居住的地方，行事也不可不谨慎，因为鬼神在注视着你。"

【注释】

①柘：为"祏"之误。②袾：即"祝"。③女：通"汝"。④荷缨：疑为"葆缨"之误，即"裋褕"。⑤橐：同"敲"。⑥泏：同"掘"。洫：同"穴"。⑦董：为"蕫"之误，蕫：通"谨"。

【原文】

今执无鬼者曰："夫众人耳目之请，岂足以断疑哉？奈何其欲为高君子于天下，而有复信众之耳目之请哉！"子墨子曰："若以众之耳目之请，以为不足信也，不以断疑，不识若昔者三代圣王尧、舜、禹、汤、文、武者，足以为法乎？"故于此乎自中人以上皆曰："若

【译文】

现在持无神论的人说："一般人所耳闻目见的情况，难道就可以彻底解决疑问吗？哪有作为天下高级人才反而相信一般人耳闻目见的呢？"墨子说："如果认为一般人所耳闻目见的实情不足以相信，不能以此解决疑惑，那么，就不能审知从前三代圣王尧、舜、禹、汤、周文王、周武王，是否足以作为法则？"所以对于这个问题，中等资质以上的都会说："象从前三代的圣王是足以取法的。"假若从前三代的圣王足以为法，那么姑且试着回顾一下圣王的行事：从前周武王攻伐殷商诛

昔者三代圣王，足以为法矣。"若苟昔者三代圣王足以为法，然则姑尝上观圣王之事：昔者武王之攻殷诛纣也，使诸侯分其祭，曰："使亲者受内祀，疏者受外祀。"故武王必以鬼神为有，是故攻殷伐纣，使诸侯分其祭；若鬼神无有，则武王何祭分哉！非惟武王之事为然也，故圣王其赏也必于祖，其僇①也必于社。赏于祖者何也？告分之均也；僇于社者何也？告听之中也。非惟若书之说为然也，且惟昔者虞、夏、商、周三代之圣王，其始建国营都日，必择国之正坛，置以为宗庙；必择木之修茂者，立以为菆位；必择国之父兄慈孝贞良者，以为祝宗；必择六畜之胜腯肥倅毛，以为牺牲，珪璧琮璜，称财为度；必择五谷之芳黄，以为酒醴粢盛，故酒醴粢盛与岁上下②也。故古圣王治天下也，故必先鬼神而后人者，此也。故曰：官府选效③，必先祭器祭服，毕藏于府，祝宗有司毕立于朝，牺牲不与昔聚群。故古者圣王之为政若此。

杀纣王，使诸侯分掌众神的祭祀，说："同姓诸侯得立祖庙以祭祀，异姓诸侯祭祀本国的山川。"所以说武王必定认为鬼神是存在的，所以攻殷伐纣，使诸侯分主祭祀。如果鬼神不存在，那么武王为何把祭祀分散呢？不仅武王的事是这样，古代圣王行赏必定在祖庙，行罚也必定在社庙。在祖庙行赏是为什么呢？是报告祖先颁赏的平均；在社庙行戮是为什么呢？是报告断狱的公允。不仅这一记载说的是这样，而且从前虞夏商周三代的圣王，他们开始建国营都之日，必定要选择国都的正坛，设立作为宗庙；必定选择树木高大茂盛的地方，设立作为丛社；必定要选择国内父兄辈慈祥、孝顺、正直、善良的人，充作祭祀的太祝和宗伯；必定要选择六畜中能胜任肥壮纯色之选者，作为祭祀品，摆设珪、璧、琮、璜等玉器，也要求合乎礼仪制度；还要选择五谷中气香色黄的，用作供祭的酒醴粢盛，因酒醴粢盛随年成好坏而增减。所以古代的圣王治理天下，一定是先鬼神后人民。所以说：官府置备供具，必定以祭品祭服为先，使尽藏于府库之中，太祝、太宗等官吏都于朝廷就位，选为祭品的牲畜不跟昔日的畜群关在一起。古代的圣王就是如此施政的。

【注释】

①僇：通"戮"，杀。②与岁上下：虽年成好坏而有所增减。③选效：犹为"僎效"，具备。

【原文】

古者圣王必以鬼神为①，其务鬼神厚矣。又恐后世子孙不能知也，故书之竹帛，传遗后世子孙。咸

【译文】

古代圣王必定认为鬼神是存在的，所以他们尽力侍奉鬼神很厚重。因此没有一个敢在暗处放肆，拟度鬼神的显明，担心被

②恐其腐蠹绝灭，后世子孙不得而记，故琢之盘盂、镂之金石以重之。有恐后世子孙不能敬箬③以取羊，故先王之书，圣人，一尺之帛，一篇之书，语数鬼神之有也，重有重之。此其故何？则圣王务之。今执无鬼者曰："鬼神者，固无有。"则此反圣王之务。反圣王之务，则非所以为君子之道也。

诛罚。又担心后世子孙不知道这点，所以写在竹帛上，传给后世子孙。或者担心它们被腐蚀、被虫咬而灭绝，使后世子孙不能记住，所以又雕琢在盘盂上，镂刻在金石上，以示重视。又担心后世子孙不能敬顺以取得吉祥，所以先王的书籍，圣人的言语，即使是在一尺的帛书上，一篇简书上，都反复述说鬼神的存在，反复重申敬重鬼神。这是什么缘故？是因为圣王要勉力事奉鬼神。现在主张没有鬼神的人说："鬼神，本来就不存在。"那么这就是违背圣王。违反圣王所重视的事，就不是君子之道了。

【注释】

①为：后疑脱"有"字。②咸：为"或"字之误。③箬：为"若"之误。"羊"即"祥"。

【原文】

今执无鬼者之言曰："先王之书，慎无一尺之帛，一篇之书，语数鬼神之有，重有重之，亦何书之有哉？"子墨子曰："《周书·大雅》有之。《大雅》曰：'文王在上，於昭于天。周虽旧邦，其命维新。有周不显，帝命不时。文王陟降，在帝左右。穆穆文王，令问不已。'若鬼神无有，则文王既死，彼岂能在帝之左右哉？此吾所以知《周书》之鬼也。"且《周书》独鬼而《商书》不鬼，则未足以为法也。然则姑尝上观乎《商书》。曰："呜呼！古者有夏，方未有祸之时，百兽贞虫，允及飞鸟，莫不比方。矧①佳人面，胡敢异心？山川鬼神，亦

【译文】

现在坚持没有鬼神的人说："先王的书籍，圣人的言语，即使是一尺帛书，一篇简书，多次提到鬼神的存在，重复了又重复，那么究竟是一些什么书呢？"墨子说："《周书·大雅》就写有这个。《大雅》说：'文王高居上位，功德昭著于天，周朝虽是诸侯旧邦，但它接受天命才刚开始，周朝的德业很显著，天帝的授命很及时。文王去世后，常在天帝的身边，庄严的文王，美名传扬不止。'如果鬼神不存在，那么文王已死，他怎么能在天帝的左右呢？这就是我所知道的《周书》中写的鬼神。"而且《周书》独独记载有鬼神，而《商书》却没有记载鬼神，那么还不足以此作为法则。既然如此，那么姑且试着回顾一下《商书》。《商书》上说："啊！古代的夏朝，正当没有灾祸的时候，各种野兽爬虫，以及各种飞鸟，都不敢不行正道。更何况是人类，怎么敢怀有异心？山川、鬼神，也无不安宁，若能恭敬诚信，则天下和合，确保国土。"考察山川、鬼神所以无不安宁的原

莫敢不宁;若能共允,佳天下之合,下土之葆。"察山川、鬼神之所以莫敢不宁者,以佐谋禹也。此吾所以知《商书》之鬼也。且《商书》独鬼而《夏书》不鬼,则未足以为法也。然则姑尝上观乎《夏书》。《禹誓》曰:"大战于甘,王乃命左右六人,下听誓于中军。曰:'有扈氏威侮五行,怠弃三正,天用剿绝其命。'有曰:'日中,今予与有扈氏争一日之命。且②!尔卿、大夫、庶人,予非尔田野葆士③之欲也,予共行天之罚也。左不共于左,右不共于右,若不共命;御非尔马之政,若不共命。是以赏于祖,而僇于社。"赏于祖者何也?言分命之均也;僇于社者何也?言听狱之事也。故古圣王必以鬼神为赏贤而罚暴,是故赏必于祖,而僇必于社。此吾所以知《夏书》之鬼也。故尚者《夏书》,其次商、周之书,语数鬼神之有也,重有重之。此其故何也?则圣王务之。以若书之说观之,则鬼神之有,岂可疑哉!

【注释】

①剿:况。"佳"即"惟"。②且:通"徂"。③葆士:当作"宝玉"。

【原文】

于古曰:"吉日丁卯,周代祝社、方;岁于社者考①,以延年寿。"若无鬼神,彼岂有所延年寿哉!是故子墨子曰:"尝若②鬼神之能赏贤

因,是山川鬼神在帮助大禹。因此我知道《商书》记载有鬼神。如果只是商代的书籍记载有鬼神,而夏代的书籍没有记载,那么还不足用来作为法则,既然如此,那么姑且让我来看看夏代书籍上的记载吧。《禹誓》说:"在甘这个地方举行大战,夏王于是命令左右六人,下到中军去听宣誓。夏王说:'有扈氏轻慢五行,怠惰废弃三正,上天因而断绝他的大命。'又说:'到正午的时候,我们要和有扈氏决一死战。前进吧!卿、大夫和平民百姓。我不是想要有扈氏的田地和宝玉,我是恭行上天的惩罚。如果车左不努力攻击敌人的车左,如果车右不努力攻击敌人的车右。那就是你们不执行上天的命令。所以要在祖先神位前行赏,在社庙神主前行罚。'"在祖庙颁赏是为什么呢?是告祖先分配天命的公平。在社庙行罚是为什么呢?是说治狱的合理。所以古时圣王必定认为鬼神是赏贤和罚暴的,所以行赏必在祖庙而行罚必在社庙。这就是我所知道的《夏书》中的鬼。所以最远的《夏书》,其次的《商书》、《周书》,都多次说到鬼神的存在,重复了又重复。这是什么缘故呢?是因为圣王勉力于此。从这些书的说法来看,则鬼神的存在,难道可以怀疑吗?

【译文】

在古时有记载说:"在丁卯吉日,由群臣百官代王遍祝社神、四方之神、岁事之神及先祖,以使王延年益寿。"所以墨子说:"应当相信鬼神是能够赏贤和罚暴的。以此

如罚暴也。盖本施之国家，施之万民，实所以治国家、利万民之道也。"若以为不然，是以吏治官府之不洁廉，男女之为无别者，鬼神见之；民之为淫暴寇乱盗贼，以兵刃、毒药、水火，退无罪人乎道路，夺人车马、衣裘以自利者，有鬼神见之。是以吏治官府不敢不洁廉，见善不敢不赏，见暴不敢不罪。民之为淫暴寇乱盗贼，以兵刃、毒药、水火，退无罪人乎道路，夺车马、衣裘以自利者，由此止，是以莫放幽间，拟乎鬼神之明显，明有一人畏上诛罚，是以天下治。

来治理国家、治理万民，才真正是安定国家有利万民的正道啊。"假如认为不是这样，那些政府官吏不清廉，男女没有分别，鬼神都会看得见；百姓做了淫暴、寇乱、盗贼之事，拿着兵器、毒药、水火在道路上袭击无辜的人，夺取人家的车马、衣裘以此自利，有鬼神看得见。因此官吏治理官府不敢不廉洁，看到好的不敢不奖赏，看到坏的不敢不加以惩罚。而百姓做淫暴、寇乱、盗贼之事，拿着兵器、毒药、水火在道路袭击无辜的人，抢夺人家的车马，衣裘以此自利，就会从此停止，因此天下就太平了。

【注释】

①考：先祖。②尝若：应当相信。

【原文】

故鬼神之明，不可为幽间广泽、山林深谷，鬼神之明必知之。鬼神之罚，不可为富贵众强、勇力强武、坚甲利兵，鬼神之罚必胜之。若以为不然，昔者夏王桀，贵为天子，富有天下，上诟天侮鬼，下殃傲天下之万民，祥上帝伐，元山①帝行。故于此乎天乃使汤至明罚焉。汤以车九两，鸟陈雁行。汤乘大赞，犯遂下众，人之蟜遂②，王乎③禽推哆、大戏，故昔夏王桀，贵为天子，富有天下，有勇力之人推哆、大戏，生列④兕虎，指画杀人。人民之众兆亿，侯

【译文】

所以对鬼神之明，人不可能倚恃幽间、广林、深谷(而为非作歹)，鬼神之明一定能洞知他。对鬼神之罚，人不可能倚恃富贵、人多势大、勇猛顽强、坚甲利兵(而抵制)，鬼神之罚必能战胜他。假若认为不是这样，那么请看从前的夏桀，贵为天子，富有天下，对上咒骂天帝、侮辱鬼神，对下祸害残杀天下的万民，残害天帝之功，抗拒天帝之道。所以在此时上天就使商汤对他致以明罚。汤用战车九辆，布下鸟阵、雁行的阵势。汤登上大赞这个地方，挥师进攻、追逐夏的军队，进入都郊隧道，汤王于是擒获了推哆、大戏。从前的夏王桀，贵为天子，富有天下，拥有有勇力的将领推哆、大戏，他们能活生生地把兕、虎撕裂，指画之间，就能杀死人。他的民众之多成兆成亿，布满山陵水泽，但却

盈厥泽陵,然不能以此圉鬼神之诛。此吾所谓鬼神之罚,不可为富贵众强、勇力强武、坚甲利兵者,此也。且不惟此为然,昔者殷王纣,贵为天子,富有天下,上诟天侮鬼,下殃傲天下之万民,播弃黎老,贼诛孩子,楚毒⑤无罪,刳剔孕妇,庶旧鳏寡,号咷无告也。故于此乎天乃使武王至明罚焉。武王以择车百两,虎贲之卒四百人,先庶国节窥戎,与殷人战乎牧之野。王乎禽费中、恶来。众畔百走,武王逐奔入宫,万年梓株折纣,而系之赤环,载之白旗,以为天下诸侯僇。故昔者殷王纣,贵为天子,富有天下,有勇力之人费中、恶来、崇侯虎,指寡杀人。人民之众兆亿,侯盈厥泽陵,然不能以此圉鬼神之诛。

此吾所谓鬼神之罚,不可为富贵众强、勇力强武、坚甲利兵者,此也。且《禽艾》之道之曰:"浔玑无小,灭宗无大。"则此言鬼神之所赏,无小必赏之;鬼神之所罚,无大必罚之。

不能以此抵御鬼神的诛罚。这就是我所说的对鬼神的惩罚,人不可能凭借富贵、人多势大、勇猛顽强、坚甲和锐利武器的道理。并且不只夏桀是这样,从前的殷王纣,贵为天子,富有天下,但他对上咒骂上天,侮辱鬼神,对下殃害残杀天下万民,抛弃父老,屠杀孩童,用炮烙之刑处罚无罪之人,剖割孕妇之胎,庶民鳏寡号啕大哭而无处申诉。所以在这个时候,上天就使周武王致以明罚。武王用精选的战车一百辆,虎贲勇士四百人,自己率先走在各受符节的诸侯前头前往观察战事。在牧野这个地方与殷商军队开战,武王于是擒获了费中、恶来,殷军大队叛逃败走。武王追逐他们奔入殷宫,用万年梓株折断了纣王头,把他的头系在赤环上,以白旗载着,以此为天下诸侯戮之。从前的殷王纣贵为天子,富有天下,又有勇力的将领费中、恶来、崇侯虎,指顾之间即可杀人。他的民众之多成兆成亿,布满水泽山林,然而不能凭此抵御鬼神的诛罚。

这就是我所说的鬼神的惩罚,不能倚仗富贵、人多势大、勇猛顽强、坚甲利兵(而抵制),道理即在于此。并且《禽艾》上说过:"积善得福,不嫌微贱;积恶灭宗,不避高贵。"这说的是鬼神所应赏赐的,不论地位多么微贱也必定要赏赐他;鬼神所要惩罚的,不论地位多么尊崇也必定要惩罚他。

【注释】

①元山:疑为"亢上"之误。亢:通"抗"。②犯遂下众,人之蟜遂:疑应为"犯遂夏众,入之蟜遂"。蟜:为"郊"之假借字。③乎:为"手"之误。禽:通"擒"。乎禽:当为"手擒"。④列:通"裂",撕裂。⑤楚毒:为"焚炙"之误,炮烙之刑。

### 【原文】

今执无鬼者曰:"意不忠亲之利,而害为孝子乎?"子墨子曰:"古之今之为鬼,非他也,有天鬼,亦有山水鬼神者,亦有人死而为鬼者。"今有子先其父死,弟先其兄死者矣。意虽使然,然而天下之陈物①,曰:"先生者先死。"若是,则先死者非父则母,非兄而姒也。今洁为酒醴粢盛,以敬慎祭祀,若使鬼神请有,是得其父母姒兄而饮食之也,岂非厚利哉!若使鬼神请亡,是乃费其所为酒醴粢盛之财耳;自②夫费之,非特③注之污壑而弃之也,内者宗族,外者乡里,皆得如具饮食之;虽使鬼神请亡,此犹可以合欢聚众,取亲于乡里。今执无鬼者言曰:"鬼神者,固请无有。是以不共其酒醴、粢盛、牺牲之财。吾非乃今爱其酒醴、粢盛、牺牲之财乎?其所得者,臣将何哉?"此上逆圣王之书,内逆民人孝子之行,而为上士于天下,此非所以为上士之道也。是故子墨子曰:"今吾为祭祀也,非直注之污壑而弃之也,上以交鬼之福,下以合欢聚众,取亲乎乡里。若神有,则是得吾父母弟兄而食之也。则此岂非天下利事也哉!"

是故子墨子曰:"今天下之王公大人、士君子,中实将欲求兴天下之利,除天下之害,当若鬼神之有也,将不可不尊明也,圣王之道也。"

### 【译文】

现在坚持没有鬼神的人说:"抑或不符合双亲的利益而有害为孝子吗?"墨子说:"古往今来所说的鬼神,没有别的,有天鬼,也有山水的鬼神,也有人死后所变的鬼。"现在存在儿子比父亲先死、弟弟比兄长先死的情况。即使如此,按天下常理来说,则先死的不是父亲就是母亲、不是哥哥就是姐姐。现在洁治酒醴粢盛,用以恭敬谨慎地祭祀。假使鬼神真有的话,这是让父母兄姐得到饮食,难道不是最大的益处吗!假使鬼神确实没有,这不过是浪费他制作甜酒和盛在祭器中黍稷的一点资财罢了。而且这种浪费,也并不是倾倒在脏水沟去丢掉,而是还可以用来邀请宗族乡亲欢聚一堂,增进亲情。现今主张无鬼神论的人说道:"鬼神,本来就不存在,因此不必供给那些祭祀用的甜酒、黍稷、牺牲之财。如今我们岂是爱惜那些财物呢?祭祀能得到什么呢?"这种说法对上违背了圣王之书,对下违背了民众孝子的言行,而想成为天下高尚的人,这样做绝不是正道。因此墨子说:"现在我们去祭祀,并不是(把食物)倒在沟里丢掉,而是对上以邀鬼神之福,对下让宗族乡亲欢聚一堂,增进亲情。假若鬼神存在,那就是将我们的父母兄弟请来共食,这岂不是天下最大的好事吗?"

因此墨子说:"现在天下的王公大人、士大夫君子们,如果内心确实想要追求兴起天下的大利,除去天下的公害,那么在对待鬼神的存在这个问题上,就不能不明确表示尊重,这是圣王的正道啊。"

【注释】

①陈物:常理。②自:为"且"之误。且:同"抑"。③特:应为"直"。

【评析】

墨子认为鬼神不仅存在,而且能对人间的善恶予以赏罚。他所说的"天"和"鬼神"都是按照当时小生产者所要求的公平合理的愿望塑造出来的,他所诚心信奉的上帝和鬼神是他所代表的这一社会阶层自身的虚幻的化身,因为当时这一社会阶层还不可能形成自觉的力量,更无从认识自己的力量,但是在痛苦的生活压榨下,在不公平的待遇下,小私有者和手工业者逐渐取得独立的地位,形成一定的社会力量时,他们不能不提出改善自己的生活条件和社会地位的要求。我们应当看到,墨子明鬼的目的,主要是想借助超人间的权威以限制当时统治集团的残暴统治。

## 古弼忠心为国家

古弼,北魏大臣。这个人很正直,只认理不认人,连皇帝都敢得罪。

他曾经认为,皇家园林上谷苑面积太大,希望能减少一半,分给贫苦百姓。于是入朝晋见北魏王,想把自己的想法面奏魏王。当他进宫准备上奏时,魏王正与给事中刘树下围棋,魏王专心致志,没有理睬站在旁边的古弼。古弼等了很久,仍然没有机会向魏王陈述此事。忽然间,古弼站起身来,一把抓住刘树的头发,将他拉下座椅,又揪耳朵,又猛打他的后背,斥责道:"国家没有管好,完全是你的罪责!"魏王被这突如其来的打骂吓呆了,赶忙放下棋子说:"没有听你的上奏,过错在我。刘树有何罪过!快放了他!"古弼于是把事情一一奏明皇上,魏王全都同意。之后,古弼说:"我身为臣下,在皇上面前这般无礼,罪过实在太大了!"然后直奔公交车署,脱下帽子,赤着脚请有关官员处罚。皇帝知道后,叫人将他召回,对他说:"我听说修筑神坛的人,弯腰驼背干活的样子,看上去不甚雅观,但神坛修好后,当我们前去虔诚祭拜时,却非常高雅神圣,神灵不仅不责怪,反而会赐福给他们。既然这样,你又有什么罪过呢?你还是戴好帽子,穿好鞋,去履行好你的职责吧。只要是有利于国,方便于百姓的事,你只管努力去做,不要有任何顾虑!"

同年八月,拓跋焘要去河西打猎,让古弼留守京城。他给古弼发了一道指示,要他把肥壮的马送去打猎,古弼却尽送一些老弱马去河西。拓跋焘气得大骂:"这

个笔头奴！竟敢节制捉弄我！等我回去，先斩此奴！"古弼手下的官吏，都惶恐不安，生怕受牵连被杀头。古弼却安慰他们说："我为人臣，不让皇帝沉迷于游猎之中，如果有罪过的话，我想这个罪也是小的。如果不考虑国家的安危，做到有备无患，而是使军国乏用，这个罪才是大的。现在柔然人还十分强大，经常来骚扰我国边境，南朝的宋国也还没有消灭，我把肥壮的马供军队使用，安排老弱的马让皇帝打猎，这是为国家大业着想的，如果为此而死，我又有什么伤心的呢！再说，这件事是我一人决定的，好汉做事好汉当，你们忧虑什么呢？"拓跋焘听到这些话，叹服道："有臣如此，国之宝也！"于是"赐衣一袭（即一副）、马二匹、鹿十头"。

　　河西打猎回来不几天，拓跋焘又到京城的北山去打猎了。这次打猎收获甚丰，猎获麋鹿数千头。拓跋焘于是给古弼写了一封信，要他征发民车五百辆去运麋鹿。送信的人去了不久，拓跋焘就醒悟到了，这次肯定又要碰钉子。他对身边的人说："笔公一定不会给我征发民车来，你们还不如就用马把麋鹿运回去吧！"说完，就命令大家动身回京城。走了百来里，遇到送信的人回来，车子一辆没有，带来的只有古弼的一封回信。信上说："现在正是谷黄椒熟时节，麋鹿和野猪不停地到农田里来糟蹋庄稼，鸟雀也不断地来啄食粮食，加上风吹雨打，地里的粮食晚上去收获，就只能收到早上的三分之一，一天损失这么重，民车都正用于运送庄稼，怎么能征用去运麋鹿呢？请缓几天吧！"拓跋焘见信后，说："果然如我说的，笔公可谓社稷之臣矣！"

# 非乐上

【题解】

　　这篇"非乐"意在反对当时贵族阶级奢侈腐化的享乐生活,指出他们的享乐生活是建立在广大劳动者的饥寒交迫上的。因此,他极力反对从事音乐活动。墨子认为凡事应该利国利民,而百姓、国家都在为生存奔波,制造乐器需要聚敛百姓的钱财,荒废百姓的生产,而且音乐还能使人耽于荒淫。因此,必须禁止音乐。

【原文】

　　子墨子言曰:"仁之事者①,必务求兴天下之利,除天下之害,将以为法乎天下,利人乎即为,不利人乎即止。"且夫仁者之为天下度也,非为其目之所美,耳之所乐,口之所甘,身体之所安,以此亏夺民衣食之财,仁者弗为也。是故子墨子之所以非乐者,非以大钟、鸣鼓、琴瑟、竽笙之声,以为不乐也;非以刻镂、华文章之色,以为不美也;非以㹗豢煎炙之味,以为不甘也;非以高台、厚榭、邃野②之居,以为不安也。虽身知其安也,口知其甘也,目知其美也,耳知其乐也,然上考之,不中圣王之事;下度之,不中万民之利。是故子墨子曰:"为乐,非也!"

【注释】

　　①仁之事者:当为"仁者之言"。②邃野:"野"通"宇",即深居。

【译文】

　　墨子说:"仁人做事,必须讲求对天下有利,为天下除害,将以此作为天下的准则。对人有利的,就做,对人无利的,就停止。"仁者替天下考虑,并不是为了能见到美丽的东西,听到快乐的声音,尝到美味,使身体安适。让这些来掠取民众的衣食财物,仁人是不做的。所以墨子的否定音乐,不是说大钟、响鼓、琴瑟、竽笙的声音不美妙不中听,也不是说雕刻艺术、纹饰的色彩,是不漂亮不美丽的,更不是以为豢养的牛羊猪的肉煎炙后的味道,是不甜美的,也不是以为居住在高台、厚榭、深远之屋中不安适。虽然身体知道安适,口里知道香甜,眼睛知道美丽,耳朵知道快乐,然而向上考察,不符合圣王的事迹;向下考察,不符合万民的利益。因此墨子说:"设置音乐,是不对的呀!"

【原文】

今王公大人，虽无造为乐器，以为事乎国家，非直掊潦水、折壤坦而为之也，将必厚措敛乎万民，以为大钟、鸣鼓、琴瑟、竽笙之声。古者圣王，亦尝厚措敛乎万民，以为舟车。既以成矣，曰："吾将恶许用之①？"曰："舟用之水，车用之陆，君子息其足焉，小人休其肩背焉。"故万民出财费而予之，不敢以为戚恨②者，何也？以其反中民之利也。然则乐器反中③民之利，亦若此，即我弗敢非也；然则当用乐器，譬之若圣王之为舟车也，即我弗敢非也。

【译文】

现在的王公大人为了国事制造乐器，不是象掊取路上的积水、拆毁土墙那么容易，而必是向万民征取很多钱财，用以制出大钟、响鼓、琴瑟、竽笙的声音。古时的圣王也曾向万民征取很多的钱财，造成船和车，制成之后，说：我将在哪里使用它们呢？他们自己又说："船使用在水里，车使用在地上，君子可以使他的双脚休息，小人可以使他的肩和背休息"。所以万民都拿出钱财来供奉给圣王，不敢以此为忧戚怨恨的原因，是什么？因为它符合百姓的利益。然而乐器要是这样也符合民众的利益。那我就不敢反对了。就是说如果用乐器就像圣王用车船一样，那我也不敢反对。

【注释】

①许：所。②戚恨：伤心怨恨。③反中：反而符合。

【原文】

民有三患，饥者不得食，寒者不得衣，劳者不得息。三者，民之巨患也。然即当为之撞巨钟、击鸣鼓、弹琴瑟、吹竽笙而扬干戚，民衣食之财，将安可得乎？即我以为未必然也。意舍此①，今有大国即攻小国，有大家即伐小家，强劫弱，众暴寡，诈欺愚，贵傲贱，寇乱盗贼并兴，不可禁止也，然即当为之撞巨钟、击鸣鼓、弹琴瑟、吹竽笙而扬干②戚③，天下之乱也，将安可得而治与？即我未必然也。是故

【译文】

民众有三种忧患：饥饿的人得不到食物，寒冷的人得不到衣服，劳累的人得不到休息。这三样是民众的最大忧患。然而当为他们撞击巨钟，敲打鸣鼓，弹琴瑟，吹竽笙，舞动干戚，民众的衣食财物将能得到吗？我认为未必是这样。且不谈这一点，现在大国攻击小国，大家族攻伐小家族，强壮的掳掠弱小的，人多的欺负人少的，奸诈的欺骗愚笨的，高贵的鄙视低贱的，外寇内乱盗贼共同兴起，不能禁止。既然这样，那么假如他们去撞击巨钟，敲打鸣鼓，弹奏琴瑟，吹竽笙，舞动干戚，天下的纷乱就会得到治理吗？我

子墨子曰："姑尝厚措敛乎万民，以为大钟、鸣鼓、琴瑟、竽笙之声，以求兴天下之利，除天下之害，而无补也。"是故子墨子曰："为乐，非也！"

以为这是不可能的。所以墨子说："姑且向万民征敛很多钱财，制作大钟、鸣鼓、琴瑟、竽笙之声，用以追求天下的大利，除去天下的公害，这是毫无补益的。"因此墨子说："设置音乐，是不对的！"

【注释】

①意舍此：或者撇开这一点，意，抑。②干：盾。③戚：似斧形兵器。

【原文】

今王公大人，唯毋处高台厚榭之上而视之，钟犹是延鼎也①。弗撞击，将何乐得焉哉！其说将必撞击之。惟勿撞击，将必不使老与迟者。老与迟者，耳目不聪明，股肱不毕强，声不和调，明不转朴。将必使当年，因其耳目之聪明，股肱之毕强，声之和调，眉之转朴。使丈夫为之，废丈夫耕稼树艺之时；使妇人为之，废妇人纺绩织纴之事。今王公大人，唯毋为乐，亏夺民衣食之财，以拊乐如此多也。是故子墨子曰："为乐，非也！"

今大钟、鸣鼓、琴瑟、竽笙之声，既已具矣，大人镃②然奏而独听之，将何乐得焉哉？其说将必与贱人，不与君子，与君子听之，废君子听治；与贱人听之，废贱人之从事。今王公大人，惟毋为乐，亏夺民之衣食之财，以拊乐如此多也。是故子墨子曰："为乐，非也！"

昔者齐康公，兴乐万③，万人

【译文】

现在的王公大人从高台厚榭上看去，钟犹如倒扣着鼎一样，不撞击它，会有什么乐趣可言呢？这就是说必定要撞击它。一旦撞击，将不会使用老人和反应迟钝的人。老人与反应迟钝的人，耳不聪，目不明，四肢不强壮，声音不和谐，眼神不灵敏。必将使用壮年人，用其耳聪目明，强壮的四肢，声音调和，眼神敏捷。如果使男人撞钟，就要浪费男人耕田、种菜、植树的时间；如果让妇女撞钟，就要荒废妇女纺纱、绩麻、织布等事情。现在的王公大人从事音乐活动，掠夺民众的衣食财物；大规模地敲击乐器。所以墨子说："从事音乐是错误的！"

现在的大钟、响鼓、琴瑟、竽笙的乐声等已备齐了，大人们独自安静地听着奏乐，将会得到什么乐趣呢？他们说将一定与别人一起听奏，不是给君子听，就是给平民听。给君子们听音乐，就荒废了君子们听狱治理国事；与平民同听，就会荒废平民所做的事情。现在的王公大人从事音乐活动，掠夺民众的衣食财物，大规模地敲击乐器。所以墨子说："设置音乐，是不对的！"

从前齐康公作《万舞》乐曲，跳《万舞》的

不可衣短褐，不可食糠糟，曰："食饮不美，面目颜色，不足视也；衣服不美，身体从容丑羸不足观也。"是以食必粱肉，衣必文绣。此掌④不从事乎衣食之财，而掌食乎人者也。是故子墨子曰：今王公大人，惟毋为乐，亏夺民衣食之财，以拊乐如此多也。是故子墨子曰："为乐，非也！"

人不能穿粗布短衣，不能吃糟糠。说："吃的不好，面目色泽就不值得看了；衣服不美，身形动作也不值得看了。所以必须吃好饭和肉，必须穿绣有花纹的衣裳。"这些人常常不从事生产衣食财物，反而需要别人长期供养。所以墨子说：现在的王公大人从事音乐活动，掠夺民众的衣食财物已经很厉害了。所以墨子说："设置音乐，是不对的！"

**【注释】**

①延鼎：覆倒之鼎。②铺然：安静地。③万：舞名。④掌：通"常"。

**【原文】**

今人固与禽兽、麋鹿、蜚鸟、贞①虫异者也。今之禽兽、麋鹿、蜚鸟、贞虫，因其羽毛，以为衣裳；因其蹄蚤②，以为绔屦；因其水草，以为饮食。故唯使雄不耕稼树艺，雌亦不纺绩织纴，衣食之财，固已具矣。今人与此异者也，赖其力者生，不赖其力者不生。君子不强听治，即刑政乱；贱人不强从事，即财用不足。今天下之士君子，以吾言不然；然即姑尝数天下分事，而观乐之害。王公大人，蚤朝晏退，听狱治政，此其分事也。士君子竭股肱之力，亶其思虑之智，内治官府，外收敛关市、山林、泽梁之利，以实仓廪府库，此其分事也。农夫蚤出暮入，耕稼树艺，多聚菽粟，此其分事也。妇人夙兴夜寐，纺绩

**【译文】**

现在的人当然不同于禽兽、麋鹿、飞鸟、爬虫。现在的禽兽、麋鹿、飞鸟、爬虫，利用它们的羽毛作为衣裳，利用它们的蹄爪作为裤子和鞋子，把水、草作为饮食。所以，虽然雄的不耕田、种菜、植树，雌的不纺纱、绩麻、织布，衣食财物本就具备了。人类与它们不同：依赖自己的力量才能生存，不依赖自己的力量就不能生存。君子不努力听狱治国，刑罚政令就要混乱；平民不努力生产，财用就会不足。现在天下的士人君子认为我的话不对，那么就试着列数天下份内的事，来看音乐的害处：王公大人早晨上朝，晚上退朝，听狱治国，这是他们的份内事。士人君子竭尽全身的力气，用尽智力思考，于内治理官府，于外往关市、山林、河桥征收赋税，充实仓廪府库，这是他们的份内事。农夫早出晚归，耕田、种菜、植树，多多收获豆子和粮食，这是他们的份内事。妇女们早起晚睡，纺线织布，多多料理麻、丝、葛、苎麻，织成布匹，这是她

织纴，多治麻丝葛绪③，细布縿④，此其分事也。今惟毋在乎王公大人，说乐而听之，即必不能蚤朝晏退，听狱治政，是故国家乱而社稷危矣！今惟毋在乎士君子，说乐而听之，即必不能竭股肱之力，亶其思虑之智，内治官府，外收敛关市、山林、泽梁之利，以实仓廪府库，是故仓廪府库不实。今惟毋在乎农夫，说乐而听之，即必不能蚤出暮入，耕稼树艺，多聚菽粟，是故菽粟不足。今惟毋在乎妇人，说乐而听之，即不必能夙兴夜寐，纺绩织纴，多治麻丝葛绪，细布縿，是故布细縿不兴。曰：孰为大人之听治、而废国家之从事？曰："乐也。"是故子墨子曰："为乐，非也！"

## 【译文】

们的份内事。现在的王公大人喜欢音乐而去听它，则必不能早上朝，晚退朝，听狱治国，那样国家就会混乱，社稷就会危亡。现在的士大夫、君子们喜欢音乐而去听它，则必不能竭尽全身的力气，用尽智力思考，于内治理官府，于外往关市、山林、河桥征收赋税，充实仓廪府库。那么仓廪府库就不会充实。现在的农夫喜欢音乐而去听它，则必不能早出晚归，耕田、植树、种菜，多多收获豆子和粮食，那么豆子和粮食就会不够。现在的妇女喜欢音乐而去听它，则必不能早起晚睡，纺线织布，多多料理麻、丝、葛、苎麻，织成布匹，那么布匹就不多。问：什么荒废了大人们的听狱治国和国家的生产呢？答：是音乐。所以墨子说："设置音乐，是不对的！"

## 【注释】

①蜚：通"飞"。贞：通"征"，贞虫即爬虫。②蚤：即"爪"。绔：即"裤子"。③绪：依毕沅说为"纻"之音借字。④细：织。縿：绢帛。

## 【原文】

何以知其然也？曰：先王之书，汤之官刑①有之。曰："其恒舞于宫，是谓巫风。其刑：君子出丝二卫，小人否，似二伯②。"《黄泾》乃言曰：呜乎！舞佯佯，黄③言孔章，上帝弗常，九有以亡。上帝不顺，降之百殃④，其家必坏丧。"察九有之所以亡者，徒从饰乐也。于《武观》曰："启乃淫溢康乐，野于饮食，将将铭苋⑤磬以

## 【译文】

凭什么知道是这样呢？答道：先王的书籍，商汤所作的刑书中有这些记载，上面写道："经常在宫中跳舞作乐，这叫作巫风。"那种惩罚是：君子们要交出二大束丝，小人加倍，用二束帛。《黄径》记载说："啊呀！洋洋而舞，乐声响亮。上帝不保佑，九州将灭亡。上帝不答应，降下各种祸殃，他的家族必然要破亡。"考察九州之所以灭亡的原因，只是因为设置音乐啊。《武观》中说："夏启纵乐放荡，在野外大肆吃喝，万舞的场面十分浩大，

力。湛浊于酒,渝食于野,万舞翼翼⑥,章闻于大,天用弗式⑦。"故上者,天鬼弗戒,下者,万民弗利。是故子墨子曰:"今天下士君子,请将欲求兴天下之利,除天下之害,当在乐之为物,将不可不禁而止也。"

声音传到天上,天不把它当作法式。"所以在上的天帝、鬼神不以为法式,在下的万民没有利益。所以墨子说:"现在天下的士人君子,诚心要为天下人谋利,为天下人除害,对于音乐这样的东西,是不应该不禁止的。"

【注释】

①《官刑》:传为汤所制定的律令。②否,通"倍"。似,通"以"。伯:"帛"之音借字。③黄:即"簧",大竹。④羿:同"姎"。⑤将将:即锵锵。铭:当为"铪"。苋:当为"笼"。⑥翼翼:盛大。⑦用:因此。弗式:不以为常规。

【评析】

墨子说:"仁之事者,必务求兴天下之利,除天下之害,将以为法乎天下。"因此只要是对国家有利的就应该提倡,对国家有害的就应该铲除。因此墨子反对当时贵族阶级奢侈腐化的享乐生活,指出他们的享乐生活是建立在广大劳动者的饥寒交迫之上的,音乐只能增加小生产者和劳动者的负担,因此向王公大人的腐朽生活提出抗议,但同时他也指出,音乐艺术并不是不美,只是眼前迫切需要解决的是如何解决人民温饱问题,因此,他提出了严厉的抨击,提出必须禁止音乐。

 典例阐幽

## 晋平公侈乐遭祸患

卫灵公在位的时候,有一次他将要去晋国,走到濮水边上,住在一个上等馆舍中。半夜里突然听到抚琴的声音,问左右跟随的人都没有听到。于是,他召见名叫涓的乐师,让他把琴曲记下来,演奏成乐曲。他们这才动身到晋国,见了晋平公。平公在施惠之台摆酒筵招待他们。

饮酒饮到酣畅痛快的时候,卫灵公道:"我们这次来时,得了一首新曲子请为您演奏以助酒兴。"平公道:"好极了。"即命乐师涓在晋国乐师旷的身边坐下来,取琴弹奏。一曲没完,乐师旷甩袖制止说:"这是亡国之音,不要再奏了。"平公说:"为什么说出这种话来?"乐师旷道:"这是乐师延作的曲子,他为纣王作了这种靡靡之音,武王伐纣后,乐师延向东逃走,投濮水自杀,所以这首曲子必是得之于濮水之上,先听到此曲的国家就要被削弱了。"平公说:"寡人所喜好的,就是听曲子这件

事,但愿能够听完它。"这样乐师涓才把它演奏完毕。

平公道:"这是我听到过的最动人的曲子了,还有比这更动人的吗,"乐师旷说:"有。"平公说:"能让我们听一听吗?"乐师旷说:"必须修德行义深厚的才能听此曲,您还不能听。"平公说:"寡人所喜好的,只有听曲子一件事.但愿能听到它。"乐师旷不得已,取琴弹奏起来,奏第一遍,有千载玄鹤十几只飞集堂下廊门之前;第二遍,这些玄鹤伸长脖子,呦呦呜叫起来,还舒展翅膀,随琴声跳起舞来。

平公大喜,起身为乐师旷祝酒。回身落座,问道:"再没有比这更动人的曲子了吗?"乐师旷道:"有。过去黄帝祭鬼神时奏的曲子比这更动人,只是您德义太薄,不配听罢了,听了将有败亡之祸。平公说:"寡人这一大把年纪了,还在乎败亡吗?我喜好的只有听曲,但愿能够听到它。"乐师旷没有办法,取琴弹奏起来。奏了一遍,有白云从西北天际出现;又奏一遍,大风夹着暴雨,铺天盖地而至,直刮得廊瓦横飞,左右人都惊慌奔走。平公害怕起来,伏身躲在廊屋之间。晋国于是大旱三年,寸草不生。

# 非命上

【题解】

本篇的主题为反对命定思想。墨子认为命定论使人不能努力治理国家,从事生产;反而容易放纵自己,走向坏的一面。命定论是那些暴君、坏人为自己辩护的根据。关于检验言论,墨子提出了"三表"法,即通过考察历史、社会实情,并在实践中检验言论,坚决反对误国误民的命定论。

【原文】

子墨子言曰:"古者王公大人为政国家者,皆欲国家之富,人民之众,刑政之治。然而不得富而得贫,不得众而得寡,不得治而得乱,则是本失其所欲①,得其所恶,是故何也?"

子墨子言曰:"执有命②者以杂于民间者众。"执有命者之言曰:"命富则富,命贫则贫;命众则众,命寡则寡;命治则治,命乱则乱,命寿则寿,命夭则夭;命,虽强劲,何益哉?"以上说王公大人,下以驵③百姓之从事,故执有命者不仁。故当执有命者之言,不可不明辨。

【译文】

墨子说:"古时候治理国家的王公大人,都想使国家富裕,人民众多,法律政事有条理;然而求富不得反而贫困,求人口众多不得反而使人口减少,求治理不得反而混乱,那就是说他们原来所希望的没有得到,却得到了他们所憎恶的。这是什么原因呢?

墨子说:"这是因为主张命中注定一切的人在与人民中间还太多的缘故。"主张有命论的人说:"命里富裕就会富裕,命里贫困就会贫困;命里子女多的就会子女多,命里子女少的就会子女少;命里治理得好就会治理得好,命里混乱就会混乱;命里长寿就会长寿,命里夭折就会夭折;即使你有强劲的力量,又有什么用呢?"用这话对上游说王公大人,则干扰政事,对下散布,则影响人民努力生产。所以主张有命论的人是不仁的。所以对于那些主张有命论的人的言论,不可不加以明辨。

【注释】

①欲:希望。②有命:即命定思想。③驵:同"阻"。

【原文】

然则明辨此之说,将奈何哉?子墨子言曰:"必立仪"。言而毋仪,譬犹运钧①之上,而立朝夕者也,是非利害之辨,不可得而明知也。故言必有三表。何谓三表?子墨子言曰:"有本之者,有原②之者,有用之者。"于何本之?上本之于古者圣王之事;于何原之?下原察百姓耳目之实;于何用之?废③以为刑政,观其中国家百姓人民之利。此所谓言有三表也。

然而今天下之士君子,或以命为有,盖尝尚观于圣王之事?古者桀之所乱,汤受而治之;纣之所乱,武王受而治之。此世未易,民未渝,在于桀、纣,则天下乱;在于汤、武,则天下治。岂可谓有命哉!

【注释】

①钧:制陶用的转轮。②原:推断、考察。③废:通"发",实施。

【译文】

那么要怎样明辨这种言论呢?墨子说道:"必须订立准则。"说话没有准则,好比在陶轮之上,放立测量时间的仪器,就不可能弄明白是非利害之分了。所以言论有三条标准,哪三条标准呢?墨子说:"有本原的,有推究的,有实践的。"如何考察本原?要向上本原于古时圣王事迹。如何推究呢?要向下考察百姓的日常事实。如何实践呢?把它用作刑法政令,从中看看国家百姓人民的利益。这就是言论有三条标准的说法。

然而现在天下的士大夫、君子们,有人认为命运是存在的。为什么向上代看看圣王的事呢?古时候,夏桀把国家搞乱,商汤接受王位就治理了天下;商纣把国家搞乱,周武王接受王位就治理了天下。这里社会没有改变,人民没有变化,在夏桀、商纣时,天下混乱,而在商汤、周武王时,天下却得到治理,这难道可以说有命吗?

【原文】

然而今天下之士君子,或以命为有,盖尝尚观于先王之书?先王之书,所以出国家、布施百姓者,宪也;先王之宪亦尝有曰:"福不可请,而祸不可讳,敬无益、暴无伤①者乎?"所以听狱制罪者,刑也;先王之刑亦尝有曰:"福不可请,祸不可讳,敬无益、暴无伤者

【译文】

然而现在天下的有些士人君子,认为有命。何不看一看先王的书呢?先王的书籍中,用来治理国家、颁布给百姓的,是宪法。先王的宪法也曾说过"福不能请求,祸不能避免;恭敬没有好处,凶暴没有坏处这样的话吗?"所用来整治军队、指挥官兵的,是刑法。先王的刑法里也曾说过"福不能请求,祸不能避免;恭敬没有好处,凶暴没有坏处这样的话吗?"所以设置整顿军队、指挥士卒进退的,是

乎?"所以整设②师旅、进退师徒③者,誓也;先王之誓亦尝有曰:"福不可请,祸不可讳,敬无益、暴无伤者乎?"

誓言,先王的誓言也曾说过"福不能请求,祸不能避免;恭敬没有好处,凶暴没有坏处这样的话吗?"

【注释】

①伤:损害。②整设:整顿、整治。③师徒:兵士。

【原文】

是故子墨子言曰:"吾当未盐①,数天下之良书,不可尽计数,大方论数,而五者是也。今虽毋求执有命者之言,不必得,不亦可错②乎?"

今用执有命者之言,是覆天下之义。覆天下之义者,是立命者也,百姓之谇③也。说百姓之谇者,是灭天下之人也。然则所为欲义在上者,何也?曰:义人在上,天下必治,上帝、山川、鬼神,必有干主,万民被其大利。何以知之?子墨子曰:古者汤封于亳,绝长继短,方地百里,与其百姓兼相爱、交相利,移则分,率其百姓以上尊天事鬼,是以天鬼富之,诸侯与之,百姓亲之,贤士归之,未殁其世而王天下,政诸侯。"

【译文】

所以墨子说:"我还无暇来统计天下的好书,不可能统计完,大概说来,有这三种。现在要从中寻找主张'有命'的人的理论,得不到证据,不是可以放弃它吗?"

现在如果要采用主张有命论的人的话,这是颠覆天下的道义。颠覆天下道义的人,就是那些确立有命论的人,成为百姓的忧患。把百姓所伤心的事看作乐事,是毁灭天下的人。既然这样,那么希望主持道义的人在上位,是为什么呢?回答说:主持道义的人在上位,天下必定能得到治理。上帝、山川、鬼神就有了主事的人,万民都能得到他的好处。怎么知道的呢?墨子说:"古时候商汤被封于亳地,断长接短,土地方圆百里。汤与百姓相互爱戴,相互谋利,多余的就分给别人。率领他的百姓,向上尊奉天帝鬼神。所以,天帝鬼神使他富裕,诸侯亲附他,百姓亲近他,贤士归附他,没死之前就已成为天下的君王,治理诸侯。"

【注释】

①盐:为"鹽"之误,意为闲暇、空暇。②错:为"措"之假借字,放弃。③谇:依俞樾说读为"悴",忧愁之意。

【原文】

昔者文王封于岐周，绝长继短，方地百里，与其百姓兼相爱，交相利则。是以近者安其政，远者归其德。闻文王者，皆起而趋之；罢①不肖、股肱不利者，处而愿之②，曰："奈何乎使文王之地及我，吾则吾利，岂不亦犹文王之民也哉！"是以天鬼富之，诸侯与之，百姓亲之，贤士归之。未殁其世而王天下，政诸侯。乡者言曰："义人在上，天下必治，上帝、山川、鬼神，必有干主，万民被其大利。吾用此知之。"

【注释】

①罢：通"疲"，懈怠懒散。②处而愿之：聚于一处盼望着。

【译文】

古时候文王封于岐周，断长接短，有百里之地，与他的百姓相互爱戴、相互谋利益，得利就分享。所以近处的人安心听他管理，远处的人向往他的德行。听说过文王的人，都赶快投奔他。疲惫无力、四肢不便的人，聚在一起盼望他，说："怎样才能使文王的领地伸到我们这里，我们也得到好处，岂不是也和文王的国民一样了吗？"所以天帝鬼神使他富裕，诸侯亲附他，百姓亲近他，贤士归附他，没死之前就已成为天下的君王，治理诸侯。前文所说："讲道义的人在上位，天下必定能得到治理。天帝、山川、鬼神就有了主事的人，万民都能得到他的好处。我因此知道是这个道理。"

【原文】

是故古之圣王发宪出令，设以为赏罚以劝贤。是以入则孝慈于亲戚，出则弟①长于乡里，坐处②有度，出入有节，男女有辨。是故使治官府，则不盗窃；守城，则不崩叛；君有难则死，出亡则送。此上之所赏，而百姓所誉也。执有命者之言曰："上之所赏，命固且赏，非贤故赏也；上之所罚，命固且罚，不暴故罚也。"是故入则不慈孝于亲戚，出则不弟长于乡里，坐处不度，出入无节，男女无辨。

【译文】

所以古时候的圣王颁布宪法和律令，设立赏罚制度以鼓励贤人。因此贤人在家对双亲孝顺慈爱，在外能尊敬乡里的长辈。举止有节度，出入有规矩，能区别地对待男女。因此他们治理官府，则没有盗窃；守城，则没有叛乱；君有难则可以殉职，君逃亡则会护送。这些人都是上司所赞赏，百姓所称誉的。主张"有命"的人说："上司所赞赏，是命里本来就该赞赏，并不是因为贤良才赞赏的；上司所惩罚，是命里本来就该惩罚的，不是因为凶暴才惩罚的。"所以暴徒在家对双亲不孝顺慈爱，在外对乡里长辈不尊敬。举止没有节度，出入没有规矩，不能区别对待男女。因此，他们治

是故治官府,则盗窃;守城,则崩叛;君有难则不死,出亡则不送。此上之所罚,百姓之所非毁也。执有命者言曰:"上之所罚,命固且罚,不暴故罚也;上之所赏,命固且赏,非贤故赏也。"以此为君则不义,为臣则不忠,为父则不慈,为子则不孝,为兄则不良,为弟则不弟①。而强执此者,此特③凶言之所自生,而暴人之道也!

理官府,则有盗窃;使他们守城,则会叛乱;君主有难,而不殉职,君主逃亡,则不会护送。这些人都是上司所惩罚,百姓所毁谤的。主张有命论的人说:"上司所惩罚是命里本来就该惩罚,不是因为他凶暴才惩罚的;上司所赞赏,是命里本来该赞赏,不是因为贤良才赞赏的。"以这些话来做国君则不义,做臣下则不忠,做父亲则不慈爱,做儿子则不孝顺,做兄长则不良,做弟弟则不悌。而顽固主张这种观点,简直是坏话的根源,是凶暴人的道理!

【注释】

①弟:通"悌",敬重。②坐处:举止。③特:简直。

【原文】

然则何以知命之为暴人之道?昔上世之穷民,贪于饮食,惰于从事,是以衣食之财不足,而饥寒冻馁之忧至;不知曰:"我罢不肖,从事不疾。"必曰:"我命固且贫。"昔上世暴王,不忍其耳目之淫,心涂之辟①,不顺其亲戚,遂以亡失国家,倾覆社稷;不知曰:"我罢不肖,为政不善"。必曰:"吾命固失之。"于《仲虺之告》曰:"我闻于夏人矫天命,布命于下。帝伐之恶,龚丧厥师。"此言汤之所以非桀之执有命也。于《太誓》曰:"纣夷处②,不肯事上帝鬼神,祸厥先神禔③不祀,乃曰:'吾民有命。'无廖排漏④,天亦纵弃之而弗葆。"此言武王所

【译文】

然而怎么知道"命"是凶暴人的道理呢?对饮食很贪婪,而懒于劳动,因此衣食财物不足,而饥寒冻饿的忧虑就来了。不知道要说:"我疲惫无力,劳动不快疾。"一定要说:"我命里本来就要贫穷。"古时前代的暴君,不能忍住耳目的贪婪,心里的邪僻,不听从他的双亲,以至于国家灭亡,社稷绝灭。不知道要说:"我疲惫无力,管理不善。"一定要说:"我命里本来要亡国。"《仲虺之告》中说:"我听说夏朝的人伪托天命,对下面的人传播天命说:上帝讨伐罪恶,因而消灭了他的军队。"这是说汤反对桀主张"有命"。《太誓》中说:"纣的夷灭之法非常酷虐,不肯侍奉上帝鬼神,毁坏他的先人的神位、地祇而不祭祀。并说:'我有天命!'不努力从事他的政务,上天也就抛弃了他而不予保佑。"这是周武王所以反对商纣王主张有命论的原因。

以非纣执有命也。

**【注释】**

①涂：当为"途"。心涂，即心计。辟：通"僻"。②处：当为"虐"。③禔："祗"之误。④此句有误，"排漏"疑作"兵备"。

**【原文】**

今用执有命者之言，则上不听治，下不从事。上不听治，则刑政乱；下不从事，则财用不足；上无以供粢盛酒醴祭祀上帝鬼神，下无以降绥①天下贤可之士，外无以应待诸侯之宾客，内无以食饥衣寒，将养老弱。故命上不利于天，中不利于鬼，下不利于人。而强执此者，此特凶言之所自生，而暴人之道也！

是故子墨子言曰：今天下之士君子，忠②实欲天下之富而恶其贫，欲天下之治而恶其乱，执有命者之言，不可不非。此天下之大害也。

**【译文】**

现在要采用有命论的人的话，则在上位的人不听狱治国，下面的人不劳作。在上位的人不听狱治国则法律政事就要混乱，下面的人不劳作则财物日用不足。对上没有粢、酒来供奉上帝鬼神，对下没有东西可以安抚天下贤人士子；对外没有东西可以接待诸侯的宾客；对内则不能给饥者以食，给寒者以衣，抚养老弱。所以说有命论是上不利于天帝，中不利于鬼神，下不利于人民。可是却要强行主张这个有命论，这简直是坏话的根源，暴徒的道理了！

所以墨子说："现在天下的士人君子，内心想使天下富裕而怕它贫困，想使天下得到治理而怕它混乱，主张'有命'的人的话，不能不反对。这是天下的大害啊。"

**【注释】**

①降绥：安抚。②忠：通"中"。

**【评析】**

俗话说："行善积德，做好事能改善不好的命运，也就能化灾免灾。"可究竟有没有命运的存在呢？墨子提倡"非命"，认为一个人的富贵贫贱不是天生的，而是由自己的努力与不努力所造成的，国家的混乱也不是命定的，而是君主努力与不努力的结果。他认为真正能够决定国家命运和个人命运的是主观的思想，而非命运。因此，不应该坐着等待命运的支配。

墨子的非命说，主要是为了强调人为力量的重要性，反对坐享其成的懒惰消极思想。

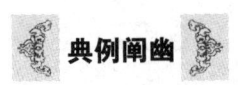

## 行善积德改变命运

唐代的裴度,有一天,一个高僧给他看相,说他一个月内要饿死。但一个月过后,他还好好地活着。于是他找到这个高僧,这个高僧就对他说:"你今后位至三公。"裴度不服气地说:"你一月前说我要饿死,现在又说我今后要位至三公,这究竟是怎么回事?"这个高僧笑着说道:上次我说你要饿死之后,你回去做了好事,所以免灾不死,还要高升。原来裴度一天在赶庙会时,拾到两条贵重的玉带,就在庙前坐等失主。原来失主是一个很富有的小姐,这位小姐为了感谢裴度,就要送他一条玉带。裴度说:"我要是贪求玉带,就不会在这里等失主了。"后来裴度果然官位三公。这究竟是有命运的存在呢?还是没有呢?

清朝有一个人,叫袁了凡,他有着远大的目标。他原来不信命,可后有一个算命的给他算的事渐渐就应验,他就开始信命。这位算卦先生说:"你以后不能当官,也不会儿子。"他听了之后,虽然很不高兴,但却深信不疑,认为这一切都是命中注定的无法改变,于是只好消极对待,任由命运摆布。也从未再想过当官。

有一天,袁了凡到南京栖霞山遇到云谷高僧,这位高僧对他讲:"善恶因果报应循环"的规律,告知他"命由我造,福由我求"的改变命运的道理。袁了凡听后,于是潜心念佛,处处行善积德,立了做三千件好事的决心。三千件好事做完了,又许愿了三千件,结果袁了凡不但当了官,而且生了两个很有出息的儿子。从这里看出人的命运是由自己决定的,而非命中注定的。

# 非命中

**【题解】**

墨子认为国家的兴亡、个人的富贵贫贱不完全是命运的安排,而主要是主观的努力。从"昔者桀之所乱,汤治之;纣之所乱,武王治之。此世不渝而民不改,上变政而民易教,其在汤、武则治,其在桀、纣则乱。安危治乱,在上之发政也,则岂可谓有命哉!"

**【原文】**

子墨子言曰:"凡出言谈、由文学之为道①也,则不可而不先立义②法。若言而无义,譬犹立朝夕于员钧之上也,则虽有巧工,必不能得正焉。然今天下之情伪,未可得而识也。故使言有三法。"三法者何也?有本之者,有原之者,有用之者。于其本也?考之天鬼之志、圣王之事;於其原之也?证以先王之书;用之奈何?发而为刑。此言之三法也。

今天下之士君子,或以命为亡。我所以知命之有与亡者,以众人耳目之情,知有与亡。有闻之、有见之,谓之有;莫之闻、莫之见,谓之亡。然胡不尝考之百姓之情?自古以及今,生民以来者,亦尝见命之物、闻命之声者乎?则未尝有也。若以百姓为愚不肖,耳目之

**【译文】**

墨子说:"凡发表谈话、写文章的原则,不可以不先树立一个标准。如果言论没有标准,就好像把测时仪器放在转动的陶轮上。即使工匠很聪明,也不能得到正确的答案。然而现在世上的真假,不能得到辨识,所以言论有三种法则。"哪三种法则呢?有本原的,有推究的,有实践的。怎样求言论的本原呢?用天帝、鬼神的意志和圣王的事迹来考察它。怎样推究言论呢?用先王的书来验证它。怎样把言语付之实践呢?用它来作为标准。这就是言论的三条标准。

现在天下的士大夫、君子们,有的认为命运是存在的,有的认为命运是不存在的。我之所以知道命运的有与无,是因为众人所见所闻的实情才知道的。有听到过它,有见到过它,才叫"有";没听过、没见过,就叫"没有"。然而为什么不试着用百姓的实际来考察呢?自古到今,自有人类以来,有谁见过命运的形体,听到命运的声音吗?那是不曾有过的。如果认为百姓愚蠢无能,所见所闻的实情不

情,不足因而为法;然则胡不尝考之诸侯之传言流语乎?自古以及今,生民以来者,亦尝有闻命之声、见命之体者乎?则未尝有也。

【注释】

①道:原则。②义:通"仪"。

能当作准则,那么为什么不试着用诸侯所流传的话来考察呢?自古到今,自有人类以来,有曾听过命运的声音,见过命运的形体的人吗?那是不曾有过的。

【原文】

然胡不尝考之圣王之事?古之圣王,举①孝子而劝之事亲,尊贤良而劝之为善,发宪布令以教诲,明赏罚以劝沮②。若此,则乱者可使治,而危者可使安矣。若以为不然,昔者桀之所乱,汤治之;纣之所乱,武王治之。此世不渝③而民不改,上变政而民易教,其在汤、武则治,其在桀、纣则乱。安危治乱,在上之发政也,则岂可谓有命哉!夫曰有命云者,亦不然矣。

【译文】

那么为什么不用圣王之事来考察呢?古时圣王,举拔孝子,鼓励他事奉双亲;尊重贤良,鼓励他做善事,颁发宪令以教诲人民,严明赏罚以奖善止恶。这样,则可以治理混乱,使危险转为安宁。若认为不是这样,古时候,桀所搞乱的,汤治理了;纣所搞乱的,武王治理了。这个世界不变,人民不变,君王改变了政令,人民就容易教导了。在商汤、周武王时就得到治理,在夏桀、商纣王时则变得混乱。国家的安危治乱,在于领导人的政治导向,哪里可以说是有命运决定的呢?所以有人说世界上有命运呀,根本就不是那么回事。

【注释】

①举:推选,举用。②沮:制止。③渝:更换。

【原文】

今夫有命者言曰:"我非作之后世也,自昔三代有若言以传流矣,今故先生对之①?"曰:"夫有命者,不志昔也三代之圣、善人与?意亡昔三代之暴、不肖人也?"何以知?初之列士桀②大

【译文】

现在说"有命"的人说:"并不是我在后世说这种话的,自古时三代就有这种话流传了。先生为什么痛恨它呢?"答道:"说'有命'的人,不知是三代的善人呢?还是三代的残暴无能的人?"怎么知道的呢?古时候有功之士和杰出的大夫,说话谨慎,行动敏捷,对上能规劝进谏君

夫,慎言知③行,此上有以规谏其君长,下有以教顺其百姓。故上得其居长之赏,下得其百姓之誉。列士桀大夫,声闻不废,流传至今,而天下皆曰其力也,必不能曰我见命焉。是故昔者三代之暴王,不缪其耳目之淫,不慎其心志之辟,外之驱骋田猎毕弋,内沉于酒乐,而不顾其国家百姓之政,繁为无用,暴逆百姓,使下不亲其上,是故国为虚厉,身在刑僇之中,不肯曰我罢不肖,我为刑政不善,必曰我命故且亡。虽昔也三代之穷民,亦由此也,内之不能善事其亲戚,外不能善事其君长,恶恭俭而好简易,贪饮食而惰从事,衣食之财不足,使身至有饥寒冻馁之忧,必不能曰我罢不肖,我从事不疾,必曰我命固且穷。虽昔也三代之伪民,亦犹此也,繁饰有命,以教众愚朴人久矣。

长,对下能教导百姓。所以上能得到君长的奖赏,下能得到百姓的赞誉。有功之士和杰出的大夫声名不会废止,流传到今天。天下人都说:"是他们的努力啊!"必定不会说:"我见到了命。"因此古代的凶暴君王,不改正他们过多的声色享受,不谨慎他们内心的邪僻,在外则驱车打猎射鸟,在内则沉湎酒色,不过问国家和百姓的政事,大量从事无用的事,对百姓凶暴,使下位的人不敬重在上位的人。所以国家空虚,人民亡种,自己也受到刑戮的惩罚。不肯说:"我疲懒无能,我没做好刑法政事。"必然要说:"我命中本来就要灭亡。"即使是古时三代的贫穷人,都是这样说。对内不能好好地对待双亲,在外不能好好地对待君长。厌恶恭敬勤俭而喜好简慢轻率,贪于饮食而懒于劳作。衣食财物不足,至使有饥寒冻馁的忧患。必不会说:"我疲懒无能,不能勤快地劳作。"而一定会说:"我命里本来就穷。"即使是三代虚伪的人,也都这样说,长久以来粉饰有命论的主张,以教唆那些愚笨朴实的人。

**【注释】**

①对:即怼,愤恨意。②桀:通杰。③知:当作"疾"。

**【原文】**

圣王之患此也,故书之竹帛,琢之金石。于先王之书《仲虺之告》曰:"我闻有夏人矫天命,布命于下,帝式是恶,用①阙师。"此语夏王桀之执有命也,汤与仲虺共非之。先王之书《太誓》之言然,曰:"纣夷之居②,而不肯事上帝、弃阙其先神

**【译文】**

圣王担忧这个问题,所以把它写在竹帛上,刻在金石上。在先王的书《仲虺之告》中说:"我听说夏代的人诈称天命,宣布天命于世,所以天帝痛恨他,丧失了他的军队。"这是说夏朝的君王桀主张"有命",汤与仲虺共同批驳他。先王的书《太誓》也这样说,道:"商纣王很暴虐,不肯侍奉天帝,抛弃他的先

而不祀也。曰：'我民有命。'毋僇其务，天不亦弃纵而不葆。"此言纣之执有命也，武王以《太誓》非之。有于三代不国有之，曰："女毋崇天之有命也。"命三不国亦言命之无也。于召公之《执令》亦然："且③！政哉，无天命！惟予二人，而无造言，不自降天之哉得之。"在于商、夏之《诗》、《书》曰："命者，暴王作之。"且今天下之士君子，将欲辨是非、利害之故，当天有命者，不可不疾非也。执有命者，此天下之厚害也，是故子墨子非也。

人的神灵而不祭祀。说：'我有命！'不努力从事政事，天帝也抛弃了他而不去保佑。"这是说商纣王主张"有命"，武王作《太誓》反驳他。在三代百国的史书上也有这样的话，说："你们不要崇奉天是有命的。"三代百国也都说没有命。召公的《执令》也是如此："去吧！努力忠诚于王事。不要相信天命。只有我们两人决定天下大事。不要制造谣言。不是降自上天，而是我们自己努力的结果。"在夏商时代的诗、书中说："命运之说是暴君们造出来的鬼话。"现在天下的士人君子，想要辨明是非利害的原因，对于主张"有命"的人，不能不赶快批驳。主张"有命"的人，是天下的大害，所以墨子反对他们。

【注释】

①用：当作"厥"，丧灭意。②居：疑为"虐"。③且：通"徂"，往、去意。

【评析】

墨子认为国家的兴亡、个人的富贵贫贱不完全是命运的安排，而主要是主观的努力。在这里他提出了统治者的主观努力对天下的治乱起着决定的作用。他把推动社会发展的力量，从不可知的"命运"搬到少数圣王的手中，他认为夏桀、商纣王等人之所以会乱天下，不是命中注定的，而是自己不努力的结果。他的这种思想有一定的进步意义。但同时他认为"天下之治"是"商汤、周武王"等人的力量，这却是不符合事实的。处在那种情况下，不是商汤、周武王等人推翻他们，肯定也还会有别人做的。

## 陆贽谏言唐德宗

陆贽，字敬舆，苏州嘉兴心今浙江嘉兴人。唐朝的科举重进士，轻明经，陆贽在十八岁就考中了进士，复参加制举中了博学宏词科。按理说，少年得志的陆贽，铺在他面前的该是一条锦绣大道，可他执拗的性格，使他在当县尉后，就遭到了一次大挫折，被罢了官。

唐德宗在当太子时就听闻了陆贽之名，到登位后，又从派出的使者那里，获悉了陆贽对治国之道的至切建议，遂召为监察御史，再升为翰林学士。从此，陆贽开始谏言，他的谏言直切无讳，他的谏言每每中的。

唐德宗与陆贽谈及天下变乱的原因，深深自责。陆贽说："产生今日的祸患都是群臣的罪过。"唐德宗说："这也是天意，并非人为的。"陆贽退朝后，写上章疏，奏与唐德宗。他认为："陛下志在统一天下，四次讨伐朝廷叛逆，罪恶的魁首终于被诛杀，叛逆的将领

却又相继作乱，战火连年不断，历经三年。征发的军队日益增多，征收的赋税日益繁重，内自京城，外到边陲，行路之人有遭遇刀兵的忧虑，居家之人有苛刻搜刮的困苦。因而叛乱此起彼伏，痛恨和怨言四处掀起，非同寻常的忧虑，是亿万人民共同的忧虑。只有陛下一人蒙在鼓里，一点也不知道，致使凶恶的军队击鼓噪进，在大白天里攻打宫门，这难道不是朝廷有漏洞，人心离散，给他们以可乘之机吗？陛下有得力辅佐，有亲信，有谏官，有防卫官署，他们见到危险而不能尽力竭心，面对灾难而不敢赴汤蹈火，臣所说的招致现在的祸乱，是群臣的过失，怎么会是凭空乱说！陛下又认为国家的兴衰，都是上天注定的。臣听说上天的所见所闻，都是来自人的所见所闻。所以祖伊斥责殷纣王的文辞说：'我生来是没有命运在天的！'周武王列数殷纣王的罪责时说：'竟然说我有天命在身，不肯以自己所受的惩罚为戒。'这些都说明不谈人事而只讲天命是一定行不通的道理啊。《易经》说：'观此履卦，考究吉祥。'又说：'吉凶是得失的表象。'这便是说天命是人为的，意义是非常明确的。圣人贤哲的思想在《六经》中是相互贯通的，都说祸福在于人为，没有说过盛衰是命运注定的。所以，治理好了人事，上天却降下变乱，这样的事是没有的，把人事处理乱了，上天却降下安康，这样的事也是没有的。不久以前，征战讨伐的事很多，刑法稍嫌严厉，物力消耗已尽，人心惊恐疑虑，有如置身风波之上，总是动荡不安。上自朝廷百官，下到黎民百姓，宗族邻里友人日夜相聚议论，果真如大家所曾预料的一样。京城人口，往往超过十万，固然并非人人都懂推算之术，个个都晓占卜之书，这正好说明产生敌寇的原因，未必全都与天意有关。臣听说治理有时会产生变

乱，变乱有时会有助于治理；有的因为没有危难而失去天下，有的因为诸多危难而振兴国家。而今，产生变乱失去成业的事，已经成为过去，是无法复原的；而那些有助于治理和振兴邦国的事情，则要看陛下能否勤勉而慎重地修明政治了。何必担忧叛乱之人？何必畏惧危难的命运？勤于政事，自勉不息，足以再致太平盛世，岂是只弭平叛乱，光复大唐江山而已！"

# 非命下

【题解】

墨子认为王公大人如果相信命运存在的话,就不会努力听政,把国家的政事放在一边。但墨子把王公大人辛苦地统治人民看作是创造财富的劳动,并认为这和农夫的"耕稼树艺"、妇女的"纺绩织纴"作为一回事,这是不正确的,因为只有劳动人民者的劳动才是财富的真正创造者。

【原文】

子墨子言曰:凡出言谈,则必可而不先立仪而言。若不先立仪而言,譬之犹运钧之上而立朝夕焉也,我以为虽有朝夕之辨①,必将终未可得而从定也。是故言有三法。

何谓三法?曰:有考之者,有原之者,有用之者。恶乎考之?考先圣大王之事;恶乎原之?察众之耳目之请②,恶乎用之?发而为政乎国,察万民而观之。此谓三法也。

【注释】

①辨:通"辩"。②请:通"情",实情。

【译文】

墨子说:"凡发表言论,则不能不先立标准再说。如不先立标准就说,就好像把测时仪器放在运转的陶轮上。我认为虽有早、晚的区分,但终究得不到一个确定的时间。所以言论有三大原则。"

什么是三大原则?说:"有考察其本原的,有审度其事故的,有运用于实践的。"如何考察其本原?要向上溯源于古时圣王事迹。如何推究呢?要向下考察百姓的日常事实。如何实践呢?把它用作刑法政令,从中看看国家百姓人民的利益。这就是所谓的三大原则。

【原文】

故昔者三代圣王禹、汤、文、武,方为政乎天下之时,曰:"必务举孝子而劝之事亲,尊贤良之人而教之为善。"是故出政施教①,赏善

【译文】

所以古时候三代的圣王禹、汤、文、武,刚主持天下政事时,说:必举拔孝子而鼓励侍奉双亲,尊重贤良而教导人们做善事。所以公布政令实施教育,奖赏善良惩罚凶暴。

罚暴。且以为若此，则天下之乱也，将属可得而治也；社稷之危也，将属可得而定也。若以为不然，昔桀之所乱，汤治之；纣之所乱，武王治之。当此之时，世不渝而民不易，上变政而民改俗。存乎桀、纣而天下乱，存乎汤、武而天下治。天下之治也，汤、武之力也；天下之乱也，桀、纣之罪也。若以此观之，夫安危治乱，存乎上之为政也，则夫岂可谓有命哉！故昔者禹、汤、文、武，方为政乎天下之时，曰："必使饥者得食，寒者得衣，劳者得息，乱者得治。"遂得光誉令问②于天下。夫岂可以为命哉！故以为其力也。今贤良之人，尊贤而好功道术，故上得其王公大人之赏，下得其万民之誉，遂得光誉令问于天下。亦岂以为其命哉！又以为力也。

认为这样，混乱的天下，将可以得到治理；危险的社稷将得到安宁。如果认为不是这样，古时桀时的混乱，汤治理了；纣时的混乱，武王治理了。那个时候，世界、人民都没有改变，君王改变了政务而人民改变了风俗。在桀、纣那里则天下混乱，在汤、武那里则天下治理。天下得到治理是汤、武的功劳；天下的混乱是桀、纣的罪过。假如以此来看，所谓安危、治理、混乱，在于君上的施政；那么，难道可以说是有命运的吗？所以从前的禹、汤、文王、武王，正当在天下执政时，说："必须使饥饿的人能获得粮食，寒冷的人能得到衣服，劳作的人能够休息，混乱得到治理。"于是他们获得了天下人的赞誉和好评。这难道可以认为是命运吗？本来是因为他们依靠了自己的力量呀！现今贤良的人，尊重贤人，喜好治国的道理方法，所以在上得到王公大人的奖赏，在下得到万民的称誉，这就得到天下人的称誉好评。怎能认为是他们的命运呢？也是因为他们的努力啊！

【注释】

①出政施教：颁布政令，施行教化。②光誉令问：荣誉和美好的名声。问，通"闻"。

【原文】

然今夫有命者，不识昔也三代之圣善人与？意亡昔三代之暴不肖人与？若以说观之，则必非昔三代圣善人也，必暴不肖人也。

然今以命为有者。昔三代暴王桀、纣、幽、厉，贵为天子，富有天下，于此乎不而矫其耳目之欲，而从其心意之辟，外之驱骋田猎毕弋，内湛

【译文】

然而现今主张有命论的人，不知道是根据从前三代的圣王、善人呢？还是从前三代的暴君和不肖之徒呢？假如按他们的论说来考察，那么一定不是根据从前三代的圣王、善人，一定是根据暴君和不肖之徒。

然而今天以为有命的人，从前三代暴君桀、纣、幽、厉，贵为天子，富有天下，于那时不改正声色的欲望，而放纵他内心的邪

于酒乐，而不顾其国家百姓之政，繁为无用，暴逆百姓，遂失其宗庙。其言不曰我罢不肖，吾听治不强，必曰吾命固将失之。虽昔也三代罢不肖之民，亦犹此也。不能善事亲戚、君长，甚恶恭俭而好简易，贪饮食而惰从事，衣食之财不足，是以身有陷乎饥寒冻馁之忧。其言不曰吾罢不肖，吾从事不强，又曰吾命固将穷。昔三代伪民，亦犹此也。

僻。在外驱车打猎射鸟，在内耽于酒和音乐，而不顾他的国家百姓的政事；过多地作无用的事，残暴地对待百姓，于是失去了国家。他们不这样说："我疲沓无能，我不努力地听狱治国。"一定说："我命里本来就要失国。"即使是三代疲沓无能的百姓，也是这样。不能好好地对待双亲君长，非常厌恶恭敬俭朴而喜好简慢粗陋，贪婪于饮食而懒惰于劳作，因而穿衣吃饭的资财不充足，因此自身有饥寒冻馁的忧患。但他们不这样说："我疲沓无能，我从事劳作不努力。"而说："我命里本来就穷。"从前三代的虚伪的人也是这样。

【原文】

昔者暴王作之，穷人术①之，此皆疑众迟朴。先圣王之患之也，固在前矣，是以书之竹帛，镂之金石，琢之盘盂，传遗后世子孙。曰："何书焉存？"禹之《总德》有之曰："允不著帷②天，民不亦葆。既防凶星③，天加之咎。不慎厥德，天命焉葆？"《仲虺之告》曰："我闻有夏人矫天命于下，帝式是增④，用爽厥师。"彼用无为有，故谓矫；若有而谓有，夫岂为矫哉！昔者桀执有命而行，汤为《仲虺之告》以非之。《太誓》之言也，于去发曰："恶乎君子！天有显德，其行甚章。为鉴不远，在彼殷王。谓人有命，谓敬不可行，谓祭无益，谓暴无伤。上帝不常，九有以亡；上帝不顺，祝降其丧。惟

【译文】

从前暴君编造这些话，穷人复述这些话。这些都是迷惑百姓、愚弄朴实的人，先代圣王为此感到忧虑，在前世就有了，因此写在竹帛上，刻在金石上，雕在盘盂上，流传给后世子孙。说："在哪些书保存有这些话呢？"夏禹的《总德》上有记载，说："诚信不到达上天，上天就不会保佑他的子民。既然放纵自己凶恶的心志，上天就会降下灾祸的。不谨慎而丧失了德，天命怎会保佑呢？"《仲虺之告》说："我听说夏人假造天命颁布于世，上帝痛恨他，因此使他丧失了军队。"他用不存在的东西作为存在的东西，所以叫伪造；假若是存在的而说存在，那怎么能说是伪造呢？从前桀主张"有命"行事，汤作《仲虺之告》以批驳他。《太誓》中太子发说："啊呀君子！天有大德，它的所为非常显明。可以借鉴的不太远，殷王就是。说人有命，说不必恭敬；说祭祀没有好处，说凶暴没有害处。上帝不保佑，九州都亡灭了。上帝不顺心，给他降下灭亡的灾难。只有我周朝，接受了商的天下。"从前纣主张"有命"而行事，

我有周，受之大帝。"昔纣执有命而行，武王为《太誓》去发以非之。曰：子胡不尚考之乎商、周、虞、夏之记？从十简之篇以尚，皆无之。将何若者也？

武王作《太誓》太子发反驳他。说："你为什么不向上考察商、周、虞、夏的史料，从十简之篇以上都没有命的记载，将怎么样呢？"

**【注释】**

①术：通"述"。②允：诚实。惟：于。③防：此处为"放"，放纵。星：当为"心"。④增：此处当为"憎"。

**【原文】**

是故子墨子曰："今天下之君子之为文学、出言谈也，非将勤劳其喉舌，而利其唇吻也，中实将欲其国家邑里万民刑政者也。"今也王公大人之所以蚤朝晏退，听狱治政，终朝均分而不敢怠倦者，何也？曰："彼以为强必治，不强必乱；强必宁，不强必危。故不敢怠倦。"今也卿大夫之所以竭股肱之力，殚其思虑之知，内治官府，外敛关市、山林、泽梁之利，以实官府而不敢怠倦者，何也？曰："彼以为强必贵，不强必贱；强必荣，不强必辱。故不敢怠倦。"今也农夫之所以蚤出暮入，强乎耕稼树艺，多聚叔粟而不敢怠倦者，何也？曰："彼以为强必富，不强必贫；强必饱，不强必饥。故不敢怠倦。"今也妇人之所以夙兴夜寐，强乎纺绩织纴，多治麻统葛绪，捆布缘，而不敢怠倦者，何也？曰：彼以为强必富，不强必贫；强

**【译文】**

所以墨子说："现在天下君子写文章，发表谈话，并不是想要使其喉舌勤劳，使其嘴唇利索，内心实在是想为了国家、邑里、万民的刑法政务。"现在的王公大人之所以要早上朝，晚退朝，听狱治政，整日分配职事而不敢倦怠，是为什么呢？答道："他认为努力必能治理，不努力就要混乱；努力必能安宁，不努力就要危险，所以不敢倦怠。"现在的卿大夫之所以用尽全身的力气，竭尽全部智慧，于内治理官府，于外征收关市、山林、泽梁的税，以充实官府，而不敢倦怠，是为什么呢？答道："他以为努力必能高贵，不努力就会低贱；努力必能荣耀，不努力就会屈辱，所以不敢倦怠。"现在的农夫之所以早出晚归，努力从事耕种、植树、种菜，多聚豆子和粟，而不敢倦怠，为什么呢？答道："他以为努力必能富裕，不努力就会贫穷；努力必能吃饱，不努力就要饥饿，所以不敢倦怠。"现在的妇人之所以早起夜睡，努力纺纱、绩麻、织布，多多料理麻、丝、葛、苎麻，而不敢倦怠，为什么呢？答道：她以为努力必能富裕，不努力就会贫穷；努力必能温暖，不努力就会寒冷，所

必暖,不强必寒。故不敢怠倦。"今虽毋在乎王公大人,藉若信有命而致行之,则必怠乎听狱治政矣,卿大夫必怠乎治官府矣,农夫必怠乎耕稼树艺矣,妇人必怠乎纺绩织纴矣。王公大人怠乎听狱治政,卿大夫怠乎治官府,则我以为天下必乱矣;农夫怠乎耕稼树艺,妇人怠乎纺绩织纴,则我以为天下衣食之财,将必不足矣。若以为政乎天下,上以事天鬼,天鬼不使,下以持养百姓,百姓不利,必离散,不可得用也。是以入守则不固,出诛则不胜。故昔者三代暴王桀、纣、幽、厉之所以共抎①其国家,倾覆其社稷者,此也。

是故子墨子言曰:"今天下之士君子,中实将欲求兴天下之利,除天下之害,当若有命者之言,不可不强非也。"曰:命者,暴王所作,穷人所术,非仁者之言也。今之为仁义者,将不可不察而强非者,此也。

以不敢倦怠。"现在的王公大人若确信有命运,并如此去做,则必懒于听狱治政,卿大夫必懒于治理官府,农夫必懒于耕田、植树、种菜,妇人必懒于纺纱、绩麻、织布。王公大人懒于听狱治国,卿大夫懒于治理官府,则我认为天下一定会混乱;农夫懒于耕田、植树、种菜,妇人懒于纺纱、绩麻、织布,则我认为天下衣食财物,将必定不充足。如果以此来治理天下,向上侍奉天帝、鬼神,则天帝、鬼神必不依从;对下以此来养育百姓,百姓没有得到利益,必定要离开不能被使用。这样在城内守卫则不牢固,出去诛讨就不会胜利。所以从前三代暴君、桀、纣、幽、厉之所以使他们的国家灭亡,倾覆他们社稷的原因,就在这里啊。

所以墨子说:"现在天下的士大夫、君子们,内心确实希望兴天下之利,除天下之害,面对有命论者的话,不可能不努力去反对它。"就是说:命运,是暴君所捏造,穷人所传播,不是仁人的话。现今作为仁义的人,将不可不考察而努力去反对的原因,就在这里呀。

【注释】

①共:依王念孙说当为"失"。抎:抛弃、坠落。

【评析】

墨子认为如果王公大人不努力听政,那么国家就会混乱,不得安宁;卿大夫不努力工作,那么国家就不会富强;农夫如果不努力种植,那么人民就不得衣食之资;妇人不努力织麻,人民就没有御寒之物。关于"是谁创造了财富"这个问题,墨子的观点偏颇于统治阶级,这是不合理的,人民才是财富的最终创造者。墨子认为天下的混乱是由治理天下的王公大人的主观努力造成的,而个人的富贵贫贱也是由每一个人的努力或不努力,因此不要怨天尤人,世界是公平的,只要你能抓住机会,你就会有所成就。前提是你必须注意平时的努力,所谓"厚积薄发"就是这个道理。

## 商纣王荒淫侈靡终败国

商纣王即位不久,就命令工匠给他做了一把象牙筷子。纣王庶兄、贤臣箕子感叹说:"象牙筷子肯定不能配土瓦直气,而要配犀牛角做的碗、白玉做的杯子。有了玉杯肯定不能盛野菜汤和粗粮做的饭,只有配山珍海味。吃了山珍海味肯定不愿

意穿粗布衣服,也不愿住茅草屋子,而要穿锦绣的衣服,乘华贵的车子,住高楼广室。这样下去,肯定我们商国也不能满足他的欲望,他还要去征收远方各国的奇珍异宝,从象牙筷子为开端,我们已经看到纣王的最后结果了。我真的很替纣王担心呀!"果然纣王的贪欲越来越大,他征发了成千上万的民工来修筑鹿台和琼室,搜罗四方的珍奇异兽来充塞其中。而且又毫无节制地寻欢作乐,不仅引起了宫中人的反对,而且士兵也倒戈反商,老百姓也怨声载道,纣王最后也只能葬身于露台的熊熊烈火之中。

# 非儒下

## 【题解】

墨子此篇主要是为了批驳以孔子为代表的儒家的礼义思想。墨子反对儒家婚丧之礼,实则是反对"君、亲有差"。又指责儒家的礼乐与政事、生产皆无益,又通过晏婴等之口,讽刺孔子与君与民都是口头上讲仁义,实际上鼓励叛乱,惑乱人民。本篇反映了儒、墨两家在思想认识上的激烈斗争。

## 【原文】

儒者曰:"亲亲有术,尊贤有等。"言亲疏尊卑之异也。其《礼》曰:丧父母三年;妻、后子三年;伯父叔父弟兄庶子其①;戚族人,五月。若以亲疏为岁月之数,则亲者多而疏者少矣,是妻、后子与父同也。若以尊卑为岁月数,则是尊其妻、子与父母同,而亲伯父、宗兄而卑子②也。逆孰大焉?其亲死,列尸弗敛,登堂窥井,挑鼠穴,探涤器,而求其人矣,以为实,则赣愚甚矣;如其亡也必求焉,伪亦大矣!

取妻身迎,袒褐③为仆,秉辔授绥,如仰严亲;昏礼威仪,如承祭祀。颠覆上下,悖逆父母,下则妻、子,妻、子上侵事亲。若此,可谓孝乎?儒者:"迎

## 【译文】

儒家中的人说:"爱亲人应有差别,尊敬贤人也有差别。"这是说亲疏、尊卑是有区别的。他们的《仪礼》说:服丧,为父母要服三年,为妻子和长子要服三年;为伯父、叔父、弟兄、庶子服一年;为外姓亲戚服五个月。如果以亲、疏来定服丧的年月,则亲的多而疏的少,那么,妻子、长子与父亲相同。如果以尊卑来定服丧的年月,那么,是把妻子、儿子看作与父母一样尊贵,而把伯父、宗兄和庶子看成是一样的,有如此大逆不道的吗?他们的双亲死了,把尸体存放着,不给穿衣木棺。却为了招魂而登上屋顶,去窥看水井,去挖掘鼠洞,拿出洗涤的器具,去追寻已死去的人的灵魂,如果以为死者真的在那里,那实在是愚蠢极了。如果明天死者已不在人世,还硬要找他,那也实在虚伪了。

娶妻要亲身迎娶,穿着黑色下摆的衣裳,为她驾车,手里拿着缰绳,把引绳递给新妇,就好像敬奉父亲一样。婚礼仪式隆重,宛如承受着祭祀大礼。颠倒了上下关系,悖逆了父母礼节,父母下降到妻子、儿子的地位。妻子、儿子对上侵扰了侍

妻,妻之奉祭祀;子将守宗庙。故重之。"应之曰:此诬言也!其宗兄守其先宗庙数十年,死,丧之其①;兄弟之妻奉其先之祭祀,弗散;则丧妻子三年,必非以守、奉祭祀也。夫忧④妻子以大负累,有曰:"所以重亲也。"为欲厚所至私,轻所至重,岂非大奸也哉!

奉双亲,如果这样的话,可以叫做孝顺吗?儒家的人说:"迎娶妻子,妻子要供奉祭祀,儿子要保守宗庙,所以敬重他们。"答道:"这是谎话!他的宗兄守护他先人宗庙几十年,死了,为他服一年丧;兄弟的妻子供奉他祖先的祭祀,不为她们服丧,而为妻子、长子服三年丧,那一定不是因为守奉祭祀的原因。"优待妻子、长子而服三年丧,有的说道:"这是为了看重父母双亲。"这是想厚待自己所偏爱的人,却轻视自己重要的人,这难道不是大骗子吗?

【注释】

①其:通"期",一年。②卑子:庶子。③袛裯:即"缁袍"假借字,衣服的黑色下缘。④忧:通"优"。

【原文】

有强执有命以说议曰:"寿夭贫富,安危治乱,固有天命,不可损益。穷达、赏罚、幸否①有极,人之知力,不能为焉!"群吏信之,则怠于分职;庶人信之,则怠于从事。吏不治则乱,农事缓则贫,贫且乱,政之本,而儒者以为道教,是贼天下之人者也。

且夫繁饰礼乐以淫人,久丧伪哀以谩亲,立命缓贫而高浩居,倍本弃事而安怠傲,贪于饮食,惰于作务,陷于饥寒,危于冻馁,无以违之。是若人气②,鼸鼠藏,而羝羊视,贲彘起。君子笑之,怒曰:"散人焉知良儒!"夫夏乞麦禾,五谷既收,大丧是随,子姓皆从,得厌饮食。

【译文】

又顽固地坚持"有命"以辩说道:"寿夭、贫富、安危治乱,本来就有天命,不能减少增加。穷达赏罚,幸运倒霉都有定数。人的知识和力量是无所作为的。"一些官吏相信了这些话,则对份内的事懈怠,普通人相信了这些话,则对劳作懈怠。官吏不治理就要混乱,农事一慢就要贫困。既贫困又混乱,是违背政事的目的的,而儒家的人把它当作教导,是残害天下的人啊。

并且制定繁缛的礼乐去迷惑人,久久服丧虚假地哀伤去欺骗死去的双亲。立志安于贫困却极端倨傲自大以傲世。背弃本业而安于懈怠傲慢。对于饮食很贪婪,对于劳作很懒惰,陷于饥寒,有冻馁的危险,却没有办法避免。他们就像乞丐、田鼠一样,靠乞讨与偷藏食物为生,他们贪馋的目光如同公羊和猪,见食而跃起。君子嘲笑他们,他们却说:"庸人怎能知道良儒呢!"他们夏天向人们乞讨麦子和稻子,五谷收齐了,跟着就有人大办丧事。他们的子孙都跟着前往,吃饱喝足。办完了几次丧事,就足够了。借助别人的家丧来

毕治数丧,足以至矣。因人之家翠以为,恃人之野以为尊,富人有丧,乃大说喜,曰:"此衣食之端也!"

养肥自己,依仗别人的田野所获来妄自尊大。当富人家有丧事时,就非常喜欢,说:"找衣食的机会又来了啊!"

【注释】

①否:不幸。②人气:当作"乞人"。乞丐。

【原文】

儒者曰:"君子必服古言,然后仁。"应之曰:所谓古之言服者,皆尝新矣,而古人言之服之,则非君子也?然则必服非君子之服,言非君子之言,而后仁乎?

又曰:"君子循而不作①。"应之曰:古者羿作弓,伃作甲,奚仲作车,巧垂作舟;然则今之鲍、函、车、匠,皆君子也,而羿、伃、奚仲、巧垂,皆小人邪?且其所循,人必或作之;然则其所循,皆小人道也。

又曰:"君子胜不逐奔,掩函②弗射,施则助之胥车。"应之曰:"若皆仁人也,则无说而相与;仁人以其取舍、是非之理相告,无故从有故也,弗知从有知也,无辞必服,见善必迁,何故相?若两暴交争,其胜者欲不逐奔,掩函弗射,施则助之胥车,虽尽能③,犹且不得为君子也,意④暴残之国也。圣将为世除害,兴师诛罚,胜将因用儒术令士卒曰:'毋逐奔,掩函勿射,施则助

【译文】

儒家的人说:"君子必须说古话,穿古衣才能成仁。"答道:"所谓古话、古衣,都曾经在当时是新的。而古人说它穿它,就不是君子吗?那么则必须穿不是君子的衣服,说不是君子的话,而后才为仁吗?"

又说:"君子只遵循前人做的而不创新。"回答他说:"古时后羿制造了弓,季口制造了甲,奚仲制作了车,巧垂制作了船。既然如此,那么今天的鞋工、甲工、车工、木工,都是君子,而后羿、季口、奚仲、巧垂都是小人吗?"

儒家的人又说:"君子打了胜仗不追赶逃跑的敌人,对掩藏铠甲的敌人不射杀,见敌车驶入了岔路则帮助他推车。"回答他说:"如果双方都是仁人,那么就不会相敌,仁人以他取舍是非之理相告,没道理的跟有道理的走,不知道的跟知道的走。说不出理由的必定会折服,看到善的必定会依从。有什么理由要互相敌对呢?如果两方面都是暴虐者在相互争斗,打了胜仗不追赶逃跑的敌人,对掩藏铠甲的敌人不射杀,见敌车驶入了岔路则帮助他推车。即使这些都做了,也不能做君子,也许还是残暴的国人。圣(王)将为世上除害,发动民众诛伐暴虐,如果战胜了,将凭借儒术命令士卒说:'不要追赶逃跑的敌人,看见敌人掩藏铠甲不射杀,见敌车驶入了岔路帮助他推车。'那么暴乱之人得以活命,天下之害

之胥车。'暴乱之人也得活,天下害不除,是为群残父母而深贱世也,不义莫大矣!"

不能除掉,这是残害天下广大的父母,社会受到严重灾害。不仁不义没有比这更大的了!"

【注释】

①循而不作:只依循前人的东西而不去创新。②函:陷阱。③虽尽能:即使都这样做了。④意:通"抑",也许。

【原文】

又曰:"君子若钟,击之则鸣,弗击不鸣。"应之曰:"夫仁人,事上竭忠,事亲得孝,务善则美,有过则谏,此为人臣之道也。今击之则鸣,弗击不鸣,隐知豫力①,恬漠待问而后对,虽有君亲之大利,弗问不言;若将有大寇乱,盗贼将作,若机辟将发也,他人不知,己独知之,虽其君、亲皆在,不问不言,是夫大乱之贼也。以是为人臣不忠,为子不孝,事兄不弟,交遇人不贞良。夫执后不言,之朝,物见利使己,虽恐后言;君若言而未有利焉,则高拱下视,会②噎为深,曰:'唯其未之学也。'用谁急,遗行远矣。"

夫一道术学业仁义者,皆大以治人,小以任官,远施周偏,近以修身,不义不处,非理不行,务兴天下之利,曲直周旋,利则止③,此君子之道也。以所闻孔某之行,则本与此相反谬也!

【译文】

儒家的人又说:"君子像钟一样,敲打它就响,不敲它就不响。"回答说:"那些仁人,事奉君上竭尽忠诚,事奉双亲务必孝顺,得到好的就称美,有了过错就谏阻,这才是做人臣的道理。现在若敲打他才响,不敲打它就不响,隐藏自己的智谋,懒于用力,安静冷淡地等待君亲发问,然后才作回答。即使有关君主、双亲的大利,不问他也就不说。如果将发生大寇乱,盗贼将发生,就像一种安置好的机关将引发一样,别人不知这事,自己独自知道,即使是他的君主、双亲都在,不问他他就不说,这实际是大乱的祸根。以这种态度作人臣就不忠,作儿子就不孝,事兄就不恭顺,待人就不贞良。遇事持后退不言的态度。到朝廷上,看到有利自己的东西,唯恐说得比别人迟。君上如果说了于己无利的事,就高拱两手,往下低头看,象饭塞在嘴里一样,说:'我未曾学过。'用他虽很急,而他已弃君远走了。"

凡道术学业都统一于仁义,都是大则以治人,小则以任官,远的博施,近的修身。不义的就不居,无理的就不行。务兴天下之利,各种举动,没有利的就停止。这是君子之道。从我所听说的孔某的行为,从根本上与此相反。

【注释】

①隐知豫力:隐藏智慧、懒于用力。知,通"智"。②会:同"哙",下咽。③利则止:当为"不利则止。"

【原文】

齐景公问晏子曰:"孔子为人何如?"晏子不对。公又复问,不对。景公曰:"以孔某语寡人者众矣,俱以贤人也,今寡人问之,而子不对,何也?"晏子对曰:"婴不肖,不足以知贤人。虽然,婴闻所谓贤人者,入人之国,必务合其君臣之亲,而弭其上下之怨。孔某之荆,知白公之谋,而奉之以石乞,君身几灭,而白公僇①。婴闻贤人得上不虚,得下不危,言听于君必利人,教行下必于上,是以言明而易知也,行明而易从也。行义可明乎民,谋虑可通乎君臣。今孔某深虑同谋以奉贼,劳思尽知以行邪,劝下乱上,教臣杀君,非贤人之行也。入人之国,而与人之贼,非义之类也。知人不忠,趣之为乱,非仁义之也。逃人而后谋,避人而后言,行义不可明乎民,谋虑不可通于君臣,婴不知孔某之有异于白公也,是以不对。"景公曰:"呜乎!贶寡人者众矣,非夫子,则吾终身不知孔某之与白公同也。"

【注释】

①僇:通"戮"。

**【原文】**

孔某之齐见景公，景公说，欲封之以尼溪，以告晏子。晏子曰："不可！夫儒，浩居而自顺者也，不可以教下；好乐而淫人，不可使亲治；立命而怠事，不可使守职；宗①丧遁哀，不可使慈民；机服勉容，不可使导众。孔某盛容修饰以蛊世，弦歌鼓舞以聚徒，繁登降之礼以示仪，务趋翔之节以观众；博学不可使议世，劳思不可以补民；累寿不能尽其学，当年②不能行其礼，积财不能赡其乐。繁饰邪术，以营世君；盛为声乐，以淫遇③民。其道不可以期④世，其学不可以导众。今君封之，以利齐俗，非所以导国先众。"公曰："善。"于是厚其礼，留其封，敬见而不问其道。孔某乃恚，怒于景公与晏子，乃树鸱夷子皮于田常之门，告南郭惠子以所欲为。归于鲁，有顷，间齐将伐鲁，告子贡曰："赐乎！举大事于今之时矣！"乃遣子贡之齐，因南郭惠子以见田常，劝之伐吴，以教高、国、鲍、晏，使毋得害田常之乱。劝越伐吴，三年之内，齐、吴破国之难，伏尸以言术⑤数，孔某之诛也。

**【注释】**

①宗：当作"崇"。循：当作"遂"。②当年：壮年。③遇：通"愚"。④期：当作"示"。⑤术：通"率"。

**【译文】**

孔子到齐国，拜见景公。景公高兴，想把尼溪封给他，来告诉晏子。晏子说："不行。儒家，傲慢而自作主张，不可以教导下民；喜欢音乐而混乱人，不可以让他们亲自治民；主张命而懒于作事，不可以让他们任官；崇办丧事哀伤不止，不可以使他们热爱百姓；异服而作出庄敬的表情，不可以使他们引导众人。孔某人盛容修饰以惑乱世人，弦歌鼓舞以招集弟子，纷增登降的礼节以显示礼仪，努力从事趋走、盘旋的礼节让众人观看。学问虽多而不可让他们言论世事，劳苦思虑而对民众没什么好处，几辈子也学不完他们的学问，壮年人也无法行他们繁多的礼节，累积财产也不够花费在音乐上。过多地装饰他们的邪说，来迷惑当世的国君；大张旗鼓地设置音乐，来惑乱愚笨的民众。他们的道术不可公布于世，他们的学问不可以教导民众。现在君王封孔子以求对齐国风俗有利，不是引导民众的方法。"景公说："好。"于是赠孔子厚礼，而不给封地，恭敬地接见他而不问他的道术。孔某人于是对景公和晏子很愤怒。于是把范蠡推荐给田常，告诉南郭惠子，回到鲁国去了。过了一段时间，齐国将要讨伐鲁国，告诉子贡说："端木赐，现在是办大事的时候了！"于是派子贡到齐国，通过南郭惠子见到田常，劝他讨伐吴国；以教高、国、鲍、晏四姓，使之不要妨碍田常叛乱；又劝越国伐吴国。三年之内，齐国和吴国都遭受了灭国的灾难，死去的人数以十万计，这是孔某人的阴谋报复呀。

【原文】

孔某为鲁司寇,舍公家而奉季孙,季孙相鲁君而走,季孙与邑人争门关,决植①。

孔某穷于蔡、陈之间,藜羹不糂。十日,子路为享豚,孔某不问肉之所由来而食;号人衣以酤酒②,孔某不问酒之所由来而饮。哀公迎孔子,席不端弗坐,割不正弗食。子路进请曰:"何其与陈、蔡反也?"孔某曰:"来,吾语女:曩与女为苟生,今与女为苟义。"夫饥约③,则不辞妄取以活身;赢鲍,则伪行以自饰。污邪诈伪,孰大于此?

【注释】

①决植:撬开关门的直木。②酤酒:买酒。③饥约:饥饿窘迫。

【译文】

孔某人做了鲁国的司寇,放弃公家利益而去侍奉季孙氏。季孙氏为鲁君之相而逃亡,他逃到城门跟邑人争门关,孔某举起城门放季孙逃走。

孔某被穷困在陈国、蔡国之间,用藜叶做的羹中不见米粒。第十天,子路蒸了一只小猪,孔某不问肉的来源就吃了;子路又剥下别人的衣服去买酒,孔某也不问酒的来源就喝。后来鲁哀公迎接孔子,席摆得不正他不坐,肉割得不正不吃。子路进来请示说:"(您)为何与陈、蔡时的(表现)相反呢?"孔某说:"来!我告诉你:当时我和你急于求生,现在和你急于求义。"在饥饿困逼时就不惜妄取以求生,饱食有余时就用虚伪的行为来粉饰自己。污邪诈伪之行,还有比这大的吗?

【原文】

孔某与其门弟子闲坐,曰:"夫舜见瞽叟孰然①,此时天下圾乎?周公旦非其人也邪?何为舍其家室而托寓②也?"

孔某所行,心术所至也。其徒属弟子皆效孔某:子贡、季路辅孔悝乱乎卫,阳货乱乎齐,佛肸以中牟叛,漆雕刑残,莫大焉!

夫为弟子后生,其师必修其言,法其行,力不足、知弗及而后已。今孔某之行如此,儒士则可以疑矣!

【译文】

孔某和他的弟子闲坐,说:"舜见了瞽叟,局促不安的样子,这时天下危险吗?周公旦也不是仁义之人吧,否则为何舍弃他的家室而寄居在外呢?"

孔某的所行,都出于他的心术。他的朋辈和弟子都效法孔某。子贡、季路辅佐孔悝在卫国作乱;阳货在齐作乱;佛肸以中牟反叛;漆雕代受刑后成为残废,没有比这更大的罪过了。

凡是做弟子后生的,他的老师必须使自己的语言完美,使自己的行为合乎规范,一直到自己力量不足、智慧不及而后方休。现在孔某的行为是这个样子,其他儒士们那么就值得怀疑了。

【注释】

①孰然:局促不安的样子。②托寓:指寄居在外。

【评析】

本篇反映了儒、墨两家在思想认识上的激烈斗争。墨子反对"君、亲有差"。又指责儒家的礼乐与政事、生产皆无益,又通过晏婴等之口,讽刺孔子与君与民都是口头上讲仁义,实际上鼓励叛乱,惑乱人民。墨子的主要思想之一就是"兼爱",他所提倡的"兼爱"是无差别、无等级之爱。因此他反对以孔子为代表的儒家思想所注重的"君臣有别"的等级之爱。他认为孔子所提倡的礼义只是口头上的仁义,只站在统治者的立场上,而不管人民的死活。

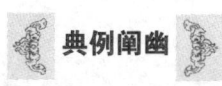

## 岔路迷羊论学习

杨朱的邻居走失一只羊,邻居率领众人去追反而跑丢了。杨朱问其原因,回答说:"岔路之中又有岔路,所以跑丢了。"杨子忧愁地变了脸色,好久不说话,整天也不笑。弟子们深感疑惑。

弟子孟孙阳出来告诉了心都子。几天后,心都子与孟孙阳一道进去,问道:"从前有兄弟三人,在齐国与鲁国之间游历,同向一位老师求学,把仁义之道全部学到了才回来。他们的父亲问:'仁义之道怎么样?'老大说:'仁义使我爱惜身体而把名誉放在后面。'老二说:'仁义使我不惜牺牲性命去获取名誉。'老三说:'仁义使我的身体与名誉两全其美。'他们三个人所说的仁义之道各不相同,但都是从儒学中来的,哪一个对,哪一个不对呢?"杨子说:"有个住在河边的人,熟习水性,划船摆渡所获的利益可以供养百人。背着粮食前来学习的人一

批又一批,而被水淹死的人几乎达到了一半。本来是学习泅水而不是学习淹死的,但利与害却成了这个样子。你认为哪一种对,哪一种不对呢?"心都子不声不响地走了出来。

孟孙阳责备他说:"为什么您问得那么迂腐,先生回答得那么隐晦?我迷惑得更厉害了。"都子说:"大路因为岔道多而走失了羊,学习的人因为方法多而没学好知识。学习并不是根源不同,根源一样,而结果的差异却这样大。只有回归到相同,返回到一致才行。你在先生的弟子中是位长者,学习先生的学说,却不懂得先生的譬喻,可悲啊!"

# 大 取

**【题解】**

墨子"大取"这篇文章是集中墨家思想中的许多方面,如:天志、兼爱、节用、节葬等。他认为世界的万事万物都是相对的,只要取舍得当就行。不要为了捡取芝麻而丢了西瓜。对于任何事情我们内心里都要有个取舍,这也就是所谓的"抉择"问题,怎么对待这个问题,值得我们每一个人去认真思考。

**【原文】**

天之爱人也,薄①于圣人之爱人也;其利人也,厚于圣人之利人也。大人之爱小人也,薄于小人之爱大人也;其利小人也,厚于小人之利大人也。以臧②为其亲也,而爱之,非爱其亲也;以臧为其亲也,而利之,非利其亲也。以乐为爱其子,而为其子欲之,爱其子也。以乐为利其子,而为其子求之,非利其子也。

于所体之中③,而权轻重之谓权。权,非为是也,非非为非也,权,正也。断指以存腕,利之中取大,害之中取小也。害之中取小也,非取害也,取利也。

**【译文】**

上天爱人,比圣人爱人要深厚;上天施利给人,比圣人施利给人要厚重。君子爱小人,胜过小人爱君子;君子施利给小人,胜过小人施利给君子。把臧当作自己的父亲去爱他,这是爱自己父亲的表现;把臧当作自己的父亲而给他实际利益,这不是利自己的父亲。以为音乐对自己的儿子有利,而去替儿子设想音乐,这是爱儿子的表现;以为音乐对自己的儿子有利,而去替儿子寻求音乐,这不是有利于自己的儿子的。

人们在体察事物的时候,用来衡量轻重的东西叫作"权"。权,并不是对的,也不就是错的,权,是正当的。砍断手指以保存手腕,那是在利中选取大的,在害中选取小的。在害中选取小的,并不是取害,这是取利。

**【注释】**

①薄:"溥"字之误,溥,大,普遍。②臧:古代对奴婢的贱称。③所体之中:所做的事体中。

【原文】

其所取者,人之所执也。遇盗人,而断指以免身,利也;其遇盗人,害也。断指与断腕,利于天下相若,无择也。死生利若,一无择也。杀一人以存天下,非杀一人以利天下也;杀己以存天下,是杀己以利天下。于事为之中而权轻重之谓求。求为之①,非也。害之中取小,求为义,非为义也。

为暴人语天之为是也而性,为暴人歌天之为非也。诸陈执既有所为,而我为之陈执②,执之所为,因吾所为也。若陈执未有所为,而我为之陈执,陈执因吾所为也。暴人为我为天之。以人非为是也,而性不可正而正之。利之中取大,非不得已也。害之中取小,不得已也。所未有而取焉,是利之中取大也。于所既有而弃焉,是害之中取小也。

【注释】

①求为之:只注重求。②陈执:所执言论。

【译文】

他所选取的,正是别人所拿的。遇上强盗,砍断手指以免杀身之祸,这是利;遇上强盗,这是害。砍断手指和砍断手腕,这二者与对天下的利益是相似的,那就没有选择了。生和死,只要有利于天下,也都没有选择。杀一个人以保存天下,并不是杀一个人以利天下;杀死自己以保存天下,这是杀死自己以利天下。在做事中衡量轻重叫作"求"。只注重求,是不对的。在害中选取小的,追求合义,并非真正行义。

给暴戾的人说天的意志叫你这样,而且这是天性,等于对暴戾的人歌颂天的意志是不对的。人们所持的各种学说既已流传天下,而我能去执行,那么,各种学说就会因我的解说而发扬光大。如果各种学说没有流传天下,而我能为之讲解,那么,各种学说必因我的努力而流传天下。暴戾的人把自己作为天志。把人们认为错误的看作正确的,这些人的天性不可改正,但也要想法加以改正。在利益之中选取大的,不是不得已。在害处之中选取小的,是不得已。在本来所没有的地方中选取,这是利中选取大的。在已有的东西中舍弃,这是害中选取小的。

【原文】

义可厚,厚之;义可薄,薄之。谓伦列。德行、君上、老长、亲戚,此皆所厚也。为长厚,不为幼薄。亲厚,厚;亲薄,薄。亲至,薄不至。义厚亲,不称行而

【译文】

按义的标准可以厚爱的,就厚爱;按义的标准可以薄待的,就薄待。这就是所谓的无等差之爱。有德行的,在君位的,年长的,亲戚之类,这都是应当厚爱的。厚爱年长的,却不薄爱年幼的。亲当厚爱的就厚爱;亲当薄待的就薄待。有

顾行①。

为天下厚禹,为禹也。为天下厚爱禹,乃为禹之爱人也。厚禹之加于天下,而厚禹不加于天下。若恶盗之为加于天下,而恶盗不加于天下。爱人不外己,己在所爱之中。己在所爱,爱加于己。伦列之爱己,爱人也。

圣人恶疾病,不恶危难。正体不动②,欲人之利也,非恶人之害也。

圣人不为其室臧之故,在于臧。

至亲的,却没有至薄的。对于义来说,厚亲,这是不审量他的德行,而以类推由亲及疏去行厚爱与薄待。

为天下人而厚爱禹,这是为禹。为天下人厚爱禹,是因为禹能爱天下人。厚爱禹的作为能加利于天下,而厚爱禹并不加利于天下。就像厌恶强盗的行为能加利于天下,而厌恶强盗并不加利于天下。爱别人并非不爱自己,自己也在所爱之中。自己既在所爱之中,所以爱也就加于自己。无差等的爱自己,也就是爱人。

圣人厌恶疾病,不厌恶危险艰难。能保重自身,希望人们得到利益,并不是要人们畏避祸害。

圣人不以为自己的屋室可以储藏货物,就一心一意于储藏。

**【注释】**

①不称行而顾行:意为,义只厚爱至亲,不足称为的性;德行应充其类而厚爱天下。行,德行,顾,类。②正体不动:即端正身体,寂然不动。

**【原文】**

圣人不得为子之事。圣人之法死亡①亲,为天下也。厚亲,分也;以死亡之,体渴兴利。有厚薄而毋,伦列之兴利为己。语经,语经也,非白马焉。执驹焉说求之,舞说非也,渔大之无大,非也。三物必具,然后足以生。臧之爱己,非为爱己之人也。厚不外己,爱无厚薄。举②己,非贤也。义,利;不义,害。志功为辨。

有有于秦马,有有于马也,智来者之马也。

**【译文】**

圣人往往不能侍奉在父母身边。圣人的丧法是父母死了,心已无知,就节葬短丧,为天下兴利。厚爱父母,是人子应尽的本分;但父母死后,之所以节葬短丧,是想竭尽自己的力量为天下兴利。圣人爱人,只有厚没有薄,普遍地为天下兴利,才是真正为自己。语经,言语的常经,说白马不是马,又坚持认为孤驹不曾有,这是舞弄其说,至于缘木求鱼,当然得不到鱼,这个"球"才是真正是错的。这三件东西具备了,就足可以生了。臧的爱自己,并不是爱自己是一个人。厚爱别人并不是不爱自己,爱别人与爱自己,要没有厚薄的区分。赞誉自己,并非贤能。义,就是利人利己;不义,就是害人害己。义与不义,应该依实际所做的事情来辨别。

爱众众世与爱寡世相若。兼爱之,有相若。爱尚③世与爱后世,一若今之世人也。鬼,非人也;兄之鬼,兄也。

天下之利驩。"圣人有爱而无利,"倪日④之言也,乃客之言也。天下无人,子墨子之言也犹在。

爱众世之人与爱寡世之人相同。兼爱世人,又皆相同。爱上世之人与爱后世之人,也要与爱现世之人一样。鬼不是人;哥哥的鬼,是哥哥。

天下的人都能蒙受利益而欢悦。"圣人有爱而没有利",这是儒家的言论,是外人的说法,天下没有继承墨学的人,但墨子的学说仍在世上。

**【注释】**

①亡:通"忘"。②举:当作"誉"。③尚:同"上"。④倪日:"儒者"之误。

**【原文】**

不得已而欲之,非欲之也。非杀臧也。专杀盗,非杀盗也。凡学爱人。小圜①之圜,与大圜之圜同。方至尺之不至也,与不至钟之至,不异。其不至同者,远近之谓也。

是璜也,是玉也。意②楹③非意木也,意是楹之木也。意指之人也,非意人也。意获也,乃意禽也。志功,不可以相从也。

利人也,为其人也;富人,非为其人也,有为也以富人。富人也,治人有为鬼焉。

为赏誉利一人,非为赏誉利人也,亦不至无贵于人。

**【译文】**

不得已而想要它,并不是真正想要它。(想杀臧,)并不是杀了臧。擅自杀盗,就是不杀盗了。也不是杀盗。大凡要学会爱人。小圆的圆与大圆的圆是一样的,一尺地的不到与千里地的不到是没有分别的。不到是一样的,只是远近不同罢了。

璜虽然是半璧,但也是玉。考虑柱子,并不是考虑整个木头。考虑人的指头,并不是考虑整个人。考虑猎物,却是考虑禽鸟。动机和效果,不可以相等同。

凡称誉别人爱人利人,是为了那人;凡称誉别人富有,并不是为了那人,使他富有是有目的的。使那人富有,一定是他能够从事人事,祭祀鬼神。

实行赏誉而使一个人受利,不是实行赏誉来施利给人,(赏誉虽然不能遍及于人,)但也不至于因此就不用赏誉。

**【注释】**

①圜:通"圆"。②意:想要。③楹:柱子。

【原文】

智亲之一利①,未为孝也,亦不至于智不为已之利于亲也。智是之世之有盗也,尽爱是世。智是室之有盗也,不尽是室也。智其一人之盗也,不尽是二人。虽其一人之盗,苟不智其所在,尽恶,其弱也。

诸圣人所先,为人欲名实。名实不必名。苟是石也白,败是石也,尽与白同。是石也唯大,不与大同。是有便谓焉也。以形貌命者,必智是之某也,焉智某也。不可以形貌命者,唯不智是之某也,智某可也。诸以居运②命者,苟入于其中者,皆是也,去之因非也。诸以居运命者,若乡里齐荆者,皆是。诸以形貌命者,若山丘室庙者,皆是也。

【注释】

①智:通"知"。②居运:居住或运徙。

【译文】

只知道有利于自己的父母亲,不能算是孝;但也不至于明知自己有利于父母亲而不愿做。知道这个世界上有强盗,还是尽爱这个世界上的人。知道这座房子里有强盗,不全都讨厌这座房子里的人。知道其中一个人是强盗,不能讨厌这里所有的人。虽然其中一个人是强盗,如果不知他在何处,就讨厌所有的人,这是不对的。

圣人首先要做的,是考核名实,有名不一定有实,有实不一定有名。如果这块石头是白的,把这块石头打碎,它的每一小块也都是白的,白都相同。这块石头虽然很大,但不和大石相同,因为大石之中仍有大小的不同,这是各依其便而称的。用形貌来命名的,一它要知道它反映的是什么对象,才能了解它。不是用形貌来命名的,虽然不知道它反映的是什么对象,只要知道它是什么就可以了。那些以居住和运徙来命名的概念,如果进入其中居住的,就都是,离开了的就不是了。那些以居住或运徙来命名的概念,如乡里、齐国、楚国都是。那些以形貌来命名的具体概念,如山、丘、室、庙都是。

【原文】

智与意异。重同,具同,连同,同类之同,同名之同,丘同,鲋同,是之同,然之同,同根之同。有非之异,有不然之异。有其异也,为其同也,为其同也异。一曰乃是而然,二曰乃是而不然,三曰迁,四曰强。

【译文】

知道与思想是不同的,(同的种类很多,)有重同,具同,连同,同类之同,同名之同,丘同,附同,是之同,然之同,同根之同。有实际不同的异,有是非各执的异。所以有异,是因为有同,才显出异。是不是的关系有四种:第一种是"是而然",第二种是"是而不然",第三种叫"迁",即转移论题,偷换概念,第四种叫"强",即牵强附会。

你对于墨家的学说,深奥的就深入探求,浅

子深其深，浅其浅，益其益，尊其尊①。次察山比因，至优指复；次察声端名因情复，匹夫辞恶者，人有以其情得焉。诸所遭执，而欲恶生者，人不必以其请得焉。圣人之附溃②也，仁而无利爱。利爱生于虑。昔者之虑也，非今日之虑也。昔者之爱人也，非今之爱人也。爱获之爱人也，生于虑获之利。虑获之利，非虑臧③之利也；而爱臧之爱人也，乃爱获之爱人也。去其爱而天下利，弗能去也。昔之知啬，非今日之知啬也。贵为天子，其利人不厚于正夫。二子事亲，或遇孰，或遇凶，其亲也相若，非波其行益也，非加也。外执无能厚吾利者。藉臧也死而天害，吾持养臧也万倍，吾爱臧也不加厚。

近的就浅近研究，并体察节用节葬是否应当。其次明察墨家学说之所以成立的根由、学说中的比附、学说的原因，这样，就可以掌握墨家学说的要旨。进一步再深察墨家声教的端绪、借鉴名学的方法、证明它的终因，这样，墨家学说的实情就能够了解。一个平常的人，他的言词虽然粗俗，但也是实情的论断，人们从中还可以了解实情。那些因自己的遭遇坚持一种成见，感情用事，产生好恶，妄下断语，人们从他的言词中就不会了解实情了。圣人抚覆天下，以仁为本却没有爱人利人的区别。爱人利人产生于思虑。过去的思虑，不是今日的思虑。过去的爱人，也不是今日的爱人。爱婢这种爱人的行为，产生于考虑婢的利益。考虑婢的利益，不是考虑奴的利益；但是，爱奴的爱人，也就是爱婢的爱人。如果去掉其所爱而能利天下，那就不能不去掉了。从前讲节用，不等于现在讲节用。贵为天子，他利人并不比匹夫利人厚。两个儿子侍奉父母亲，一个遇到丰年，一个遇到荒年，他们利自己的双亲是相同的，不会因丰年而增多，也不会因荒年而减少。外物也不会使我利亲的心加厚。假使奴死对天下有害，那么我将万倍地供养奴，而我爱奴并不加厚。

【注释】

①尊：同"剸"，减少。②溃：即"覆"。③臧：奴。

【原文】

长人之异，短人之同，其貌同者也，故同。指之人也与首之人也异，人之体非一貌者也，故异。将剑与挺剑异。剑，以形貌命者也，其形不一，故异。杨木之木与桃木之木也

【译文】

高的人与矮的人相同，是因为他们的外表相同，所以就相同。人的手指与人的头是不一样的，是因为人的身体，并不是一种形貌，所以不同。扶剑和拔剑是不相同的，因为剑是因形貌命名的，形貌不一，所以不同。杨木的木与桃木的木相同。有些不是以量数举出命名的，举出来的都一样，所以

同。诸非以举量数命者,败之尽是也。故一人指,非一人也;是一人之指,乃是一人也。方之一面,非方也,方木之面,方木也。以故生,以理长,以类行也者。立辞而不明于其所生,妄也。今人非道无所行,唯有强股肱而不明于道,其困也,可立而待也。夫辞以类行者也,立辞而不明于其类,则必困矣。

故浸淫之辞,其类在鼓栗。圣人也,为天下也,其类在于追迷。或寿或卒,其利天下也指若,其类在誉石①。一日而百万生,爱不加厚,其类在恶害。爱二世有厚薄,而爱二世相若,其类在蛇文。爱之相若,择而杀其一人,其类在坑下之鼠。小仁与大仁②,行厚相若,其类在申。凡兴利除害也,其类在漏雍。厚亲,不称行而行,其类在江上井。"不为己"之可学也,其类在猎走。爱人非为誉也,其类在逆旅。爱人之亲,若爱其亲,其类在官③苟。兼爱相若,一爱相若。一爱相若,其类在死也。

一个手指,不能断定是哪一个人的;一个人的手指,才能断定是那个人的。一面是方的,不能算作方体,但方木的任何一面,都是方木。言词因事故而产生,又顺事理而发展,借同类的事物相互推行。创立言辞,却不知道言辞产生的原因,一定是谬误的。现在人不遵循道理,就不能做事,只有强壮的身体,而不知道做事的道理,就会遭到困难,这是立等可待。言辞要依照类别才能成立,如创立言辞却不明白它的类别,那么,就必定遭受困难。

所以亲附渐入的言辞,目的在鼓动人恐惧。圣人治理天下,目的是纠正迷惑。无论长寿与夭折,圣人利天下的目的都是化民向善,如礜石可以染缁。一日之中,天下有成百上万的生灵诞生,但我的爱不会加厚,正如为天下除害。爱上世、今世、后世有厚有薄,但爱其实相同,就像蛇相交纠缠一样,不辨厚薄。兼爱相同,择而杀其中一人以除害,就像消灭墙穴间的老鼠一样。一般人与天子,德行厚薄是相同的,看他能否施展才能。举凡兴利除害,就像防止堤溃要把漏洞堵塞住一样。厚爱,这是不审量它的德行,而以类推由亲及疏去厚爱、薄爱,正像江上井一样,虽然利人,也很有限。"不为己"是可以学习并做到的,就像打猎时奔跑追逐一样。爱人并非为了名誉,就像旅店一样,是为了利人。爱别人的亲人,如爱自己的亲人,就像急官事儒家事一样,没有公私之分。兼爱,和爱自己一个人一样,能兼爱,就是自爱,爱一个人相同,就像一条活蛇,把它砍成几段,就成了死蛇一样。

【注释】

①誉:疑当作"礜",礜石可染缁。②仁:通"人"。③官:公;苟:即"敬"。

【评析】

"大取"反过来看就是"取大",也就是说要取大的方面,主要的方面。不要为了一片叶子,而失去了整个森林。这就是墨子对本文的观点。他认为世界的万事万物都是相对的,只要取舍得当就行。

所谓的"利害"都是相对的,只要取舍得当,我们还是有利可图的,"害之中取小也,非取害也,取利也。"也就是说在"害"中选取"小"的方面,并非取害,而是取利。所谓"兼爱"就是无差等的爱,他认为按义的标准,该厚爱的就厚爱,该薄待的就薄待他,而不是儒家所谓的"厚亲",从中可以看出他对儒家思想的批判。

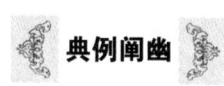 典例阐幽

## 黄香忠孝两全受尊敬

黄香出生在一个生活清贫的家庭里,经常吃不上饭,也更谈不上穿一件好衣服。但父母却很重视对他的教育,既教给他做人的道理,也教给他学习《四书》、《五经》。所以,小小的黄香就写得一手好文章。可是,天有不测风云,在黄香八九岁的时候,他的母亲突然身患重病,卧床不起。家里又没有多余的钱来给母亲治病,尽管黄香和父亲竭尽全力来帮助母亲减轻痛苦,但不久母亲就撇下年幼的黄香,撒手西去。没有了母亲,黄香悲痛欲绝,他守在妈妈的灵前,既不吃饭也不睡觉,由于过度悲伤,小黄香骨瘦如柴,叫人看了心酸。从此黄香与父亲相依为命,他似乎一下子长大了。黄香想:"妈妈已经没有了,父亲的心里一定很难过,我不能再加重父亲的负担了。"他要把对母亲的无限追思全部用在孝敬父亲上,他要让父亲生活得更舒心一点。

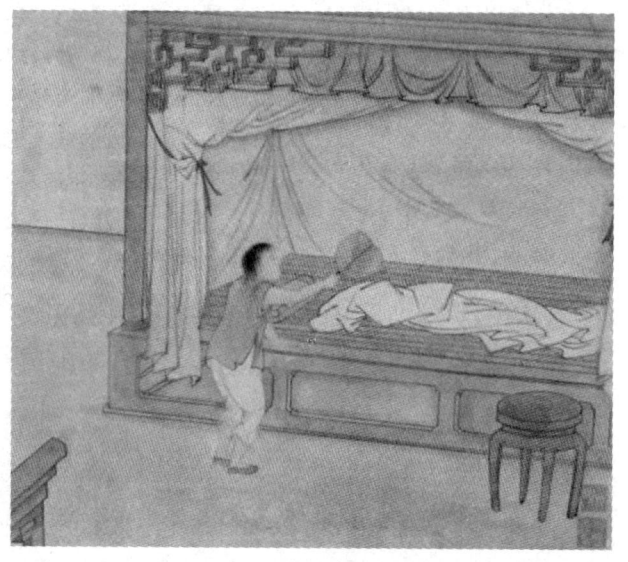

黄香家的房屋很破,每到夏天,热得人都喘不过气来。加上蚊子特别多,真是难以入睡。为了让父亲能休息得好,黄香一到晚上,先给父亲放好帐子,把蚊子驱赶干净,再把席子用扇子扇凉,干完这一切以后,黄香早已大汗淋漓了。父亲很心痛儿子,让黄香不要再扇了。但黄香坚持天天如此。到了冬天,四处透风的房子简直冷透

了。为了能让父亲觉得暖和一点,黄香每天晚上都要早早地躺到父亲的被窝里,用自己的身子给父亲把被窝焐热以后,才让父亲入睡。尽管生活十分清苦,但黄香总是表现出很快乐的样子,白天高高兴兴地帮父亲到地里干活,晚上,就默默地在灯下学习。长大成人以后,黄香到了京城洛阳求学。他多才多识,以至于当时就有民谚流传:"天下无双,江夏黄童。"

在汉安帝时,黄香被任命为魏郡太守。他非常关心人民的疾苦。当时魏郡发生水灾,黄香就亲自到灾区去,组织民众抗洪救灾。黄香还把自己的俸禄拿出来,用于赈济灾民。后来黄香因为父亲病重而辞官回家。黄香孝父爱民的故事,在中国老百姓中间流传得十分久远。

# 小 取

【题解】

墨子的《小取》是墨辩的主要内容，在这里不仅总结了论辩的目的有六点：明是非、审治乱、明同异、察名实、处利害、决嫌疑；还提出了"辟、侔、援、推"四种"归纳的论辩"。一些研究认为："辟和侔都是'以其所知谕其所不知而使人知之'的方法"，它们的区别是"辟是用那物说明这物；侔是用那一种辞比较这一种辞。"但它们都不能作为科学上发明新知识的方法。它们都不能推出人类未知的新知识。但援和推却不同，墨家的"援"即援引和援例，既由这一件推知那一件，由这一个推知那一个的方法。"推"是以其所不取之同于其所取者，即由已知推出未知。

【原文】

夫辩者，将以明是非之分，审治乱之纪，明同异之处①，察名实之理，处利害，决嫌疑。焉摹略万物之然，论求群言之比。以名举实，以辞抒意，以说出故。以类取，以类予。有诸己不非诸人，无诸己不求诸人。

或也者，不尽也。假者，今不然也。效者，为之法也，所效者，所以为之法也。故中效，则是也；不中效，则非也。此效也。辟也者，举也物而以明之也。侔也者，比辞而俱行也。援也者，曰：子然，我奚独不可以然也？"推也者"，以其所不取之同于其所取者，予之也。"是犹谓"也者，同也。"吾岂谓"也者，异也。

【译文】

辩论的目的，是要分清是非的区别，审察治乱的规律，搞清同异的地方，考察名实的道理，断决利害，解决疑惑。于是要探求万事万物本来的样子，分析、比较各种不同的言论。用名称反映事物，用言词表达思想，用推论揭示原因。按类别归纳，按类别推论。自己赞同某些论点，不反对别人赞同，自己不赞同某些观点，也不要求别人。

有疑惑，说明还没有完全认识。假设，说明现在还不是这个样子。效，是拿来作为法则的，效法那个东西，就是以那个东西为法则。所以合乎法则就是对的，不合乎法则就是错的，这就是效。辟喻，是拿另外一个东西来说明这个东西的。侔，是两个相同的命题可以并行不悖。援引，引用论敌的话，你可以这样，我为什么就不能这样？"推究"，找出论敌所不采用的论据，等同于论敌所采用的观点，奉还给他。"是犹谓"是说就好相识，表示相同。"吾岂谓"，是说我难道是那样说的吗？是表示不同。

**【注释】**

①处:决断。

**【原文】**

夫物有以同而不率遂同①。辞之侔也,有所至而正。其然也,有所以然也;其然也同,其所以然不必同。其取之也,有所以取之;其取之也同,其所以取之不必同。是故辟、侔、援、推之辞,行而异,转而危,远而失,流而离本,则不可不审也,不可常用也。故言多方,殊类,异故,则不可偏观也。

夫物或乃是而然,或是而不然,或一周而不一周,或一是而一不是也。不可常用也,故言多方②殊类异故,则不可偏观也,非也。

**【译文】**

事物有时有某些共同点,却又完全不是一个东西。言词相当,只是在一定范围内才是对的。事物有一定的样子,决定于其内在的所以然,事物的样子相同,但他们之所以成为这个样子的原因却不必相同。选择这个论据,自然有选择的根据;大家选择的论据相同,但是大家选择这些论据的根本原因却不一定相同。所以辟、侔、援、推这些论式,运用起来就会发生差异,转而会成为诡辩,扯得越远,距离离原意越远,时间长了,就不是原来的样子。所以不能不十分谨慎,这些论证方法也不能经常使用。所以说话有许多技巧,不同的类型也各有依据,这也是无法全部都看得到的。

事物有些为"是"而正确,有些为"是"而不正确。有些为"不是"而正确,有些为一方面普遍,而另一方面却不普遍。有些为一方面是正确的,而另一方面却是不正确的。不能按常理来推论事物,所以言词有很多方面、很多类别、很多差异和缘故,在推论中不能偏执观点,(偏执是)不正确的。

**【注释】**

①不率遂同:不是全部都跟着相同。②多方:很多范畴。方,范畴,概念。

**【原文】**

白马,马也;乘白马,乘马也。骊马,马也;乘骊马,乘马也。获,人也;爱获,爱人也。臧,人也;爱臧,爱人也。此乃是而然者也。

获之亲,人也;获事其

**【译文】**

白马是马;乘白马是乘马。骊马是马;乘骊马是乘马。婢是人;爱婢是爱人。奴是人;爱奴是爱人。这就是"是而然"的情况。

女奴的父母亲,是人;女奴事奉她的父母亲,并不能说是事奉人。他的妹妹是个美人,爱他的妹妹,不能说是爱美人。车是木头做的;乘车不能说是乘

亲，非事人也。其弟①，美人也；爱弟，非爱美人也。车，木也；乘车，非乘木也。船，木也；人船，非人木也。盗人人也；多盗，非多人也；无盗，非无人也。奚以明之②？恶多盗，非恶多人也；欲无盗，非欲无人也。世相与共是之。若若是，则虽盗人人也；爱盗非爱人也；不爱盗，非不爱人也；杀盗人非杀人也，无难盗无难矣。此与彼同类，世有彼而不自非也，墨者有此而非之，无他故焉，所谓内胶外闭与心毋空乎？内胶而不解也。此乃是而不然者也。

木头。船，也是木头做的；进入船舱，不能说是进入木头。强盗是人；很多强盗，不能说是很多人；没有强盗，不能说是没有人。怎么证明这一点呢？讨厌强盗多，并不是讨厌人多；希望没有强盗，并不是希望没有人。整个世界都认为这是对的。如果这是对的话，那么虽然强盗是人，但爱强盗却不是爱人；不爱强盗，却不意味着不爱人；杀强盗，也不是杀人，这些命题也都不难成立了。这和前面所说的是一个类型。然而世人赞同那个自己却不以为错，墨家提出这个来非议他们，没有其他缘故，有所谓内心固执、耳目闭塞与心不空吗？内心固执，得不到解说。这就是"是而不然"的情况。

【注释】

①弟：当为"娣"，妹妹。②奚以明之：怎么来说明这一点呢？

【原文】

且夫读书，非好书也。且斗鸡，非鸡也；好斗鸡，好鸡也。且①入井，非入井也；止且入井，止入井也。且出门，非出门也；止且出门，止出门也。若若是，且夭，非夭也；寿夭也。有命，非命也；非执有命，非命也，无难矣。此与彼同类，世有彼而不自非也，墨者有此而罪非之，无也故焉，所谓内胶外闭与心毋空乎？内胶而不解也。此乃是而不然者也。

爱人，待周②爱人而后为爱人。不爱人，不待周不爱人；不周爱，因为不爱人矣。乘马，不待周

【译文】

读书，不是喜欢书。将要斗鸡，不是斗鸡；喜欢斗鸡，就是喜欢鸡。将要跳入井，不是入井；阻止将要跳入井，就是阻止入井。将要出门，不是出门；阻止将要出门，就是阻止出门。如果像这样，将要夭折，不是夭折；寿终才是夭折。有命，不是命；不认为有命，不是命，这没有什么疑难。这个与那个同类。世人称赞那个却不以为自己错了，墨家提出这个来非议他们，没有其他缘故，有所谓内心固执、耳目闭塞与心不空吗？内心固执，不得其解。这是"不是而然"的情况。

爱人，要爱所有的人，然后才可以称为爱人。不爱人，则不必等到不爱所有人才算不爱；不普遍的爱所有人，就是不爱人。骑马，不必等到骑了所有的马才称为骑马；只要有马可

乘马然后为乘马也;有乘于马,因为乘马矣。逮至不乘马,待周不乘马而后不乘马。此一周而一不周者也。

骑,就可以称为骑马了。至于不骑马,要等到所有的马都不骑,然后才可以称为不骑马。这是一方面普遍而另一方面不普遍的情况。

### 【注释】

①且:将要。②周:普遍。

### 【原文】

居于国,则为居国;有一宅于国,而不为有国。桃之实,桃也;棘之实,非棘也。问人之病,问人也;恶人之病,非恶人也。人之鬼,非人也;兄之鬼,兄也。祭人之鬼,非祭人也;祭兄之鬼,乃祭兄也。之马之目盼则为之马盼①;之马之目大,而不谓之马大。之牛之毛黄,则谓之牛黄;之牛之毛众,而不谓之牛众。一马,马也;二马,马也。马四足者,一马而四足也,非两马而四足也。一马②,马也。马或白者,二马而或白也,非一马而或白。此乃一是而一非者也。

### 【译文】

居住在国内,就是在国内。有一座房子在国内,不是有整个国家。桃的果实,是桃。棘的果实,不是棘。慰问人的疾病,是慰问人。厌恶人的疾病,不是厌恶人。人的鬼,不是人。哥哥的鬼,是哥哥。祭人的鬼,不是祭人。祭哥哥的鬼,是祭哥哥。这一匹马的眼睛是瞎的,就称它是瞎马;这匹马的眼睛大,却不能称这匹马为大马。这头牛的颜色是黄颜色的,就称它为黄牛;这头牛的毛多,却不能称它为多牛。一匹马,是马,两匹马,也是马。马有四个蹄子,是说一匹马四个蹄子,不是两匹马有四个蹄子。马有白色的,是说两匹马中有白色的,不是说一匹马是白色的。这就是一方面对而另一方面错的情况。

### 【注释】

①盼:"眇"字之误,眇,一目小。②一马,马也:衍文。

### 【评析】

事物有可能在一个方面相同,但不是全部相同,关于事物的推论,或者前提肯定结论肯定,或者前提肯定结论否定。"夫辩者,将以明是非之分,审治乱之纪,明同异之处,察名实之理,处利害,决嫌疑。"论辩的目的就是为了明是非,研究治乱的关系,弄清同异的区别,考察名实的关系,处置利害,决断献艺。一个国君要想治理好国家,这都是必不可少的。这即是本文的主要观点。

## 李斯巧言撤销逐客令

秦王嬴政十年,王族大臣们都说:"各诸侯国到秦国来做官谋职的人,大都是为自己的君主来游说,以挑拨离间我们君臣上下之间的关系,因此,请大王将他们一律驱逐出境。"于是,秦王下令全国实行大搜索,驱逐外来人。

客卿楚国人李斯也在被逐之列,他在临离开前上书秦王说:从前穆公招纳贤才,由西部戎地选得由余,东方宛城物色到百里奚,在宋国迎来了蹇叔,在晋国寻求到丕豹和公孙枝,为此,秦国得以兼并二十多个封国,而称霸西戎;孝公任用商鞅实行变法,使各国亲和服从,以至今日天下大治,国势强盛;惠王采纳张仪的策略,拆散六国的合纵联盟,使它们为秦国效力;昭王得到范雎的辅佐,加强了王室的权力,遏制了贵族家族的势力。这四位君王都是依靠客卿的作用而建功立业的。如此看来,客卿有什么地方辜负了秦国啊!美色、音乐、珠宝、美玉都不产在秦国,大王享受的却很多。但你对人的取舍偏不是这样,不问可不可用,不论是非曲直,凡非秦国人就一概不用,凡是客卿就一律驱逐。以此来说,你只是看重美色、音乐、宝珠、美玉等物质享受,而轻视人才了。我听说泰山不辞细小的泥土,故能成就其巍峨;河海不择细流,故能成就其深广;圣贤的君王不抛弃民众,故能明示他的恩德。这便是三王五帝之所以能无敌于天下的原因。现在您抛弃那些非秦国籍的平民百姓,使他们去帮助敌国;辞退那些外来的宾客,令他们去为各诸侯效力,这就是所谓的把武器借给入侵者,把粮秣送给盗匪了。嬴政看了李斯上的这封信,立即召他入见,恢复他的官职,并撤销逐客令。

此时李斯已走到了骊邑,他接到秦王诏令后即刻回返。嬴政后来采纳了李斯的计策,暗中派遣能言善辩的人携带金玉珠宝去游说各国国君。对各国有名望、有势力的人,凡是可以用钱财贿赂的,嬴政便出重金收买回来结交他们;凡是不肯受贿的,便持利剑刺杀他们。同时秦王还命人挑拨各国国君与臣民之间的关系,离间他们的感情,然后派良将率兵攻打各国。这样,几年之内,秦国终于兼并了天下。

# 耕 柱

**【题解】**

本篇各段大多由对话组成,记述墨子与弟子等人的谈话。全篇以谈论"义"的言论最多,但各段的思想内容并不连贯。墨子认为义是天下的宝物,行义,可以安国、利民。在这篇中我们可以看到有人已经开始对墨家学说提出了质疑。如:巫马子质问墨子"鬼神孰与圣人明智"、质疑墨子"兼爱"何利;夏之徒质问墨子"君子有斗"否,君子有斗、无斗,显然是针对墨家非攻停止战斗的主张而提出的。

**【原文】**

子墨子怒耕柱子。耕柱子曰:"我毋俞①于人乎?"子墨子曰:"我将上大行,驾骥与羊,子将谁驱?"耕柱子曰:"将驱骥也。"子墨子曰:"何故驱骥也?"耕柱子曰:"骥足以责。"子墨子曰:"我亦以子为足以责。"

巫马子谓子墨子曰:"鬼神孰与圣人明智?"子墨子曰:"鬼神之明智于圣人,犹聪耳明目之与聋瞽也。昔者夏后开②使蜚廉折金于山川,而陶铸之于昆吾;是使翁难雉乙卜于白若之龟,曰:'鼎成三足而方,不炊而自烹,不举而自臧③,不迁而自行。以祭于昆吾之虚④,上乡⑤!'乙又言兆之由曰:'飨矣!逢逢⑥白云,一南一北,一西一东,九鼎既成,迁于三国。'夏后氏失之,殷人受之;殷人失之,周人受之。夏后殷周之相受也,数百岁

**【译文】**

墨子对耕柱子发怒。耕柱子说:"我不是胜过别人吗?"墨子问道:"我将要上太行山去,可以用骏马驾车,可以用牛驾车,你将驱策哪一种呢?" 耕柱子说:"我将驱策骏马。"墨子又问:"为什么驱策骏马呢?"耕柱子回答道:"骏马足以担当重任。"墨子说:"我也以为你能担当重任。"

巫马子问墨子:"鬼神与圣人相比,那个更明智呢?"墨子答道:"鬼神比圣人明智,就好像耳聪目明的人比聋子、瞎子明智一样。从前夏启命令蜚廉在山上开发金属矿藏,在昆吾铸了鼎,于是叫卜人翁难乙,用百灵的龟占卜,卜辞道:'鼎铸成了,三足而方,不用生火它自己会煮熟,不用抬走自己会隐藏,不用迁移它自己会行走。用它在昆吾之墟祭祀。请鬼神享用。翁难乙又念了卦兆,说:'鬼神已经享用了。蓬蓬白云,一会儿南北,一会儿西东。九鼎已经铸成功了,将要三代相传。'后来夏后氏失掉了它,殷人接受了它;

矣。使圣人聚其良臣，与其桀相而谋，岂能智⑦数百岁之后哉？而鬼神智之。是故曰，鬼神之明智于圣人也，犹聪耳明目之与聋瞽也。"

殷人失掉了，周人又接受了它。夏、商、周三代互相接受九鼎，已经好几百年了。假使有一位圣人聚集他的贤臣，和他杰出的宰相共同谋划，哪能知道几百年以后的事呢？但是，鬼神却能够知道。因此说：鬼神比圣人明智，就好像耳聪目明的人比聋盲明智一样。"

**【注释】**

①俞：通"愈"，胜过。②夏后开：即夏启，汉代人避景帝（刘启）讳而改。折金：采金，指开发金属矿藏。③臧：通"藏"。④虚：同"墟"。⑤上乡：即"尚飨"，祭祀之辞。⑥逢逢：通"蓬蓬"。⑦智：通"知"。

**【原文】**

治徒娱、县子硕问于子墨子曰："为义孰为大务？"子墨子曰："譬若筑墙然，能筑者筑，能实壤者实壤，能欣者欣①，然后墙成也。为义犹是也，能谈辩者谈辩，能说书②者说书，能从事者从事，然后义事成也。"

巫马子谓子墨子曰："子兼爱天下，未云利也；我不爱天下，未云贼也。功皆未至，子何独自是而非我哉？"子墨子曰："今有燎者于此，一人奉水将灌之，一人掺火将益之，功皆未至，子何贵于二人？"巫马子曰："我是彼奉水者之意，而非夫掺火者之意。"子墨子曰："吾亦是吾意，而非子之意也。"

子墨子游荆耕柱子于楚。二三子过之，食之三升，客之不厚。二三子复于子墨子曰："耕柱子处楚无益矣！二三子过之，食之

**【译文】**

治徒娱、县子硕两个人问墨子说："行义，什么是最重要的事呢？"墨子答道："就像筑墙一样，能筑的人筑，能填土的人填土，能挖土的人挖土，这样墙就可以筑成。行义就是这样，能演说的人演说，能解说典籍的人解说典籍，能做事的人做事，这样就可以做成义事。"

巫马子问墨子说："你兼爱天下，没有什么利益；我不爱天下，也没有什么害处。功效都没有达到，你为什么只认为自己正确，而认为我不正确呢？"墨子回答道："假如这里有个人在放火，一个人捧着水将要浇灭它，另一个人拿着火苗，将使火烧得更旺，都还没有做成，在这两个人之中，你看重哪一个？"巫马子回答说："我认为那个捧水的人心意是正确的，而那个拿火苗的人的心意是错误的。"墨子说："我也认为我兼爱天下的用意是正确的，而你不爱天下的用意是错误的。"

墨子推荐耕柱子到楚国做官，有几个弟子去探访他，耕柱子请他们吃饭，每餐仅供食三升，招待他们不优厚。这几个人回来告诉墨子说："耕柱子在楚国没有什么收益！我们几个去探访他，每餐只供给我们三升米，招待我们不

三升,客之不厚。"子墨子曰:"未可智也。"毋几何而遗十金于子墨子,曰:"后生不敢死,有十金于此,愿夫子之用也。"子墨子曰:"果未可智也。"

优厚。"墨子答道:"这还未可知。"没有多久,耕柱子送给墨子十镒黄金,说:"弟子不敢贪图财利违章犯法以送死,这十镒黄金,请老师使用。"墨子说:"果然是未可知啊!"

【注释】

①欣:"掀"的假借字,此处用作动词,指挖土。②说书:解释典籍。

【原文】

巫马子谓子墨子曰:"子之为义也,人不见而耶,鬼而不见①而富,而子为之,有狂疾②。"子墨子曰:"今使子有二臣于此,其一人者见子从事,不见子则不从事;其一人者见子亦从事,不见子亦从事,子谁贵于此二人?"巫马子曰:"我贵其见我亦从事,不见我亦从事者。"子墨子曰:"然则是子亦贵有狂疾也。"

子夏之徒问于子墨子曰:"君子有斗乎?"子墨子曰:"君子无斗。"子夏之徒曰:"狗豨犹有斗,恶有士而无斗矣?"子墨子曰:"伤矣哉!言则称于汤文,行则譬于狗豨,伤矣哉!"

巫马子谓子墨子曰:"舍今之人而誉先王,是誉槁骨也。譬若匠人然,智槁木也,而不智生木。"子墨子曰:"天下之所以生者,以先王之道教也。今誉先王,是誉天下之所以生也。可誉而不誉,非仁也。"

【译文】

巫马子对墨子说:"你行义,人不会见而帮助你,鬼不会见而富你,然而先生却仍然这样做,这是有疯病。"墨子答道:"现在假使你有两个家臣在这里,其中一个见到你就做事,不见到你就不做事;另外一个见到你做事,不见到你也做事,这两个人之中,你看重谁?"巫马子回答说:"我看重那个见到我做事,不见到我也做事的人。"墨子说:"既然这样,你也看重有疯病的人。"

子夏的学生问墨子道:"君子之间有争斗吗?"墨子回答说:"君子之间没有争斗。"子夏的学生说:"狗猪尚且有争斗,哪有士人没有争斗的呢?"墨子说道:"痛心啊!你们言谈则称举商汤、文王,行为却与狗猪相类比,痛心啊!"

巫马子对墨子说:"舍弃当今的人,却去称誉古代的圣王,这是称誉枯骨。好像匠人一样,知道干枯的木材,却不知道活着的树木。"墨子说:"天下之所以能生存,是由于先王的主张教导的结果。现在称誉先王,是称誉使天下生存的先王的主张。该称颂的却不去称颂,这就不是仁了。"

【注释】

①鬼而不见:当为"鬼不见"。②狂疾:痛病。

【原文】

子墨子曰:"和氏之璧、隋侯之珠、三棘六异①,此诸侯之所谓良宝也。可以富国家,众人民,治刑政,安社稷乎?曰:不可。所谓贵良宝者,为其可以利也。而和氏之璧、隋侯之珠、三棘六异,不可以利人,是非天下之良宝也。今用义为政于国家,人民必众,刑政必治,社稷必安。所为贵良宝者,可以利民也,而义可以利人,故曰:义,天下之良宝也。"

叶公子高问政于仲尼曰:"善为政者若之何②?"仲尼对曰:"善为政者,远者近之,而旧者新之。"子墨子闻之曰:"叶公子高未得其问也,仲尼亦未得其所以对也。叶公子高岂不知善为政者之远者近也,而旧者新是哉?问所以为之若之何也。不以人之所不智告人,以所智告之,故叶公子高未得其问也,仲尼亦未得其所以对也。"

【译文】

墨子说:"和氏璧、隋侯珠、三翮六翼的九鼎,这是诸侯们所说的宝物。它们可以使国家富裕、使人口众多、使刑政治理、使社稷安定吗?回答说:不能。所谓的贵重宝物,是因为它们可以使人得到利益。而和氏璧、隋侯珠、三翮六翼的九鼎,不能给人利益,所以这些都不是天下的宝物。现在用义在国家施政,人口必然增多,刑政必然得到治理,社稷必然安定。之所以贵重宝物的原因,是因为它们能利人民,而义可以使人民得利,所以说:义是天下的宝物。"

叶公子高向孔子问施政的道理,说:"善于施政的人该怎样呢?"孔子回答道:"善于治政的人,要亲近疏远的人,对故旧,要待之如新,不厌弃他们。"墨子听到了,说:"叶公子高没能得到需要的解答,孔子也不能正确地回答。叶公子高难道会不知道,善于施政的人,对于处在远方的,要亲近他们,对于故旧,要如同新交一样,不厌弃他们。他是问怎么样去做。不以人家所不懂的告诉人家,而以人家已经知道了的去告诉人家。所以说,叶公子高没能得到需要的解答,孔子也不能正确地回答。"

【注释】

①三棘六异:即三翮(hé)六翼,九鼎之别名。②若之何:怎么样。

【原文】

子墨子谓鲁阳文君曰:"大国

【译文】

墨子对鲁阳文君说:"大国攻打小国,就像小

之攻小国，譬犹童子之为马也。童子之为马，足用而劳。今大国之攻小国也，攻者，农夫不得耕，妇人不得织，以守为事；攻人者，亦农夫不得耕，妇人不得织，以攻为事。故大国之攻小国也，譬犹童子之为马也。"

子墨子曰："言足以复行者，常①之；不足以举行者，勿常。不足以举行而常之，是荡口也。"

子墨子使管黔滶②游高石子于卫，卫君致禄甚厚，设之于卿。高石子三朝必尽言，而言无行者。去而之齐，见子墨子曰："卫君以夫子之故，致禄甚厚，设我于卿，石三朝必尽言，而言无行，是以去之也。卫君无乃以石为狂乎？"子墨子曰："去之苟道，受狂何伤！古者周公旦非关叔，辞三公，东处于商盖③，人皆谓之狂，后世称其德，扬其名，至今不息。且翟闻之：'为义非避毁就誉。'去之苟道，受狂何伤！"高石子曰："石去之，焉敢不道也！昔者夫子有言曰：'天下无道，仁士不处厚焉。'今卫君无道，而贪其禄爵，则是我为苟陷人长④也。"子墨子说，而召子禽子曰："姑听此乎！夫倍义而乡⑤禄者，我常闻之矣；倍禄而乡义者，于高石子焉见之也。"

孩以两手着地学马行。小孩学马行，足以自致劳累。现在大国攻打小国，防守的国家，农民不能耕地，妇人不能纺织，以防守为事；攻打的国家，农民也不能耕地，妇人也不能纺织，以攻打为事。所以大国攻打小国，就像小孩学马行一样。"

墨子说："言论可付之实行的，应推崇；不可以实行的，不应推崇。不可以实行而推崇它，就是空言妄语了。"

墨子让管黔到卫国称扬高石子，使高石子在卫国做官。卫国国君给他的俸禄很优厚，安排他在卿的爵位上。高石子三次朝见卫君，都竭尽其言，卫君却毫不采纳实行。于是高石子离开卫国到了齐国，见了墨子说："卫国国君因为老师的缘故，给我的俸禄很优厚，安排我在卿的爵位上，我三次入朝见卫君，必定把意见说完，但卫君却毫不采纳实行，因此离开了卫国。卫君恐怕会以为我发疯了吧？"墨子说："离开卫国，假如符合道的原则，承受发疯的指责有什么不好！古时候周公旦驳斥关叔，辞去三公的职位，到东方的商奄生活，人都说他发狂；但是后世的人却称誉他的德行，颂扬他的美名，到今天还不停止。况且我听说过：'行义不能回避诋毁而追求称誉。'离开卫国，假如符合道的原则，承受发疯的指责有什么不好！"高石子说："我离开卫国，何敢不遵循道的原则！以前老师说过：'天下无道，仁义之士不应该处在厚禄的位置上。'现在卫君无道，如果去贪图他的俸禄和爵位，那么，就是我只图吃人家的粮食了。"墨子听了很高兴，就把禽滑釐召来，说："姑且听听高石子的这话吧！违背义而向往俸禄，我常常听到；拒绝俸禄而向往义，从高石子这里我见到了。"

【注释】

①常：通"尚"。②溦：衍文。③商盖：即"商奄"，古国名，今山东曲阜附近。④陷：疑为"啗"之误，即"啖"。长："粻"之省文，米粮。⑤倍：通"背"。乡：通"向"。

【原文】

子墨子曰："世俗之君子，贫而谓之富则怒，无义而谓之有义则喜。岂不悖哉！"

公孟子曰："先人有，则三而已矣。"子墨子曰："孰先人而曰有，则三而已矣？子未智人之先有后生。"

有反子墨子而反者，"我岂有罪哉？吾反后。"子墨子曰："是犹三军北，失后之人求赏也。"

公孟子曰："君子不作，术而已。"子墨子曰："不然。人之其①不君子者，古之善者不诛，今也②善者不作。其次不君子者，古之善者不遂③，己有善则作之，欲善之自己出也。今诛而不作，是无所异于不好遂而作者矣。吾以为古之善者则诛之，今之善者则作之，欲善之益多也。"

【译文】

墨子说："世俗的君子，如果他贫穷，别人说他富有，那么他就愤怒，如果他无义，别人说他有义，那么他就高兴，这不是太荒谬了吗！"

公孟子说："先人已有的，只要效法就行了。"墨子说："谁说先人有的，只要效法就行了。你不知道人应该先有义了。"

有一个先与墨子做朋友而后来背叛了他的人，说："我难道有罪吗？我背叛是在他人之后。"墨子说："这就像军队打了败仗，落后的人还要求赏一样。"

公孟子说："君子不创作，只是阐述罢了。"墨子说："不是这样。人之中极端没有君子品行的人，对古代善的不阐述，对现在善的不创作。其次没有君子品行的人，对古代善的不阐述，自己有善的就创作，想让善的东西出于自己。现在只阐述古代善的而不创作的人，这跟不喜欢阐述古代善的却喜欢自我创作的人，就没有什么区别的。我认为对古代善的则阐述，对现在善的则创作，希望善的能增多。"

【注释】

①其：綦，极之意。②诛：当作"述"。也："之"字之误。③遂：疑为"述"之误。

【原文】

巫马子谓子墨子曰："我与子异，我不能兼爱。我爱邹人于越

【译文】

巫马子对墨子说："我与你不同，我不能兼爱。我爱邹人比爱越人深。爱鲁人比爱邹人深，

人，爱鲁人于邹人，爱我乡人于鲁人，爱我家人于乡人，爱我亲于我家人，爱我身于吾亲，以为近我也。击我则疾，击彼则不疾于我，我何故疾者之不拂，而不疾者之拂？故有我有杀彼以我，无杀我以利。"子墨子曰："子之义将匿邪，意将以告人乎？"巫马子曰："我何故匿我义？吾将以告人。"子墨子曰："然则一人说①子，一人欲杀子以利己；十人说子，十人欲杀子以利己；天下说子，天下欲杀子以利己。一人不说子，一人欲杀子，以子为施②不祥言者也；十人不说子，十人欲杀子，以子为施不祥言者也；天下不说子，天下欲杀子，以子为施不祥言者也。说子亦欲杀子，不说子亦欲杀子，是所谓经③者口也，杀常之身者也。"子墨子曰："子之言恶利也？若无所利而不言，是荡口也。"

爱我家乡的人比爱鲁人深，爱我的家人比爱我家乡的人深，爱我的双亲比爱我的家人深，爱我自己胜过爱我双亲，这是因为切近我的缘故。打我，我会疼痛，打别人，不会痛在我身上，我为什么不去解除自己的疼痛，却去解除不关自己的别人的疼痛呢？所以我只会杀他人以利于我，而不会杀自己以利于他人。"墨子问道："你的这种义，你将隐藏起来呢？还是将告诉别人。"巫马子答道："我为什么要隐藏自己的义，我将告诉别人。"墨子说："既然这样，那么有一个喜欢你的主张，这一个人就要杀你以利于自己；有十个人喜欢你的主张，这十个人就要杀你以利于他们自己；天下的人都喜欢你的主张，这天下的人都要杀你以利于自己。假如，有一个人不喜欢你的主张，这一个人就要杀你，因为他认为你是散布不祥之言的人；有十个人不喜欢你的主张，这十个人就要杀你，因为他们认为你是散布不祥之言的人；天下的人都不喜欢你的主张，这天下的人都要杀你，因为他们也认为你是散布不祥之言的人。这样，喜欢你主张的人要杀你，不喜欢你主张的人也要杀你，这就是人们所说的摇动口舌，杀身之祸常至自身的道理。"墨子还说："你的话，恰恰是厌恶利。假如没有利益而还要说，这就是空言妄语了。"

【注释】

①说：通"悦"。②施：散发，散步。③经："刭"之假借字，以刀割颈。

【原文】

子墨子谓鲁阳文君曰："今有人于此，羊牛犓豢，维人①但割而和之，食之不可胜食也，见人之作饼，则还然窃

【译文】

墨子对鲁阳文君说："现在有一个人在这里，他的牛羊牲畜，任由厨师宰割、烹调，吃都吃不完，但他看见人家做饼，就便捷地去偷窃，说：'可以充足我的米粮。'不知道这是他的甘肥食

之，曰：'舍②余食。'不知日月③安不足乎？其有窃疾乎？"鲁阳文君曰："有窃疾也。"子墨子曰："楚四竟之田，旷芜而不可胜辟，评灵④数千，不可胜，见宋、郑之闲邑，则还然窃之，此与彼异乎？"鲁阳文君曰："是犹彼也，实有窃疾也。"子墨子曰："季孙绍与孟伯常治鲁国之政，不能相信，而祝于丛社曰：'苟使我和。'是犹弇其目而祝于丛社也，'若使我皆视。'岂不缪哉！"子墨子谓骆滑氂曰："吾闻子好勇。"骆滑氂曰："然。我闻其乡有勇士焉，吾必从而杀之。"子墨子曰："天下莫不欲与其所好，度⑤其所恶。今子闻其乡有勇士焉，必从而杀之，是非好勇也，是恶勇也。"

物不足呢，还是他有偷窃的毛病？"鲁阳文君说："这是有偷窃病了。"墨子说："楚国有四境之内的田地，空旷荒芜，开垦不完，掌管川泽山林的官吏就有数千人以上，数都数不过来，见到宋、郑的空城，还要便捷地窃取，这与那个偷窃人家饼子的人有什么不同呢？"鲁阳文君说："这就像那个人一样，确实患有偷窃病。"墨子说："季孙绍与孟伯常治理鲁国的政事，彼此能互相信任，就到丛林中的庙宇里祷告说：'希望使我们和好。'这如同遮住了他们自己的眼睛，却在丛林中的庙宇里祷告说：'希望我们都能看到。'岂不荒谬吗？"墨子对骆滑氂说："我听说你喜欢勇武。"骆滑氂说："是的。我听说某个乡里有勇士，我一定要去杀他。"墨子说："天下没有人不想帮助他所喜爱的人，疏远他所憎恶的人。现在你听到那个乡里有勇士，就一定去杀掉他，这不是喜爱勇武，而是憎恶勇武啊。"

【注释】

①维人："雍人"之误，掌宰割烹调的人。②舍：通"舒"，宽裕、充足之意。③日月：疑"甘肥"之误。④评灵：疑为"泽虞"之误，"泽"：古代掌川泽之官。"虞"：掌山林之官。⑤度："斥"字本字"庍"的形误，疏远的意思。

【评析】

墨子认为义是天下的宝物，行义，可以安国、利民，所以他孜孜不倦地坚持行义。他反对背义向禄的人，主张大家一起行义，这样，才可以实现"义"。

有人针对墨家非攻停止战斗的主张提出了质疑。另外，墨子曾与骆滑氂争辩"好勇"与"恶勇"的问题，古代的士人，平时督耕治民，战时披甲出战，文武兼备；至春秋末孔子教学，犹有"射、御"诸科；故对墨子的"子夏之徒"以及"恶有士而无斗"提出质问。墨子还提出了攻战无论对攻国还是守国都无利而有害。大国攻打小国，名为获利，而自己国内"农夫不得耕，妇人不得织"，误耕误织，得不偿失。

## 刘备荆州求贤才

起初，诸葛亮居住在襄阳的隆中，经常把自己比做管仲和乐毅。刘备在荆州，向襄阳人司马徽询访人才。司马徽推荐诸葛亮。

徐庶在新野县见到刘备，刘备对徐庶很是器重。徐庶对刘备说："诸葛亮乃是卧龙，将军愿见他吗？"刘备说："请你与他一起来。"徐庶说："这个人，您可以去见他，但不可以召唤他来，将军应当屈驾去拜访他。"

刘备于是拜访诸葛亮，一共去了三次，才见到诸葛亮。刘备让左右的人都出去，对诸葛亮说道："汉朝王室已经衰败，奸臣窃据朝政大权，我不度德量力，打算伸张正义于天下，但智谋短浅，以至于遭受挫折，到了今天这个地步。但我的雄心壮志仍然还在，您认为应当如何去做？"诸葛亮说："如今，曹操已经拥有百万大军，挟持天子以

号令天下，确实不可与他争锋。孙权占据江东，已经经营三代，地势险要，民心归附，贤能人才都为他尽力，此人可以与他联盟，却不可算计他。荆州地区，北方以汉水、沔水为屏障，南方直通南海，东边连接吴郡、会稽，西边可通巴郡、蜀郡，正是用武之地，但主人刘表却不能守卫。这恐怕是上天赐给将军的资本。益州四边地势险阻，中有沃野千里，是天府之地，而益州牧刘璋昏庸懦弱，平庸无能。北边还有张鲁相邻，虽然百姓富庶，官府财力充足，却不知道珍惜，智士贤才都希望能有一个圣明的君主。将军既是汉朝王族，与孙权结盟，对内修明政治，对外观察时局变化，这样，就能建成霸业，复兴汉朝王室了。"刘备说："很好！"从此与诸葛亮的情谊日益亲密。关羽、张飞对此感到不满，刘备向他们解释说："我得到诸葛亮，如鱼得水，希望你们不要再说了。"关羽、张飞才停止抱怨。

# 贵 义

**【题解】**

《贵义》这篇文章,墨子提出万事没有比"义"更珍贵的了。墨子所提出的思想是很切合实际的,很适合国家的发展,但只因墨子是小生产者的代表,他的所有的思想都是建立在劳动人民的基础上的,符合小生产者的利益,因此使上层阶级不满,而不加引用。

**【原文】**

子墨子曰:"万事莫贵于义。今谓人曰:'予子冠履,而断子之手足,子为之乎?'必不为。何故?则冠履不若手足之贵也。又曰:'予子天下,而杀子之身,子为之乎?'必不为。何故?则天下不若身之贵也。争一言以相杀,是贵义于其身也。故曰:万事莫贵于义也。"

子墨子自鲁即齐,过①故人,谓子墨子曰:"今天下莫为义,子独自苦而为义,子不若已。"子墨子曰:"今有人于此,有子十人,一人耕而九人处,则耕者不可以不益急矣。何故?则食者众而耕者寡也。今天下莫为义,则子如劝我②者也,何故止我?"

**【注释】**

①过:探视,拜访。②如劝我:应当劝勉我。

**【译文】**

墨子说:"万事没有比义更珍贵的了。假如现今对别人说:'给你帽子和鞋,但是要砍断你的手、脚,你干吗?'那人一定不干。为什么呢?因为帽子和鞋不如手和脚珍贵。又说:'给你天下,但要杀死你,你干吗?'那人一定不干。为什么呢?因为天下不如自身珍贵。因争辩一句话而互相残杀,这是因为把义看得比自己的身体珍贵。所以说:万事没有比义更珍贵的了。"

墨子从鲁国到齐国,探望了老朋友。朋友对墨子说:"现在天下没有人行义,你何必独自苦行为义,不如就此停止。"墨子说:"现在这里有一人,他有十个儿子,但只有一个儿子耕种,其他九个都闲着,耕种的这一个不能不更加紧张啊。为什么呢?因为吃饭的人多而耕种的人少。现在天下没有人行义,你应该勉励我行义,为什么还制止我呢?"

**【原文】**

子墨子南游于楚，见楚献惠王，献惠王以老辞，使穆贺见子墨子。子墨子说穆贺，穆贺大说，谓子墨子曰："子之言，则成①善矣！而君王，天下之大王也，毋乃曰'贱人之所为'，而不用乎？"子墨子曰："唯其可行。譬若药然，草之本，天子食之，以顺其疾，岂曰'一草之本'而不食哉？今农夫入其税于大人，大人为酒醴粢盛，以祭上帝鬼神，岂曰'贱人之所为'，而不享哉？故虽贱人也，上比之农，下比之药，曾不若一草之本乎？且主君亦尝闻汤之说乎？昔者汤将往见伊尹，令彭氏之子御，彭氏之子半道而问曰：'君将何之？'汤曰：'将往见伊尹。'彭氏之子曰：'伊尹，天下之贱人也。若君欲见之，亦令召问焉，彼受赐矣。'汤曰：'非女②所知也。今有药此，食之则耳加聪，目加明，则吾必说而强食之。今夫伊尹之于我国也，譬之良医善药也。而子不欲我见伊尹，是子不欲吾善也。'因下彭氏之子，不使御。彼苟然，然后可也。"

**【注释】**

①成：通"诚"，确实。②女：通"汝"。

**【译文】**

墨子南游到了楚国，去见楚惠王，楚惠王以自己年老为借口推辞了，并派穆贺来会见墨子。墨子向穆贺游说，穆贺非常高兴，对墨子说："你的主张确实好啊，但是君王，是天下的大王，恐怕他会认为这是一个普通百姓的主张而不加采用吧！"墨子答道："只要它是可行的。比如药一样，一把草根，天子吃了它，用以治愈自己的疾病，难道会认为是一把草根而不吃吗？现在农民缴纳租税给贵族大人，贵族大人们酿美酒、做祭品，用来祭祀上帝鬼神，难道会认为，这是普通百姓做的而不享用吗？因此，即使是普通百姓，在上把他比于农民，在下把他比于药，难道还不如一把草根吗？况且惠王也曾听说过商汤的传说吧？过去商汤去见伊尹，叫彭氏的儿子给自己驾车。彭氏之子半路上问商汤说：'您要到哪儿去呢？'商汤答道：'我将去见伊尹。'彭氏之子说：'伊尹，只不过是天下的一位普通百姓。如果您一定要见他，只要下令召见而问他，这在他已蒙受恩遇了！'商汤说：'这不是你所知道的。如果现在这里有一种药，吃了它，耳朵会更加灵敏，眼睛会更加明亮，那么我一定会喜欢而努力吃药。现在伊尹对于我国，就好像良医好药，而你却不想让我见伊尹，这是你不想让我好啊！'于是叫彭氏的儿子下去，不让他驾车了。如果惠王能像商汤这样，以后就可以采纳普通百姓的主张了。"

## 【原文】

子墨子曰："凡言凡动,利于天、鬼、百姓者为之;凡言凡动,害于天、鬼、百姓者舍之。凡言凡动,合于三代圣王尧、舜、禹、汤、文、武者为之;凡言凡动,合于三代暴王桀、纣、幽、厉者舍之。"

子墨子曰："言足以迁行者,常之;不足以迁行者,勿常。不足以迁行而常之,是荡口也。"

子墨子曰："必去六辟①。默则思,言则诲,动则事,使三者代御②,必为圣人。""必去喜,去怒,去乐,去悲,去爱,而用仁义。手足口鼻耳,从事于义,必为圣人。"

子墨子谓二三子曰："为义而不能,必无排其道。譬若匠人之斫而不能,无排其绳。"

子墨子曰："世之君子,使之为一犬一彘之宰,不能则辞之;使为一国之相,不能而为之。岂不悖哉!"

## 【译文】

墨子说:"凡是言论、行动,有利于上天、鬼神、百姓的,就去做;凡是言论、行动,有害于上天、鬼神、百姓的,就抛弃它。凡是言论、行动,符合三代圣王尧、舜、禹、商汤、周文王、周武王的,就去做;凡是言论、行动,合乎三代暴君夏桀、商纣、周幽王、周厉王的,就抛弃它。"

墨子说:"言论足以付之行动的,就推崇它;不足以付之行动的,就不要推崇。不足以付之行动,却要推崇它,就是空言妄语了。"

墨子说:"一定要去掉六种邪僻,沉默之时能思索,出言能教导人,行动能从事义。使这三者交替进行,一定能成为圣人。"(墨子说:)"一定要去掉喜,去掉怒,去掉乐,去掉悲,去掉爱,以仁义作为一切言行的准则。手、脚、口、鼻、耳,都用来从事义,一定会成为圣人。"

墨子对几个弟子说:"行义而不能胜任之时,一定不可背离学说本身。比如木匠劈木材,如果不能劈好,也不可背离墨线一样。"

墨子说:"世上的君子,让他作为宰杀一狗一猪的屠夫,如果干不了就推辞;让他作一国的宰相,干不了却照样去作,这难道不荒谬吗?"

## 【注释】

①辟:通"僻",邪僻。②代御:轮流进行。

## 【原文】

子墨子曰："今瞽曰：'钜①者白也,黔者黑也。'虽明目者无以易之。兼白黑,使瞽取焉,不能知也。故我曰瞽不知白黑者,非以其

## 【译文】

墨子说:"现在有一个盲人说:'银是白的,黔是黑的。'即使是眼睛明亮的人也不能更改之。把白的和黑的东西放在一块儿,让盲人分辨,他就不能知道了。所以我说:盲人

名也,以其取也。今天下之君子之名仁也,虽禹、汤无以易之。兼仁与不仁,而使天下之君子取焉,不能知也。故我曰天下之君子不知仁者,非以其名也,亦以其取也。"

子墨子曰:"今士之用身,不若商人之用一布②之慎也。商人用一布布,不敢继苟而雠焉,必择良者。今士之用身则不然,意之所欲则为之,厚者入刑罚,薄者被毁丑,则士之用身,不若商人之用一布之慎也。"

子墨子曰:"世之君子欲其义之成,而助之修其身则愠,是犹欲其墙之成,而人助之筑则愠也。岂不悖哉!"

【注释】

①鉅:"皑",白色。②布:古代钱币。

【原文】

子墨子曰:"古之圣王,欲传其道于后世,是故书之竹帛,镂之金石,传遗后世子孙,欲后世子孙法之也。今闻先王之遗而不为,是废先王之传也。"

子墨子南游使卫,关中①载书甚多,弦唐子见而怪之,曰:"吾夫子教公尚过曰:'揣曲直而已。'今夫子载书甚多,何有也?"子墨子曰:"昔者周公旦朝读书百篇,夕

不知白黑,不是因为他不能称说白黑的名称,而是因为他无法择取。现在天下的君子称说'仁'的名,即使禹、汤也无法更改它。把符合仁和不符合仁的事物混杂在一起,让天下的君子择取,他们就不知道了。所以我说:天下的君子,不知道'仁',不是因为他不能称说仁的名,而是因为他无法择取。"

墨子说:"现在的士人以身处世,不如商人使用一个钱币慎重。商人用一个钱币购买东西,不敢任意马虎地购买,必定选择好的。现在的士人使用自己的身体却不是这样,随心所欲地胡作非为。结果重的遭到刑罚,轻的受到毁谤,这就是士人使用自己的身体不如商人使用一个钱币慎重啊!"

墨子说:"当代的君子,想要实现他的道义,可是别人帮他修养身心,他就怨恨。这就好比要筑成墙,而别人帮助他却怨恨一样,这难道不是很荒谬吗?"

【译文】

墨子说:"古时候的圣王,想把自己的学说传给后代,因此写在竹简、帛上,刻在金、石上,留传给后代子孙,要后代子孙学习它。现在听到了先王的学说却不去实行,这是废弃先王所传的学说了。"

墨子南游到卫国去,车中装载的书很多。弦唐子见了很奇怪,问道:"老师您曾教导公尚过说:'书不过用来衡量是非曲直罢了。'现在您装载这么多书,有什么用处呢?"墨子说:"过去周公旦早晨读一百篇书,晚上见七十士。所以周公旦

见漆十士,故周公旦佐相天子,其修至于今。翟上无君上之事,下无耕农之难,吾安敢废此?翟闻之:'同归之物,信有误者。'然而民听不钧②,是以书多也。今若过之心者,数逆于精微。同归之物,既已知其要矣,是以不教以书也。而子何怪焉?"

辅助天子,他的美善传到了今天。我上没有承担国君授予的职事,下没有耕种的艰难,我如何敢抛弃这些书!我听说过:'天下万事万物殊途同归,流传的时候确实会出现差错。'但是由于人们听到的不能一致,书就多起来了。现在像公尚过那样的人,心对于事理已达到了洞察精微。对于殊途同归的天下事物,已知道切要合理之处,因此就不用书教育了。你为什么要奇怪呢?"

【注释】

①关中:指车上横阑之内,即车中。②钧:通"均",一致。

【原文】

子墨子谓公良桓子曰:"卫,小国也,处于齐、晋之间,犹贫家之处于富家之间也。贫家而学富家之衣食多用,则速亡必矣。今简①子之家,饰车数百乘,马食菽粟者数百匹,妇人衣文绣者数百人,吾取饰车食马之费,与绣衣之财,以富士,必千人有余。若有患难,则使百人处于前,数百于后,与妇人数百人处前后,孰安?吾以为不若富士之安也。"

子墨子仕人于卫,所仕者至而反。子墨子曰:"何故反②?"对曰:"与我言而不当。曰'待女以千盆',授我五百盆,故去之也。"子墨子曰:"授子过千盆,则子去之乎?"对曰:"不去。"子墨子曰:"然则非为其不审也,为其寡也。"

【译文】

墨子对公良桓子说:"卫国是一个小国,处在齐国、晋国之间,就像穷家处在富家之间一样。穷家如果学富家的穿衣、吃饭、多花费,那么穷家一定很快就破败了。现在看看您的家族,以文采装饰的车子有数百辆,吃菽、粟的马有数百匹,穿文绣的妇人有数百人。如果把装饰车辆、养马的费用和做绣花衣裳的钱财用来养士,一定可以养一千人还有余。如果遇到危难,就命令几百人在前面,几百人在后面,这与几百个妇女站在前后,哪一个安全呢?我以为不如养士安全。"

墨子派人到卫国做官,去做官的人到卫国后却回来了。墨子问他说:"什么原因有饭回来呢?"那人回答说:"卫国与我说话不算数。说:'给你粮食一千盆',却实际给了我五百盆,所以我离开了卫国。"墨子又问道:"给你的粮食超过一千盆,那么你还离开吗?"那人答道:"不离开。"墨子说:"既然这样,那么你回来并不是因为卫国说话不算数,而是因为俸禄少。"

【注释】

①简:阅。②反:通"返"。

【原文】

子墨子曰:"世俗之君子,视义士不若负粟者。今有人于此,负粟息于路侧,欲起而不能,君子见之,无长少贵贱,必起之①。何故也?曰:义也。今为义之君子,奉承先王之道以语之,纵不说而行,又从而非毁之,则是世俗之君子之视义士也,不若视负粟者也。"

子墨子曰:"商人之②四方,市贾信③徙,虽有关梁之难,盗贼之危,必为之。今士坐而言义,无关梁之难,盗贼之危,此为信徙,不可胜计,然而不为,则士之计利,不若商人之察也。"

【译文】

墨子说:"世俗的君子,看待行义之人还不如一个背粮食的人。现在这里有一个人背着粮食,在路边休息,想站起来却不能起来。君子看见了,不管他是年长的、年少的、高贵的、低贱的,必定帮助他站起来。为什么呢?说:这是义。现在那些行义的君子,承受先王的学说来告诉世俗的君子,世俗的君子,即使不高兴去实行也罢,又随而加以非议、诋毁。这就是世俗的君子看待行义之士,还不如一个背粮食的人了。"

墨子说:"商人到四方去,买卖的价钱相差一倍或数倍,即使有通过关卡那种艰难,碰见盗贼那种危险,也一定去做买卖。现在士坐着道说义,没有关卡的艰难,没有盗贼的危险,即使这样还不实行。那么士人计算利益,不如商人明察了。"

【注释】

①起之:扶起他。②之:至,往。③贾:通"价";信:"倍"字之误。

【原文】

子墨子北之齐,遇日者①。日者曰:"帝以今日杀黑龙于北方,而先生之色黑,不可以北。"子墨子不听,遂北,至淄水,不遂而反②焉。日者曰:"我谓先生不可以北。"子墨子曰:"南之人不得北,北之人不得南,其色有黑者,

【译文】

墨子往北到齐国去,遇到一个卜卦先生。卜卦先生说:"历史上的今天,黄帝在北方杀死了黑龙,你的脸色黑,不能向北去。"墨子不听,竟继续向北走。到淄水边,没有渡河返了回来。卜卦先生说:"我告诉过你,不能向北走。"墨子说:"淄水南面的人不能渡淄水北去,淄水之北的人也不能渡淄水南行,他们的脸色有黑的有

有白者，何故皆不遂也？且帝以甲乙杀青龙于东方，以丙丁杀赤龙于南方，以庚辛杀白龙于西方，以壬癸杀黑龙于北方，若用子之言，则是禁天下之行者也。是围心而虚天下也，子之言不可用也。"

子墨子曰："吾言足用矣，舍言革思③者，是犹舍获而攈粟也。以其言非吾言者，是犹以卵投石也。尽天下之卵，其石犹是也，不可毁也。"

白的，为什么都不能顺利渡河呢？况且黄帝甲乙日在东方杀死了青龙，丙丁日在南方杀死了赤龙，庚辛日在西方杀死了白龙，壬癸日在北方杀死了黑龙，假如实行你的办法，这是禁止天下所有的人来往了。这也是困蔽人心，使天下如同虚无人迹一样。所以你的言论不能用。

墨子说："我的言论足够用了！舍弃我的学说、主张而另外思虑，这就像放弃收获而去拾别人遗留的谷穗一样。用别人的言论否定我的言论，这就像用鸡蛋去碰石头一样。用尽天下的鸡蛋，石头还是这个样子，并不能毁坏它。"

【注释】

①日者：古时候根据天象变化预测吉凶的人。②不遂而反：不顺利而回返。遂，顺。反，通"返"。③舍言革思：放弃我的主张而去考虑别的。

【评析】

墨子提出，万事没有比"义"更珍贵的了，人们的一切言论行动，都要从事于义。墨子自己就能够自苦行义。他批评世俗君子，能嘴上道说仁义，实际上却不能实行。墨子认为现在的所谓的"君子"根本不知道什么是义，他们看待义还不如看到一个背粮食的人。看到背粮食的人背不动还会伸手去帮忙，但对待义却常常是视而不见，甚至恼怒帮助他实现"义"的人。这些人使用自己的身体还不如商人使用一个钱币谨慎。

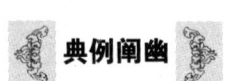

## 汉王慧眼识陈平

周勃、灌婴等人向汉王进谏谗言，说陈平在家时曾与他的嫂子私通；为魏王做事时因不能被容纳而逃奔楚国；在楚依然得不到信用，就又逃奔来降汉。汉王于是对陈平有了猜疑，便召见他的引荐人魏无知前来责问。

魏无知说："我推荐陈平时，说的是他的才能，陛下现在所责问的，是他的品行。现在有人虽有尾生、孝已那样的品行，却无决定胜负的才能，陛下又哪会有什

么闲心去重用他啊!现今楚汉抗衡,我举荐有奇谋异计的人,只是考虑他的计策是否对国家有利,至于私通嫂子、收取贿赂,又有什么值得去怀疑的呢!"

汉王随即又召陈平来见,并责问他说:"你事奉魏王意不相投,去侍奉楚王而又离开,如今又来与我共事,守信义的人都是这样三心二意吗?"陈平说:"我侍奉魏王,魏王不能采纳我的主张,所以我才离开他去投项羽,项羽不能信任他使用的人才,他所任用宠爱的人,不是项家本家,就是他妻子的兄弟,即便有奇谋的人他也不用。我听说汉王能够用人,因此才来归附大王您。但我空手而来,不接受金钱就无法应付开销。倘若我的计策确有值得采纳的地方,便望大王您采用它;假如毫无价值不堪使用,那么金钱还都在这里,请让我封存好送到官府,并请求辞去官职。"

汉王于是向陈平道歉,重重地赏赐他,任命他为护军中尉,监督全军所有的将领。众将领们便不敢再对他说三道四了。

# 公孟

**【题解】**

在这篇文章中记述了墨子与弟子或与他人的对话,公孟子作为儒家学说的代表,对墨子提出了质疑,如:义祥之辩、三年之丧等,同时还载有其弟子所说的"告子胜为仁"。弟子对于告子对墨子的批判"言义而形甚恶"的言论表示不满而告诉墨子,墨子不但不生气,反而说有毁誉总比没有强。这篇中,墨子谈话的内容,主要是为了申明他"非命"、"明鬼"、"节葬"、"非儒"的主张。墨子虽然认为儒家的学说足以丧乱天下的有四种,但他也认为孔子也有不可改易的主张。可见墨子对儒家的态度,也有比较客观的方面。

**【原文】**

公孟子谓子墨子曰:"君子共己以待①,问焉则言,不问焉则止。譬若钟然,扣②则鸣,不扣则不鸣。"子墨子曰:"是言有三物焉,子乃今知其一身也,又未知其所谓也。若大人行淫暴于国家,进而谏,则谓之不逊;因左右而献谏,则谓之言议。此君子之所疑惑也。若大人为政,将因于国家之难,譬若机之将发也然,君子之必以谏,然而大人之利。若此者,虽不扣必鸣者也。若大人举不义之异行,虽得大巧之经,可行于军旅之事,欲攻伐无罪之国,有之也,君得之,则必用之矣。以广辟土地,著税伪材③,出必见辱,所攻者不利,而攻

者亦不利,是两不利也。若此者,虽不扣,必鸣者也。且子曰:'君子共己待,问焉则言,不问焉则止,譬若钟然,扣则鸣,不扣则不鸣。'今未有扣,子而言,是子之谓不扣而鸣邪?是子之所谓非君子邪?"

这种情况,就如钟虽不敲,一定会发出声音来。况且你说:'君子自己抱着两手等待,国君问到他,他就说,不问他,他就不说。就好像钟一样:敲击它就响,不敲就不响。'现在没有人敲击你,你却说话了,这是你说的'不敲而鸣'吧?这是你说的'非君子的行为'吧?"

**【注释】**

①共己以待:自己抱着两手等待。共:读为"拱"。②扣:通"叩",敲击。③著:当读"赋";著税:即"赋税"。伪材:即"货财"。

**【原文】**

公孟子谓子墨子曰:"实为善,人孰不知?譬若良玉,处而不出有馀糈①。譬若美女,处而不出,人争求之;行而自炫,人莫之取也。今子遍从人而说之,何其劳也!"子墨子曰:"今夫世乱,求美女者众,美女虽不出,人多求之;今求善者寡,不强说人,人莫之知也。且有二生于此,善筮,一行为人筮者,一处而不出者,行为人筮者,与处而不出者,其糈孰多?"公孟子曰:"行为人筮者,其糈多。"子墨子曰:"仁义钧,行说人者,其功善亦多。何故不行说人也。"

公孟子戴章甫,搢②忽,儒服,而以见子墨子,曰:"君子服然后行乎?其行然后服乎?"子墨子曰:"行不在服。"公孟子曰:"何以知其然也?"子墨子曰:"昔

**【译文】**

公孟子对墨子说:"对于真正行善,谁不知道呢?就好比美玉隐藏不出,仍然有异常的光彩。就好比美女,居住在家里不出去,人们争相追求她;但如果她自己进行自我炫耀,人们就不娶她了。现在您到处跟随别人,用话劝说他们,怎么这么劳苦啊!"墨子说:"现在社会混乱,追求美女的人很多,美女即使不出门,还有很多人追求她。现在追求善的人太少了,如果不努力向人们游说,就没有谁知道善了。假设这里有两个人,都善于占卜,一个人出门给别人占卜,另一个人隐住不出,出门给人占卜的与隐住不出的,哪一个所得的赠粮多呢?"公孟子说:"出门给人占卜的赠粮多。"墨子说:"主张仁义相同,出门向人们劝说的,他的功绩和益处多。为什么不出来劝说人们呢?"

公孟子戴着礼帽,腰间插着笏,穿着儒者的服饰,前来会见墨子,说:"君子穿戴一定的服饰,然后有一定的作为呢?还是有一定的作为,再穿戴一定的服饰?"墨子说:"有作为并不在于服饰。"公孟子问道:"您为什么知道这样呢?"墨子回答说:"从前齐桓公戴着高帽子,系着大带,

者齐桓公高冠博带，金剑木盾，以治其国，其国治。昔者晋文公大布之衣，牂羊之裘，韦以带剑，以治其国，其国治。昔者楚庄王鲜冠组缨，绛衣博袍，以治其国，其国治。昔者越王勾践剪发文身，以治其国，其国治。此四君者，其服不同，其行犹一也。翟以是知行之不在服也。"公孟子曰："善！吾闻之曰：宿③善者不祥。请舍忽，易章甫，复见夫子，可乎？"子墨子曰："请因以相见也。若必将舍忽、易章甫，而后相见，然则行果在服也。"

【注释】

①糈：旧本作"精"，光泽。②揣：插；忽：即"笏"字。③宿：停止。

【原文】

公孟子曰："君子必古言服①，然后仁。"子墨子曰："昔者商王纣、卿士费仲，为天下之暴人；箕子、微子，为天下之圣人。此同言，而或仁不仁也。周公旦为天下之圣人，关叔为天下之暴人，此同服，或仁或不仁。然则不在古服与古言矣。且子法周而未法夏也，子之古，非古也。"

公孟子谓子墨子曰："昔者圣王之列也，上圣立为天子，其次立为卿大夫。今孔子博于《诗》、《书》，察于礼乐，详②于万物，若使孔子当圣王，则岂不以

【译文】

佩着金剑木盾，治理国家，国家的政治得到了治理；从前晋文公穿着粗布衣服，披着母羊皮的大衣，佩着带剑，治理国家，国家的政治得到了治理；从前楚庄王戴着鲜冠，系着系冠的丝带，穿着大红长袍，治理他的国家，国家得到了治理；从前越王勾践剪断头发，用针在身上刺了花纹，治理他的国家，国家得到了治理。这四位国君，他们的服饰不同，但作为却是一样的。我因此知道有作为不在服饰。"公孟子说："说得真好！我听人说过，'使好事停止不行的人，是不吉利的。'让我丢弃笏，换了礼帽，再来见您，可以吗？"墨子说："希望就这样见你，如果一定要丢弃笏，换了礼帽，然后再见面，这样就是有所作为果然在于服饰了啊。"

公孟子说："君子讲话、穿衣必定要依照古制，这样才称得上人。"墨子说："从前商纣王、卿士费仲，是天下有名的暴虐之人；箕子、微子，是天下有名的圣人。他们都说同时的语言，但有的仁，有的不仁。周公旦是天下有名的圣人；管叔是天下有名的暴虐之人，这两人穿着相同的古服，但一个仁，一个不仁。这样看来，仁不在于古代的服饰和古代的语言了。再说你只是仿效周朝的古制，而没有仿效夏朝的古制，你所谓的古，不是真正的古。"

公孟子对墨子说："从前圣王安排位次，道德智能最高的上圣立作天子，其次的立作卿大夫。现在孔子博通《诗》、《书》，明察礼、乐之制，备知天下万物。如果让孔子当上圣，岂不是可以让孔子作天子了吗？"墨子说："所谓

孔子为天子哉？"子墨子曰："夫知者，必尊天事鬼，爱人节用，合焉为知矣。今子曰'孔子博于《诗》、《书》，察于礼乐，详于万物'，而曰可以为天子。是数人之齿③，而以为富。"

【注释】

①古言服：指说古代话、穿古代服饰。②详：详细了解。③齿：契之齿。

【原文】

公孟子曰："贫富寿夭，齰然在天，不可损益。"又曰："君子必学。"子墨子曰："教人学而执有命，是犹命人葆①而去其冠也。"公孟子谓子墨子曰："有义不义，无祥不祥。"子墨子曰："古圣王皆以鬼神为神明，而为祸福，执有祥不祥，是以政治而国安也。自桀、纣以下，皆以鬼神为不神明，不能为祸福，执无祥不祥，是以政乱而国危也。故先王之书，子亦有之曰：'其傲也出，于子不祥。'此言为不善之有罚，为善之有赏。"

子墨子谓公孟子曰："丧礼，君与父母、妻、后子死，三年丧服；伯父、叔父、兄弟期②；族人五月；姑、姊、舅、甥皆有数月之丧。或以不丧之间，诵《诗》三百，弦《诗》三百，歌《诗》三百，舞《诗》三百。若用子之言，则君子何日以听治？庶人何日以从事？"公孟子曰："国乱

智者，一定尊重上天，侍奉鬼神，爱护百姓，节约财用，合于这些要求，才可以称得上智者。现在你说孔子博通《诗》、《书》，明察礼、乐之制，备知天下万物，而认为他可以作天子。这是数别人契据上的刻数，却自以为富裕了。"

【译文】

公孟子说："贫困、富裕、长寿、夭折，确实由天注定，不能够增减它们。"又说："君子一定要学习。"墨子说："教人学习却宣扬'有命'的观念，就好像让人包裹头发，(本来为了戴帽子，)现在却拿去了他的帽子一样。

公孟子对墨子说："人存在义与不义的事，但不存在因人的义与不义而得福得祸的情况。"墨子说："古代的圣王都认为鬼神是神明的，能降祸赐福，主张人们会因义而得福，因不义而得祸的观点，因此政治得到治理，国家安宁。自从桀、纣以来，都认为鬼神不是神明的，不能降祸赐福，主张人们不会因义得福，因不义得祸的观点，因此政治混乱，国家灭亡了。所以先王的书你也有，那书上说：'言行傲慢，对你不吉祥。'这话是对不善的惩罚，又是对从善的奖赏。"

墨子对公孟子说："按照丧礼：国君与父母、妻子、长子死了，要穿戴三年丧服；伯父、叔父、兄弟死了，只一年；族人死了，五个月；姑、姐、舅、甥死了，也都有几个月的服丧期。又在不办丧事的间隙，诵《诗三百》，又配以舞蹈。如果用你的言论，那么国君哪一天可以从

则治之，国治则为礼乐；国治则从事，国富则为礼乐。"子墨子曰："国之治，治之废，则国之治亦废。国之富也，从事故富也；从事废，则国之富亦废。故虽治国，劝之无餍，然后可也。今子曰，国治则为礼乐，乱则治之，是譬犹噎而穿井也，死而求医也。古者三代暴王桀、纣、幽、厉，茶③为声乐，不顾其民，是以身为刑僇，国为戾虚者，皆从此道也。"

事政治呢？百姓又哪一天可以从事事务呢？"公孟子答道："国家混乱就从事政治，国家安宁就从事礼、乐；国家贫困就从事事务，国家富裕就从事礼、乐。"墨子说："国家安宁，如果治理废弃了，国家的安宁也就废弃了。国家富裕，由于百姓从事事务才富裕；百姓的从事废弃了，国家的富裕也就废弃了。所以治国的事，必须勤勉不止，才可以治好。现在你说：'国家安宁就从事礼、乐，国家混乱就从事政治。'就如同吃饭噎住了，想喝水才去凿井，人死了才去求医一样。古时候，三代的暴虐之王夏桀、商纣、周幽王、周厉王大搞声乐，不顾老百姓的死活，因而自己遭到杀戮，国家遭到灭亡，这都是听从这种主张所造成的。"

【注释】

①葆：包裹头发。②期：一年。③茶：盛大之意。

【原文】

公孟子曰："无鬼神。"又曰："君子必学祭祀。"子墨子曰："执无鬼而学祭礼，是犹无客而学客礼也，是犹无鱼而为鱼罟也。"

公孟子谓子墨子曰："子以三年之丧为非，子之三日之丧亦非也。"子墨子曰："子以三年之丧非三日之丧，是犹倮①谓撅者不恭也。"公孟子谓子墨子曰："知有贤于人，则可谓知乎？"子墨子曰："愚之知有以贤于人，而愚岂可谓知矣哉？"

公孟子曰："三年之丧，学吾之慕父母。"子墨子曰："夫婴儿子之知，独慕父母而已，父母不可得也，然号而不止，此其故何也？即

【译文】

公孟子说："没有鬼神。"又说："君子一定要学习祭礼。"墨子说："主张'没有鬼神'的观点却劝人学习祭礼，这就像没有宾客却学习接待宾客的礼节，没有鱼却结鱼网一样。"

公孟子对墨子说："您认为守三年丧期是错的，那么您主张的守三日丧期也不对。"墨子说："你用三年的丧期攻击三日的丧期，就好像裸体的人说掀衣露体的人不恭敬一样。"公孟子对墨子说："见解、知识有胜过别人的地方，就可以称作聪明、智慧吗？"墨子答道："愚笨人的见解、知识也有胜过别人的地方，但愚笨人难道可以称为聪明、智慧的人吗？"

公孟子说："守三年的丧期，这是仿效孩子依恋父母的情意。"墨子说："婴儿的智慧，只是依恋自己的父母而已，父母不见了，就大哭不止。这是什么缘故呢？这是愚笨到了极点。那

愚之至也。然则儒者之知，岂有以贤于婴儿子哉？"

么儒者的智慧，难道有胜过小孩子的地方吗？"

【注释】

①保：通"裸"。

【原文】

子墨子曰问于儒者："何故为乐？"曰："乐以为乐也。"子墨子曰："子未我应也。今我问曰：'何故为室？'曰：'冬避寒焉，夏避暑焉，室以为男女之别也。'则子告我为室之故矣。今我问曰：'何故为乐？'曰：'乐以为乐也。'是犹曰：'何故为室？'曰：'室以为室也。'"

子墨子谓程子曰："儒之道足以丧天下者四政①焉。儒以天为不明，以鬼为不神，天、鬼不说，此足以丧天下。又厚葬久丧，重为棺椁，多为衣衾，送死若徙，三年哭泣，扶后起，杖后行，耳无闻，目无见，此足以丧天下。又弦歌鼓舞，习为声乐，此足以丧天下。又以命为有，贫富寿夭、治乱安危有极矣，不可损益也。为上者行之，必不听治矣；为下者行之，必不从事矣。此足以丧天下。"程子曰："甚矣，先生之毁儒也！"子墨子曰："儒固无此若四政者，而我言之，则是毁也。今儒固有此四政

【译文】

墨子问一个儒者说："为什么要从事音乐？"儒者回答说："为了音乐而从事音乐。"墨子说："你没有回答我。现在我问：'为什么建造房屋？'回答说：'冬天避寒，夏天避暑，建造房屋也用来分别男女。'那么，算是你告诉了我造房屋的原因。现在我问：'为什么从事音乐？'回答说：为了以音乐而从事音乐。' 如同问：'为什么建造房屋？' 回答说：'为了建造房屋而建造房屋'一样。"

墨子对程子说："儒家的学说足以丧亡天下的有四种。儒家认为天不明察，认为鬼神不神明。天、鬼神不高兴，这足以丧亡天下了。又加上厚葬久丧：做几层的套棺，制很多的衣服、被子，送葬就像搬家一样，哭泣三年，人扶才能起来，拄了拐杖才能行走，耳朵不听外事，眼睛不见外物，这足以丧亡天下了。又加以弦歌、击鼓、舞蹈，以声乐之事作为常习，这足以丧亡天下了。同时又认为有命，说贫困、富裕、长寿、夭折、治乱安危有一个定数，不可增减变化。统治天下的人实行他们的学说，一定就不从事政治了；被统治的人实行他们的学说，一定就不从事事务了，这足以丧亡天下。"程子说："太过分了！先生诋毁儒家。"墨子说："假如儒家本来没有这四种学说，而我却说有，这就是诋毁了。现在儒家本来就有这四种学说，而我说了出来，这就不是诋毁了，是就我所知告诉你罢了。"程子没有告辞退

者，而我言之，则非毁也，告闻也。"程子无辞而出。子墨子曰："迷之！"反，后坐，进复曰："乡者先生之言有可闻②者焉。若先生之言，则是不誉禹，不毁桀、纣也。"子墨子曰："不然。夫应孰③辞，称议④而为之，敏也。厚攻则厚吾，薄攻则薄吾⑤。应孰辞而称议，是犹荷辕而击蛾也。"

了出来。墨子说："回来！"程子返了回来，又坐下了，他再告诉墨子说："先生刚才的话，也有可指责的地方。照先生的话，就是不赞誉禹，也不诋毁桀、纣了。"墨子说："不是这样。平时回答习熟的言辞，不必辩难就信口作答，这是敏达。当对方严词相辩，我也一定严词应敌，对方缓言相让时，我也一定缓言以对。如果平时应酬的言词，一定要求切合事理，那就像举着车辕去敲击蛾子一样了。"

**【注释】**

①四政：四种学说。②闻：应作"间"，指责。③孰：同"熟"。④议：旧本或作"义"，当从。⑤吾：通"御"。

**【原文】**

子墨子与程子辩，称于孔子。程子曰："非儒，何故称于孔子也？"子墨子曰："是亦当而不可易者也。今鸟闻热旱之忧则高，鱼闻热旱之忧则下，当此，虽禹、汤为之谋，必不能易矣。鸟鱼可谓愚矣，禹、汤犹云因①焉。今翟曾无称于孔子乎？"

有游于子墨子之门者，身体强良，思虑徇通，欲使随而学。子墨子曰："姑学乎，吾将仕子。"劝于善言而学。其年，而责②仕于子墨子。子墨子曰："不仕子。子亦闻夫鲁语乎？鲁有昆弟五人者，其父死，其长子嗜酒而不葬，其四弟曰：'子与我葬，当为子沽酒。'劝于善言而葬。已葬而责酒于其四弟。四弟曰：'吾未③予子酒矣。子葬子父，

**【译文】**

墨子与程子辩论，称赞孔子。程子问："您一向攻击儒家的学说，为什么又称赞孔子呢？"墨子答道："孔子也有合理而不可改变的地方。现在鸟有热旱之患就向高处飞，鱼有热旱之患则向水下游，遇到这种情况，即使禹、汤为它们谋划，也一定不能改变。鸟、鱼可说是够无知的了，禹、汤有时还要因循习俗。难道我还不能有称赞孔子的地方吗？"

有一人来到墨子门下，身体健壮，思虑敏捷，墨子想让他跟随自己学习。于是说："暂且学习吧，我将举荐让你出仕做官。"用好话勉励他，他才学习了。过了一年，那人向墨子求出仕。墨子说："我不举荐你去做官。你应该听过鲁国的故事吧？鲁国内有兄弟五人，父亲死了，长子嗜酒不葬。四个弟弟对他说：'你和我们一起安葬父亲，我们将给你买酒。'用好言劝他葬了父亲。葬后，长子向四个弟弟要酒。弟弟们说：'我们不给你酒了。你葬你的父

我葬吾父,岂独吾父哉?子不葬,则人将笑子,故劝子葬也。'今子为义,我亦为义,岂独我义也哉?子不学则人将笑子,故劝子于学。"

亲,我们葬我们的父亲,怎么能说只是我们的父亲呢?你不葬别人将笑话你,所以劝你葬。'现在你行义,我也行义,怎么能说只是我的义呢?你不学别人将要笑话你,所以劝你学习。"

【注释】

①因:依循。②责:求。③未:勿。

【原文】

有游于子墨子之门者,子墨子曰:"盍学乎?"对曰:"吾族人无学者。"子墨子曰:"不然。夫好美者,岂曰吾族人莫之好,故不好哉?夫欲富贵者,岂曰我族人莫之欲,故不欲哉?好美、欲富贵者,不视人①犹强为之,夫义,天下之大器也,何以视人?必强为之。"

有游于子墨子之门者,谓子墨子曰:"先生以鬼神为明知,能为祸人哉福②,为善者富之,为暴者祸之。今吾事先生久矣,而福不至,意者先生之言有不善乎?鬼神不明乎?我何故不得福也?"子墨子曰:"虽子不得福,吾言何遽不善?而鬼神何遽不明?子亦闻乎匿徒之刑之有刑乎?"对曰:"未之得闻也。"子墨子曰:"今有人于此,什子,子能什誉之,而一自誉乎?"对曰:"不能。""有人于此,百子,子能终身誉其善,而无一乎?"对曰:"不能。"子墨子曰:"匿一人者犹有罪,今子所匿者若此其多,将有厚罪者也,何福之求?"

【译文】

有一个人来到墨子门下,墨子说:"何不学习呢?"那人回答说:"我家族中没有学习的人。"墨子说:"不是这样。喜爱美的人,难道会说我家族中没有人喜爱美,所以不喜爱吗?打算富贵的人,难道会说我家族中没有人这么打算,所以不打算吗?喜欢美的人、打算富贵的人,不用看他人行事,仍然努力去做。义,是天下最贵重的宝器,为什么看他人呢?一定努力去从事。"

有一个人来到墨子门下,问墨子说:"先生认为鬼神明智,能降祸赐福,行善的人使他富裕,施暴的人使他祸患。现在我侍奉先生已经很久了,可是福没有降临,或许先生的话有不对的地方?鬼神也许不明智?要不,我为什么得不到福呢?"墨子说:"即使你没有得到福,我的话为什么就不对呢?而鬼神怎么就不明察呢?你也听说过隐藏犯人是有罪的吗?"这人回答说:"没听说过。"墨子说:"现在这里有一个人,他的贤能胜过你的十倍,你能十倍地称誉他,而只是一次称誉自己吗?"这人回答说:"不能。"墨子又问:"现在有人的贤能胜过你百倍,你能终身称誉他的长处,而一次也不称誉自己吗?"这人回答说:"不能。"墨子说:"隐藏一个犯人都有罪,现你所隐藏的这么多,将有重罪,还求什么福?"

【注释】

①不视人:不看待他人情况行事。②能为祸人哉福:当作"能为祸福"。

【原文】

子墨子有疾,跌鼻进而问曰:"先生以鬼神为明,能为祸福,为善者赏之,为不善者罚之。今先生圣人也,何故有疾?意者先生之言有不善乎?鬼神不明知乎?"子墨子曰:"虽使我有病,何遽不明?人之所得于病者多方①,有得之寒暑,有得之劳苦。百门而闭一门焉,则盗何遽无从入?"

二三子有复②于子墨子学射者,子墨子曰:"不可。夫知者必量其力所能至而从事焉。国士战且扶人,犹不可及也。今子非国士也,岂能成学又成射哉?"

【译文】

墨子有病,跌鼻进来问他说:"先生认为鬼神是明于事理,能降祸赐福,行善的人奖赏他,从事不善的人就惩罚他。现在先生是圣人,为什么还会得病呢?或许先生的言论有不对的地方吧?鬼神也不明察事理吧?"墨子答道:"即使我有病,而鬼神为什么不明察事理呢?人得病的原因很多,有从寒暑中得来的,有从劳苦中得来的,好像房屋有一百个门,只关上一个门,盗贼何门不可以进来呢?"

有几个弟子告诉墨子,要从学,又习射。墨子说:"不能。智慧的人一定衡量自己的力所能达到的地方,然后再进行实践。国士一边作战一边去扶人,尚且顾不到。现在你们并非国士,怎么能够既学好学业又学好射技呢?"

【注释】

①多方:多方面的原因。②复:告。

【原文】

二三子复于子墨子曰:"告子曰:'言义而行甚恶。'请弃之。"子墨子曰:"不可。称我言以毁我行,愈于亡。有人于此:'翟甚不仁,尊天、事鬼、爱人,甚不仁'。犹愈于亡也。今告子言谈甚辩,言仁义而不吾毁;告子毁,犹愈亡也!"

【译文】

有几个弟子告诉墨子说:"告子说:'墨子口言仁义而行为很坏,'请抛弃他。"墨子说:"不能。称誉我的言论而诽谤我的行为,总要比没有毁誉好。假如现在这里有一个人说:'墨翟很不仁义,尊重上天、侍奉鬼神、爱护百姓,行为却很恶。'这胜过什么都没有。现在告子讲话非常强词夺理,但不诋毁我讲仁义,告子的诋毁仍然胜过什么都没有。"

二三子复于子墨子曰:"告子胜为仁。"子墨子曰:"未必然也。告子为仁,譬犹跂以为长,隐以为广①,不可久也。"

告子谓子墨子曰:"我治②国为政。"子墨子曰:"政者,口言之,身必行之。今子口言之,而身不行,是子之身乱也。子不能治子之身,恶能治国政?子姑亡子之身乱之矣!"

有几个弟子对墨子说:"告子能胜任行仁义的事。"墨子说:"未必是这样。告子行仁义,如同踮起脚尖使身子增长,卧下使面积增大一样,这是不可长久的。"

告子对墨子说:"我可以治理国家,管理政务。"墨子说:"政务,嘴上讲了,自身就一定要实行它。现在你嘴上讲了,自己却不去实行,这是你自身的矛盾。你不能管好你自身,哪里能治国家的政务?你姑且先防备你自身的矛盾吧!"

【注释】

①隐:疑"偃"之误。②"治":字前似当有"能"字。

【评析】

公孟子作为儒家学说的代表,对墨子提出了质疑。公孟子坚持"三年之丧",这正好与墨子所提倡的"节葬"是矛盾的,墨子认为久葬久丧不利于国家发展和人民的生计。而公孟子认为守三年的丧期就如同小孩子依恋父母一样。墨子对儒家的态度,也有比较客观的方面。

在说明"非儒"的主张时,儒者说以音乐作为娱乐。墨子是从实用主义的角度出发,不甚明了精神财富的功用。

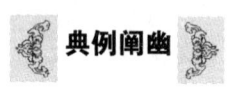

## 茅焦舍命谏秦王

当初,秦王嬴政即位时年龄尚幼,太后赵姬与吕不韦的门客嫪毐私通,生了两个儿子,并封嫪毐为长信侯,把太原作为嫪国,国家政事都由他来决定。嬴政身边有人曾与嫪毐发生过争执,因此向嬴政告发嫪毐其实不是阉割过的宦官,嬴政于是下令将嫪毐交给司法官吏治罪。嫪毐惊恐异常,便盗用御玺,假托秦王之命调兵遣将,企图攻击嬴政居住的蕲年宫,进行叛变。嬴政派相国昌平君、昌文君发兵讨伐嫪毐,在咸阳展开大战,斩杀叛军数百人,嫪毐在兵败逃亡时被秦王的军队擒获。

秋季九月，嬴政下令诛灭嫪毒父族、母族、妻族三族，并将嫪氏党羽都处以车裂之刑。在杀灭其党羽的宗族的行动中，舍人中因罪过较轻被放逐到蜀地的共四千多家。嬴政并将太后迁移到雍城的萯阳宫囚禁，而且杀了她与嫪毒所生的两个儿子。嬴政还下令说："有敢于为太后之事对我进行规劝的，一律斩首，砍断四肢，堆积在宫阙之下！"此后，有二十七人为此而死。

自齐国来的客卿茅焦通名求见秦王。茅焦说："陛下有狂妄背理的行为，难道自己没有意识到吗？车裂假父嫪毒，把两个弟弟装进橐袋中用刑具捶打致死，将母亲迁移到雍囚禁起来，并残杀敢于进行规劝的臣子，即使是夏桀、商纣王的行为也不至于暴虐到这个地步！如今只要天下的人听说了这些暴行，人心便全都涣散瓦解，再也不会有人向往秦国了，我因此十分为陛下担忧！我的话都说完了！"茅焦说完便解开衣服，伏身在刑具上，等待受刑。

嬴政闻言顿悟，匆忙下殿，亲自扶起他说："您请起身穿好衣服，我现在愿意接受您的劝告！"随即授给他上卿的爵位。嬴政还亲自驾车，空出左边的尊位，往雍城迎接太后返回都城咸阳，母子关系和好如初。

# 鲁 问

【题解】

本篇各段记载了墨子与诸侯、弟子等人的一些谈话,其中比较重要的内容,有墨子提出的游说诸侯,"必择务而从事"的原则;文中多处申明"兼爱"、"非攻"的主张;也有几处专门申说"义"的重要性。所有这些内容,体现出墨子向往国家富强、天下安宁、人民安居乐业的理想。

【原文】

鲁君谓子墨子曰:"吾恐齐之攻我也,可救乎?"子墨子曰:"可。昔者,三代之圣王禹、汤、文、武,百里之诸侯也,说忠行义,取天下;三代之暴王桀、纣、幽、厉,雠怨①行暴,失天下。吾愿主君之上者尊天事鬼,下者爱利百姓,厚为皮币,卑辞令,亟遍礼四邻诸侯,驱国而以事齐,患可救也。非此,顾②无可为者。"

齐将伐鲁,子墨子谓项子牛曰:"伐鲁,齐之大过也。昔者,吴王东伐越,栖诸会稽,西伐楚,葆③昭王于随;北伐齐,取国子以归于吴。诸侯报其雠,百姓苦其劳,而弗为用。是以国为虚戾,身为刑戮也。昔者智伯伐范氏与中行氏,兼三晋之地。诸侯报其雠,百姓苦其劳,而弗为用。是以国为虚戾,身

【译文】

鲁国国君对墨子说:"我害怕齐国攻打我国,可以解救吗?"墨子说:"可以。从前三代的圣王禹、汤、文、武,只不过是百里见方土地的首领,喜欢忠诚,实行仁义,终于取得了天下;三代的暴王桀、纣、幽、厉,把怨者当作仇人,实行暴政,最终失去了天下。我希望君主您对上尊重上天、敬事鬼神,对下爱护、有利于百姓,准备丰厚的皮毛、钱币,辞令要谦恭,赶快礼交遍四邻的诸侯,驱使一国的人民,抵御齐国的侵略,这样,祸患就可以解救。不这样,看来就毫无其他办法了。"

齐国将要攻打鲁国,墨子对齐国将领项子牛说:"攻伐鲁国,是齐国的大错。从前吴王夫差向东攻打越国,越王勾践困居在会稽;向西攻打楚国,楚国人在随地保卫楚昭王;向北攻打齐国,俘虏齐将押回吴国。后来诸侯来报仇,百姓苦于疲惫,不肯为吴王效力,因此国家灭亡了,吴王自己也被杀。从前智伯攻伐范氏与中行氏的封地,兼有三晋卿的土地。诸侯来报仇,百姓苦于疲惫而不肯效力,国家灭亡了,

为刑戮，用是也。故大国之攻小国也，是交相贼也，过必反于国。"

他自己也被杀，也由于这个缘故。所以大国攻打小国，是互相残害，灾祸必定反及于本国。"

【注释】

①雠怨：即"仇怨"，把怨者当仇人。②顾：通"固"。③葆：通"保"。

【原文】

子墨子见齐大王曰："今有刀于此，试之人头，倅然断之，可谓利乎？"大王曰："利。"子墨子曰："多试之人头，倅然断之，可谓利乎？"大王曰："利。"子墨子曰："刀则利矣，孰将受其不祥①？"大王曰："刀受其利，试者受其不祥。"子墨子曰："并国覆军，贼敖百姓，孰将受其不祥？"大王俯仰而思之，曰："我受其不祥。"

【译文】

墨子对齐太公说："现在这里有一把刀，试着用它来砍人头，一下子就砍断了，可以说是锋利吧？"太公说："锋利。"墨子又说："试着用它砍好多个人的头，一下子就砍断了，可以说是锋利吧？"太公说："锋利。"墨子说："刀确实锋利，谁将遭受那种不幸呢？"太公说："刀承受它的锋利，试验的人遭受他的不幸。"墨子说："兼并别国领土，覆灭其军队，残杀其百姓，谁将会遭受不幸呢？"太公头低下又抬起，思索了一会儿，答道："我将遭受不幸。"

【注释】

①受其不祥：遭受不幸。

【原文】

鲁阳文君将攻郑，子墨子闻而止之，谓阳文君曰："今使鲁四境之内，大都攻其小都，大家伐其小家，杀其人民，取其牛马、狗豕、布帛、米粟、货财，则何若？"鲁阳文君曰："鲁四境之内，皆寡人之臣也。今大都攻其小都，大家伐其小家，夺之货财，则寡人必将厚罚之。"子墨子曰："夫天之兼有天下也，亦犹君之有四境之内也。今举

【译文】

鲁阳文君将要攻打郑国，墨子听到了就阻止他，对鲁阳文君说："现在让鲁四境之内的大都攻打小都，大家族攻打小家族，杀害人民，掠取牛、马、狗、猪、布、帛、米、粟、货、财，那怎么办？"鲁阳文君说："鲁四境之内都是我的臣民。现在大都攻打小都，大家族攻打小家族，掠夺他们的货、财，那么我将重重惩罚攻打的人。"墨子说："上天兼有整个天下，也就像您具有鲁阳四境之内一样。现在您举兵将要攻打郑国，上天的惩罚难道就不会到来吗？"鲁阳文君

兵将以攻郑，天诛其不至乎？"鲁阳文君曰："先生何止我攻郑也？我攻郑，顺于天之志。郑人三世①杀其父，天加诛焉，使三年不全，我将助天诛也。"子墨子曰："郑人三世杀其父，而天加诛焉，使三年不全，天诛足矣。今又举兵，将以攻郑，曰吾攻郑也，顺于天之志。譬有人于此，其子强梁不材②，故其父笞③之，其邻家之父，举木而击之，曰：吾击之也，顺于其父之志。则岂不悖哉！"

说："先生为什么阻止我进攻郑国呢？我进攻郑国，是顺应了上天的意志。郑国人数代残杀他们的君主，上天降给他们惩罚，使他们三年五谷收成不全。我将要帮助上天加以惩罚。"墨子说："郑国人数代残杀他们的君主，上天已经给了惩罚，使它三年不顺利，上天的诛伐已经够了！现在您又举兵将要攻打郑国，说：'我进攻郑国，是顺应上天的意志。'好比这里有一个人，他的儿子凶暴、强横、不成器，所以他父亲鞭打他。邻居家的父亲，也举起木棒击打他，说：'我打他，是顺应了他父亲的意志。'这难道还不荒谬吗！"

【注释】

①三世：数代，言其多。②强梁：凶暴，强横。强梁不材：强横不成材。③笞：鞭打。

【原文】

子墨子谓鲁阳文君曰："攻其邻国，杀其民人，取其牛马、粟米、货财，则书之于竹帛，镂之于金石，以为铭于钟鼎，传遗后世子孙，曰：'莫若我多！'今贱人也，亦攻其邻家，杀其人民，取其狗豕、食粮、衣裘，亦书之竹帛，以为铭于席豆①，以遗后世子孙，曰：'莫若我多！'其可乎？"鲁阳文君曰："然。吾以子之言观之，则天下之所谓可者，未必然也。"

子墨子为鲁阳文君曰："世俗之君子，皆知小物，而不知大物。今有人于此，窃一犬一彘，则谓之不仁，窃一国一都，则以为义。譬

【译文】

墨子对鲁阳文君说："诸侯攻打邻国，杀害邻国的人民，掠取邻国的牛马、粟米、货财，把这些事书写在竹、帛上，镂刻在金、石上，铭记在钟、鼎上，用来传给后世子孙，说：'没有人比我多！'现在如果那些下贱的人，也去攻打他的邻家，杀害邻家的人口，掠取邻家的狗猪、食粮、衣服、被子，也书写在竹、帛上，铭记在席子、食器上，留传给后世子孙，说：'没有人比我多！'这样做难道可以吗？"鲁阳文君说："对。我用您的话去观察，那么天下人所谓可行的事，未必就是对的。"

墨子对鲁阳文君说："世俗的君子，知道小事却不知道大事。现在这里有一个人，假如偷了人家的一只狗一头猪，就被称作不仁；如果窃取了一个国家一座都城，就被称作义。这就如同看一小点白说是白，看一大片白则说是

犹小视白谓之白,大视白则谓之黑。是故世俗之君子,知小物而不知大物者,此若言之谓也。"

黑。因此,世俗的君子只知道小事却不知道大事的情况,如同这句话所讲的。"

【注释】

①席豆:当为"度豆"。度,指杖;豆:食器。

【原文】

鲁阳文君语子墨子曰:"楚之南,有啖人之国者桥,其国之长子生,则鲜①而食之,谓之宜弟,美则以遗其君,君喜则赏其父。岂不恶俗哉?"子墨子曰:"虽中国之俗,亦犹是也。杀其父而赏其子,何以异食其子而赏其父者哉?苟不用仁义,何以非夷人食其子也?"

鲁君之嬖人死,鲁君为之诔,鲁人因说而用之。子墨子闻之曰:"诔者,道死人之志也。今因说而用之,是犹以来②首从服也。"

鲁阳文君谓子墨子曰:"有语我以忠臣者,令之俯则俯,令之仰则仰,处则静,呼则应,可谓忠臣乎?"子墨子曰:"令之俯则俯,令之仰则仰,是似景③也;处则静,呼则应,是似响也。君将何得于景与响哉?若以翟之所谓忠臣者,上有过,则微④之以谏;己有善,则访之上,而无敢以告。外匡其邪,而入其善。尚同而无下比,是以美善在上,而怨雠在下;安乐在上,而忧戚在臣。此翟之所谓忠臣者也。"

【译文】

鲁阳文君告诉墨子说:"楚国的南面有一个吃人的国家,名作'桥',在这个国家里,长子出生了,就被杀死吃掉,叫作'宜弟'。味美就献给国君,国君喜欢了就奖赏他的父亲。这难道不是恶俗吗?"墨子说:"即使中国的风俗也像这样,父亲因攻战而死,就奖赏他的儿子,这与吃儿子奖赏他的父亲有何不同呢?如果不实行仁义,凭什么去指责夷人吃他们的儿子呢?"

鲁国国君的爱妾死了,鲁国人阿谀国君,为她写了诔文,鲁国国君看了很高兴,就采用了。墨子听到这件事,说:"诔文,说明死人的心志。现在因为高兴采用了它,这就像用牦牛的头来做衣服一样。"

鲁阳文君对墨子说:"有人把'忠臣'的样子告诉我:叫他低下头就低下头,叫他抬起来就抬起来;日常居住很平静,呼叫他才答应,这可以叫作忠臣吗?"墨子答道:"叫他低下头就低下头,叫他抬起来就抬起来,这就像影子一样;日常居住很平常,呼叫他才答应,这就好像回声,你将从像影子和回声那样的臣子那里得到什么呢?我所说的忠臣却像这样:国君有过错,则伺察机会加以劝谏;自己有好的见解,则上告国君,不敢告诉别人。匡正国君的偏邪,使他纳入正道,崇尚同一,不在下面结党营私。因此,美善存在于上级,怨仇存在于下面,安乐归于国君,忧戚归于臣下。这才是我所说的忠臣。"

【注释】

①鲜:"解"字之形误。②来:即犛,牦牛。③景:通"影"。④微:伺察。

【原文】

鲁君谓子墨子曰:"我有二子,一人者好学,一人者好分人财,孰以为太子而可?"子墨子曰:"未可知也。或所为赏与为是也。钓者之恭,非为鱼赐也;饵鼠以虫,非爱之也。吾愿主君之合其志功①而观焉。"

鲁人有因子墨子而学②其子者,其子战而死,其父让③子墨子。子墨子曰:"子欲学子之子,今学成矣,战而死,而子愠,而犹欲粜籴,籴雠则愠也。岂不费哉!"

【注释】

①志功:动机和效果。②学:读作"敩(xiào)",教的意思。③让:责备。

【原文】

鲁之南鄙人有吴虑者,冬陶夏耕,自比于舜。子墨子闻而见之。吴虑谓子墨子:"义耳义耳,焉用言之哉?"子墨子曰:"子之所谓义者,亦有力以劳人,有财以分人乎?"吴虑曰:"有。"子墨子曰:"翟尝计之矣。翟虑耕而食天下之人矣。盛,然后当一农之耕,分诸天下,不能人得一升粟。籍①而以为得一升粟,其不能饱天下之饥者,

【译文】

鲁国国君对墨子说:"我有两个儿子,一个爱好学习,一个喜欢将财物分给人家,谁可以作为太子?"墨子答道:"这还不能知道。二子也许是为着赏赐和名誉而这样做的。钓鱼人躬着身子,并不是对鱼表示恭敬;用虫子作为捕鼠的诱饵,并不是喜爱老鼠。我希望君主把他们的动机和效果结合起来进行观察。"

鲁国有一人因与墨子有关系,而使墨子教学他的儿子。他儿子战死了,父亲就责备墨子。墨子说:"你要让我教你的儿子,现在学成了,因战而死,你却怨恨我;这就像卖出买进粮食,粮食卖出去了却怨恨一样,难道不荒谬吗!"

【译文】

鲁国的南郊有一个叫吴虑的人,冬天制陶器,夏天耕作,拿自己与舜相比。墨子听说了就去见他。吴虑对墨子说:"义啊义啊,贵在切实之行,何必空言!"墨子说:"你所谓的义,也有以力量帮人操劳,有财物分配给人的方面吗?"吴虑回答说:"有。"墨子说:"我曾经思考过:我想自己耕作给天下人饭吃,十分努力,这才相当于一个农民的耕作,把收获分配给天下人,每一个人得不到一升粟。假设一个人能得一升粟,这不足以喂饱天下饥饿的人,是显而易见

既可睹矣。翟虑织而衣天下之人矣,盛,然后当一妇人之织,分诸天下,不能人得尺布。籍①而以为得尺布,其不能暖天下之寒者,既可睹矣。翟虑被②坚执锐,救诸侯之患,盛,然后当一夫之战,一夫之战,其不御三军,既可睹矣。翟以为不若诵先王之道,而求其说,通圣人之言,而察其辞,上说王公大人,次匹夫徒步之士。王公大人用吾言,国必治;匹夫徒步之士用吾言,行必修。故翟以为虽不耕而食饥,不织而衣寒,功贤于耕而食之、织而衣之者也。故翟以为虽不耕织乎,而功贤于耕织也。"吴虑谓子墨子曰:"义耳义耳,焉用言之哉?"子墨子曰:"籍设而天下不知耕,教人耕,与不教人耕而独耕者,其功孰多?"吴虑曰:"教人耕者,其功多。"子墨子曰:"籍设而攻不义之国,鼓而使众进战,与不鼓而使众进战而独进战者,其功孰多?"吴虑曰:"鼓而进众者,其功多。"子墨子曰:"天下匹夫徒步之士少知义,而教天下以义者,功亦多,何故弗言也?若得鼓而进于义,则吾义岂不益进哉!"

的。我想自己纺织给天下的人穿,十分努力,这才相当于一名妇人的纺织,把布匹分配给天下人,每一个人得不到一尺布。假设一个人能得一尺布,这不足以温暖天下寒冷的人,是显而易见的。我想身披坚固的铠甲,手执锐利的武器,解救诸侯的患难,十分努力,这才相当于一位战士作战。一位战士的作战,不能抵挡三军的进攻,是显而易见的。我认为不如诵读与研究先王的学说,通晓与考察圣人的言辞,在上劝说王公大人,在下劝说平民百姓。王公大人采用了我的学说,国家一定能得到治理;平民百姓采用了我的学说,品行必有修养。所以我认为即使不耕作,这样也可以给饥饿的人饭吃,不纺织也可以给寒冷的人衣服穿,功劳胜过耕作了才给人饭吃、纺织了才给人衣穿的人。所以,我认为即使不耕作、不纺织,而功劳胜过耕作与纺织。"吴虑对墨子说:"义啊义啊,贵在切实之行,何必空言!"墨子问道:"假设天下的人不知道耕作,教人耕作的人与不教人耕作却独自耕作的人,他们功劳谁的多?"吴虑答道:"教人耕作的人功劳多。"墨子又问:"假设进攻不义的国家,击鼓使大家作战的人与不击鼓使大家作战、却独自作战的人。他们的功劳谁的多?"吴虑答道:"击鼓使大家作战的人功劳多。"墨子说:"天下平民百姓少有人知道仁义,用仁义教天下人的人功劳也多,为什么不劝说呢?假若我能鼓动大家达到仁义的要求,那么,我的仁义岂不是更加发扬光大了吗!"

【注释】

①籍:通"藉",假使。②被:通"披"。

【原文】

子墨子游公尚过于越。公尚过说越王，越王大说，谓公尚过曰："先生苟能使子墨子于越而教寡人，请裂①故吴之地，方五百里，以封子墨子。"公尚过许诺。遂为公尚过束车五十乘，以迎子墨子于鲁。曰："吾以夫子之道说越王，越王大说，谓过曰：'苟能使子墨子至越而教寡人，请裂故吴之地，方五百里，以封子。'"子墨子谓公尚过曰："子观越王之志何若？意越王将听吾言，用吾道，则翟将往，量腹而食，度身而衣，自比于群臣，奚能以封为哉！抑越不听吾言，不用吾道，而吾往焉，则是我以义粜②也。钧之粜，亦于中国耳，何必于越哉！"

【译文】

墨子使公尚过前往越国出仕做官。公尚过劝说越王。越王非常高兴，对公尚过说："先生假如能让墨子到越国教导我，我愿意分出过去吴国的地方五百里封给墨子。"公尚过答应了。于是越王为公尚过备车五十辆，去鲁国迎接墨子。公尚过对墨子说："我用老师的学说劝说越王，越王非常高兴，对我说：'假如你能让墨子到越国教导我，我愿意分出来过去吴国的地方五百里封给墨子。'"墨子对公尚过说："你观察越王的心志怎么样？假如越王将听我的言论，采纳我的学说，那么我将前往。或者越国不听我的言论，不采纳我的学说，如果我去了，那是我把'义'出卖了。同样是出卖'义'，在中原国家好了，何必跑到越国呢！"

【注释】

①裂：分。请裂：愿分割。②粜：出卖。

【原文】

子墨子游，魏越曰："既得见四方之君，子则将先语？"子墨子曰："凡入国，必择务而从事焉。国家昏乱，则语之尚贤、尚同；国家贫，则语之节用、节葬；国家憙音湛湎，则语之非乐、非命；国家淫僻无礼，则语之尊天事鬼；国家务夺侵凌，即语之兼爱、非攻。故曰：

【译文】

墨子出外游历，魏越问他："如果能见各地的诸侯，您将说什么呢？"墨子说："到了一个国家，选择最重要的事情进行劝导：假如一个国家昏乱，就告诉他们尚贤尚同的道理；假如一个国家贫穷，就告诉他们节用节葬；假如一个国家喜好声乐、沉迷于酒，就告诉他们非乐非命的好处；假如一个国家荒淫、怪僻、不讲究礼节，就告诉他们尊天事鬼；假如一个国家以欺侮、掠夺、侵略、凌辱别国为事，就告诉

择务而从事焉。"

子墨子出曹公子而于宋。三年而反,睹子墨子曰:"始吾游于子之门,短褐之衣,藜藿之羹,朝得之,则夕弗得祭祀鬼神。今而以夫子之教,家厚于始也。有家厚,谨祭祀鬼神。然而人徒多死,六畜不蕃,身湛于病,吾未知夫子之道之可用也。"子墨子曰:"不然。夫鬼神之所欲于人者多:欲人之处高爵禄,则以让贤也;多财,则以分贫也。夫鬼神,岂唯攫季拑①肺之为欲哉?今子处高爵禄而不以让贤,一不祥也;多财而不以分贫,二不祥也。今子事鬼神,唯祭而已矣,而曰'病何自至哉',是犹百门而闭一门焉,曰'盗何从入'。若是而求福于有怪之鬼,岂可哉?"

### 【注释】

①攫:"攫"之形误,攫:用手取;季:"黍"之形误;拑:"拑"之形误,拑:取。

### 【原文】

鲁祝①以一豚祭,而求百福于鬼神。子墨子闻之曰:"是不可。今施人薄而望人厚,则人唯恐其有赐于己也。今以一豚祭,而求百福于鬼神,唯恐其以牛羊祀也。古者圣王事鬼神,祭而已矣。今以豚祭而求百福,则其富不如其贫也。"

彭轻生子曰:"往者可知,来

### 【译文】

他们兼爱、非攻的益处。所以说'选择最重要的事情进行劝导。'"

墨子让曹公子到宋国做官,三年后返了回来,见了墨子说:"当初我在您门下学习的时候,穿着粗布短衣,吃着野菜一类粗劣的食物,早晨有吃的,晚上可能就没有了,没有东西来祭祀鬼神。现在因为听了你的教诲,家比以前富多了。有了富裕的家境,我恭敬地祭祀鬼神。但是家里的人却大多死亡,牲畜也不兴旺,自己也患了病。我还不知道老师的学说是不是可以用。"墨子说:"不对。鬼神所希望人做的事很多:希望人处在高官厚禄时要让贤,财物多时可以分给穷人。鬼神难道仅仅是想拿走祭品吗?现在你处在高官厚禄的位置上却不让贤,这是第一种不吉祥;财物多了却不分给穷人,这是第二种不吉祥。现在你侍奉鬼神,只有祭祀罢了,却说:病从那里来?这就像一百个门,只关了一个门一样,却问:盗贼从哪里进来?像这样去向对你有责怪的鬼神求福,这难道可以吗?"

鲁国的司祭人用一头小猪祭祀,向鬼神求百福。墨子听到了说:"这不行。现在施给人的少,希望人的多,那么,别人就只怕你有东西赐给他们了。现在用一头小猪祭祀,向鬼神求百福,鬼神就只怕你用牛羊祭祀了。从前圣王侍奉鬼神,祭祀罢了。现在用小猪祭祀向鬼神求百福,与其祭品丰富,还不如贫乏的好。"

彭轻生子说:"过去的事情可以知道,未

在百里之外，则遇难焉，期以一日也，及②之则生，不及则死。今有固车良马于此，又有驽马③四隅之轮于此，使子择焉，子将何乘？"对曰："乘良马固车，可以速至。"子墨子曰："焉在矣来！"

【注释】

①祝：司祭人。②及：抵达。③驽马：劣马。

【原文】

孟山誉王子闾曰："昔白公之祸，执王子闾，斧钺钩要①，直兵当心，谓之曰：'为王则生，不为王则死！'王子闾曰：'何其侮我也！杀我亲，而喜我以楚国。我得天下而不义，不为也，又况于楚国乎？'遂而不为。王子闾岂不仁哉？"子墨子曰："难则难矣，然而未仁也。若以王为无道，则何故不受而治也？若以白公为不义，何故不受王，诛白公然而反王？故曰：难则难矣，然而未仁也。"

子墨子使胜绰事项子牛。项子牛三侵鲁地，而胜绰三从。子墨子闻之，使高孙子请而退之，曰："我使绰也，将以济骄而正嬖。今绰也禄厚而谲夫子，夫子三侵鲁而绰三从，是鼓鞭于马靳②也。翟闻之，言义而弗行，是犯明也。绰非弗之知也，禄胜义也。"

【译文】

孟山赞扬王子闾说："从前白公在楚国作乱，抓住了王子闾，用斧钺钩着他的腰，用直矛对着他的心窝，对他说：'做楚王就让你活，不做楚王就让你死。'王子闾回答道：'怎么这样侮辱我呢！杀害我的亲人，却用给予楚国来作弄我。用不义得到天下，我都不做；又何况一个楚国呢？'他终究不做楚王。王子闾难道还不仁吗？"墨子说："王子闾守节不屈，难是够难的了，但还没有达到仁。如果他认为楚王昏聩无道，那么为什么不接受王位将楚国治理好呢？如果他认为白公不义，为什么不接受王位，诛杀了白公再把王位交还惠王呢？所以说：王子闾难是够难的了，但还没有达到仁。"

墨子让弟子胜绰去项子牛那里做官。项子牛三次入侵鲁国的领土，胜绰三次都跟从了。墨子听到了这件事，派高孙子请项子牛辞退胜绰，高孙子转告墨子的话说："我派胜绰，将以他阻止骄气，纠正邪僻。现在胜绰得了厚禄，却欺骗您，您三次入侵鲁国，胜绰三次跟从，这是在战马的当胸鼓鞭。我听说：'口称仁义却不实行，这是明知故犯。'胜绰不是不知道，他把俸禄看得比仁义还重罢了。"

【注释】

①要:古"腰"字。②靳:马当胸的皮带,这里代指马胸。

【原文】

昔者楚人与越人舟战于江,楚人顺流而进,迎流而退,见利而进,见不利则其退难。越人迎流而进,顺流而退,见利而进,见不利则其退速。越人因此若势,亟①败楚人。公输子自鲁南游楚,焉始为舟战之器,作为钩强②之备,退者钩之,进者强之,量其钩强之长,而制为之兵。楚之兵节,越之兵不节,楚人因此若势,亟败越人。公输子善其巧,以语子墨子曰:"我舟战有钩强,不知子之义亦有钩强乎?"子墨子曰:"我义之钩强,贤于子舟战之钩强。我钩强我,钩之以爱,揣③之以恭。弗钩以爱则不亲,弗揣以恭则速狎,狎而不亲则速离。故交相爱,交相恭,犹若相利也。今子钩而止人,人亦钩而止子,子强而距人,人亦强而距子,交相钩,交相强,犹若相害也。故我义之钩强,贤于子舟战之钩强。"

【译文】

从前楚国人与越国人在长江上进行船战,楚国人顺流而进,逆流而退;见有利就进攻,见不利想要退却,这就难了。越国人逆流而进,顺流而退;见有利就进攻,见不利想要退却,就能很快退却。越国人凭着这种水势,屡次打败楚国人。公输盘从鲁国南游到了楚国,于是开始制造船战用的武器,他造了钩、镶的设备,敌船后退就用钩钩住它,敌船进攻就用镶推拒它。计算钩与镶的长度,制造了合适的兵器。楚国人的兵器适用,越国人的兵器不适用。楚国人凭着这种优势,又屡次打败了越国人。公输盘夸赞他制造的钩、镶的灵巧,告诉墨子说:"我船战有自己制造的钩、镶,不知道您的义是不是也有钩、镶?"墨子回答说:"我义的钩、镶,胜过你船战的钩、镶。我以'义'为钩、镶,以爱钩,以恭敬推拒。不用爱钩就不会亲,不用恭敬推拒就容易轻慢,轻慢不亲近就会很快离散。所以,互相爱,互相恭敬,如此互相利。现在你用钩来阻止别人,别人也会用钩来阻止你;你用镶来推拒人,人也会用镶来推拒你。互相钩,互相推拒,如此互相残害。所以,我义的钩、镶,胜过你船战的钩、镶。"

【注释】

①亟:屡次。②钩强:即钩、镶,古兵器。③揣:推拒之意。

【原文】

公输子削竹木以为鹊,成而飞

【译文】

公输盘削竹、木做成鹊,做成了就让它飞

之,三日不下。公输子自以为至巧。子墨子谓公输子曰:"子之为鹊也,不如匠之为车辖,须臾刘三寸之木,而任①五十石之重。故所为功,利于人谓之巧,不利于人谓之拙。"

公输子谓子墨子曰:"吾未得见之时,我欲得宋。自我得见之后,予我宋而不义,我不为。"子墨子曰:"翟之未得见之时也,子欲得宋,自翟得见子之后,予子宋而不义,子弗为,是我予子宋也。子务为义②,翟又将予子天下。"

起来,三天不从天上落下来。公输盘自认为很精巧。墨子对公输盘说:"你制作竹鹊,还不如匠人做的车轴上的销子,一会儿削成一块三寸的木头,能载得起五十石重的东西。所以制作的器物,对人有用的就成为巧,对人没有用处的就称为拙。"

公输盘对墨子说:"我没有见到你的时候,我想得到宋国。自从我见了你之后,给我宋国,假如是不义的,我不会接受。"墨子说:"我没有见你的时候,你想得到宋国。自从我见了你之后,给你宋国,假如是不义的,你不会接受,这是我把宋国送给你了。你努力维护义,我又将送给你天下。"

**【注释】**

①任:担负。②务为义:努力行使义事。

**【评析】**

对"兼爱"、"非攻"主张的申明,体现出墨子向往国家富强、天下安宁、人民安居乐业的理想。墨子作为一个游说之人,他知道怎样把握机会,知道怎样才能国富民强,他能对症下药。这不仅对于一个国家很重要,对于我们每一个人都很重要,我们只有善于从重要的事情入手,把握住生命中的重点,才能有所成就。子墨子游,魏越曰:"既得见四方之君,子则将先语?"子墨子曰:"凡入国,必择务而从事焉。"此句便可以体现出。

在劝说不要战争时,他所站的立场仍然是"兼爱"的立场,也就是说只有"兼爱",人与人之间和平相处,人们才不会攻打别的国家。战争对人对己都不利,因此他主张"非攻"。

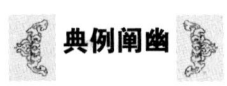

## 韩昭侯拒绝私求

韩昭侯(?—前333)韩国君主、战国七雄之一。周威烈王二十三年(公元前

403年）韩赵魏三家分晋，韩国定都平阳（今山西临汾县），后来又徙都阳翟（今河南省禹县），又迁都新郑（今河南省新郑县。现在河南省西北部和陕西省东部是当时韩国领土）。韩昭侯在位二十八年（公元前362—前333年），昭是他的谥号。韩昭侯在位时曾用申不害为相，内修政务，外御强敌，国势安定。

申不害原来本是郑国的一个地位很卑微的小官，由于他学习和掌握了黄老刑名的学说，就向韩昭侯讲说"刑名之学"，请求昭侯任用他。韩昭侯很欣赏申不害的才学，就任命他为韩国的相国。在昭侯的支持下，申不害对内整治政教，对外应付各国，前后搞了十五年，使韩国一直保持着强国的地位，并著书两篇，名为《申子》。

可是，有一次申不害为他的叔叔哥哥请求官职，韩昭侯却不答应。为此，申不害一脸的不高兴。昭侯对他说："我向你学习的目的，是打算用来治理国家的。现在是听从你的请求而废弃你的学说呢？还是实行你的学说而废弃你的请求呢？你不是曾经教导我修治功劳记录，必须审视功劳大小来任用人，而今你却在法外另有私求，那我听哪个话才对呢？"申不害知道自己错了，赶紧向昭侯请罪。

# 公 输

**【题解】**

本篇记述公输盘制造云梯，准备帮助楚国进攻宋国，墨子从齐国起身，到楚国制止公输盘。全文生动地表现了墨子"兼爱"、"非攻"的主张。

**【原文】**

公输盘为楚造云梯之械，成，将以攻宋。子墨子闻之，起于齐，行十日十夜而至于郢，见公输盘。

公输盘曰："夫子何命焉为？"子墨子曰："北方有侮臣者，愿借子杀之。"公输盘不说。子墨子曰："请献十金。"公输盘曰："吾义固不杀人。"

子墨子起，再拜曰："请说之。吾从北方闻子为梯，将以攻宋。宋何罪之有？荆国有余于地，而不足于民，杀所不足，而争所有余，不可谓智。宋无罪而攻之，不可谓仁。知而不争，不可谓忠。争而不得，不可谓强。义不杀少而杀众，不可谓知类。"公输盘服。

子墨子曰："然，乎不已乎？"公输盘曰："不可，吾既已言之王矣。"子墨子曰："胡不见我于王？"公输盘曰："诺。"

**【译文】**

公输盘为楚国造了云梯那种器械，造成后，将用它攻打宋国。墨子听说了，就从齐国起身，行走了十天十夜才到楚国国都郢，会见公输盘。

公输盘说："先生有什么见教？"墨子说："北方有人欺侮了我，我想请你帮我杀了他。"公输盘很不高兴。墨子说："我愿意献给你十两黄金。"公输盘说："我奉行义，绝不杀人。"

墨子站了起来，对公输盘拜了又拜，说："请听我说。我在北方听说你造云梯，准备用它攻打宋国。宋国有什么罪呢？楚国有多余的土地，人口却不足。现在牺牲不足的人口，掠夺有余的土地，不能算是聪明。宋国无罪却去攻打它，不能算是仁。知道这些道理却不去争辩，不能算是忠。争辩却没有结果，不能算是强。你奉行义，不去杀那一个人，却去杀害宋国众多的百姓，这不能说你是懂得推理的。"公输盘被说服了。

墨子又问他："那么，为什么不取消进攻宋国这件事呢？"公输盘说："不能。我已经对楚王说了。"墨子说："为什么不向楚王引见我呢？"公输盘说："行。"

**【原文】**

子墨子见王，曰："今有人于此，舍其文轩①，邻有敝舆②，而欲窃之；舍其锦绣，邻有短褐，而欲窃之；舍其粱肉，邻有糠糟，而欲窃之。此为何若人？"王曰："必为窃疾矣。"子墨子曰："荆之地，方五千里，宋之地，方五百里，此犹文轩之与敝舆也；荆有云梦，犀兕麋鹿满之，江汉之鱼鳖鼋鼍为天下富，宋所为无雉兔狐狸者也，此犹粱肉之与糠糟也；荆有长松、文梓、楩、楠、豫章，宋无长木，此犹锦绣之与短褐也。臣以三事之攻宋也，为与此同类。臣见大王之必伤义③而不得。"王曰："善哉！虽然，公输盘为我为云梯，必取宋。"

**【注释】**

①文轩：彩车。②敝舆：破车。③伤义：伤害道义。

**【译文】**

墨子见了楚王，说："现在这里有一个人，舍弃他的华丽的丝织品，邻居有一件粗布的短衣，却打算去偷；舍弃他的美食佳肴，邻居只有糟糠，却打算去偷。这是怎么样的一个人呢？"楚王回答说："这人一定患了偷窃病。"墨子说："楚国的地方，方圆五千里；宋国的地方，方圆五百里，这就像彩车与破车相比。楚国有云梦大泽，犀兕、麋鹿满地都有，长江、汉水中的鱼鳖、鼋鼍富甲天下；宋国却连野鸡、兔子、狐狸、都没有，这就像美食佳肴与糟糠相比。楚国有巨松、梓树、楠、樟等名贵木材；宋国连棵大树都没有，这就像华丽的丝织品与粗布短衣相比。从这三方面的事情看，我认为楚国进攻宋国，与有偷窃病的人同一种类型。我认为大王您如果这样做，一定会伤害了道义，却不能据有宋国。"楚王说："说得好啊！即使这么说，但是公输盘已经给我造了云梯，还是一定要去攻取宋国的。"

**【原文】**

于是见公输盘。子墨子解带为城，以牒为械，公输盘九设攻城之机变，子墨子九距之。公输盘之攻械尽，子墨子之守圉①有余。公输盘诎②，而曰："吾知所以距子矣，吾不言。"子墨子亦曰："吾知子之所以距我，吾不言。"楚王问其故，子墨子曰："公输子之意，不过欲杀臣。杀臣，宋莫能守，可攻

**【译文】**

于是又叫来公输盘见面。墨子解下腰带，围作一座城的样子，用小木片作为守备的器械。公输盘九次陈设攻城用的机巧多变的器械，墨子九次抵拒了他的进攻。公输盘攻战用的器械用尽了，墨子的守御战术还有余。公输盘受挫了，却说："我知道用什么办法对付你了，但我不说。"楚王问原因。墨子回答说："公输盘的意思，不过是杀我。杀了我，宋国没有人能防守了，就可以进攻。但是，我的弟子禽滑

也。然臣之弟子禽滑厘等三百人，已持臣守圉之器，在宋城上而待楚寇矣。虽杀臣，不能绝也。"楚王曰："善哉！吾请无攻宋矣。"

子墨子归，过宋。天雨，庇其闾中，守闾者不内③也。故曰："治于神者，众人不知其功；争于明者，众人知之。"

厘等二百人，已经手持我守御用的器械，在宋国的都城上等待楚国侵略军呢。即使杀了我，守御的人却是杀不尽的。"楚王说："好啊！我不攻打宋国了。"

墨子从楚国归来，后来经过宋国，正遇天下大雨，想到城门下避雨，看守闾门的人却不让他进去。所以说："善于运用智慧处理事情的神妙之人，大家往往不知道他的功劳。而在明处论不休的人，众人都全知道他的名声。"

【注释】

①圉：御。②诎：通"屈"。③内：通"纳"。

【评析】

墨子主张"兼爱"、"非攻"。他所谓的"兼爱"就是无等差之爱。在墨子的学生中，不管是从事谈辩、说书还是从事守卫的都是一样重要的。从墨子到楚国制止公输盘、楚王准备进攻宋国的故事体现的正是这一点。墨子这一伟大的行动，充分体现了中国人民一贯具有的反对侵略战争的优良传统，直到今天，它对我们也还有现实的教育意义，值得我们每一个爱祖国、爱和平的人记住。同时也可以看到墨子不辞辛苦维护正义的品格和机智、果敢的才能。墨子并不是向侵略者乞求和平，他除了用正义的言辞跟侵略者辩论之外，还充分认识到要有保卫和平的力量，事实证明，在强有力的保卫和平的力量的支持下，宋国才免于遭受侵略。

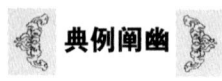

## 韩非使秦保韩

韩非是韩国国君的儿子，生活在战国末期，"为人口吃"，不善言辞。他曾经追随荀卿学习。

韩非看到韩国积弱，有感于时势危难，多次上书献策，希望韩王能励精图治、富国强兵，重振韩国的声威。但韩王沉浸在声色犬马之中，置韩非的言语不顾。

在韩非的强国方略中，直接陈述了国家衰亡的主要原因。针砭时弊，对当时盛行的价值观及功利取向，确实是强劲无比的钟声，但在韩王的眼里，这些都是一钱不值的谰言狂说。但秦王在拜读了韩非的作品后，拍案叫绝。对韩非的理念大为激

赏,爱才之心甚至让他不惜动用强大的兵力去攻打韩国。面对秦军的汹汹来势,韩王被吓得六神无主,这时才想起规劝自己富国强兵的韩非,就连忙派韩非出使韩国,希望能化解这次兵祸。

韩非以韩国使者的身分来到秦国后写信给嬴政,劝说道:"现今秦国的疆域方圆数千里,军队号称百万,号令森严,赏罚公平,天下没有一个国家能比得上。而我鲁莽地冒死渴求见您一面,是想说一说破坏各国合纵联盟的计略。您若真能听从我的主张,却不能一举拆散天下的合纵联盟,占领赵国,灭亡韩国,使楚国、魏国臣服,齐国、燕国归顺,不能令秦国确立霸主的威名,使四周邻国的国君前来朝拜,就请您将我斩首示众,以此告诫那些为君主出谋划策不忠诚的人。"

嬴政读后,心中颇为喜悦,但一时还没有任用他。李斯很嫉妒韩非,便对嬴政说:"韩非是韩国的一个公子,如今您想吞并各国,韩非最终还是要为韩国利益着想,而不会为秦国尽心效力,这也是人之常情。现在您不用他,而让他在秦国长期逗留后再放他回去,这不啻是自留后患啊!你还不如依法将他除掉。"秦王嬴政认为李斯说得有理,便把韩非交司法官吏治罪。李斯又派人送毒药给韩非,让他及早自杀。韩非试图亲自向秦王嬴政陈述冤情,但却无法见到秦王。不久,秦王有些后悔,便派人去赦免韩非,但为时已晚,韩非已经死了。

# 备高临

## 【题解】

《备高临》是墨子研究城池防守战术的篇章之一。主要阐述如何对付敌人采用居高临下攻城方法的战术。墨子讨厌战争,因此他所有关于战争的论述都是站在被攻打的一方,也就是教人民怎么守卫自己的城池,而不是攻打别人的城池。在《备高临》这篇文章中,他主要是针对攻城者所采用的"羊黔"的攻城方法进行阐述的。

## 【原文】

禽子再拜再拜曰:"敢问适人积土为高,以临吾城,薪土俱上,以为羊黔,蒙橹俱前,遂属①之城,兵弩俱上,为之奈何?"

子墨子曰:子问羊黔之守邪?羊黔者,将之拙者也,足以劳卒,不足以害城。守为台城,以临羊黔,左右出巨,各二十尺,行城三十尺,强弩之,技机藉之,奇器□□之,然则羊黔之攻败矣。

## 【注释】

①遂属:很快逼近。

## 【译文】

禽滑厘一再谦拜后说:"请问:如果敌人堆积土古筑成高台,对我城造成居高临下之势,木头土石一齐上,构筑成名叫羊黔的土山,兵士以大盾牌做掩护从高台土山上一齐攻来,一下子就接近了我方的城头,刀箭齐用,该怎么对付呢?"

墨子先生回答说:你问的是对付"羊黔"进攻的防守办法么?采用"羊黔"这种攻城办法,是最笨拙的将领,结果只是自己的士兵疲劳不堪,而不足以给守城一方造成威胁。守城的一方只要在城头上筑起始终高于对方"羊黔"高度的所谓"台城",对羊黔保持居高临下之势,台城左右用大木编连起来,向两旁各横出二十尺。这种临时做成的台城又叫行城,高度为三十尺。这样就可以在上面用强劲的弓箭射击敌人,凭借"技机"和精妙的武器对付敌人,这样一来,用羊黔进攻的方法就失败了。

### 【原文】

备临以连弩之车,材大方一方一尺,长称城之薄厚。两轴三轮,轮居筐中,重下上筐。左右旁二植,左右有衡植,衡植左右皆圜内,内径四寸。左右缚弩①皆于植,以弦钩弦,至于大弦。弩臂前后与筐齐,筐高八尺,弩轴去下筐三尺五寸。连弩机郭同铜,一石三十钧。引弦鹿长奴②。筐大三围半,左右有钩距,方三寸,轮厚尺二寸,钩距臂博尺四寸,厚七寸,长六尺。横臂齐筐外,蚤尺五寸,有距,搏六寸,厚三寸,长如筐有仪,有诎胜,可上下,为武重一石,以材大围五寸。矢长十尺,以绳系矢端,如弋射,以磨鹿③卷收。矢高弩臂三尺,用弩无数,出人六十枚,用小矢无留。十人主此车。

遂具寇,为高楼以射道④,城上以苔罗矢。

### 【注释】

①弩:弓箭。②引弦鹿长奴:用辘轳收引弓弦。长奴应作"卢收"。③磨:应作"磿"。④道:应作"适",敌人。

### 【评析】

墨子不仅是一个成功的游说者,而且也是一个著名的军事家。"羊黔"的攻城方法,也就是怎样对付敌人居高临下攻城的方法。墨子认为这种方法是最愚蠢的办法,他只能使自己的士兵疲惫不堪,而不能对守方构成威胁。另外,也可以通过制造一种连弩车来对付居高临下进攻的敌军。而且这种车子需要一定的技巧。从

### 【译文】

对付筑台居高临下的进攻,还可以使用一种连弩车。造这种车的木材,要大小一尺见方,长度与城墙厚度相等。两根车轴,三个轮子,轮子装在车厢当中,车厢上下两个,左右各做两根立柱,还有横梁两根,横梁的左右两头都是圆榫头,榫头直径四寸,把有把的箭都捆在左右两边的柱子上,弓弦相钩,连到大弦上。弓把前后与车厢齐平,车厢高度为八尺,弓轴距下面的车厢三尺五寸。连弩的"机括"用铜做成,重一百五十斤。用辘轳收引弓弦。车箱周长为三围半,左右两边装有"钩距","钩距"三寸见方,车轮厚一尺二寸,钩距臂宽一尺四寸,厚七寸,长六尺。横臂与车厢外缘齐平,臂端一尺五寸的地方装有叫作"距"的横柄,柄宽六寸,厚三寸,长度与车厢相应。还装有一种瞄准仪,有出入时可以上下伸缩调整。再用大小一围五寸的木料做一个弩床,床重一百二十斤。箭长十尺,箭尾用绳子栓住,就像用细丝绳系住射空中飞鸟用的箭一样,便于将箭收回来,只是这里用辘轳卷收而已。箭比弩臂高出三尺,用箭没有固定数,但至少要保证出入有六十枚,小箭就不必收回了。像这样的连弩车,十个人掌管一辆。

为了顺利地抵御敌人的进攻,筑了高楼来射击敌人,还得在城上用草编织成厚厚的遮掩物来遮挡和收取敌方射来的箭。

这里可以看出墨子还是一个手工业制造者,他制造的东西栩栩如生,他知道怎样制造的东西最实用、最生动。

## 慕容恪巧计用兵大战段龛

慕容恪(321—367),字玄恭,昌黎棘城(今辽宁义县西北)人,鲜卑族,十六国时期前燕杰出的政治家、军事家、统帅。

大司马慕容恪在广固包围了段龛,众将领请求马上攻打,慕容恪说:"用兵的方法,有应该缓慢的时候,也有应该急速的时候,不能不仔细审度。如果敌我力量相当,而敌人又在外边有强大的援军,这时恐怕有腹背受敌的危险,则攻打不能不急。如果我强敌弱,敌人在外边又无援军,我们的力量足以制服他的时候,就应该包围并守住他,等待着敌人坐以待毙。兵法中的十围五攻,说的正是这个道理。眼下段龛的兵力尚多,还没有出现离心倾向。济南之战时,段龛的军队不是不精锐,只是因为他用兵无术,所以才自取失败。如今他凭借险阻坚守城池,上下齐心,我们动用全部精锐部队去攻打他,大约几天就可以攻下来,然而我们士兵的伤亡也

一定很多。自从中原发生战争以来,士兵们连短暂的休整也没有,每念及此,我便夜不能寐,怎么能轻易地使用让士兵们献身的战术呢!最重要的是把城池攻下,而不必要求迅速成功!"众将领都说:"这些不是我们所能想到的。"军中士兵听说后,人人感动喜悦,于是他们就筑高墙、挖深壕,用来坚守包围圈。齐地的人争先恐后地运来粮食送给前燕的军队。

段龛环城自守,连砍柴的小路也被切断,城里人互相残食。段龛调动全部兵力出城战斗,被慕容恪在包围圈里打败。慕容恪事先就分派骑兵控制了各个城门,段龛经过

只身拼搏,仅得以逃回城内,其余的士兵全部覆没。从此城里的兵众情绪沮丧,没人再有固守的斗志了。十一月,丙子(十四日),段龛将两手反绑于身后出城投降,他和朱秃一起被押解送往蓟城。慕容恪抚慰安定新进归附的民众,全部平定齐地,将三千多户鲜卑族、胡族、羯族人迁徙到蓟城。前燕国主慕容俊用墨、劓、宫、大辟五刑处死朱秃,任命段龛为伏顺将军。慕容恪留下慕容尘镇守广固,任命尚书左丞鞫殷为东莱太守,任命章武太守鲜于亮为齐郡太守,然后返回。

# 备 梯

**【题解】**

《备梯》是墨子研究城池防守战术的篇章之一。主要讲如何对付敌人以云梯攻城的战术方法，因此墨子用大篇幅介绍怎样对付云梯的方法，比如在城墙上面筑起"行城"和"杂楼"，来增加高度；他们之间的布局应该有一定的距离，相距的宽度以敌人进攻的宽窄为标准，而且两者要相间布局。

**【原文】**

禽滑厘子事子墨子三年，手足胼胝，面目黧黑，役身给使，不敢问欲。子墨子其①哀之，乃管酒块②脯，寄于大山，昧葇③坐之，以樵④禽子。禽子再拜而叹。

子墨子曰："亦何欲乎？"禽子再拜再拜曰："敢问守道？"

子墨子曰："姑亡，姑亡。古有其术者，内不亲民，外不约治，以少间众，以弱轻强，身死国亡，为天下笑。子其慎之，恐为身姜。"

禽子再拜顿首，愿遂问守道。曰："敢问客众而勇，烟资⑤吾池，军卒并进，云梯既施，攻备已具，武士又多，争上吾城，为之奈何？"

**【译文】**

禽滑厘侍奉墨子三年，手脚都长起了老茧，脸晒得黑黑的，干仆役的活听墨子使唤，却不敢问自己想要知道的事。墨子对此感到十分怜悯，就备了酒和干肉，来到泰山，垫些茅草坐在上面，用酒菜来慰劳禽滑厘。禽子行了再拜礼之后，叹了口气。

墨子问他："你有什么要说的吗？"禽滑厘又行了两次再拜礼，说道："请问守城的方法是什么。"

墨子说："暂且不说这个，暂且不说这个。古代也曾有懂得守城方法的人，但对内不亲抚百姓，对外不缔结和平，自己是小国却疏远大国，自己是弱国却轻视强国，到最后身死国亡，被天下人耻笑。你可要小心对待，不然的话，懂得了守城的办法反倒成了自己的灾难。"

禽滑厘行再拜礼后，接着又伏地叩头行稽首礼，希望能弄清防守的方法，说："我还是冒昧地问问，如果来攻城的一方兵士众多又勇敢，堵塞了我方护城河，军士一齐进攻，攻城的云梯架起来了，进攻的武器已安排好，勇敢的士兵蜂拥而至，争先恐后爬上我方城墙，该如何应对呢？"

【注释】

①其:应作"甚"。②块:应作"槐"。③眛菜(róu)坐之:垫茅草坐下。"菜"应作"茅"。④樵:酬劳。⑤烟资:应作"埋茨",堵塞。

【原文】

子墨子曰:问云梯之守邪？云梯者重器也,其动移甚难。守为行城,杂楼相见,以环①其中。以适广陕为度,环中藉幕,毋广其处。行城之法,高城二十尺,上加堞,广十尺,左右出巨各二十尺,高、广如行城之法。

为爵穴、辉鼠,施荅其外,机、冲、钱②城,广与队等,杂其间以镣剑,持冲十人,执剑五人,皆以有力者。令案目者视适,以鼓发之,夹而射之,重而射③,披机④藉之,城上繁下矢、石、沙、炭⑤以雨之,薪火、水汤以济之,审赏行罚,以静为故,从之以急,毋使生虑。若此,则云梯之攻败矣。

【译文】

墨子回答说:你问的是对付云梯的防守办法吗？云梯是笨重的攻城器械,移动十分困难。守城一方可以在城墙上筑起"行城"和"杂楼",将自己环绕起来。行城和杂楼之间要保持适当的距离,两者之间的部分要拉上防护用的遮幕,因此距度不要太宽。筑行城的方法是:行城高出原城墙二十尺,上面加上锯齿状的矫墙,这种矫墙称作"堞",堞宽十尺,左右两边所编大木横出各二十尺,高度和宽度按行城相应。

矫墙的下部开名叫"爵穴"、"辉鼠"的小孔,孔外用东西遮挡起来。供投掷的技机,抵挡冲撞的冲撞车,供出外救援用的行栈,临时用的行城等器械,它们排列的宽度应与敌人进攻的广度相等。各器械之间要挟进持镣和持剑的士兵,其中掌冲车的十人,拿剑的五人,都应挑选力气大的军士担任。用视力最好的兵士观察敌人,用鼓声发出抗击号令,或两边向敌人夹射,或重点集射一处,或借助技机向敌人掷械,从城上雨点般地将箭、砂石、灰土倾泻给城下之敌,再加上往下投掷火把、倾倒滚烫的开水,同时赏罚严明,镇静处事,但又要当机立断,不使产生变故。像这样防守,云梯攻城的办法就被打败了。

【注释】

①环:环绕。②钱:应作"栈",供出外救援的行栈。③"射":字后疑漏一"之"字。④"披":应作"技"。披机:应为"技机"。⑤炭:应作"灰"。

【原文】

守为行堞,堞高六尺而一等,施剑其面,以机发之,

【译文】

守城的一方在"行城"上筑起临时用的矫墙"堞",

冲至则去之。不至则施之。爵穴，三尺而一①。蒺藜投必遂而立，以车推引之。裾城外②，去城十尺，裾厚十尺。伐裾③，小大尽本断之，以十尺为传④，离而深埋之，坚筑，毋使可拔。

二十步一杀，杀有一鬲，鬲厚十尺。杀有两门，门广五尺。裾门一，施浅埋，弗筑，令易拔。城⑤希裾门而直桀。

一律高六尺，在墙外安装上剑，用机械发射，敌方的冲撞器来了就撤发射机，没来就使用它。矫墙下部开的名叫"爵穴"的小洞，每三尺一个。"蒺藜投"一定要对着敌方进攻的范围摆放，用车推下城墙，然后又用车再拉上来，以便于反复使用。在离城墙外十尺远的地方堆积断树，这叫作"置裾"。裾的厚度为十尺。采伐断树的方法是，不论大小，一律连根拔起，锯成十尺一段，间隔一段距离深埋于地中，一定要埋牢实，不能让它被拔出来。

城墙上每隔二十步设置一个"杀"，杀有一个储备投掷物的"鬲"，鬲厚十尺。"杀"有两个门，门宽五尺。裾也有门，不过要浅埋才成，不要埋牢实，要让它能容易被拔出来。城上对着裾门的地方放置"桀石"，以供投掷。

【注释】

①三尺而一：每隔三尺挖一个。②裾城外：三字前疑漏一"置"字。③伐裾：后疑漏"之法"。④传：应作"断"。⑤城：后漏一"上"字。

【原文】

县火，四尺一钩樴。五步一灶，灶门有炉炭。令适人尽入，辉火烧门，县火次之。出载而立，其广终队。两载之间一火，皆立而待鼓而然①火，即具发之。适人除火而复攻，县火复下。适人甚病，故引兵而去，则令我死士左右出穴门击遗②师，令贲士、主将皆听城鼓之音而出，又听城鼓之音而入。因素出兵施伏，夜半城上四面鼓噪，适人必或③，有此必破军杀将。以白衣为服，以号相得，若此，则云梯之攻败矣。

【译文】

城上悬置火炬，用绳系于钩上，每隔四尺一个。五步设一口灶，灶门备有炉炭。让敌人全部进入就放火烧门，接着投掷悬火。排列的作战器具，根据敌人的进攻范围相应摆放。两个作战器械之间设置一个悬火，管悬火的兵士都站在悬火旁等待出击的鼓声。鼓声一响就点燃悬火，敌人接近就投放。敌人如将悬火打灭，就再次投放。如此反复多次，敌人必定疲惫不堪，因此就会领兵而去。敌人一旦退出，就命令敢死队从左右出穴门追击溃逃的敌人，但勇士和主将务必依照城上的鼓声从城内出去或退入城内。再趁着反击时布置埋伏，半夜三更时城上四面击鼓呐喊，敌人必定惊疑失措，伏兵乘机能攻破敌军军营，擒杀敌军首领。不过要用白衣做军服，凭口令相互联络。如此一来，用云梯的攻城方法就失败了。

【注释】

①然:通"燃"。②遗:读为"溃",溃败。③或:犹"惑",惊惑。

【评析】

在此篇中,墨子指出守城的战术方法固然重要,但更重要的还是外交战略。怎样才能守好城?首先必须要使自己国家内部的人团结,也就是说作为一个将领,必须对内亲近百姓,对外缔结和平,如果自己兵力少就多亲近兵力众多的国家,在有敌人侵犯时,由邻近的邦国来帮助你;如果自己国家的力量小,这就不可忽视力量强大的国家。只有这样你才不会有那么多的敌人,即使有,也会有人来帮助你。

# 备　水

**【题解】**

"水"可以富国,也可以亡国。怎样利用水,这是一个国家兴盛衰败的根本。这篇文章主要是讲如何防备敌人以水进攻的战术方法,用水进攻的方法大概有两种:一、无水之地,则筑堤以堰水。二、有水之地,则决堤以泛水。本篇着重讲了第一种。

**【原文】**

城内堑外周道,广八步。备水谨度四旁高下。城地中渊①下,令耳②其内,及下地,地深穿之,令漏泉。置则瓦③井中,视外水深丈以上,凿城内水耳。

并船以为十临,临三十人,人擅弩,计四有方,必善以船为輣辒。二十船为一队,选材士有力者三十人共船,其二十人擅有方,剑甲鞮瞀,十人人擅苗。

先养材士,为异舍食其父母妻子以为质,视水可决,以临輣辒,决外堤,城上为射坟,疾佐④之。

**【译文】**

城内壕堑外设有环城大道,宽八尺。防备敌人用水灌城,必须要仔细地审视四周的地势情况。城中地势低的地方,就要下令开挖渠道,至于地势更低的地方,则命令深挖成井,使其能互相贯通,以便引水泄漏。在井中置放"则瓦",测量水位高低。如发现城外水深已有一丈以上,就开凿城内的水渠。

每两只船连在一起为"一临",将船只组成"十临",每一临共三十人,人人都擅长射箭,每十人中四个还须带有锄头。必须善于用这种船作冲毁敌方堤防的"撞车"。每二十只船为一队,挑选勇武力大的兵士三十人共一条联合船,其中二十人每人备有一把锄头,穿戴盔甲皮靴,其余十人手拿长矛,人人擅使。

要事先供养勇武之人,另提供房子,安排供养他们的父母、妻子、儿女,同时也把他们作为人质。发现可以决开水堤时,用两只船并联冲决外堤,同时城上守兵用射机发射矢石以助决堤。

**【注释】**

①地中:应作"中地";"渊"应作"偏"。②耳:应作"巨",即"渠"之省,开通渠道。③则瓦:一种测量水位的仪器。④佐:掩护。

【评析】

《备水》是墨子研究城池防守战术的篇章之一。主要讲如何防备敌人以水攻城的战术方法。从这篇文章中我们可以看出墨子是一个优秀的政治家、军事家。

防备敌人用水进攻的方法，除了观察四周的地形，进行挖井之外，还要善于挑选勇武力大的兵士，因为兵士是军队的主力，没有他们，战争不可能取得胜利。而要想让他们心甘情愿地为国家出力，首要的就是解除他们的后顾之忧，安排好他们的家眷。只有他们的家眷生活得好，他们就会因感激国君而效忠。这也是墨子善于用兵之道，他知道怎样才能抓住人心。

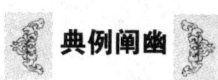

## 用水进攻

春秋战国时期的晋国，本来是个很强盛的国家，可是到了晋出公时代，晋国的四大卿：

智、赵、韩、魏的封邑，比晋出公的还要多，晋出公反而大权旁落，形如木偶，晋国的事情由这四家说了算。而这四家中，智家最强大，智家的掌门人智瑶是晋国的相国，他以出公的名义发号施令，韩、赵、魏三家只得听命于他。这智瑶是个很有野心的人，他看到自己能对其他三家发号施令，就有心想吞并他们，让自己独霸晋国，从而取代晋国。野心一起，他就想寻找突破口，他的谋士就为他想到了"食果去皮"的办法。当时的诸侯国中，只有越国最强，越国也有野心染指中原，而晋国一直是中原的霸主。于是智瑶就对韩赵魏说："为了防止越国插手中原事务，削弱我国在中原的影响力，有必要事先做好战备。而我国现在的关键是缺少军资，因此出公指示我们四家，每家拿出一百里封地出来，用这四百里地的赋税作军资。"其实这地拿

出来后,就被智家占为己有。它增加了三百里封地,而其他三家则各少了一百里封地。它当然更强大了,而其他三家则被削弱了。于是智瑶就派人到他们三家去受地。

他先到韩国,韩国给了地;又到魏国,魏国也给了地。再到赵国,赵国的掌门人是赵无恤,他本来就跟智瑶有矛盾,所以他断然拒绝,说:"土地是祖宗留给我的,我有什么权利将它给人家。"

赵襄子不给。智瑶勃然大怒,率领韩、魏的军队进攻赵氏。赵襄子逃到晋阳后,智瑶、韩康子、魏桓子三家便围住晋阳,引水灌城。城墙头只剩六尺露出水面,锅灶泡在水中,青蛙四处乱跳,但百姓都没有叛变之心。

智瑶巡视水势,魏桓子为他驾车,韩康子持矛居右。

智瑶说:"我今天才知道,水可以亡国呀!"

这时,赵襄子派遣张孟谈秘密出城,来见韩、魏二人,说道:

"我听说唇亡则齿寒。现在智瑶率领韩、魏两家进攻赵家,赵家一亡,就该轮到你们两家了。"

韩康子、魏桓子说:"我们也知道会这样,怕只怕事情还未办好而计谋先泄露了出去,那么大祸就要临头了。"

张孟谈说:"计谋出自两位主公之口,只进入我一人耳中,有什么妨害呢?"

于是两人秘密地与张孟谈商议,约定好起事的日子,然后便让他回城了。

夜里,赵襄子派人杀死智军守堤官吏,决开堤口,让大水倒灌智瑶军营。智瑶军队为救水乱作一团,韩、魏两军乘机从两边杀来,赵襄子率兵从正面攻击,大败智瑶之军,杀了智瑶,又将智氏族人尽行诛灭。

# 备突

### 【题解】

《备突》是墨子研究城池防守战术的篇章之一。主要讲如何防备敌人从城墙"突门"攻入的战术方法。我们知道一个国家的防守最重要的是城墙的防守,怎样才能防守好城墙呢?首先要先设置一个"突门",突门顶部还盖上瓦片。其次要有军吏来掌管堵塞突门,并且详细地介绍了这个方法。

### 【原文】

城百步一突门,突门各为窑灶,窦入门四五尺,为其门上瓦屋,毋令水潦能入门中。吏主①塞突门,用车两轮,以木束之,涂其上,维②置突门内,使度③门广狭,令之入门中四五尺。置窑灶,门旁为橐,充灶伏④柴艾,寇⑤即入,下轮而塞之,鼓橐而熏之。

### 【译文】

城墙内每百步设置一个"突门",各个"突门"内都砌有一个瓦窑形的灶。灶砌在门内四五尺处。突门上盖上瓦片,不让雨水流入门,军吏掌管堵塞突门,方法是:用木头捆住两个车轮,上面涂上泥,用绳索将其悬挂在突门内,根据门的宽窄,使车轮挂在门中四五尺处。设置窑灶,门旁再安装上皮风箱,灶中堆满柴禾艾叶。敌人攻进来时,就放下车轮堵塞住,点燃灶里的柴火,鼓动风箱,用烟火熏烤来犯的敌人。

### 【注释】

①主:掌管。②维:以绳悬挂。③度:考虑,根据。④伏:应作"状"。⑤寇:敌人。

### 【评析】

从"为其门上瓦屋,毋令水潦能入门中"这句话中我们可以看出这个"突门"主要是为了实用,甚至连下雨都考虑进来,这也反映了墨子是一个思维缜密的人,也许是手工业出身的他,天生就对老百姓有一定的同情吧!他把一切可能的情况都考虑了进来。

在介绍堵塞突门的方法时,墨子介绍得如此清楚,这是他作为一个小生产者对生活细致观察的结果,另外也反映了他对各种知识的综合运用,比如说"使度门广狭,令之入门中四五尺。"如果没有一定的数学基础,墨子不可能做出如此精确的分析。

## 韦孝宽智守玉壁

魏晋南北朝时,东魏韦孝宽镇守玉壁。高欢率领山东全部的兵力来攻,营地绵长数十里,一直到玉壁城下。

高欢在城的南面堆起土山,想借此进入城中。城上本来就有两座楼台,正对着土山,韦孝宽就在楼台上再搭建木梁,让它更高。高欢于是在城南挖掘地道,又在城北堆土山,白天晚上轮番进攻。韦孝宽就挖掘了一条很长的深沟,挑选战士驻守,每次高欢的军队挖到深沟时,韦孝宽的士兵就将他们擒获并杀掉。又命人在深

沟外堆积木柴、火种,见敌人留在地道内,就向下丢木柴、火把,并用皮排吹火,烟火冲进地道,敌人都被烧得焦烂。高欢又在城外制造攻车,攻车所到的地方,没有不被撞坏的,虽然有盾牌,但也不能抵挡。韦孝宽就命人把布缝接起来做成帐幕,随着敌人的来势张开帐幕,帐幕悬在空中,攻车不能撞坏。高欢又在竹竿上绑上松枝,浇上油脂点火,想烧毁帐幕,接着烧毁城楼。韦孝宽命人制造长钩,用尖利的刀刃为钩刀,一见敌人的火竿,就用长钩远远地把它割断。敌人又在城四面挖地道,共挖了二十一条,分为四路,中间立有梁柱,再将油浇灌到梁柱上,放火焚烧,梁柱断了,城也就会塌陷。韦孝宽在崩塌的地方架设木栅来抵御敌人,敌人始终还是没有攻入城内。

高欢用尽所有智谋攻城,仍不能攻入,高欢因旧病复发,只好撤退,不久就病死了。

# 号 令

**【题解】**

《号令》是墨子研究城池防守方法的重要篇章之一。此篇带有综合性质。但主要讲述军纪、法规、禁令、人员布防和处置的种种具体原则和方法。前面已经说过守城需要具备的各种防御装备,以及在遇到危机时所使用的旗帜,迎敌之前要进行祭祀等等,这篇文章从另一个方面说明了守城所需要的最重要的武器,那就是号令。

**【原文】**

安国之道,道任地始,地得其任则功成,地不得其任则劳而无功。人亦如此,备不先具者无以安主,吏卒民多心不一者,皆在其将长,诸行赏罚及有治者,必出于王公。数使人行劳赐守边城关塞、备蛮夷之劳苦者,举其守卒之财用有余、不足,地形之当守边者,其器备常多者。边县邑视其树木恶则少用,田不辟,少食,无大屋草盖,少用桑。多财,民好食。为内堞①,内行栈,置器备其上,城上吏、卒、养,皆为舍道内,各当其隔部。养什二人,为符者曰养吏一人,辨护诸门。门者及有守禁者皆无令无事者得稽留止其旁,不从令者戮。故人但至,千丈之城,必郭迎之,主

**【译文】**

安定国家的途径从利用地理条件开始,地理条件能得到利用就能成功,地理条件不能得到利用就会劳而无功。人也是这样,不预先准备好就无法使国主安定,官吏、士兵和百姓不能齐心协力,责任在于将领和官长;所有的赏赐和处罚,都应以王公的名义来确定。要多次派人慰劳赏赐那些镇守边城、边关和边塞,防备蛮夷而又劳苦的将士,视察后报告哪些镇守将帅的军费是有余还是不足,哪些地形应该派兵据守以及武器装备经常保持充足。对于边境地区的州县城市,根据那里树木生长不好就要少用木材,土地没有开垦就要节约粮食,没有大屋和草屋的地方就要少砍桑树。经济富裕的地区,老百姓讲究吃喝。城内要构筑矮墙和行栈,城墙上要装置武器装备,守城的头目、士兵、炊事人员都要在城内各自的所属营区安排住宅,每十个人一个炊事员,掌管符信凭证的养吏一人,监察守护各城门,不允许没有公事的人在守门人以及担任警察任务的人旁边逗留,不听从命令的人可以

人利。不尽千丈者勿迎也,视敌之居曲众少而应之,此守城之大体也。其不在此中者,皆心术与人事参之。凡守城者以亟伤敌为上,其延日持久以待救之至,不明于守者也,不②能此,乃能守城。

**【注释】**

①牒:应作"堞",矮墙。②不:应作"必"。

杀掉。每当敌人攻来,城邑在千丈以上的大城,一定要在城市郊区迎战敌人,守城一方才有利;城邑不够千丈的中小城市,不要出城迎敌,但要根据敌人的多少灵活应战,这些都是防守城池的大体原则。以上没有提到的,就根据心术智谋和人事策划来参照处理。所有守城的一方都以迅速歼灭敌人为上策,如果拖延持久,等到敌人的援兵到来,这是不懂得守城的方法。能懂得这些道理才能守城。

**【原文】**

守城之法,敌去邑百里以上,城将如今尽召五官及百长,以富人重室之亲,舍之官府,谨令信人守卫之,谨密为故。

及傅城,守城将营无下三百人。四面四门之将,必选之有功劳之臣及死事之后重者,从卒各百人。门将并守他门,他门之上,必夹为高楼,使善射者居焉。女郭、冯垣一人。一人守之,使重室子。

**【译文】**

守城的方法还有:敌人在离城百里之外的时候,守城将领就要把所有的官吏、小军官以及富人、贵戚的亲眷全部集中起来,住到官府,谨慎地派自己可靠的部下保卫他们,越谨慎机密越好。

等到敌人开始爬城墙强攻的时候,守城的将领所在的兵营不得少于三百人,东西南北四个城门的将领一定要选择立过军功,以及为君王和国事效过死力而获得较高荣誉和官职的人担任,每人各带兵百人。每一方城门的将领如果兼守其他城门,就必须在另一城门上建立起高楼,派善于射箭的士兵守在里面,城上矮墙、冯垣一个一个排列起士兵守护着。让贵家子弟来守。

**【原文】**

五十步一击①。因城中里为八部,部一吏,吏各从四人,以行冲术及里中。里中父老小不举守之事及会计者,

**【译文】**

每五十步建一个储藏兵器的"隔",按照城中街巷分为八部,每部设置一个头目,每个头目各带领四个人,在城中要道和街巷中巡逻。街巷中老年人、少年人等没有参与守城的人和管理财物出入的人,按街巷分为四部,每部设一首领,让他们盘

分里以为四部,部一长,以击①注来不以时行、行而不他异者,以得其奸。吏从卒四人以上有分者,大将必与为信符;大将使人行守操信符,信不合及号不相应者,伯长以上辄止②之,以闻大将。当止不止及从吏卒纵之,皆斩。诸有罪自死罪以上,皆逮父母、妻子同产。

查来往行人中那些不按规定时间来往或有异常举动的人,以便及时发现和捉拿奸细。带士兵四人以上的头目去执行守城任务,大将一定要给予信件作为凭证;大将派人巡查守卫情况时,拿有大将给的凭证,凭证不符合及口号不相应的人,伯和长以上官吏就一律把这种人扣押起来,报告大将。应当扣押而不扣押,以及头目或士兵把人放跑了的,一律斩首。凡是触犯刑律犯有死罪以上的人,他们的父母、妻子、儿女和兄弟都要抓起来。

**【注释】**

①击:应作"隔"。 ②止:扣押。

**【原文】**

诸男女①有守于城上者,什六弩、四兵。丁女子、老少,人一矛。

卒有惊事,中军疾击鼓者三,城上道路、里中巷街,皆无得行,行者斩。女子到大军,令行者男子行左,女子行右,无并行。皆就其守,不从令者斩。离守者三日而一询,而所以备奸也。里正与皆守宿里门,吏行其部,至里门,正与开门内吏,与行父老之守及穷巷幽间无人之处。奸民之所谋为外心,罪车裂。正与父老及吏主部者,不得,皆斩;得之,除,又赏之黄金,人二镒。大将使使②人行守,长夜五溍行,短夜三溍行。四面之吏亦皆自行其

**【译文】**

在城上防守的男子,每十人中,六人拿弓箭,其余四人拿其他兵器;参加防卫的女子、老人和少年每人执一矛。

突然间有紧急事情,中军赶快击鼓三次,城上道路、城内街巷都要禁止通行,擅自通行者斩首,女子参与大军行动时,男子走左边,女子走右边,不许并排一起行走。所有军民要坚守各自的岗位,不听从命令的要杀掉。对擅自离开防守岗位的要三天查询一次,以防止作奸。街坊里正和居民中的年长的人都要守护各街巷进出口,部吏巡行到他们划分的地方,到进出口,里长开门接待部吏,陪同巡查各居民父老所守的岗位和小巷中偏僻无人的地方。生有外心、图谋通敌的奸民,处以车裂刑法杀掉。街坊里长和负责守护街巷的居民以及负责这一地方的部吏,没有预先发觉和抓获图谋通敌的人,一律处以死刑,如果能及时发现和抓获,除免罪之外,每人还得到赏金四十八两。大将派亲信巡查每一个防守区域,夜长时每晚巡查五次,夜短时每晚巡查三次。防守四方的将领都要像大将一样巡查各自的区域,不执行命令的斩首。

守,如大将之行,不从令者斩。

**【注释】**

①女:应作"子"。②使:应作"信",使使人:应为"使信人",派遣亲信。

**【原文】**

诸灶必为屏,火突高出屋四尺。慎无敢失火,失火者斩其端。失火以为事者车裂。伍人不得,斩;得之,除。救火者无敢喧哗,及离守绝巷救火者斩。其正及父老有守此巷中部吏,皆得救之,部吏亟令人谒①之大将,大将使信人将左右救之,部吏失不言者斩。诸女子有死罪及坐失火皆无有所失,逮其以火为乱事者如法。

围城之重禁,敌人卒而至,严令吏命②无敢喧嚣、三最③、进行、相视坐泣、流涕若视、举手相探、相指、相呼、相麾、相踵、相投、相击、相靡以身及衣、讼驳言语。及非令也而视敌动移者,斩。伍人不得,斩;得之,除。伍人逾城归敌,伍人不得,斩;与伯归敌,队吏斩;与吏归敌,队将斩。归敌者父母、妻子同产,皆车裂。先觉之,除。当术需敌,离地,斩。伍人不得,斩;得之,除。

**【注释】**

①谒:报告。②命:应作"民"。③最:应作"聚","三最",应为"三聚",三人聚成一堆。

**【译文】**

所有炉灶一定要砌上防火的屏围,烟囱要高出屋顶四尺,小心慎重不要失火,要杀掉第一次失火的人,故意失火捣乱的人,用车裂的刑法处死,邻居不举报或不抓住纵火的人也要杀掉;如果能抓住就免于处罚。救火的人不许大声喊叫,如果故意大声喊叫以及擅自离开防守岗位去街巷救火的人,也要杀掉。失火地区的里长和居民,以及防守这一地方的部吏都要救火,部吏应迅速派人报告大将,大将派亲信率领部下去救火。部吏隐瞒不向大将报告,也要杀掉。女子犯有死罪,因失火犯罪但并没有损害他人,以纵火捣乱罪论处。

城邑被敌人围困,最重要的禁令是:敌人突然来到,要严厉禁止官吏和百姓大声喊叫,不准三人以上聚集一堆,或两人以上一起奔跑、相视哭泣、对面流泪、打手势探问、互相指手划脚、互相喊叫、你拉我扯、互相斗殴厮打、互相争辩,以及擅自察看敌人动静,否则一律处以死刑。同在一起的人不能及时制止和报告,斩首;能及时报告和制止的,免罪。同伴中有人翻越城墙投敌,同伴没有及时抓住,斩首;伯长叛变投敌,队吏要斩首;队吏叛变投敌,队将要斩首。叛变投敌的人,他的父母、妻子、儿女、兄弟都要处以车裂死刑。如果事先发觉而未投敌的,免罪。临阵害怕敌人而离开防地的,斩首;同在一起的人不能发现制止的,斩首;能及时发现和制止的,免罪。

【原文】

其疾斗却敌于术,敌下终不能复上。疾斗者队二人,赐上奉。而胜围,城周里以上,封城将三十里地为关内侯,辅将如令赐上卿,丞及吏比于丞者,赐爵五大夫,官吏、豪杰与计坚守者,十人①及城上吏比五官者,皆赐公乘。男子有守者爵,人二级,女子赐钱五千,男女老小先分守者,人赐钱千,复之三岁,无有所与,不租税。此所以劝吏民坚守胜围也。

吏卒侍大门中者,曹无过二人,勇敢为前行,伍坐,令各知其左右前后。擅离署,戮。门尉昼三阅之,莫,鼓击门闭一阅,守时令人参之,上逋者名。铺食皆于署,不得外食。守必谨微察视谒者、执盾、中涓及妇人侍前者志意、颜色、使令、言语之请。及上饮食,必令人尝,皆②非请也,击③而请故。守有所不说谒者、执盾、中涓及妇人侍前者,守曰断之,冲之若缚之,不如令及后缚者,皆断。必时素诫之。诸门下朝夕立若坐,各令以年少长相次,旦夕就位,先佑有功有能,其余皆以次立。五日,官各上喜戏、居处不庄、好侵侮人者一。

【译文】

迅速战斗击溃了敌人,并使敌人败退后不能再次组织进攻的队伍,每队选出两名勇猛杀敌的士兵,给予最高的奖赏。而打败敌人,冲破敌人围城的队伍,使敌人离开城邑一里以上,封守城将为关内侯,赏赐土地三十里;副将按规定赐给上卿的官职,丞、吏以及原来官职相当于丞的人赐给五大夫的官爵,其他官吏、豪杰参与谋划坚守城邑的、士人和城上那些原来官职相当于五官的,都赐给公乘官位。参与守城的男子赐给爵位,每人升二级,女子赏钱五千,其余不分男女老少参与防守的,每人赏钱一千,免除三年赋税。这些是用以鼓励官吏和百姓坚守城池,打败敌人解除围困的措施。

守卫守城主将官署大门的头目和士兵,每班岗不要多于两人,卫兵中勇敢的派在前行,根据队伍排列,让他们知道各自的左右前后是谁。擅自离开官署的人,杀掉。门尉每天白天点名三次,晚上击鼓关门后再点名一次,守将随时派人检查巡察,记上擅自离开岗位的人的姓名。早晚两餐都在官署,不许在外面吃饭。守将一定要谨慎、细致地暗中观察侍从中的谒者、执盾、中涓以及料理日常生活的妇人等人的思想、心理、脸色、动作和言语的情况。每次端上饮食,一定要先叫人先尝一尝再吃。若有异常情况,就立即抓起来盘问。守城主将对身边侍从中的谒者、执盾、中涓及料理日常生活的妇人有不满意的,就可下令杀掉,殴打或者捆绑他们,其他侍从不执行命令的或行动迟缓的,都要给予处罚。这些一定要时时告诫他们。所有官署门前负责早晚警卫的人员,有的站有的坐,分别以年龄大小为次序,早晚值勤,有功劳和能耐的,居先站上位或坐上座,其余则按次序站坐。官长每隔五天,将那些嬉戏不庄重,喜欢侵犯欺侮别人的卫兵的情况分别予以上报。

【注释】

①十人:应为"士人"。十,应作"士"。②皆:应作"若"。③击:应作"系",抓住。

【原文】

诸人士外使者来,必令有以执。将出而还若行县,必使信人先戒舍,室乃出迎门①守,乃入舍。为人下者常司上之,随而行,松上不随下。必须□□②随。

客卒③守主人,及以为守卫,主人亦守客卒。城中戍卒,其邑或以下寇,谨备之,数录其署,同邑者弗令共所守。与阶门吏为符,符合入,劳;符不合,牧④,守言⑤。若城上者,衣服,他不如令者。宿鼓在守大门中。莫令骑若使者操节闭城者,皆以执毚。昏鼓,鼓十,诸门亭皆闭之。行者断,必击问行故,乃行其罪。晨见,掌文鼓,纵行者,诸城门吏各入请籥,开门已,辄复上籥。有符节不用此令。寇至,楼鼓五,有周鼓,杂小鼓乃应之。小鼓五后众军,断。命必足畏,赏必足利,令必行,令出辄人随,省其可行、不行。号,夕有号,失号,断。为守备程而署之曰某程,置署街街⑥渐阶若门,令往来者

【译文】

所有人士、外来使者入城,一定要拿出凭证。将领外出归来和巡行回来,一定要先派人告知他的家属,家属才出来迎接,再向守城主将报告后才返回自家。作为下级要经常体察上级,上级要去哪里,下级都要跟随一起去。下级要跟从上级,上级不必跟从下级。

外来士卒为主人防守以及为主人担任守卫,主人也要防备外来士兵。担负城中防卫任务的外来士兵,如果他们原来所在的城邑已被敌人攻陷,尤其要戒备他们,要反复核查他们的名册,同属一个城的人不要让他们共同防守一处地方。城上掌查台阶的守卫军吏要严格检查凭证,凭证相合才能进入,并慰劳他们;凭证不符合的,就将其扣留,并报知守城主将。晚上时,大鼓设置在主将的大门之内。黄昏时,派出骑兵和使者拿着命符去传令关闭城门,使者必须手执令牌。黄昏时刻以鼓为号令,击鼓十下,所有城门路亭一律关闭,对通行者要先抓起来问明通行的原因后再按罪行事。早晨,打响大鼓放行,所有管城门的官吏各自入官署拿取钥匙,开完门后再交还钥匙。有特别凭信的人不按照这个禁令。敌人前来进攻,城楼上击鼓五次,又向四周击鼓,有小鼓应和,表示各营队已响应城鼓。小鼓响了五下之后才集合的,斩首。号令一定要使人畏惧,赏赐一定要使人觉得是大利益;号令一出就一定要实行。号令一发出,立即派人随着省察号令可行与否。口号要注意,夜晚有联络的口号,口号不合的,处斩。制定戒严章程题上标题就称"某某章程",在街道,大路台阶和城门上张贴公布,使往来行人都能看到从而照章行事。所有那些谋杀和伤害自己上级的官兵和百姓,一律按谋反罪处

皆视而放。诸吏卒民有谋杀伤其将长者,与谋反同罪,有能捕告,赐黄金二十斤,谨罪。非其分职而擅取之,若非其所当治而擅治为之,断。诸吏卒民非其部界而擅入他部界,辄收以属都司空若侯,侯以闻守,不收而擅纵之,断。能捕得谋反、卖城、逾城敌者一人。以令为除死罪二人,城旦四人。反城事⑦父母去者,去者之父母妻子。

置;若能捉拿到谋杀长官的人,赏金二十斤,并可免除处罚。越出职权范围擅自乱拿乱取,和滥用职权办非法之事的,砍头。所有擅自闯入其他区域的官吏、士兵和百姓,都要由所在的都司空和侯将其拘留,由侯报告守将;不将其拘留而擅自放人的,杀头。能捉拿一个谋反、出卖本城军政机密或越墙投敌的人,给予特权凭证,将来可以赦免两次死罪或判城旦罪四次。翻越城墙抛弃父母离开的,该人的父母、妻子、儿女同罪。

【注释】

①门:应作"闻"。②□□:脱文。③客卒:外来士卒。④牧:应作"收"。⑤守言:应作"言守"。⑥衙衙:应为"衙术",街道。衙,应作"术"。⑦事:应作"弃"。

【原文】

悉举民室材木、瓦若蔺石数,署长短小大。当举不举,吏有罪。诸卒民居城上者各葆其左右,左右有罪而不智也,其次伍有罪。若能身捕罪人若告之吏,皆构之。若非伍而先知他伍之罪,皆倍其构赏。

城外令任,城内守任。令、丞、尉亡得入当①,满十人以上,令、丞、尉夺爵各二级;百人以上,令、丞、尉免,以卒戍。诸取当者,必取寇虏聆之。募民欲财物粟米以贸易凡器者,卒得贾予。邑人知识②昆弟有罪,虽不在县中而欲为赎,

【译文】

全部查报百姓家的木材、砖瓦、石头等物的数目,登记其长短和大小。应查报而没有查报的,官吏问罪。所有居住在城里的官吏、士兵和百姓,要同他们的邻居结成联保联防,邻居犯罪却不知道,那么同他相邻的人也有罪。如果能亲自捉拿住犯罪人或将其报告给官府,都给予奖赏。如果不是他们的联保联防内部的却事先知道该联保组的犯罪活动而报告给有关官吏,都加倍给予奖赏。

城外守卫任务由"令"负责,城内的防守由守城主将担任。令、丞、尉等官,他们的部下有人逃跑,只要抓回俘虏的人数与逃兵数相当,那么功劳与罪过可以两消;逃兵的人数超过十个的,令、丞、尉各减爵位两级;逃兵人数超过一百的,令、丞、尉就须被撤职罢官,充作兵士,担负防守。所有抓来抵挡罪过的一定要是从敌军抓来的俘虏才算数。征集百姓的钱财和粮食,如百姓想交换各种器具,

以粟米、钱金、布帛、他财物免出者，令许之。传言者十步一人，稽留言及乏传者，断。诸可以便事者亟以疏传言守。吏卒民欲言事者，亟为传言请之吏，稽留不言诸③者，断。县各上其县中豪杰若谋士、居大夫重厚，口数多少。

可按平价予以交换。城里居民的朋友或相识、兄弟有罪的，即便他们不在本城内但想用粮食、物财赎罪出去的，法令都许可。上下传话的人员如此安排：每隔十步派一人，滞留或失职没传达到话的，要杀头。凡是可以便利办的事情应赶紧用书面报告向守城主将报告。官吏、兵士和百姓想要向上进言的，紧急通过传言人传达，官吏滞留或不代为传达的，要问杀罪。各县的豪杰、谋士、在家居住的大夫官员及人品忠厚的百姓人数，各县都要统计上报。

【注释】

①亡得入当：逃兵数与抓回俘虏数相当。②知识：知交，朋友。③诸：应作"请"。请，通"情"。

【原文】

官府城下吏、卒、民家前后左右相传保火。火发自燔，燔曼延燔人，断。诸以众强凌弱少及强奸人妇女，以喧哗者，皆断。诸以众强凌弱少及强奸人妇女，以喧哗者，皆断。诸城门若亭，谨俟视注来行者符。符传疑若无符，皆诣县廷言，请问其所使。其有符传者，善舍官府。其有知识、兄弟欲见之，为召，勿令里巷中。三老、守闾令厉缮夫①为荅。若他以事者、微者，不得入里中。三老不得入家人。传令里中有以羽，羽者三所差，家人各令其官中，失令若稽留令者，断。家有守者治食。吏、卒、民无符节而擅入里巷、官府，吏、三老、守闾者失苛②止。皆断。

【译文】

官府、城下官吏、士兵和百姓都要参加左邻右舍的火灾联防。失火烧了自家或蔓延到了别人的家，都要判罪。凡是仗势以强凌弱和强奸妇女的，喧哗打闹的，或擅自跑上城墙以及不按规定着装的，都一律交官府定罪惩罚。各个城门和路亭，都要谨慎检查来往行人的凭证。凭证有疑问和没有凭证的，都要送到县廷，询问他们是谁派来的。往来人中有凭证的妥善安排其住在官府，他们想要会见兄弟朋友，就替他们传呼召来，不能让他们自己进入城中街巷。如果他们想见城中三老、守闾等有身份的人，可以让三老、守闾先委托家中仆役代替应召来官舍相见。其他有事的人及职位低下者都不得擅自进入街巷之中。三老不能进入一般民众家里。须向街巷传令就用羽书，羽书收在三老家中。向一般民众传令就直接传到他们家去，失职没有传送或延迟命令的，要砍头。三老家中有看家的备办吃的。对于官吏、兵士和百姓没有凭证而擅自进入里巷和官府的，官吏、三老以及守门者没有及时盘问和制止，都要定罪。

【注释】

①厉缮夫:应作"缮厉矢"。②苛:盘问。

【原文】

诸盗守器械、财物及相盗者,直一钱以上,皆断。吏、卒、民各自大书于杰,著之其署同①,守案其署,擅入者,断。城上日壹废②席蓐,令相错发。有匿不言人所挟藏在禁中者,断。

吏、卒民死者,辄召其人,与次司空葬之,勿令久坐泣。伤甚者令归治病家善养,予医给药,赐酒日二升、肉二斤,令吏数行闾,视病有瘳③,辄造事上。诈为自贼伤以辟事者,族之。事已,守使吏身行死伤家,临户而悲哀之。

寇去事已,塞祷④。守以令益邑中豪杰力斗诸有功者,必身行死伤者家以吊哀之,身见死事之后。城围罢,主亟发使者往劳,举有功及死伤者数使爵禄,守身尊宠,明白贵之,令其怨结于敌。

【译文】

所有偷盗守城器械、财物以及私人财物的,价值在一钱以上就要判罪。官员、兵士和百姓要将自己的姓名写在帖上,并张贴在各自办事的墙头上,守城主将视察各办事处如发现有擅自进入的就要问罪。城上每天都换发席子垫铺,规定可以彼此互相交换使用。若有知道他人私藏禁品却隐瞒不报者,也要判罪。

如果官员、兵士和百姓战死了,就要赶紧召来死者家属,同司空一道将死者埋葬,不得久坐哭泣。受伤很重的让他回家疗养,妥善照料,供医送药,每天赏其两升酒,两斤肉,并经常派官员前往探慰,如病情好转,就赶紧归队效力。若是自己故意致伤欺骗官府以求逃避战斗的,罪连三族。战死者埋葬以后,守城主将要派官员亲自到死者家中,表示悲伤和哀悼。

当敌人退走、战争结束后,全城举行赛神仪式,守城主将下令奖赏城中豪杰拼死战斗的所有有功之人,论功行赏,并亲自到死伤者家中慰问家人,哀悼死者,亲自接见为守城而牺牲的遗属。城邑解除围困之后,守城主将应迅速派使者前往一线慰劳将士,所有有战功的和死伤的要多升爵加禄。守城主将本人要以身示范,敬重和爱护他们,使人人懂得尊重他们,从而使其对敌人结下仇恨。

【注释】

①同:应作"隔"。②废:应作"发"。③瘳:好转。④塞祷:古时酬报神灵的祭礼。塞:同"赛"。

## 【原文】

城上卒若吏各保其左右。若欲以城为外谋①者，父母、妻子、同产皆断。左右知不捕告，皆与同罪。城下里中家人皆相葆，若城上之数。有能捕告之者，封之以千家之邑；若非其左右及他伍捕告者，封之二千家之邑。

城禁：使②、卒、民不欲③寇徽职、和旍者，断。不从令者，断。非擅出令者，断。失令者，断。倚戟县下城，上下不与众等者，断。无应而妄喧呼者，断。总失者，断。誉客内毁者，断。离署而聚语者，断。闻城鼓声而伍后上署者，断。人自大书版，著之其署隔，守必自谋④其先后，非其署而妄入者，断。离署左右，共入他署，左右不捕，挟私书，行请谒及为行书者，释守事而治私家事，卒民相盗家室、婴儿，皆断，无敕。人举而藉之。无符节而横行军中者，断。客在城下，因数易其署而无易其养。誉敌：少以为众，乱以为治，敌攻拙以为巧者，断。客、主人无得相与言及相藉，客射以书，无得誉⑤，外示内以善，无得应，不从令者，皆断。禁无得举矢书若以书射寇，犯令者父母、妻子皆

## 【译文】

城上兵士和官吏也组成联保联防。如果有人在城内替敌人出谋划策，他的父母、妻子、儿女、兄弟都要杀头。左邻右舍知情不捉不报者，就和犯罪人一样判罪。在城内的街巷居民也都要如此，处罚和奖赏也按城上规定。能够捉拿罪犯并向上报告的人，封给他一千家的食邑，如果不是罪犯的左右邻居而是其他联防区的人将罪犯捉拿上报的，就封给他二千家的食邑。

守城的禁令：官吏、兵士和百姓仿效制作敌人的服饰和军门旗帜的，杀；不服从命令的，杀；擅自发布号令的，杀；延误军令的，杀；靠着战戟悬身下城，上城下城不与众人配合的，杀；不是响应号令而胡叫乱喊的，杀；放走罪犯，遗失公物的，杀；长他人威风灭我志气的，杀；擅离职守，聚众瞎谈的，杀；听到城墙鼓声却在应鼓击过五次之后才赶往办事地点的，杀；每个人都要将自己的姓名写在板上，挂在各自的办事处墙头，守城主将必须亲自验查他们所到先后，对不在某办事点却擅自进入的，杀；带领手下人离开自己的办事处进入别人的办事处，而该处办事人员不予捉拿；挟拿私人书信，替人请托成私的；放弃守城事务而去干私事的；偷取他人妻子婴儿的，统统杀头，不予赦免。被偷取的妻子经人举报按法籍没。没有凭证却在军中乱走的，杀；故意美化敌人：敌人兵将少却说成多，军纪混乱却说整肃，敌人进攻办法愚蠢却说巧妙的，杀；主人不得同陌生人交谈以及借东西给他；敌人用箭射来的书信，不得去捡；敌人从城外向城内故示伪善，不得有人表示响应，不服从禁令的，杀；禁令规定不得捡拿敌人射来的信物，城内也不得将书信射给敌人，触犯这条禁令的，父母、妻子、儿女都要杀头，尸体还要挂城示众。抓获并报告有人向

断,身枭城上。有能捕告之者,赏之黄金二十斤。非时而行者,唯守及操太守之节而使者。

敌人射信或捡取敌人信物情况的人,赏金二十斤。只有守城主将和他发给了凭证干公差的人,才能在禁止通行的时间行走。

【注释】

①外谋:为敌人出谋划策。②使:应作"吏"。③不欲:应作"下效"。④谋:应作"课"。⑤誉:作"举"。

【原文】

守入临城,必谨问父老、吏大夫、请有怨仇雠不相解者,召其人,明白为之解之。守必自异其人而藉之,孤之,有以私怨害城若吏事者,父母、妻子皆断。其以城为外谋者,三族。有能得若捕告者,以其所守邑小大封之,守还授印,尊宠官之,令吏大夫及卒民皆明知之。豪杰之外多交诸侯者,常请之,令上通知之,善属之,所居之吏上数选具之,令无得擅出入,连质之①。术乡长者,父老、豪杰之亲戚父母、妻子,必尊宠之,若贫人食不能自给食者,上食之。及勇士父母、亲戚、妻子,皆时酒肉②,必敬之,舍之必近太守。守楼临质宫而善周,必密涂楼,令下无见上,上见下,下无知上有人无人。

【译文】

守城主将守城,务必谨慎查询城中父老、官吏和大夫,以及互相有仇怨并无法消除的人,召见他们双方,讲明道理和利害,消除怨恨,一致对外;守城主将同时定要将他们的名字专门记下,不让其居住在一起或安排在一起共事。如果因私仇私怨而妨碍守城公务的,父母、妻子和儿女统统杀掉。那些身在城内却为城外敌军出谋划策的,诛灭三族。对于那些事先发觉或捉拿罪人上报的,赏封他同该城邑一样大小的城邑,守城主将还要授他官印,给他尊宠的官职,并广喻人知,要经常召请那些与诸侯有广泛结交的豪杰之士,使上级官吏都认识他们,妥善存恤他们,所在地方官要经常安排宴请他们,叫他们不得擅自出入并取他们作为人质。乡镇中的长老、父老、豪杰之士的亲戚、妻子、儿女一定要给予尊重和爱护。如果他们属贫苦人,难以维持生活,官长要给予吃的。对于那些勇士的父母、亲戚、妻子、儿女,要经常赐给酒肉,敬重他们,将他们的住宿安排在靠近守城主将官署的地方。守城主将的官署楼居高临下对着人质居住的房舍,要周密防卫,楼上务必密密地涂上泥巴,使得楼上看得清楼下,而楼下却看不见楼上,不知道楼上是否有人。

【注释】

①连质之:取为人质。②酒肉:疑"酒肉"前漏脱一"赐"字。

## 【原文】

守之所亲,举吏贞廉、忠信、无害、可任事者,其饮食酒肉勿禁,钱金、布帛、财物各自守之,慎勿相盗。葆宫之墙必三重,墙之垣,守者皆累瓦釜墙上。门有吏,主者门里,筦闭,必须太守之节。葆卫必取戍卒有重厚者。请①择吏之忠信者、无害可任事者。

令将卫,自筑十尺之垣,周还墙②,门、闺者非令卫司马门。望气者舍必近太守,巫舍必近公社,必敬神之。巫祝史与望气者必以善言告民,以请上报守,守独知其请而已。无与望气妄为不善言惊恐民,断弗救。度食不足,食民各自占家五种石升数,为期,其在莅害③,吏与杂訾。期尽匿不占,占不悉,令吏卒孰得,皆断。有能捕告,赐什三。收粟米、布帛、钱金,出内畜产,皆为平直其贾,与主券人书之。事已,皆各以其贾④倍偿之。又用其贾贵贱、多少赐爵,欲为吏者许之,其不欲为吏而欲以受赐赏爵禄,若赎出亲戚、所知罪人者,以令许之。其受构赏者令葆宫见,以与

## 【译文】

守城主将身边的人:选用在主将身边工作的官员一定要正派廉洁,忠诚可靠,正直无私,并且有能力承担事务。不要限制他们的饮食酒肉,金钱、布匹等财物各自保管,谨防盗窃。葆宫的围墙一定要修三道,在围墙的外垣上守卫应堆上破烂锅之类的东西。城门设主管官员,负责城门和里巷的门,开锁和上锁都必须有守城主将所给的凭证。葆宫的守卫一定要选拔忠厚的卫兵担当,官吏也须挑选忠诚可靠、公正而有能力胜任的人。

令、将一级的官长要自行护卫,驻地四周筑起十尺高的围墙,守大门和守闺门的人,同时安负责官署的防卫。供占望吉凶的巫师卜师居住的地方务必要靠近守城主将的住所,巫师所住一定要靠近神社,必须将神灵当神灵敬重。他们必须将吉利的话告诉全城百姓,把占得的实际情形报告给守城主将,让守城主将一人知道就可以了。如果巫师和卜师胡编不吉利的话使百姓惊恐不安,就杀掉他们,不得赦免。估计到粮食不足,就让百姓自己估算能缴纳用作军粮的五谷数量,确定缴纳日期,登簿记帐、官吏偿付相当价格的钱物。如果过了期限还隐藏不缴。或者还未全部交清,就派官员和兵士暗中搜求,如果搜出隐藏的粮食不缴,给予判罪。有能抓住隐藏粮食的人报告给官府的,官府赏给所藏粮食的十分之三。征收好的粮食、布帛、金钱、牲畜,都要公正估价,给主人开具征收证明,写清征收的数量和价值,战事结束,一律按原价值双倍偿付。还可根据应征财物当时的价格和数量赐给官爵;不愿做官的人,依法还可准允其接受爵位,或赎出犯罪的亲戚、朋友。那些接受赏赐的人,让他们进葆宫接受接见,表示同他们亲密,能偿付征收品的财物再捐献出来帮助官长的,就加倍赐予爵禄。缴纳单的格式如下:某县某里某人家里人

其亲。欲以复佐上者,皆倍其爵赏。某县某里某子家食口二人,积粟六百石,某里某子家食口十人,积粟百石。出粟米有期日,过期不出者王公有之,有能得若告之,赏之什三。慎无令民知吾粟米多少。

口两个,存积粟米六百担;或某里某人人口十个,积存粟米百担。缴纳粟米财物有确定的日期,过期没有缴纳的没收为王公所有。有查出隐藏不交的粮食把实情上报给官府的,将查出隐粮的十分之三赏给他。要谨慎,不可让百姓弄清我军存积多少粮食。

【注释】

①请:应作"谨"。②还墙:犹"环墙",环绕的围墙。③菀害:应作"薄者"。④贾:通"价"。

【原文】

守入城,先以侯①为始,得辄宫养之,勿令知吾守卫之备。侯者为异宫,父母妻子皆同其宫,赐衣食酒肉,信吏善待之。侯来若复,就间②。守宫三难③,外环隅为之楼,内环为楼,楼入葆宫丈五尺为复道。葆不得有室,三日一发席蓐,略视之,布茅宫中,厚三尺以上。发侯,必使乡邑忠信、善重士,有亲戚、妻子,厚奉资之。必重发侯,为养其亲若妻子,为异舍,无与员同所,给食之酒肉。遣他侯,奉资之如前侯,反,相参审信,厚赐之。侯三发三信,重赐之。不欲受赐而欲为吏者,许之二百石之吏。守珮授之印。其不欲为吏而欲受构赏、禄皆如前。有能入深至主

【译文】

守城主将一入城,就要开始挑选侦探。物色到充当侦探的人后就把他接到宫里养起来,但千万不可让他知道我方守卫的设施和装备。侦探要互相隔离居住,他们的父母、妻儿同他们本人住在一块,赐给衣服、食物、酒肉,派人好好招待他们。侦探回来交差,要接受询问。守城主将的住房有三层,外围墙的四角筑楼,内围墙也建楼,楼与葆宫相接一丈五尺修成上下复道。葆宫不砌内室。每隔三天发放一次垫席垫草,大略检查一下,把茅草铺在宫中,厚三尺以上。派侦探出城,一定要派乡镇中忠实可靠的厚重之士,其家中必须有父母妻儿。侦探出城要供给足够的钱。一定要反复地派遣侦探,安排供养好他们的家人。对于侦探要隔离居住,不要与众人同住一屋,同时供给他们好吃的食物。派遣别处的侦探,所给予钱物须与前一个侦探相同。侦探回来后,对前后二人提供的情报参照核实,如果确实可信,要优厚地奖赐他们。如果三次派出侦察,所获情报无出入,都确实可信,就加重奖赏他。不愿受赏而愿做官的,给予二百石的官阶,守城主将授给官印。不愿做官而愿受赏的,爵禄同前一样。能够有能力深入敌人国都,去探察情报的,如果确实可信,对于该侦探的赏赐要加倍,若他

国者，问之审信，赏之倍他候。其不欲受赏而欲为吏者，许之三百石之吏者。扞士受赏赐者，守必身自致之其亲之其亲之所，见其见守之任。其次复以佐上者，其构赏、爵禄、罪人倍之。

不愿受赏而愿做官，赐三百石的官阶。保卫城池功劳卓著的勇士，守城主将一定要亲自将赏赐品送往勇士父母住的地方，叫他们看得见守城主将对他的恩宠。对那些把赏赐再度捐献给国家辅助长官的，所给奖赏、爵禄或赎出罪人的数量分别加倍。

【注释】

①侯：应作"候"，侦探。②就间：接受询问。③三难：三杂。"难"应作"杂"，三层。

【原文】

出候无过十里，居高便所树表，表三人守之，比至城者三表，与城上烽燧相望，昼则举烽，夜则举火。闻寇所从来，审知寇形必攻，论小城不自守通者，尽葆其老弱、粟米、畜产遣卒候者无过五十人，客至堞，吉之，慎无厌建①。候者曹无过三百人，日暮出之，为微职。空队、要塞之人所注来者，令可口迹者无下里三人，平而迹；各立其表，城上应之。候出越陈表，遮坐郭门之外内，立其表，令卒之半居门内，令其少多无可知也。即有惊，见寇越陈去②，城上以麾指之，迹③坐击正期，以战备从麾所指。望见寇，举一垂；入竟，举二垂；狎郭，举三垂；入郭，举四垂；狎城，举五垂。夜以火，皆如此。

【译文】

要派出警戒兵，但不要超出十里之外，在地势较高而又方便的地方树立标志，派三人看守。从最远的地方到城邑共树立三处标志，与城上的烽火遥遥相望。白天就烧烟，晚上就点火。弄清了敌人来的方向和时间后，周密分析敌我形势可战与否，若考虑到城小难以守住交通要道，就要将老人小孩、粟米、牲畜等全部护送进城。一次派出警戒兵不要超过五十人。当敌兵攻到外城短墙地段时，警戒兵就马上撤入城中，不要滞留城外。警戒兵总数不必超过三百人，天黑时派他们出城，戴上军徽标记。要派人到行人经常路过的道路和重要关塞去察看路上所留下的踪迹，每人都树立向城上报点情况的标志，而城上对他们会作出相应的反应。出城侦察的警戒兵用标记向城内报告情况，城内的警戒兵坐守在郭门内外，也树立联络标记，命令兵士一半在郭门内，一半在郭门外，使敌人无法知晓人数多少。一旦有紧急情况，见敌兵越过田表，城上就以旗号指挥警戒兵，于是击鼓，整旗，预备战斗，一切都按城上指挥行事。看得见敌人，城上就点一堆烽烟；敌人进入我方境界，点两堆烽烟；当敌人接近外城时就点三堆烽烟；一旦敌军进入外城内，就点燃四堆烽烟；敌人接近我方大城墙，就点五堆烽烟。夜晚时就点烽火，敌情和相应的烽火数目与白天烽烟相同。

**【注释】**

①建:应作"逮"。 ②去:应作"表"。 ③迹:应作"遮"。

**【原文】**

去郭百步,墙垣、树木小大尽伐除之。外空井尽塞之,无令可得汲也。外空室尽发之,木尽伐之。诸可以攻城者尽内城中,令其人各有以记之,事以,各以其记取之。事①为之券,书其枚数。当遂材木不能尽内,即烧之,无令客得而用之。

人自大书版,著之其署忠②。有司出其所治,则从泆之法,其罪射。务色谩正,淫嚣不静,当路尼众舍事后就,逾时不宁,其罪射。喧嚣骇众,其罪杀。非上不谏,次主凶言,其罪杀。无敢有乐器、弊骐军中,有则其罪射。非有司之令,无敢有车驰、人趋,有则其罪射。无敢散牛马军中,有则其罪射。饮食不时,其罪射。无敢歌哭于军中,有则其罪射。令各执罚尽杀,有司见有罪而不诛,同罚,若或逃之,亦杀。凡将率斗其众失法,杀。凡有司不使去卒、吏民闻誓令,代之服罪。凡戮人于市,死上目行③。谒者侍令门外,为二曹,夹门坐,铺

**【译文】**

在离城百步的地方,所有的墙和树木,不分高低大小全部拆除或砍掉。城外的井也要全部填塞,使敌人无法打水。城外的空屋子全部拆除,树木全部砍伐。一切可以用作攻城的东西都运进城内,命人登记在册。战事结束后,每个人按照所记数目领取。官员给他们发收条,写清件数。那些不能全部运进城的木材,就地烧掉,不让敌人得到并使用。

每个人都要将自己的姓名用大字写在署所中贴好。官吏公布处罚条规:凡纵淫欲的,用箭射穿他的耳朵;蛮骄无理欺凌正派人,吵闹不休不止,在道路中阻碍过往行人,分派工作拖拖拉拉,不按时就班,又不请假的,也用箭射穿他的耳朵。狂呼乱叫惊扰百姓,其罪责要杀头。不向上级官员进谏却背后非议,任意发表不利言论,论罪该杀头。军队中不准奏乐下棋,违令者判罚用箭射穿耳朵;没有上级的命令,不准驾车奔跑,违令者判罚用箭射穿耳朵;没有人敢在军中放纵牛马,违令者判罚用箭射穿耳朵;有不按时饮食,违令者判罚用箭射穿耳朵;不准在军中唱歌、号哭,违令者判罚用箭射穿耳朵。传令各级官吏切实执行刑罚条规,该杀的一律杀掉,有罪却不处罚,官吏连同罪犯一起处罚。如果罪犯逃走,就杀掉放走罪犯的人。凡是不能使兵士按规定作战的将官,都要杀头。如果官吏没有使兵士和百姓知道明白军中的禁令,一旦有人犯了法,官吏就代替犯法的人服罪。凡是在街上被斩首的,要陈尸示众三天。守城主将门外的士兵,安排两排,让他们夹门而坐,早晚用餐时轮班接换,不能有空缺。门卫设一头领,守城主将要经常派他检查逃离的士兵,以此督促门尉和官长,并

食更,无空。门下谒者一长,守数令入中,视其亡者,以督门尉与其官长,及亡者入中报。四人夹令门内坐,二人夹散门外坐。客见,持兵立前,铺食更,上侍者名。

守室下高楼候者,望见乘车若骑卒道外来者,及城中非常者,辄言之守。守以须城上候城门及邑吏来告其事者以验之,楼下人受候者言,以报守。

报告逃离者的姓名,安排四个士兵分两边夹守城主将门内坐,二人夹散门外坐,有人来见主将,卫兵应立即拿起武器迎上前去盘问。早晚开饭时换人接替,报告卫兵的姓名。

在守城主将堂下或高楼中观察情况的人,看见有乘车和骑兵的从道外到来,以及城中有异常情况,立即报告给守城主将,守城主将等候城门上观察兵和县邑官吏的报告互相参验。守城主将楼下的人再将楼上观察人的话报告给守城主将。

【注释】

①事:应作"吏"。②忠:应作"中"。③上目行:应作"三日徇",三日示众。

【原文】

中涓二人,夹散门内坐,门常闭,铺食更;中涓一长者。

环守宫之术衢,置屯道,各垣其两旁,高丈,为埤院,立初①鸡足置,夹挟视葆食。而札书得火谨案视参食②者,节不法,正请之。屯陈、垣外术衢街皆楼,高临里中,楼一鼓,聋灶;即有物故,鼓,吏至而止夜以火指鼓所。

城下五十步一厕,厕与上同圂,请有罪过而可无断者,令抒厕利③之。

【译文】

两名中涓,夹着散门内坐,平时关着门,早晚开饭时轮换。中涓中要有一位年长的人。

环绕守城主将宫室的大道要修筑夹道,在两边分别筑起墙,墙有一丈高;设置观察台,但不要像安鸡脚架那样,以便监视葆舍,收到文书信件一定要谨慎地与参证其他情报,如有不合军法的地方就要询问或修正。在夹道、墙外大路、街道都要建有高楼,居高临下立在城巷中。楼上备有一个鼓和一个垄灶,如果有事故就击鼓,等官吏赶到时才停止。夜晚用火光指示放鼓的地方。

城下每五十步建一个厕所,上下厕所共用一个茅坑,让有过失但又不必杀头的人,命令他们去打扫厕所表示惩罚。

【注释】

①初:应作"勿"。②参食:应为"参验"。"食"应作"验"。③杼:应作"抒";"利"应作"罚"。

【评析】

《号令》主要从另一个方面说明了守城所需要的最重要的武器,那就是号令。

一个军队要想取得胜利,将领的号令最为重要。文中一开始说:"安国之道,道任地始,地得其任则功成,地不得其任则劳而无功。"从这句话中可以知道一个国家的安全最重要的是利用好自己的地理条件,而作为人呢?在战争时,不搞好战争装备,就无法使主上安定,小官吏、士兵和百姓不能齐心协力,这些责任全在于将领。如果将领的号令正确,大家都齐心协力,共同对付敌人,那么战争岂能不胜?

典例阐幽

## 岳飞八日平杨幺

南宋时,杨幺聚众造反,岳飞奉命前去征讨。

岳飞所属的部队多是西北人,不习水战,岳飞说:"士兵的习惯并非不可改变,关键在于如何使用。"于是他先派使者去招降。杨幺的同党黄佐说:"岳帅号令如山,若是与岳帅为敌,最后一定命丧黄泉,不如投效岳帅,他一定会善待重用我。"于是黄佐归降岳飞。岳飞独自一人骑马来到黄佐营地探视他,并且轻轻地抚摸黄佐的肩膀说:"你能识时务归顺朝廷,如果能立大功,日后何止是封侯拜爵而已!我想派你再回洞庭湖,见了有用的将领就活捉他,见到可规劝的就招降,你看如何?"黄佐感动得流下眼泪,发誓要以死相报。这时枢密使张浚以都督军事来到潭州,参政席益对张浚说,怀疑岳飞有轻敌之心,想奏报朝廷。张浚说:"岳帅为人忠信诚正,他用兵老谋深算,怎么可以随便议论他呢?"席益听了很惭愧,于是放弃了上奏的打算。

黄佐袭击了周伦的营寨,杀死周伦,擒获统制陈贵等人。这时,皇帝召张浚回朝商议秋季防务之事,临行前,岳飞取出袖中的战略图给张浚看,想与他商议讨平杨幺的计划。张浚想等来年再商议,岳飞说:"王四厢用朝廷正规军打水寇,当然难打,而我用水寇打水寇,这仗就容易打了。水战是我军的短处,敌人的长处,以我之短攻敌之长,所以很难取胜,若是能通过敌人的将领利用敌人的士兵,就好比削去敌人的手足,再离间敌人的心腹,使其孤立无援,继之以官兵围剿,八天之内一定能擒服杨幺。"张浚同意了。岳飞于是来到鼎州。黄佐已说服杨钦前来归降,岳飞高兴地说:"杨钦是杨幺身边的悍将,现在归降我军,杨幺已众叛亲离了。"于是岳飞上奏朝廷,皇上下旨授杨钦武义大夫的官职,待遇非常优厚,岳飞又命杨钦遣回洞庭湖以反间。过了两天,杨钦也说服了全琮、刘锐等人归降,岳飞见了他们,故意大声骂道:"贼人没有全部投降,你们来此地做什么!"命人鞭打他们,又命他们重

新回洞庭湖。当天晚上岳飞率兵偷袭敌营,降服杨幺的士兵达数万人。杨幺依仗防守坚固不服,仍然浮舟湖中,船用轮子击水,行驶如飞,旁边设有撞竿,官船一靠近就被击碎,岳飞命人从君山上砍伐树木做成大木筏堵住港口,又把腐木乱草扔进河里,让它们从上游漂流而下,再选择水浅的地方,派那些善于骂阵的士兵,对着杨幺边走边骂。杨幺盛怒之下,乘船追击。结果船只的水轮被杂草缠住,动弹不得。岳飞立刻下令官兵攻击,贼兵纷纷窜逃入港,又被港口的木筏挡住去路。官兵乘着木筏,披着牛皮以挡箭石,举起大木桩撞击贼船,贼船全部被撞坏。

　　杨幺逃入水中,被牛皋擒获斩首。岳飞率兵突然进入起义军的大营,残余的义军将领吃惊地说:"这是哪来的神啊!"立刻全部投降。岳飞亲自到各营寨安抚众人,释放老弱的贼兵回家,而年轻力壮的贼兵则编入朝廷的正式部队,果然如他所说,八天内平服贼人。张浚十分叹服地说:"岳侯真是神机妙算啊!"